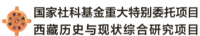中国社会科学院创新工程学术出版资助项目

国家社科基金重大特别委托项目
西藏历史与现状综合研究项目

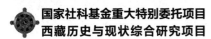中国社会科学院创新工程学术出版资助项目

国家社科基金重大特别委托项目
西藏历史与现状综合研究项目

内地西藏班教学模式与成效调查研究

许丽英 著

社会科学文献出版社
SOCIAL SCIENCES ACADEMIC PRESS (CHINA)

西藏历史与现状综合研究项目
编 委 会

课题组主要成员

委　　员　（按姓氏笔画为序）

于向海　刘明洁　孙延杰　严　庆
李志峰　张　梅　陈　春　董　艳
韩　立

总　序

郝时远

　　中国的西藏自治区，是青藏高原的主体部分，是一个自然地理、人文社会极具特色的地区。雪域高原、藏传佛教彰显了这种特色的基本格调。西藏地区平均海拔 4000 米，是人类生活距离太阳最近的地方；藏传佛教集中体现了西藏地域文化的历史特点，宗教典籍中所包含的历史、语言、天文、数理、哲学、医学、建筑、绘画、工艺等知识体系之丰富，超过了任何其他宗教的知识积累，对社会生活的渗透和影响十分广泛。因此，具有国际性的藏学研究离不开西藏地区的历史和现实，中国理所当然是藏学研究的故乡。

　　藏学研究的历史通常被推溯到 17 世纪西方传教士对西藏地区的记载，其实这是一种误解。事实上，从公元 7 世纪藏文的创制，并以藏文追溯世代口传的历史、翻译佛教典籍、记载社会生活的现实，就是藏学研究的开端。同一时代汉文典籍有关吐蕃的历史、政治、经济、文化、社会生活及其与中原王朝互动关系的记录，就是中国藏学研究的本土基础。现代学术研究体系中的藏学，如同汉学、东方学、蒙古学等国际性的学问一样，曾深受西学理论和方法的影响。但是，西学对中国的研究也只能建立在中国历史资料和学术资源基础之上，因为这些历史资料、学术资源中所蕴含的不仅是史实，而且包括了古代记录者、撰著者所依据的资料、分析、解读和观念。因此，中国现代藏学研究的发展，不仅需要参考、借鉴和吸收西学的成就，而且必须立足本土的传统，光大中国藏学研究的中国特色。

作为一门学问，藏学是一个综合性的学术研究领域，"西藏历史与现状综合研究项目"即是立足藏学研究综合性特点的国家社会科学基金重大特别委托项目。自 2009 年"西藏历史与现状综合研究项目"启动以来，中国社会科学院建立了项目领导小组，组成了专家委员会，制定了《"西藏历史与现状综合研究项目"管理办法》，采取发布年度课题指南和委托的方式，面向全国进行招标申报。几年来，根据年度发布的项目指南，通过专家初审、专家委员会评审的工作机制，逐年批准了一百多项课题，约占申报量的十分之一。这些项目的成果形式主要为学术专著、档案整理、文献翻译、研究报告、学术论文等类型。

承担这些课题的主持人，既包括长期从事藏学研究的知名学者，也包括致力于从事这方面研究的后生晚辈，他们的学科背景十分多样，包括历史学、政治学、经济学、民族学、人类学、宗教学、社会学、法学、语言学、生态学、心理学、医学、教育学、农学、地理学和国际关系研究等诸多学科，分布于全国 23 个省、自治区、直辖市的各类科学研究机构、高等院校。专家委员会在坚持以选题、论证等质量入选原则的基础上，对西藏自治区、青海、四川、甘肃、云南这些藏族聚居地区的学者和研究机构，给予了一定程度的支持。这些地区的科学研究机构、高等院校大都具有藏学研究的实体、团队，是研究西藏历史与现实的重要力量。

"西藏历史与现状综合研究项目"具有时空跨度大、内容覆盖广的特点。在历史研究方面，以断代、区域、专题为主，其中包括一些历史档案的整理，突出了古代西藏与中原地区的政治、经济和文化交流关系；在宗教研究方面，以藏传佛教的政教合一制度及其影响、寺规戒律与寺庙管理、僧人行止和社会责任为重点，突出了藏传佛教与构建和谐社会的关系；在现实研究方面，则涉及政治、经济、文化、社会和生态环境等诸多领域，突出了跨越式发展和长治久安的主题。

在平均海拔 4000 米的雪域高原，实现现代化的发展，是中国改革开放以来推进经济社会发展的重大难题之一，也是没有国际经验可资借鉴的中国实践，其开创性自不待言。同时，以西藏自治区现代化为主题的经济社会发展，不仅面对地理、气候、环境、经济基础、文化特点、社会结构等特殊性，而且面对境外达赖集团和西方一些所谓"援藏"势力制造的"西藏问题"。因此，这一项目的实施也必然包括针对这方面的研究选题。

所谓"西藏问题"是近代大英帝国侵略中国、图谋将西藏地区纳入其殖民统治而制造的一个历史伪案，流毒甚广。虽然在一个世纪之后，英国官方承认以往对中国西藏的政策是"时代错误"，但是西方国家纵容十四世达赖喇嘛四处游说这种"时代错误"的国际环境并未改变。作为"时代错误"的核心内容，即英国殖民势力图谋独占西藏地区，伪造了一个具有"现代国家"特征的"香格里拉"神话，使旧西藏的"人间天堂"印象在西方社会大行其道，并且作为历史参照物来指责 1959 年西藏地区的民主改革、诋毁新西藏日新月异的现实发展。以致从 17 世纪到 20 世纪上半叶，众多西方人（包括英国人）对旧西藏黑暗、愚昧、肮脏、落后、残酷的大量实地记录，在今天的西方社会舆论中变成讳莫如深的话题，进而造成广泛的"集体失忆"现象。

这种外部环境，始终是十四世达赖喇嘛及其集团势力炒作"西藏问题"和分裂中国的动力。自 20 世纪 80 年代末以来，随着前苏联国家裂变的进程，达赖集团在西方势力的支持下展开了持续不断、无孔不入的分裂活动。达赖喇嘛以其政教合一的身份，一方面在国际社会中扮演"非暴力"的"和平使者"，另一方面则挑起中国西藏等地区的社会骚乱、街头暴力等分裂活动。2008 年，达赖集团针对中国举办奥运会而组织的大规模破坏活动，在境外形成了抢夺奥运火炬、冲击中国大使馆的恶劣暴行，在境内制造了打、砸、烧、杀的严重罪行，其目的就是要使所谓"西藏问题"弄假成真。而一些西方国家对此视而不见，则大都出于"乐观其成"的"西化""分化"中国的战略意图。其根本原因在于，中国的经济社会发展蒸蒸日上，西藏自治区的现代化进程不断加快，正在彰显中国特色社会主义制度的优越性，而西方世界不能接受中国特色社会主义取得成功，达赖喇嘛不能接受西藏地区彻底铲除政教合一封建农奴制度残存的历史影响。

在美国等西方国家的政治和社会舆论中，有关中国的议题不少，其中所谓"西藏问题"是重点之一。一些西方首脑和政要时不时以会见达赖喇嘛等方式，来表达他们对"西藏问题"的关注，显示其捍卫"人权"的高尚道义。其实，当"西藏问题"成为这些国家政党竞争、舆论炒作的工具性议题后，通过会见达赖喇嘛来向中国施加压力，已经成为西方政治作茧自缚的梦魇。实践证明，只要在事实上固守"时代错误"，所谓"西藏问题"的国际化只能导致搬石砸脚的后果。对中国而言，内因是变化的依据，外因是变化的条件这一哲学原理没有改变，推进"中国特色、西藏特点"现代化建设的时间表是由中国确定的，中国具备抵御任何外部势力破坏国家统一、民族团结、社会稳定的能力。从这个意义上说，本项目的实施不仅关注了国际事务中的涉藏斗争问题，而且尤其重视西藏经济社会跨越式发展和长治久安的议题。

在"西藏历史与现状综合研究项目"的实施进程中，贯彻中央第五次西藏工作座谈会的精神，落实国家和西藏自治区"十二五"规划的发展要求，是课题立项的重要指向。"中国特色、西藏特点"的发展战略，无论在理论上还是实践中，都是一个现在进行时的过程。如何把西藏地区建设成为中国"重要的国家安全屏障、重要的生态安全屏障、重要的战略资源储备基地、重要的高原特色农产品基地、重要的中华民族特色文化保护地、重要的世界旅游目的地"，不仅需要脚踏实地的践行发展，而且需要科学研究的智力支持。在这方面，本项目设立了一系列相关的研究课题，诸如西藏跨越式发展目标评估，西藏民生改善的目标与政策，西藏基本公共服务及其管理能力，西藏特色经济发展与发展潜力，西藏交通运输业的发展与国内外贸易，西藏小城镇建设与发展，西藏人口较少民族及其跨越式发展等研究方向，分解出诸多的专题性研究课题。

注重和鼓励调查研究，是实施"西藏历史与现状综合研究项目"的基本原则。对西藏等地区经济社会发展的研究，涉面甚广，特别是涉及农村、牧区、城镇社区的研究，都需要开展深入的实地调查，课题指南强调实证、课题设计要求具体，也成为这类课题立项的基本条件。在这方面，我们设计了回访性的调查研究项目，即在20世纪五六十年代开展的藏区调查基础上，进行经济社会发展变迁的回访性调查，以展现半个多世纪以来这些微观社区的变化。这些现实性的课题，广泛地关注了经济社会的各个领域，其中包括人口、妇女、教育、就业、医疗、社会保障等民生改善问题，宗教信仰、语言文字、传统技艺、风俗习惯等文化传承问题，基础设施、资源开发、农牧业、旅游业、城镇化等经济发展问题，自然保护、退耕还林、退牧还草、生态移民等生态保护问题，等等。我们期望这些陆续付梓的成果，能够从不同侧面反映西藏等地区经济社会发展的面貌，反映藏族人民生活水平不断提高的现实，体现科学研究服务于实践需求的智力支持。

如前所述，藏学研究是中国学术领域的重要组成部分，也是中华民族伟大复兴在学术事业方面的重要支点之一。"西藏历史与现状综合研究项目"的实施涉及的学科众多，它虽然以西藏等藏族聚居地区为主要研究对象，但是从学科视野方面进一步扩展了藏学研究的空间，也扩大了从事藏学研究的学术力量。但是，这一项目的实施及其推出的学术成果，只是当代中国藏学研究发展的一个加油站，它在一定程度上反映了中国藏学研究综合发展的态势，进一步加强了藏学研究服务于"中国特色、西藏特点"

的发展要求。但是，我们也必须看到，在全面建成小康社会和全面深化改革的进程中，西藏实现跨越式发展和长治久安，无论是理论预期还是实际过程，都面对着诸多具有长期性、复杂性、艰巨性特点的现实问题，其中包括来自国际层面和境外达赖集团的干扰。继续深化这些问题的研究，可谓任重道远。

在"西藏历史与现状综合研究项目"进入结项和出版阶段之际，我代表"西藏历史与现状综合研究项目"专家委员会，对全国哲学社会科学规划办公室、中国社会科学院及其项目领导小组几年来给予的关心、支持和指导致以崇高的敬意！对"西藏历史与现状综合研究项目"办公室在组织实施、协调联络、监督检查、鉴定验收等方面付出的努力表示衷心的感谢！同时，承担"西藏历史与现状综合研究项目"成果出版事务的社会科学文献出版社，在课题鉴定环节即介入了这项工作，为这套研究成果的出版付出了令人感佩的努力，向他们表示诚挚的谢意！

2013 年 12 月北京

前　言

　　内地西藏班的开办体现了党和国家对西藏经济社会发展的高度重视。西藏内地办学作为我国民族教育政策的一项特别举措，对加速西藏人才培养、促进民族交流与民族团结、保障国家稳定和谐发展起着重要作用。1984 年，国家做出"在内地省市办学，帮助西藏培养人才"的重大决策，从 1985 年起，每年招收 1300 名西藏少数民族小学毕业生到内地 16 个省市的西藏班学习，内地班的人才培养模式也开始正式运作。经过近 30 年的实践探索和不断发展完善，内地西藏班的办学规模不断扩大，办学层次日益齐全，成为西藏教育的重要补充形式，已经向西藏培养输送了各级各类建设人才 2 万余名，这些人才在西藏基层部门发挥了巨大作用，成为西藏经济社会发展和基层政权建设的中坚力量。

　　新时期教育改革发展的指导性纲领《国家中长期教育改革和发展规划纲要（2010—2020 年）》中强调，要"充分利用内地优质教育资源，探索多种形式，吸引更多民族地区少数民族学生到内地接受教育"。这一方面说明过去内地办学的探索是成功的，内地办学作为我国民族教育的一项重要政策将长期坚持；另一方面也对内地办学提出了更高的要求，在新的历史时期，内地班如何迎合边疆民族地区的经济社会发展需求，如何实现由规模扩张向质量提升的转变，成为内地班面临的大问题。

　　为进一步总结西藏内地办学的历史经验及其特殊的办学规律，研究探索提高内地西藏班教育质量与效益的方法路径，2011 年，国家社科基金重大特别委托项目"西藏历史与现状综合研究项目"设立了"内地西藏班教学模式与成效调查研究"的课题，本书就是该课题的研究成果。

　　本书分为三部分：第一部分"总论"是对内地西藏班教学总体情况、教学模式与成效的整体把握，首先介绍了研究的背景、概念与方法；然后通过梳理内地西藏班特别是教学方面的发展历程分析内地西藏班教学的发展脉络和阶段特征；通过实地调查呈现内地西藏班教学取得的成就与存在的问题，并提出解决问题的对策建议；在对内地西藏班教学情况总体把握的基础上探讨内地西藏班的教学模式类型与特点，并对内地西藏班教学模式的改革提出了整体思路；反思了内地西藏班教学效果评价上存在的误区，并提出了改进措施。第二部分"教学成效专题研究"是对"总论"部分的进一步展开，学生的学校适应、人际关系及学习方式是影响学生学习成效的重要因素，通过这些因素可以间接地了解内地西藏班学生的学习效果。教师教学效能感是影响教师教学成效的重要因素，通过对教师教学效能感的考察也可以间接反映出内地西藏班的教学效果。第三部分"学科教学专题研究"以汉语文学科中两个最重要的组成部分阅读和作文为例来探讨内地西藏班学科教学中存在的问题及其解决措施，期望在学科教学上探索出适合内地西藏班的更具可操作性的微观教学模式，阅读与作文也是影响内地西藏班学生理解和表达能力的两个重要方面，对其他学科的学习也有重要的影响。

课题的研究成果是课题组成员集体努力的结晶。在调研过程中，本课题受到了北京西藏中学、济南西藏中学、山东泰安一中、山西大学附属中学、河北师范大学附属民族学院等校师生的全力支持与帮助，特别是这些学校的主管领导对课题的贡献很大，很多研究的思路和观点都是在与他们多次交流与讨论中形成的。

由于课题组成员对内地西藏班教学规律的认识尚不够充分，尤其是对西藏学生的心理研究还不够深入，我们的研究必定有很多不足之处，敬请读者批评指正。

课题组

2013 年 9 月

目 录

总 论

教学成效专题研究

学科教学专题研究

总　论

第一章　背景、概念与方法

一　问题的提出

加强民族团结，维护祖国统一和社会稳定，逐步实现各民族的共同发展和繁荣，是我国各族人民的共同愿望和根本利益所在，也是我国民族工作的首要任务。教育援藏是党和国家支援西藏各项事业发展中最有意义和最重要的组成部分，是党中央、国务院为实现国家战略和维护国家核心利益做出的一项重要战略决策。而西藏内地办学则是教育援藏战略的重要组成部分，体现了党和国家对西藏地区的高度重视和关怀，对促进西藏教育事业发展，提高西藏各族人民科学文化素质，实现西藏跨越式发展和长治久安，维护国家统一，增强民族团结，具有重大意义。作为我国的一项特殊民族教育政策，西藏内地办学已实施近30年，内地西藏班[①]作为一种独特的办学模式扮演着多重角色，也肩负着多重责任。

内地西藏班是培养西藏优秀人才的基地，西藏内地办学是利用内地优质教育资源帮助西藏培养人才的便捷途径，要为西藏地区培养用得上、靠得住，旗帜鲜明，坚决反对民族分裂，脚踏实地为祖国、为西藏服务的有用人才，进而为实现西藏的跨越式发展提供智力支持。自开设以来，内地西藏班已经向西藏培养输送了各级各类建设人才2万余名，在西藏的人才培养和智力支持方面发挥着重要作用。虽然随着西藏经济社会的发展，西

[①] 本研究中的内地西藏班包括独立的内地西藏校。为表述方便，后文中均用"内地西藏班"来代替"内地西藏班（校）"。

藏教育也取得了举世瞩目的成就，截至"十一五"末，西藏各类人才总量达到28万人，但这一数字与西藏经济社会发展实际人才需求仍有差距，尤其是服务新农村建设的卫生、农技、畜牧等实用人才严重短缺，经济社会发展需要的应用开发型人才紧缺，高层次创新型人才匮乏①，这就要求内地西藏班继续扮演好自身的角色，要面向西藏的实际需求不断提高教学水平，为培养西藏经济社会发展急需的各类人才特别是高层次创新人才服务。

内地西藏班是民族交往的桥梁和民族文化交流的平台，要为促进民族团结提供坚实的思想后盾。西藏文化是中华民族多元文化的重要组成部分，西藏文化与内地文化的不断交流，对丰富、繁荣与发展我国的民族文化具有重要意义。同时，增加族群接触和交往是减少和消除族际误解与隔阂的主要方式，在国家的民族方针政策指引下，内地办学为民族交往创造了有利条件，内地班学生也因此成了沟通边疆民族地区和内地文化的使者。在国际形势愈益紧张，敌对势力经常利用西藏、新疆问题制造事端的大背景下，做好西藏、新疆与内地思想和文化的沟通工作显得尤为重要。这就要求内地班的教学除了把培养具有良好科学文化素质的人才作为目标以外，还必须在民族交往与民族文化交流上积极行动起来。

内地西藏班是展现民族政策的窗口，要让广大民众尤其是青少年了解国家的民族政策，熟悉国家的大政方针，为各民族共同繁荣发展营造良好氛围。民族政策是国家和政党为调节民族关系，处理民族问题而采取的相关措施、规定，是国家处理民族关系的基本准绳。我国的民族平等团结和共同繁荣、民族区域自治等基本的民族政策是结合我国多民族的基本国情和民族问题长期存在的客观实际制定的，多年的实践证明是成功的。这些政策必须深入人心，成为人们处理民族关系的行为准则才能保证国家的方针政策得到有效落实。内地西藏班就是一个展现民族政策的窗口，既要向内地和西藏各族民众宣传民族政策，又要结合实际贯彻和落实民族政策，让"各美其美、美人之美、美美与共、天下大同"的理念深入人心，在"多元一体格局"中实现各民族的共同繁荣和发展。

内地西藏班的设立引发了社会各界的广泛关注，在新闻媒体中屡见报

---

① 《西藏自治区中长期人才发展规划纲要（2010—2020年）》中对人才形势的分析。

道，在政治层面也引起了国内外的高度重视。但在学术研究领域，关注者还比较少，研究成果也很有限，尤其是涉及内地西藏班教学方面的研究更是不多。教学是学校教育工作的核心，内地西藏班的多重目标均需落实到具体的教学中才能得以实现。内地西藏班的培养目标应如何定位？内地西藏班的教学效果如何评价？今后内地西藏班的教学改革与发展将走向何处？这些问题关系到内地西藏班下一步的办学思路，也关系到人才培养的质量，亟待深入研究解决。

伴随着《国家中长期教育改革和发展规划纲要（2010—2020 年）》和《西藏自治区中长期人才发展规划纲要（2010—2020 年）》的出台，内地西藏班的发展面临着新的历史机遇期。经过了近 30 年的实践探索与不断发展，内地西藏班已经由规模扩张、外延发展的模式转变为追求教学质量与效益并重的内涵式发展模式，提高教育教学质量已经成为内地西藏班面临的首要任务，这也是各级政府、教育主管部门和学生家长共同关心的问题。提高教育教学质量离不开科学的教学模式的指导。教学模式是把教学理论运用到教学实践，把教学实践经验加以概括和总结并上升为教学理论的过渡性中介①，它对教学理论具有理论建构作用，对教学实践具有指导作用。为此，加强内地西藏班教学现状的调查研究，进行教学模式的探索和总结，积极探寻适合内地西藏班教学发展的新思路，推动内地西藏班的建设和发展，不断提高内地西藏班教学质量和教学成效，意义重大。

二　相关研究综述

（一）内地西藏班研究趋势及特点

有关内地西藏班的研究是伴随着内地西藏班办学实践逐步形成和发展起来的。我们从中国学术资源总库（CNKI）中搜索了 1989 年至 2013 年 7 月 31 日发表的题目中包含"内地西藏班"的文章，其中期刊文章 200 余篇、硕士学位论文 29 篇、博士学位论文 1 篇，另从国家图书馆搜索到相关

---

①　王本陆主编《课程与教学论》，高等教育出版社，2012，第 178 页。

专著3部。我们依据研究范式、研究方法的不同，将近30年来内地西藏班教育教学研究划分为两个阶段，1985～2004年为经验总结阶段，总共发表文章50余篇、专著1部；2005年以后为理论深化阶段，发表文章总数达150余篇、专著2部。

1. 经验总结阶段（1985～2004）

本阶段对内地西藏班教育教学的研究只是一些零星的探索，相关的研究成果有50余篇，其中发表于《民族教育研究》《西藏研究》《中国藏学》等学术性刊物的文章不足10篇，另外1篇为硕士学位论文，其余文章大部分发表于《中国民族教育》《民族团结》等全国性新闻类刊物。研究者大部分来自各级教育行政部门和内地西藏班，高等院校研究人员较少。另外，新闻媒体主要是从正面宣传报道内地西藏班办学取得的成绩及相关内地西藏班好的经验。从总体上看，这一阶段的研究多以现象描述为主，研究成果的理论性不强。

本阶段的研究主要涉及三个领域。

第一，比较重视内地西藏班教育政策执行情况的研究，侧重于矫正、调整、规范政策执行过程中遇到的各种各样的问题和困难，探讨建立规范、有效的内地西藏班办学和管理机制。如荣建庄的《强化管理是办好内地西藏班的关键》（1991），认为强化内地西藏班管理是办好西藏班的关键，并结合湖南省岳阳市一中开办内地西藏班的实践经验，从学校微观管理角度提出建立符合内地西藏班实际的科学管理体制的设想：一是建立合理有效的管理机构；二是树立切实可行的统一目标；三是针对西藏班实际加强制度管理。[①] 莫保文的《关于办好内地西藏班之我见》（1994）结合当时内地西藏班办学过程中出现的问题，从政府宏观调控的角度提出建议和对策：一是关于转变观念提高认识问题；二是关于关系不顺和管理不善的问题；三是关于加强藏族学生的德育工作问题；四是关于升学计划、考试、招生制度不健全的问题；五是关于内地西藏班初中毕业生升学分流变动大的问题。[②] 李涵、承祖的《推动内地西藏班工作再上新台阶——内地

---

① 荣建庄：《强化管理是办好内地西藏班的关键》，《民族教育研究》1991年第1期，第64～67页。

② 莫保文：《关于办好内地西藏班之我见》，《民族教育研究》1994年第3期，第37～40页。

西藏班办学水平综合督导评估试点综述》（1997）总结了国家教委民族教育司组织西藏、河南、湖北的有关专家组成的内地西藏班办学水平综合督导评估小组对辽宁省内地西藏班办学水平进行督导评估试点的情况，认为此次督导评估试点工作是内地西藏班自1985年开办以来的第一次全面、系统的办学水平综合督导评估，并结合此次督导评估试点工作，提出要注意的问题：一是督导评估要从内地西藏班的特殊性入手；二是要从各地实际出发；三是评估指标体系要体现内地办学的导向；四是要处理好督学与督政的关系。① 这一阶段比较全面地研究该问题的成果是周旺云、吴德刚的《西藏教育的特殊性与内地办学研究》（1996）②，该著作作为国家教委教育科学"八五"重点研究课题，对西藏内地办学十年的历史与现状进行了梳理，并且对内地西藏班未来的改革与发展提出了思路与建议。

第二，比较关注内地西藏班学生管理工作，对学生管理工作中出现的一些问题进行思考和研究，提出了"爱、严、细"的管理原则，如徐临燕的《坚持"爱、严、细"的原则提高内地西藏班质量》（1994）对"爱、严、细"原则予以了具体阐释，达斌的《关注学生的内心世界搞好内地西藏高中班管理工作》（2002）在分析藏族高中生个性特征的基础上，提出藏族高中生班级管理中应该坚持的两条原则：以人为本和育人为本和谐统一原则和建立民主、平等的新型师生关系的原则。唐曼莲的《如何当好内地西藏班的班主任》（2000）、郁玉霞的《人人都是大写的我——我做内地西藏班班主任工作的几点体会》（2003），从实践工作中总结了班主任做好学生管理工作的经验和做法。

第三，初步探讨内地西藏班学生德育问题。内地西藏班学生德育问题历来是教育的重点和难点，从办学之初，研究者就结合工作实际探讨开展学生德育工作的有效途径和方法，如荣建庄、欧群阳的《内地西藏班学生思想教育初探》（1989）提出内地西藏班学生的思想教育必须注意以下四点：忌冷漠式、忌管束式、忌封闭式、忌单一式；陈凯的《从实际出发开展内地西藏班爱国主义教育》（1998）提出要注重内地西藏班爱国主义教

---

① 李涵、承祖：《推动内地西藏班工作再上新台阶——内地西藏班办学水平综合督导评估试点综述》，《中国民族教育》1997年第4期，第20～21页。

② 周旺云、吴德刚：《西藏教育的特殊性与内地办学研究》，四川民族出版社，1996。

育内容的针对性、形式的多样性；另外，戴凤林的《学知蓄能明理做人——探索内地西藏班思想教育工作新途径》（2000）、李葵模的《内地西藏班德育初探》（2004）等也初步探讨了内地西藏班学生思想政治教育工作的途径和方法。

另外，研究者也对学科教学、学生跨文化适应等方面的问题进行了初步探讨。总的来说，此阶段对内地西藏班的研究主要是为了服务和解决教育教学实践中遇到的实际问题，虽然研究成果对教育教学实践具有一定的指导性，但系统性、科学性和理论性有待提高。

2. 理论深化阶段（2005 年至今）

本阶段的相关研究成果有 150 余篇，尤其是近五年来，呈现快速增长趋势。本阶段内地西藏班一线教育教学实践者和高等院校研究人员成为研究主力。研究成果质量逐步提高，学术性日渐增强，近一半的文章发表于《民族教育研究》《西藏研究》及高等院校学报等学术性刊物，高等院校以学位论文居多。研究方法呈多样化态势，既有定量研究，又有定性研究，并且研究视角也涉及教育学、心理学、文化人类学、社会学、政治学、民族学等多个学科。本阶段的研究领域进一步拓展，有的是前一阶段已有研究成果的深化，如学生德育研究、办学政策研究，但大部分是新的研究问题，如学生跨文化适应、心理健康、学习心理、毕业生追踪研究等，研究重心由“管理”向“教学”转移，教学研究受到越来越多的重视。虽然研究视角不同，但研究者始终把目光聚焦在内地西藏班教育教学实践中到底存在哪些问题，问题产生的原因是什么，以及如何解决这些问题上。具体而言主要涉及以下几个领域。

第一，内地西藏班学科教学研究明显增多。从学科教学的角度探讨内地西藏班教学问题是理论深化阶段研究者们分析讨论较多的问题。如王冬云的硕士学位论文《内地西藏班历史教育的特殊性及其教学改进研究——以南昌十七中西藏班为例》（2005）、曾健的硕士学位论文《西藏班英语教学的现状和对策》（2006）、葛江海的《内地西藏班语文教学现状与思考》（2007）、廖树德的硕士学位论文《内地西藏班（校）藏族高中学生化学基本概念教学策略研讨》（2008）、王雪的《内地西藏班学生英语学习障碍分析及对策》（2009）、李晶的《合作学习在内地西藏班英语口语教学中的实验研究》（2010）、黄建国的《内地西藏生英语课堂质疑能力的培养研究》

（2010）、何苗的《地理教学减负增效的三个策略》（2011）、周含的《内地西藏班学生英语学习中存在的问题及解决措施》（2011）、王清松等的《内地西藏班初中英语教学现状浅析》（2011）、肖卓峰和刘海霞的《内地西藏高中班数学高效教学方法探究——以河北师大附属民族学院数学课堂为例》（2012）、段志勇的《谈"行为主义"教学法在内地西藏班数学教学中的利与弊》（2012）、王永建的《内地西藏班生物课堂中的有效教学》（2012）、朱文斌的《源于生活用于生活——浅谈内地西藏班物理生活化的教学策略》（2013）、史桂荣的《内地西藏班历史教学要注重教学与教养的融合》（2013）等，这些研究分别从英语、数学、语文、历史、化学、地理、生物、物理等学科教学的角度探讨了内地西藏班教学中存在的问题及解决对策。此外，还有一些零散的研究涉及作文、文言文、古诗词教学和考试复习等方面。

第二，对藏族学生学习心理的关注度大大提高。研究者从学习心理学角度研究探讨内地西藏班藏族学生的学习动机、学习风格、学习策略、自我效能感等问题。如北京西藏中学教科研小组的《内地西藏班（校）高中生学习动机调查报告》（2008）和《内地西藏班（校）高中生学习自我效能感特点的研究》（2009），通过调查表明：内地西藏班高中生的学习动机大都处于中等水平，但各动机因素中的动机水平在性别和年级上差异较大，而学习自我效能感则随年级的升高呈现显著下降的趋势。宋遂周的硕士学位论文《内地西藏班（校）高中生学习策略研究》（2007）分析了内地西藏班高中生学习策略的影响因素：从宏观上看，人口统计学变量中的年龄、年级、家庭背景、学校背景是内地西藏班高中生学习策略的重要影响因素，就个体而言，文化、教师、家庭、学校制度、非智力因素等是影响其学习策略发展的重要因素。[①] 崔占玲的《少数民族学生三语学习的心理学研究——以藏族学生为例》（2011）从三语学习的角度对内地西藏班学生的言语表征与加工的心理学机制进行了深入探讨，该书涉及三语者的语言表征研究、三语者的语言联系模式研究、三语者言语理解中的语码切换研究和三语者言语产生中的语码切换研究等4个大实验15个分实验。[②]

---

① 宋遂周：《内地西藏班（校）高中生学习策略研究》，中央民族大学硕士学位论文，2007。

② 崔占玲：《少数民族学生三语学习的心理学研究——以藏族学生为例》，暨南大学出版社，2011。

刘逢庆的《内地西藏班（校）学习困难学生转化策略》（2011）、刘慕霞的《内地西藏班（校）学生学习动机的实证调查与导向分析》（2010）、周立刚的《内地西藏班（校）高中生学习风格的影响因素分析——以北京、河北、山西三地西藏班（校）为例》（2011）等也对内地西藏班学生的学习心理特点进行了研究并提出相应策略。还有研究者从学科教学的角度探讨了内地西藏班学生的学习心理问题，如章灵舒的硕士学位论文《内地西藏学生英语学习动机缺失及对策的实证研究——以湖南民族职业学院为例》（2006）、刘俊芳的《影响内地西藏学生数学学习的因素及对策》（2007）、任璐的《物理教学中解决西藏学生记忆困难的实验研究》（2008）、付雪蓉等的《内地西藏学生英语学习动机缺失及教学策略》（2009）、任志宏的《汉藏高中生音乐学习心理比较——以河北师范大学附属西藏学校为个案研究》（2009）、孙爽的硕士学位论文《内地西藏班学生英语学习动机实证研究》（2011）、董勇的《内地西藏班高中生地理学习困难的原因及对策——以河北内地西藏班为例》、王炜的《内地西藏班（校）初中生物理学习困难的成因研究》（2012）、王静等的《内地西藏班（校）学生英语学习策略调查研究——以陕西临潼华清中学西藏班为例》（2013）等，这些研究结合英语、数学、音乐、物理、地理等学科探讨内地西藏班学生的学习心理特点并提出相应的对策建议。另外，何斐等的《汉藏初中生应对风格与学习适应性关系的研究》（2012）、冉苒等的《内地西藏班（校）初中生自我效能感与学业成绩的关系》（2012）、冉苒和戴玲玲的《内地西藏班（校）初三学生一般自我效能感与应对方式关系》（2012）等探讨了影响内地西藏班学生学业成绩的因素及其之间的关系。

第三，内地西藏班学生德育研究进一步深化。一是继续推进学生思想政治教育研究。本阶段研究者从课程、网络文化、管理等多个侧面继续深化内地西藏班学生思想政治教育研究，如杨水生（2008）的《采取有效措施加强内地西藏班（校）思想政治教育工作》，文小华、姚金海（2010）的《论思想政治课在高校内地西藏班学生民族团结教育中的作用》对内地西藏班学生的思想教育进行了探究，王凤云、冯瑞建的《在内地西藏班（校）开展生命道德教育的思考与实践》（2007），刘世涛的硕士学位论文《内地西藏中学生爱国主义教育研究》（2009），冯瑞建等的《网络文化对内地西藏班（校）学生德育工作的挑战及其对策研究》（2010），张立军的

《内地西藏班（校）加强爱国主义教育的探索》（2012），肖卓峰等的《多途径全方位扎实推进内地西藏班（校）德育建设》（2012），袁艳磊的《如何做好内地西藏高中班插班生德育工作》（2012），范德标的《加强过程管理提高德育实效》（2013），这些研究成果对如何提高内地西藏班学生的思想政治道德水平，以及如何开展德育工作进行了探究，为做好新时期内地西藏班学生的思想政治道德教育提供了有益借鉴。二是民族团结教育研究得到加强。2009 年 8 月 25 日，中宣部、教育部、国家民委联合发出通知，要求各级各类学校深入开展"民族团结教育"主题活动，进一步加强学校民族团结教育工作。内地西藏班作为"民族团结教育"的重要窗口，一直十分关注民族团结教育研究工作，研究者从学校实际出发，认真剖析了民族团结教育的实施状况及存在问题，积极探索民族团结教育的有效途径和方法，使内地西藏班各族学生牢固树立中华民族"多元一体"的国家意识。如李保堂的《把民族团结教育放在重要位置》（2010）从学校实际出发，提出了民族团结教育的途径和方法。严庆等的《民族交往：提升民族团结教育实效性的关键——以内地西藏班（校）为例》（2011）从民族交往的角度研究内地西藏班学生的交往活动，认为潜在的民族交往与接触有助于提升民族团结教育的实效性，但调查表明当前内地西藏班学生民族交往的程度、频率、范围还相当有限，该文提出了对策建议：一是更新观念，开放办学；二是创设情境，引领团结；三是依托课程，积极创建，从而提高民族团结教育的实效性。[①] 杨小凡的《内地西藏班学生国家认同意识的培养》（2012）通过思考和实践，提出了培养内地西藏班学生国家认同意识的途径和方法。

第四，深入反思内地西藏班教育政策。严庆的《解读我国一项特殊的民族教育政策——举办内地西藏班（校）》（2005），李爱红的硕士学位论文《西藏内地办学政策分析》（2007），李波、黄忠敬、陈进林的《内地西藏班民族教育政策执行工具分析》（2008）等从宏观角度探讨内地西藏班教育政策本身及政策制定、执行过程、执行效果、存在问题及对策。个别研究者以个案研究的方式探讨内地西藏班教育政策执行过程及不同办学模

---

① 严庆、刘雪杉：《民族交往：提升民族团结教育实效性的关键——以内地西藏班（校）为例》，《西藏民族学院学报》（哲学社会科学版）2011 年第 4 期，第 91~95 页。

式的优势和不足，如王维的博士学位论文《践行渐进西藏班——以武汉市西藏中学为例》（2009），李彬的硕士学位论文《内地民族班办学模式及其分析——以内地西藏班为例》（2009），雷召海的《关于内地西藏班（校）办学模式的政策分析——以武汉西藏中学为例》（2012），王升云、李安辉的《关于完善内地边疆班（校）办学模式的思考》（2012）等。此外，包丽颖的《论"西藏班（校）"模式的现代性》（2012）、勾洪群的《内地西藏班（校）政策的价值分析》（2012）等分析阐述了内地西藏班教育政策的价值。

第五，内地西藏班学生跨文化心理与教育成为新的研究领域。从文化心理视角研究藏族学生在藏汉两种生态文化环境和历史传统下的学业适应、跨文化适应、民族文化认同等问题，如严庆、宋遂周的《民族教育异地办学模式中的学生跨文化学习困难及其应对——以内地西藏班、内地新疆班为例》（2006）强调内地西藏班是跨文化教育的典型模式，是我国民族教育发展过程中具有鲜明时代特征的新形式，内地办学跨文化的教育实质决定了教育对象会对新的教育环境产生不适应，这种不适应源于民族文化的差异，同时，文章还提出了弱化文化中断给学生带来的不适应和困难的途径和措施。[①] 米玛扎堆的硕士学位论文《内地西藏班高中生跨文化教育中的文化适应研究——以北京市西藏中学为个案》（2007）、徐建的《内地西藏班学生学习生活适应性调查研究——以济南西藏中学学生为例》（2009）、侯首辉的硕士学位论文《内地西藏班（校）学生文化适应问题研究——基于成都西藏中学的调查》（2012）、冉苒的《内地西藏班（校）学生的跨文化适应》（2012）等也从文化认同与文化适应、非智力因素等方面探讨了内地西藏班学生的学校适应问题并提出应对措施。个别研究者还探讨了内地西藏班学生的民族文化认同问题，如孙德智的硕士学位论文《内地西藏班学生文化认同研究》（2008）选择质的研究方法，采取访谈、观察和文献分析等手段，搜集内地西藏班学生文化认同的案例，从认知、情感和意向三个维度，考察内地西藏班学生对自身民族文化和主流民族文化在认同态度上的差异，思考教育与民族文化认同的关系。朱志勇的《学

---

① 严庆、宋遂周：《民族教育异地办学模式中的学生跨文化学习困难及其应对——以内地西藏班、内地新疆班为例》，《民族教育研究》2006 年第 2 期，第 64～68 页。

校教育情境中族群认同感的建构——内地西藏班的个案研究》（2006）采用日记与文件分析法、访谈法与非参与观察法对某内地西藏学校进行个案分析，研究发现，学校对于学生族群认同感的建构存在两种张力：一是国家和学校通过国家意识形态的渗透而指定的学生的族群认同感，二是学生通过自身藏族文化符号的再现而声称的族群认同感。国家和学校期望藏族学生在中华民族多元一体化格局的框架下建构族群认同感，以便实现其政治与经济利益。[①] 在此基础上，朱志勇形成了他的英文专著《学校教育与民族认同——一所中国内地西藏班的政治学》。

第六，内地西藏班课程与教材的研究成为新的亮点。以前有关内地西藏班课程的研究并不多，主要是对以"藏文化"为特色的校本课程、课程设置的探讨，如左光银的硕士学位论文《内地西藏班（校）"藏族文化"校本课程开发与实施研究》（2007），该研究主张将藏族文化纳入语文课程视野，认为要通过对文化自身价值和课程教育功能的考察与分析，在确定课程性质、理念和目标的基础上，对"藏族文化"课程的内容加以选择，设计教材的编写思路，进行"藏族文化"校本课程开发尝试，构建一个较为合理的语文校本课程模式。[②] 冯坤的硕士学位论文《内地西藏班（校）藏汉英三语教育的课堂志研究——以重庆市西藏中学为例》（2011），以重庆西藏中学藏汉英三语教育为个案，长时间深入重庆西藏中学开展课堂志研究，对藏汉英三语教育的课堂进行全程"深描"，呈现了内地西藏班藏汉英三语教育存在的问题，认为语言的学习要结合其背后的文化，教师在教学中要有意识地结合藏汉英三语赋予文化内涵，结合藏族学生的文化背景达到很好的教学目标，使藏族学生在内地语言教学过程中减少不必要的阻力，帮助他们融入主流社会的同时，加大藏语言文化的学习力度。该文从教育评价体系、教师培训、校园文化建设、教材建设、藏区小学三语教育五个方面提出对策建议。[③] 王凤云、冯瑞建的《内地西藏班（校）四年

① 朱志勇：《学校教育情境中族群认同感的建构——内地西藏班的个案研究》，《南京师大学报》（社会科学版）2006 年第 4 期，第 82~88 页。

② 左光银：《内地西藏班（校）"藏族文化"校本课程开发与实施研究》，南京师范大学硕士学位论文，2007。

③ 冯坤：《内地西藏班（校）藏汉英三语教育的课堂志研究——以重庆市西藏中学为例》，西南大学硕士学位论文，2011。

制高中课程设置研究》（2012）认为内地西藏班课程设置要突出内地西藏班的办学理念和办学目标，突出爱国主义和民族团结教育，要在扎实搞好必修课的基础上，切实搞好选修课、综合实践课和校本课，满足藏族学生个性发展的需要，在学业水平测试上凸显亮点。

第七，内地西藏班教师在多元文化教育环境中的自觉成长受到关注，如汤琳的硕士学位论文《多元文化教育过程中教师成长追叙与前瞻——成都西藏中学语文教师个案研究》（2007）采用质的研究方法，选取内地西藏中学三位一线语文教师为研究对象，通过对他们课堂教学以及课下生活的观察、访谈，归纳了从事多元文化教育的教师在成长过程中表现出两个特征：一是教师的自我意识有力地推动了角色定位；二是教师在反思中提高了教育实践能力，并勾勒出多元文化教师的前瞻性形象：首先，正确评价自己在多元文化教育中承担的角色，客观看待自己的文化，并在教学中关注少数民族学生特殊的文化背景，通过教学帮助他们正确地认知自己的民族文化；其次，通过反思性教学札记、教学档案等方式进行反思，并在教学中与同事、教育理论专家合作，成长为专家型教师；最后，通过实施教师的课程权利，实现教师专业自主化发展。[①] 郭笑尘的硕士学位论文《多元文化教育视野下教师角色转变研究——以漳州三中高中西藏班为个案》（2010）认为应该加强多元文化教育意识与角色意识，提升多元文化教育环境中的教师素质，转变多元文化教育视野下的教师角色。珠扎的《内地西藏班（校）藏文教师必备的素质》（2011）结合自身作为藏文教师的工作体验，认为藏文教师需要有深深的爱国主义情感、强烈的责任感和较高的专业素质。

第八，内地西藏班学生心理健康问题成为重要议题。内地西藏班学生少年离家求学，在学校长期寄宿生活，他们独自面对和处理生活、学习、情感上的矛盾和困惑，本阶段研究者对这一特殊青少年群体的心理健康问题十分关心，如张玉娟等的《藏族学生情绪与自我意识的相关分析》（2005），刘昌斌的硕士学位论文《民族学生在内地城市中学的挫折问题及管理研究》（2006），张瑞娟的硕士学位论文《成都市城市中学藏、汉高中

---

① 汤琳：《多元文化教育过程中教师成长追叙与前瞻——成都西藏中学语文教师个案研究》，四川师范大学硕士学位论文，2007。

学生主观幸福感的比较研究》（2007），么丽、普穷穷的《对内地西藏班藏族学生心理健康状况的调查分析》（2009），孙亚灵的硕士论文《西藏班中学生社会支持、孤独感与心理健康的关系》（2010），冉苒等的《内地藏汉初中生人格特质比较研究》（2010），刘桂雪等的《内地西藏班（校）藏族高中生自我意识调查分析》（2010）从心理学角度对内地西藏班（校）学生心理健康状况进行调查研究并提出应对措施。

第九，内地西藏班学生管理研究继续推进。随着时代的发展，学生接受信息的渠道日益多元，加上民族文化和习俗的差异，内地西藏班学生的管理也变得更为复杂。杨琢孺、乔庆刚的《"放、信、点、赏"在内地西藏班（校）学生管理工作中的尝试》（2010），柳海芳的《疏导教育：管理学生的有效方法》（2011），王平的《构建内地西藏班学生服务型管理模式》（2006），卜一的《内地西藏班学生管理工作的分析研究》（2011），王坤的《关于内地西藏班管理的若干经验》（2012）等从实践体会出发对学生管理问题提出了对策建议。徐剑宏的《以丰富多彩的活动促进内地西藏班学生身心和谐发展》（2010）、杨艳华的《班集体挫折教育案例——一次比赛失败之后》（2012）等从学生课外活动、校园文化生活的角度总结了做好学生管理工作的经验和做法。

另外，郭文丽的硕士学位论文《上海市行政管理学校西藏班中专毕业生追踪调查研究》（2008）、郭龙岩的硕士学位论文《内地西藏班（校）藏族学生跨文化成长的社会化研究》（2008）对内地西藏班毕业生的工作、生活、发展状况进行了追踪研究，探讨了内地西藏班对藏族青少年成长、成人、成才的影响和作用。

（二）国内外教学模式发展状况

1. 国外教学模式发展现状

国外教学模式大体经历了三个发展阶段：以赫尔巴特及其弟子提出的五段教学模式占主导地位的单一教学模式时期、以杜威为代表的实用主义教学模式与以赫尔巴特为代表的传统教学模式两大主要教学模式相互对峙和冲突时期、教学模式类型朝多样化方向发展时期。对教学模式的系统研究，通常认为，以美国学者乔伊斯（B. Joyce）和韦尔（W. Weil）1972 年合著的《教学模式》一书为标志。该书认为"教学模式是构成课程和作业、选择教材、提示教师活动的一种范式或计划"。该书系统介绍了 22 种教学模式，首次采用了较规范的方式进行分类和阐述，最后归纳成信息处理、个人发展、社会相互作用和行为教学四大教学模式，即信息加工教学模式、个性教学模式、合作教学模式和行为控制教学模式。70 年代末，美国佛罗里达大学 D. 埃金等人吸取多种教学模式所长，合著了《课堂教学策略——课堂信息处理模式》一书。在美国，有许多大学专门开设有关教学模式的课程。国外教学模式的发展和变革呈现以下特征：在教学思想上，从注重学生的知识传授向开发学生的智能转变。20世纪 50 年代以前，教学模式主要着眼于知识的传授量及其巩固程度；20世纪 50 年代以后，教学模式更关注发展学生的智力和培养学生的能力；在培养目标上，从重视学生的智力因素向重视学生的智力因素和非智力因素的协调发展转移。现代教学模式要求教师在教学过程中，从充分重视发挥教师的主导作用向既充分重视发挥教师的主导作用又强调学生学习的积极性转变。[1]

2. 国内教学模式研究发展现状

在我国教育界，直到 20 世纪 80 年代初，教育理论界才开始重视研究有关教学模式理论，并逐渐成为教学论研究的一个热点。目前许多教育学、心理学书籍中有专门章节讨论教学模式。以"教学模式"为主题在中国学术资源总库（CNKI）搜索从 1981 年至 2013 年 7 月 31 日发表的文章，其中核心期刊 18561 篇、博士学位论文 250 篇、硕士学位论文 14444 篇，在国家图书馆馆藏中文图书目录中搜索到有关"教学模式"的著作 48 部。总的来讲，这些研究工作主要有三个方面：一是介绍和引进国外一些比较有影响的教学模式；二是对国外一些著名的教学模式进行注释、修正和完善，并尝试和中国实际相结合，努力促进这些教学模式本土化；三是在学习和借鉴国外教学模式的基础上，开始了构建有中国特色的教学模式的探索。[2] 当前，我国教学模式的探索不断推陈出新，出现了一些值得关注的有特色的教学模式，如自主探究教学模式、创新教学模式、活动教学模式、问题解决教学模式及合作教学模式等。

---

① 单中惠：《外国中小学教育问题史》，山东教育出版社，2005，第 264 页。
② 王本陆主编《课程与教学论》，高等教育出版社，2012，第 184 页。

（三）少数民族学校教育的教学模式相关研究

相比而言，针对少数民族学生群体的教学模式研究成果比较少。国内对这一问题的探讨从 20 世纪 90 年代才起步，涉及双语教学模式、民族预科教学模式、远程教育教学模式以及汉语、英语、体育、音乐等学科教学模式等几个方面，其中对于双语教学模式的探讨居多。关于双语教学模式比较有代表性的研究成果如朱崇先的《双语现象与中国少数民族双语教育体制和教学模式》（2003），该研究指出，目前我国的双语类型大致可划分为五种，即：地域性少数民族兼用汉语型、地域性少数民族兼用少数民族语言型、少数民族兼用汉语型、少数民族兼用少数民族语言型、汉族兼用少数民族语言型。在少数民族双语教育体制下逐步形成了"普通双语""特殊双语""辅助双语""高等专业双语"等不同层次的双语教育类型，以及"民族语文主导""汉语文主导""民汉语文兼用"等双语教学模式。① 万明钢、刘海健的《论我国少数民族双语教育——从政策法规体系建构到教育教学模式变革》（2012）认为对双语教育中学习与教学规律的研究严重滞后，成为制约双语教育质量提升的瓶颈，主张重建双语教育体系，转变研究范式，在研究路径上，要关注双语教育现实中的问题，要深入到学校和课题中，研究教师的教学和学生的学习过程，研究要聚焦于具体语言的双语教学，如藏语和汉语，而不是抽象的双语教育，总结、提炼和推广学校在不同语言生态环境中双语教学改革的经验。提出双语教育教学体系变革的路径与方法：一是鼓励民汉合校，建立开放兼容的双语教育体系；二是建立尊重选择意愿、多元选择的双语教育模式；三是制定双语课程标准，丰富双语课程资源；四是提升双语师资水平，探索双语教学方法。② 王鉴、李艳红的《藏汉双语教学模式研究》（1999），郭卫东的《双语教学模式与新疆民族教育》（1999），王莉颖、熊建辉的《探索中国特色的双语教学模式——全国双语教学研讨会综述》（2004），杨淑芹的《新疆民族基础教育双语教学模式的回顾与选择》（2008），刘怀国的《多媒体视

---

① 朱崇先：《双语现象与中国少数民族双语教育体制和教学模式》，《民族教育研究》2003 年第 6 期，第 72 ~ 77 页。

② 万明钢、刘海健：《论我国少数民族双语教育——从政策法规体系建构到教育教学模式变革》，《教育研究》2012 年第 8 期，第 81 ~ 87 页。

阈下的少数民族双语教学模式探究》（2008），马国俊的《民族高校〈大学计算机基础〉藏、汉双语教学模式研究》（2009），张树安、郭娟的《民族高校多层次双语教学模式的探索与实践》（2009），吴宏岭的《新疆少数民族教师双语培训精读课程教学模式探析》（2010），特木尔巴根、佟志英的《高等院校民族预科教育及蒙汉双语教学模式探析——以内蒙古财经学院〈蒙汉语言比较与转换〉课为例》（2010）等，这些研究也从不同的角度探讨了双语教学模式问题。

直接对内地西藏班教学模式进行探讨的文章比较少：张燕华的硕士学位论文《对内地西藏班学生数学学习能力培养的教学模式的实践研究》（2007）通过对内地西藏班学生的数学学习进行观察、比较和实地调查，得出了他们数学学习的能力特点，并对藏族学生数学学习困难的成因进行分析，在此基础上构建起了适合藏族班学生数学学习的新教学模式：树状化的课程结构、情境化的教学方法、和谐化的教学过程、愉悦化的教学评价，并提出了教学的"三个三"教学策略，即三种途径构建教学内容、三步走教学法和"三三制"教学途径。① 刘桂雪、刘海英的《内地西藏班（校）同班教学模式探索》（2009）以河北师范大学民族学院为例，探讨了藏汉合班教学新模式。邓荣科的《为了每个学生的发展——武汉西藏中学"齐"字教学模式的实践》（2010）总结了武汉西藏中学的教学模式特点，即以每个学生的发展为目标，将学生班级分成行政班与教学班，行政班是具有行政职能的标准班级，而教学班是各学科根据学生的层次进行的班级划分，教师和学生均实行"走班制"，这种教学模式对学生综合素质的提升和个性的彰显都非常有益。② 于娟的硕士学位论文《分层教学在内地西藏班英语教学中的实证研究》（2011）在问卷调查、分组实验等实证研究的基础上，通过对内地西藏班学生的分层、对教学目标的分层、对课堂教学的分层、对学生作业的分层以及对教学评价体系的分层研究，指出分层教学的范围、具体方法、措施和手段，并通过数据等的对比分析，来论证分层教学对藏族学生学好英语的可行性、重要性和必要性。③ 蒋汉

① 张燕华：《对内地西藏班学生数学学习能力培养的教学模式的实践研究》，苏州大学硕士学位论文，2007。

② 邓荣科：《为了每个学生的发展——武汉西藏中学"齐"字教学模式的实践》，《西藏教育》2010 年第 2 期，第 57～59 页。

③ 于娟：《分层教学在内地西藏班英语教学中的实证研究》，南京师范大学硕士学位论文，2011。

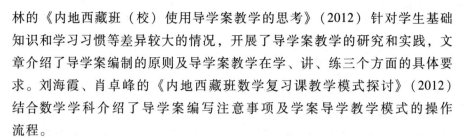

林的《内地西藏班（校）使用导学案教学的思考》（2012）针对学生基础知识和学习习惯等差异较大的情况，开展了导学案教学的研究和实践，文章介绍了导学案编制的原则及导学案教学在学、讲、练三个方面的具体要求。刘海霞、肖卓峰的《内地西藏班数学复习课教学模式探讨》（2012）结合数学学科介绍了导学案编写注意事项及学案导学教学模式的操作流程。

从总体上看，首先，由于举办内地西藏班的历史较短，有关内地班教学方面的探索也尚属起步阶段，研究成果多是从一个侧面来探讨内地西藏班的教育教学问题，缺乏对内地西藏班教学理论与实践的整体研究，也无法对内地西藏班的教学具有普遍性指导意义。其次，关于内地西藏班教学问题的研究多是从实践角度进行的经验总结，缺乏对教学现状的深度扫描和教学理论的提升。最后，由于内地办学客观环境的影响，有些研究者往往站在主流民族的立场上，带着主流民族的客位文化观点来研究内地西藏班的教育教学问题，一味强调主流文化在教学中的主导作用，如课程设置与教学内容与汉族学生相同，评价标准与内地汉族学生一致，忽视藏族文化特征和价值，较少考虑少数民族学生的心理和发展意愿，因此需要站在"中华民族多元一体"的框架下，在多元文化教育背景下研究和设计内地西藏班的教学模式。

三　核心概念界定

（一）内地西藏班

内地西藏班是指在内地举办的、面向西藏自治区招生的班（含单独建班、混合编班）和学校，很多政策文件中都是用"内地西藏班（校）"这一概念来表述的。1984年教育部、国家计委下发落实中央关于在内地为西藏办学培养人才指示的通知。从1985年开始，北京等内地20个省市举办了西藏班，秋季招收首届1300名学生。1989年开始在内地举办西藏中专、中师班和高中班。2002年根据西藏经济社会和教育发展的实际，国家对内地西藏班的招生进行了调整，初中生招生规模控制在一年1700～1800人，同时开始招收内地西藏高中班散插班，目前内地有18个省市50多所学校办有内地西藏高中班。"十二五"期间，内地西藏高中班招生规模将扩大到3000人。截至2010年，全国先后有20个省、直辖市的27所学校开办内地西藏班，有53所内地重点高中、90多所高等学校招收西藏插班生，累计招收3.49万人，2010年在校生总数近1.8万人。另据中央办学规划，内地西藏中职班于2010年启动。目前，内地西藏中职班在校生5800名，分布在12个省、直辖市的46所办班学校。2013年之后内地西藏中职班招生规模将稳定在5000人，2015年在校生规模将稳定在1.5万人。① 内地西藏班办学近30年，初步形成了包括初中、中专（含中师、中职）、高中、大学在内的内地班办学体系，招生人数也达到了空前的规模。应该说，内地办学已经成为西藏教育的一个重要补充形式，在西藏人才培养中扮演着重要角色。从内地办学的发展历程可见中学教育（初中、高中）是内地办学的主体类型，也是本研究关注的对象。

（二）教学模式

1. 教学模式的含义

"模"在古汉语中一般指铸造器物的模子。据《说文解字》注，"以木为之曰模，以竹曰范，以土曰型"②。"式"在《说文解字》中被解释为"法也"，本为规范，法度义。③ 模式合在一起，常被解释为模型、规范或标准样式。《现代汉语词典》（2002年增补本）中就把"模式"一词解释为"某种事物的标准形式或使人可以照着做的标准样式"④。自从教育学成为一门独立的学科，教学模式的思想也就萌芽了。但把"教学模式"作为一个独立的概念进行研究，通常认为是以20世纪70年代美国学者乔伊斯（B. Joyce）和韦尔（M. Weil）1972年合著的《教学模式》一书为标志。此后，教学模式的研究也成为国内外教学理论与实践领域关注的热点问题之一。但到目前为止，学者们对"教学模式"这一概念的理解并不太一

---

① 《教育部、国家发展和改革委员会、财政部将在内地部分省（市）举办内地西藏中职班》，http://news.china.com.cn/rollnews/2010－07/13/content_3182027.htm，2010－07－13。

② 苏宝荣：《说文解字今注》，陕西人民出版社，2000，第438页。

③ 苏宝荣：《说文解字今注》，第177页。

④ 中国社会科学院语言研究所词典编辑室编《现代汉语词典》（2002年增补本），商务印书馆，2002，第894页。

致。比较典型的有如下几种：（1）范型说。比如乔伊斯和韦尔在《教学模式》一书中指出"教学模式是构成课程和作业、选择教材、提示教师活动的一种范式或计划"[①]。《中国百科大辞典》认为"教学模型是应用于特殊的教学环境，针对不同的教学目的、教学内容和教学对象而设计的教学范式或教学计划"[②]。（2）结构说。《教育大辞典》把教学模式界定为"反映特定教学理论逻辑轮廓，为实现某种教学任务的相对稳定而具体设计的教学活动结构，具有假设性、近似性、操作性和整合性"[③]。《教育与心理辞典》认为"教学模式指教学过程的整体结构形式，把教学的整个过程作系统处理时，举凡影响教学成果的所有因素都可包括在模式之中"[④]。（3）方式方法说。我国学者叶澜教授认为："教学模式俗称大方法。它不仅是一种教学手段，而且是从教学原理、教学内容、教学的目标和任务、教学过程直至教学组织形式的整体、系统的操作样式，这种操作样式是加以理论化的。"[⑤] 此外，还有学者提出了教学模式的程序说、策略说、理论说等[⑥]，之所以对教学模式的概念界定存在很多分歧，原因在于学者们考虑问题的出发点和侧重点存在很大差异。

尽管人们对教学模式的概念界定并不统一，但对教学模式的理解也达成了一些共识，比如，学者们基本上认可教学模式既是教学基础理论的具体化，又是教学具体经验的概括化，是教学基础理论与教学实践的中介，在教学理论与教学实践之间发挥着桥梁作用。教学模式的基本结构包括理论基础、教学目标、操作程序、实现条件（手段和策略）、教学评价等几个方面。这些结构的不同侧重点组合，就构成了不同的教学模式。正如叶澜教授指出的，"不同的教学模式有各自不同的侧重点，有的侧重过程，有的侧重组织形式，等等"[⑦]。

为了更好地理解教学模式的概念，我们需要对办学模式、培养模式、

---

① 丁证霖、赵中建等编译《当代西方教学模式》，山西教育出版社，1991，第1页。

② 《中国百科大辞典》，中国大百科全书出版社，1999，第2677页。

③ 《教育大辞典》，上海教育出版社，1997，第717页。

④ 《教育与心理辞典》，福建教育出版社，1988，第250页。

⑤ 叶澜主编《新编教育学教程》，华东师范大学出版社，1993，第332页。

⑥ 全梁：《教学模式概念研究之研究》，《内蒙古师范大学学报》（教育科学版）2009年第12期，第30~32页。

⑦ 叶澜主编《新编教育学教程》，第332页。

教学策略等这几对相关概念进行区分。所谓办学模式是指举办、管理或经营学校的体制和机制的样式或范式①，包括办学主体、投入机制、招生对象、办学形式、调控方式。培养模式是办学模式的下位概念，是指在一定的教育思想和教育理论指导下，为实现培养目标（含培养规格）而采取的培养过程的某种标准构造样式和运行方式，一般可包括专业设置模式、课程体系状态、知识发展方式、教学计划模式、教学组织形式、非教学或跨教学培养形式和淘汰模式等。② 教学模式是培养模式的下位概念，也是培养模式的主体成分。而教学策略则是教学模式的下位概念，它是"建立在一定理论基础之上，为实现某种教学目标而制定的教学实施总体方案，包括合理选择和组织各种方法、材料，确定师生行为程序等内容"③。教学策略带有非常强的指向性、可操作性和灵活性。从总体上看，教学模式所涵盖的范围从层次上看介于培养模式与教学策略之间，它比培养模式的范围略小，体现的是人才培养模式在教学上的特点。同时，与教学策略相比，教学模式又属于较高层次，它包含着教学策略，制约着教学策略的选择和运用。几者的关系可以从图1-1中反映出来。

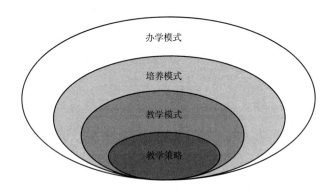

图1-1　办学模式、培养模式、教学模式、教学策略关系

　　基于上述考虑，本研究认为，教学模式是在一定的教学理论或教学思想指导下，在教育实践中逐步形成的相对稳定的、较系统的教学计划或范

　①　赵庆典：《论高等学校办学模式的发展与创新》，《教育研究》2002年第3期，第28～32页。
　②　龚怡祖：《略论大学培养模式》，《高等教育研究》1998年第1期，第86～87页。
　③　顾明远主编《教育大辞典》，上海教育出版社，1998，第712～713页。

型，它包括从教学原理、教学目标任务、教学内容、教学组织形式、教学过程直至教学评价在内的完整体系。

教学模式又可分为宏观和微观两种，宏观的教学模式可以把某一学校类型作为一个整体，涉及一类学校教学运作的完整体系，微观的教学模式可以是一门学科、一门学科不同教学板块甚至一堂课的教学运作体系。本研究中对教学模式的探讨包含宏观与微观两个层面，宏观上即从学校层面来探讨一类学校的教学运作问题，同时，也将尝试从课堂教学和学科教学的角度来探讨微观的教学模式问题。

2. 内地西藏班教学模式

从学校类型上说，内地西藏班作为一种特殊的学校形态，对其培养目标、教学内容、教学组织形式、教学过程以及教学评价都有一套自己的体系，这本身就构成了一个独特的教学模式类型。在内地西藏班近30年的教育实践中，以组织形式为明显特征，初步形成了独立建校式教学模式、混校独立编班式教学模式、散插式教学模式等几种典型的教学模式类型。本研究既关注内地西藏班教学的总体情况，又重点关注了不同组织形式下内地西藏班教学模式的类型及特征。在宏观教学模式的基础上，本研究还将从微观的课堂教学模式和学科教学策略层面进行初步探索，旨在推动内地西藏班教学模式的研究不断深入，为内地西藏班教学质量的提升提供理论支撑与实践参考。

（三）教学成效

所谓教学成效主要是指教学的成绩、效果，包括教师的教授成效与学生的学习成效。教授成效在很大程度上也是通过学生的学习成效来反映的，因此，本研究对教学成效的考察主要集中在对学生学习成效的考察上。

四　研究思路与研究方法

（一）研究思路

目前，在内地西藏班的教学模式上，有独立建校式教学模式、混校独立编班式教学模式、散插式教学模式等几类，每一类模式的优势和不足是什么？这对内地西藏班今后的改革和发展具有重要意义。本课题组经过认真研究，综合考虑了代表性与就近调研的原则，选取了山东济南西藏中学、北京西藏中学、山西大学附属中学西藏班、山东泰安一中西藏班、河北师大附属民族学院西藏班作为调查重点。其中，北京西藏中学、山东济南西藏中学、山西大学附属中学、河北师大附属民族学院均是首批开设西藏学生内地班的学校。山东济南西藏中学现为内地西藏初中班，同时也是全国唯一的边境招生班，在校生 600 多人，是内地西藏初中班中招生规模比较大的学校；北京西藏中学现有在校生 800 多人，是全国内地西藏高中班招生规模最大、培养西藏毕业生人数最多的内地西藏独立校，截止到 2013 年 7 月，累计为西藏培养高中毕业生 3900 多名；山西大学附属中学内地西藏高中班，有独立西藏班和散插班两种教学组织形式，其中独立西藏班每届招生 80 余人（两个班），散插班每届招生 20 人①；泰安一中从 2003 年下学期开始招收西藏学生，是山东省接收西藏生重点中学插班就读的 8 所重点中学之一，散插班西藏生人数较多，在校生 90 余人，完全实行散插教学，多次在全国内地西藏班会议上作典型经验介绍；河北师大附属民族学院是由三系（外语系、数信科学系、艺术系）和"三部"（内地西藏高中部、民族预科部、公共教学部）组成的多民族、多层次、多元化的民族学院，其中的西藏部属于混校独立编班形式②，西藏班在校生 300 余人。③ 这几所学校在全国内地西藏班中具有比较强的代表性，本研究重点围绕上述内地西藏班展开，期望通过对这几所学校的深描，从总体上把握内地西藏班每种教学模式的特点，同时，研究还选取了北京八十中学西藏班、浙江菱湖中学西藏班、西藏自治区拉萨三中、北京一一九中学以及北京的几所高校进行补充调查，力求全面了解内地西藏班教学取得的成就与存在的共性问题，以积极探索更切合西藏社会发展和西藏学生实际的内地西藏班教学改革思路。

---

① 但调查中相关老师反馈，近两年散插班学生转回独立西藏班的人数较多，在散插班学习的西藏生只有十九人。

② 河北师范大学附属民族学院虽然是混校独立编班的教学模式，但由于其高中部仅面向西藏招生，除了西藏高中班以外，学院还有大专班和预科部，与高中的教学不是一个体系，该校的西藏班在教学上更接近独立建校的教学模式。因此，本研究在做内地西藏班教学模式类型分析时把河北师范大学附属民族学院划归独立建校式教学模式一类。

③ 这几个内地西藏班的学生数除北京西藏中学为 2013 年采集数据以外，其余学校均为 2012 年 5 月课题组调研时收集的数据。

（二）研究方法

1. 研究的方法论：主客位研究法

主位研究（emic approach）与客位研究（etic approach）是文化人类学研究的方法论。主客位研究的概念由美国结构语言学家派克（K. L. Pike）首次提出，美国文化学家哈里斯（Marvin Harris）和跨文化心理学家特里安第斯（Harry C. Triands）等对主位研究和客位研究分别进行了深入的研究和运用。所谓主位研究，是指研究者站在被研究者的立场上对被研究者的文化所进行的研究。[①] 所谓客位研究，与主位研究相对，是指研究者运用自己已有的观点和方法对被研究者的文化所进行的研究。[②] 其中主位研究更尊重研究对象的发言权，提高了研究对象的地位，更容易在与当地人的对话中进入被研究者的情感领域，对被研究者的本土化概念和语言及其意义会有更加深刻的理解。但这种研究范式也有其自身的局限，比如研究数据易受研究对象的主观随意性影响，研究者可能对"自己"文化中人们常有的行为习惯、语言、习俗等熟视无睹，对被研究者日常生活中流露出来的本来具有的隐含的意义失去敏感性等。而客位研究则提高了研究者的地位，研究者运用科学规则对所搜集的材料和数据进行解释，但客位研究的内在特性决定了研究者很难根据被研究者的理解和解释进行意义的建构，同时研究者作为观察者可能会因为文化的差异、文化假设上的偏差而产生错误的认识。因此，主位研究和客位研究都有自己的优势与不足，在实际研究中常常结合在一起运用。主位研究与客位研究有机结合，更有利于形成研究者、被研究者与读者三者话语之间的共享与交流。主客位研究作为一种方法论已经在文化学、人类学、语言学、民族学等多个学科领域得到广泛运用。

具体到本研究中，课题组对内地西藏班教学模式及其成效问题的考察也从主客位的双重视角加以分析，即一方面通过观察、问卷和结构性访谈来收集内地西藏班的教学成效与问题信息，比如对学生学业成绩、学校升学率、学生学校适应问卷等信息的采集，同时考虑到西藏学生和西藏文化

---

① 陈国强主编《简明文化人类学词典》，浙江人民出版社，1990，第 147 页。
② 陈国强主编《简明文化人类学词典》，第 377 页。

的特殊性，为了更深入地了解内地西藏班学生的真实想法和感受，笔者委托自己在中央民族大学任教班级的西藏学生做了内地散插班学生和在京西藏大学生的访谈，后文呈现的相关访谈内容部分是由藏语翻译成汉语的。

2. 方法与抽样

在具体的研究方法上，本研究重点采用了问卷法、访谈法、观察法等几种方法。

在具体调查对象上，学生样本采取分层抽样的方式，在几所学校 3 个（或 4 个）年级中分年级随机抽取班级进行，问卷采取现场发放、现场回收，回收率 100%。在问卷调查中，共涉及内地西藏班学生 650 人，其中高中生 460 人，初中生 190 人；女生 359 人，占 55.2%；藏族 581 人，占 89.4%①；农牧区学生 296 人，占 45.5%，其中，初中阶段农牧区学生占 60%，高中阶段农牧区学生占 39.6%。② 学生家庭经济情况很好和较好的占 44%，困难的仅占 7%（见表 1 - 1、图 1 - 2）。

表 1 - 1　抽样调查样本情况统计

单位：人

	样本学生数	其中女生	其中藏族	其中农牧区
济南西藏中学	190	107	180	114
北京西藏中学	129	76	115	44
山西大学附中	127	58	100	48
泰安一中	76	43	63	41
河北师大附属民族学院	128	75	123	49
合　计	650	359	581	296

---

① 内地西藏班（校）除了藏族外，还有部分援藏干部子女，他们多为汉族，其中，北京西藏中学汉族学生占 3.2%，山东济南西藏中学汉族学生占 1.6%，山东泰安一中内地西藏班学生中汉族占 14.5%，山西大学附中内地学生中汉族占 17.3%。此外，还有部分其他少数民族，如门巴族、珞巴族等。

② 按照 1992 年国家教委办公厅下发的《内地西藏中学班（校）管理实施细则》规定内地西藏初中班每年录取的新生中，农牧民子女应占 70% 以上，2010 年教育部颁布的《内地西藏班、内地新疆班高中班管理办法》也规定，内地西藏高中班招收少数民族农牧民子女应占招生总数的 70%。但根据本课题的不完全统计，农牧民子女在内地西藏班生源中所占比重低于国家规定标准。

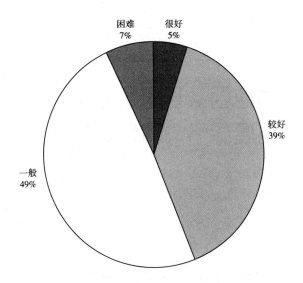

图 1 - 2　调查样本家庭经济情况统计

为了更深入地了解西藏学生在内地的学习生活状况，课题组还选取了山西大学附中和泰安一中两所学校高一、高二的本地学生 193 名作为参照对象进行了问卷调查，同时对 30 余名西藏中学生进行了深入访谈。为了全面了解和把握西藏班教学的基本情况，课题组选取汉语文、藏语文、数学、物理、化学、政治、历史等学科进行随堂听课，累计听课 30 余节。此外，还对其中两所学校的 70 名教师做了问卷调查，访谈校领导、一线教师 40 余人次。另外，还在中央民族大学、北京交通大学、北京外国语大学、中国青年政治学院、北京理工大学等 5 所高校选取了西藏大学生 87 人（其中中学在内地班读书的 50 人）进行了问卷调查，并对其中的十余人做了深入访谈，力求从多层面、多角度、多群体来深入了解西藏内地班教学的整体情况。

在调查后期的数据资料整理中，问卷用 SPSS19.0 进行统计分析[①]，为了便于对访谈资料进行整理，访谈对象全部进行了编号，其中学生均以 S 标明，教师均以 T 标明。后文涉及相关问题不再赘述。

---

① 有些问卷个别题目未作答，统计时有缺失值。

第二章 内地西藏班的历史考察：
发展脉络与阶段特征

  作为一项民族政策，西藏内地办学古已有之。早在唐代，当时长安的国子监就为少数民族首领子弟开放。在松赞干布时期，随着唐蕃和亲，这种文化教育交流不断加深、大批吐蕃贵族子弟被派到长安国子监学习。在元代，中央官学包括国子学、回国子学和蒙古国子学。元朝藏族的政教高层人物及其子女，入大都中央官学学习，达到一定数量。在明朝，据《明实录》记载"四川天全六番招讨使高敬来朝……且遣其子虎入国子学"，明朝为加强藏区的管理，急需培养一批青少年为喇嘛，并给其以重要政务。[①] 此外，清朝以及民国时期还在内地举办过蒙藏学校，专门为蒙古族和藏族等少数民族培养人才。

  西藏和平解放前，1950 年冬，毛主席命令进藏的人民解放军帮助西藏人民发展文化教育事业。1957 年 6 月，在周恩来、邓小平等中央领导的亲切关怀下，决定在内地筹建西藏干部学校。经过一年多的筹备，经中央批准，改建为西藏公学，于 1958 年 9 月 15 日在陕西省咸阳市正式开学。1964 年 7 月，经中央批准，将西藏公学改为西藏民族学院。多数毕业生后来成为民主改革和社会主义建设的骨干。这些都为新时期内地西藏班的创建积累了丰富而宝贵的教育教学经验。

[①] 孟作亭：《藏族教育史》，韩达主编《中国少数民族教育史》第二卷，云南教育出版社，1998，第 234 页。

一 内地西藏班的创建背景

党的十一届三中全会以后，党和国家的工作重心转移到经济建设。1979 年，中共中央政治局讨论国民经济调整问题，提出了"调整、改革、整顿、提高"方针。1980 年，中央对西藏工作做出重要指示，并下发了《中共中央关于转发〈西藏工作座谈会纪要〉的通知》。这一文件指出，发展西藏建设，要采取有效措施发展西藏教育事业，培养建设西藏的专业人才。

根据中央有关政策文件精神，西藏自治区党委和人民政府依据西藏自治区教育文化的实际情况，提出了新的办学方针即"公办学校为主，藏族学生为主，基础教育为主，寄宿制学校为主，助学金为主"的"五为主"方针。根据这一方针进行了全区教育调整，到 1983 年年底，教育内部的比例开始趋于合理，全区小学由 1979 年的 6266 所，调整到 2542 所，普通中学由 1981 年的 79 所调整到 55 所。教育调整的结果，虽减少了学校的数量，但质量却比过去有很大提高，教育"虚肿"问题得到了解决。各级各类学校都加强和增设了藏文课，基本上实行了"五为主"办学方针。

尽管如此，西藏教育发展仍严重滞后。西藏地处我国西南边陲，是世界上海拔最高、面积最大的高寒地带，地广人稀，交通不便，师资匮乏。同时，西藏基本上是一个全民信教的特别地区，西藏的人民教育事业是在寺庙教育为主的封建农奴教育的废墟上建立起来的，西藏教育深受宗教影响，其中藏族教师中信仰和参与宗教活动的情况比较普遍。由于西藏地区在自然条件、社会发展、民族、宗教、历史文化传统、生产水平以及生活方式等方面有很大的特殊性，这对西藏地区培养少数民族人才、发展教育形成了制约，给发展西藏教育事业造成了很大的困难。而且难度大的状况将存在很长的历史时期。难度大，势必花费人力、物力、财力就多，特别是难以实现良好的经济规模效益和投资效益，致使培养学生的成本高，就是去掉浪费等因素，也比内地高 2～5 倍。[①]

---

① 刘庆慧、张聚芳：《西藏教育结构与对策研究报告》，耿金声、王锡宏：《西藏教育研究》，中央民族学院出版社，1989，第 3 页。

在这样的大背景下，1984 年中共中央、国务院做出"在内地省市办学，帮助西藏培养人才"的重大决策，并下发了《中共中央、国务院关于批转〈胡启立、田纪云同志赴西藏调查研究的报告〉的通知》（中发〔1984〕22 号），该通知指出，要采取集中与分散相结合的原则，在内地省市办学，以培养中等专业技术人才为主，学制由教育部与西藏自治区进一步研究决定，其中少数优秀的学生可以选送到高等院校深造。由此，旨在提高西藏地区的经济文化水平，让西藏教育摆脱经济、文化薄弱的限制，加快人才培养并缩短西藏与内地教育差距，充分利用内地学校的办学条件和师资优势，为西藏地区培养合格的建设人才并加强西藏同内地的联系，增进各民族的团结与繁荣，在内地部分省市开设西藏班这一特殊的民族教育形式正式启动。这是西藏现代教育发展中具有开创性的特殊举措，也是党中央为发展西藏教育采取的有力措施，体现了党中央、国务院以及兄弟省市对西藏教育给予的巨大关怀与支持，可以说内地办学是党的民族教育政策在改革开放时期的创新和发展。

二　内地西藏班的历史沿革

内地西藏班自创立以来，发展至今已有近 30 年的历史，综观内地西藏班的发展历程，可以划分为以下三个阶段，即起步探索阶段（1984～1999）、办学层次调整提高阶段（2000～2009）、教育改革深化阶段（2010年至今）。在这三个阶段的历史考察中，本研究主要关注与教学直接相关特别是内地西藏初、高中班教学方面问题的梳理。

（一）起步探索阶段（1984～1999）

1984 年年初，中央召开第二次西藏工作座谈会，做出了《关于在内地创办西藏学校和举办西藏班培养人才的指示》，决定从 1985 年起在内地创建西藏学校和举办西藏班，在这个《指示》中也明确了内地西藏班办学之初的培养目标是"为西藏培养中等专业技术人才"。同年 12 月，教育部、国家计委出台《关于在内地筹建西藏学校和举办西藏班培养人才的意见》对筹建西藏学校和西藏班做了说明，根据中央指示，决定在北京、成都和兰州（后改为天津）各办一所西藏中学，在上海、天津等 16 个省、市的中等以上城市各选条件好的一两所中学举办西藏班，从 1985 年起，每年从西藏招收藏族小学毕业生 1300 名。1985 年秋，第一批来自西藏 7 地市的 1301 名藏族小学毕业生分赴 16 个省、市的 17 所中学就读，内地西藏班的教学工作由此正式开始。

关于招生对象与条件，在 1985 年教育部印发《关于内地十九省、市为西藏办学的几项具体规定》的通知中说明：凡西藏自治区内藏族的小学毕业生（包括初中预备班学生），年龄在 11～15 周岁，小学阶段操行和各科成绩合格，身体健康，能坚持长期学习者，均可报考。坚持自愿、推荐和考核相结合的原则，由西藏各地市教育部门组织统一命题考试，按分定的名额择优录取。也就是说，最初规定的报考内地西藏班的学生要满足三个条件：（1）完全自愿；（2）只招收藏族学生；（3）要德、智、体合格，能坚持长期学习。1986 年国家教育委员会、国务院西藏经济工作咨询小组关于转发《内地十六省市西藏班工作会议纪要》的通知中对招生条件做了重新修订：要求年龄 12～14 周岁，有些城区学生上学早，可以降到 11 周岁；以藏族学生为主，可适当招收门巴、珞巴等西藏本地其他少数民族学生；必须是具有西藏本地户口的小学毕业生；思想品德方面表现好；经考试，藏语、汉语、数学这三门课都达到合格要求；身体健康，能到内地长期坚持学习；学生和学生家长完全自愿。此外，体检不合格者不予录取。同时，规定 1986 年招生总人数中藏语授课班学生要占 70% 以上。这个文件中对招生对象的年龄做了一些调整，缩小了招生的年龄范围；改变了仅招藏族学生的条件，把招生范围扩大到西藏的其他少数民族学生；要求小学藏语授课班学生占 70% 以上实际上反映了优先照顾边远农牧区的导向，1992 年《关于进一步加强内地西藏班工作的意见》中就把这条明确规定为"农牧区子女应占录取总数的 70% 以上"。1995 年，招生对象进一步扩大，开始招收进藏干部子女。进藏干部子女的录取条件规定为：户口在县里的考生其父母双方或一方需在县工作 10 年以上，户口在地、市的考生其父母双方或一方需在地、市工作 20 年以上。1995 年当年招收藏族小学毕业生 1300 人，汉族及其他少数民族学生为 120 人。这一变化满足了更多群体的利益需求，使内地办学政策惠及更多西藏家庭。

关于学制，《关于在内地筹建西藏学校和举办西藏班培养人才的意见》中就做了规定：学制为初中四年（一年补习小学文化课），高中三年。这一学制要求一直沿用了多年。

关于师资方面的要求，《关于内地十九省、市为西藏办学的几项具体规定》（1985）中要求在内地办西藏学校和西藏班所需要的师资，除部分藏语文教师和管理人员由西藏选派外，其余各科教师和职工均由支援西藏办学的所在地统筹安排，自行解决。西藏选派到内地的藏语文教师和管理人员，要求选那些思想好、责任心强、有一定业务能力、藏汉双语兼通的同志担任。鉴于西藏自治区目前教师缺额多，暂按每年招收一个班的学校派三人（藏语文教师一人，管理工作人员二人）、每年招收两个班的学校派六人（藏语文教师二人，管理工作人员四人）配备。被选派到内地的教师在内地工作期间仍享受西藏的工资和其他待遇，户口、工资关系不转，每月工资由原工作单位按时寄发。内地班藏文教师的这种选派制度，也给内地班的藏文教学带来了一些不利影响，后文还会进一步讨论。1988 年，为加强内地西藏班的管理，国家教委办公厅结合几年来办班的实际情况，就内地西藏中学班的管理问题做出规定：内地西藏班（校）所在省市教育部门和西藏自治区教科委实行双重领导，以内地省市教育部门管理为主；相关的省、市要由政府负责成立协调小组，指定一位负责同志主管该项工作。1989 年 3 月 17 日国家教委颁布的《内地西藏中学班（校）管理暂行规定》对内地西藏班教师的待遇做了规定，要求西藏班（校）教职员工工资、福利待遇应高于当地中学，其编制可参照普通中学的标准适当增加。

关于课程设置与教学要求方面，根据内地西藏班为西藏定向培养人才的要求，内地西藏初中班的教学计划、课程设置、教材、教学内容等，不仅不同于内地的普通中学，也不同于西藏本地的中学，需根据西藏班的特点和实际情况进行教学。其中，早期办班的内地学校如上海回民中学、辽阳市一中、天津红光中学、沙市一中、岳阳一中等分别提出各自的教学方案或意见，为内地西藏班教学顺利开展提供了宝贵经验。很多内地省市西藏班也根据学生的实际情况和各自的教学条件进行了不同的有益教学探索，努力提高内地西藏班的教学质量。如辽阳一中明确提出了"学语领先"的原则，郑州四中明确提出了"打好基础，单元过关，重视练习，加强补差"的办法，辽阳市一中提出了"导教式"，明确提出了"让学生听懂学会，不赶进度，不走过场"的原则。1988 年国家教育委员会、财政部、国务院西藏经济工作咨询小组、人事部印发《关于内地西藏班（校）

工作初步总结和今后意见》的通知中强调指出：西藏班、校的教学要求和教学内容，要符合西藏和藏族学生的特点。在课程安排上，除进一步重视和加强藏语文教学，努力提高藏语水平外，还要增加反映西藏民族文化特点的内容。1992年《关于进一步加强内地西藏班工作的意见》指出，内地西藏初中、高中、中专班（校）均实行与汉族学生合校组织教育教学的办学体制，并在实验的基础上，逐步创造条件实现藏汉合班，以利于各族学生间增进了解、加强团结。这一意见对后来的散插班教学起了导向作用。《内地西藏中学班（校）管理实施细则》（1992）对内地班的教学做了更明确的规定：内地西藏中学班（校）要结合西藏学生知识水平的实际，按国家教委制定的中学教学大纲要求，制订教学计划。用汉语授课，同时加授藏语文。课程设置、教学内容和课时，可根据藏族学生的实际做适当调整，调整意见要报请当地教育主管部门批准后实施，并适当增加有关西藏乡土教材的内容。也就是说内地班的教学，除学习基础科学文化知识以外，还要加强汉语、藏语、外语以及民族文化优秀传统内容的学习，以适应西藏改革开放的需要。同时该《细则》还对西藏学生的寒暑假在校学习、生活做了说明，要求学校根据实际情况有计划地组织学生到附近工厂、农村参加一定的社会实践，开展勤工俭学活动，积极组织好各种生动活泼、内容健康的文化活动，以丰富学生的文化生活，并适当安排一定时间补习功课，使学生得到全面发展。这些为内地班丰富多彩的寒暑假业余文化生活奠定了良好基础，同时也使假期补课成为内地班教学的一项合理合法的制度，也是一大特色，但也给内地班教师增加了负担。这一时期的教学制度安排奠定了内地西藏班的教学特色，除内地普通学校的学科教学外，还非常重视藏语、西藏民族文化传统的教学，社会实践活动也较内地普通学校更多，开阔了内地班学生的视野，这在后来的调研中也得到证实。

关于招生层次与招生规模，从表2-1的内地西藏班招生情况统计可以看出，1985～1999年，内地西藏班的招生规模逐渐扩大，招生层次也不断丰富。其中1985～1988年，内地西藏班只招收初中生，共5260名。从1989年起，开始招收高中生、中师生和中专生。15年间累计招收21129名初中生，约13000名高中生、中师生和中专生，2000多名大学生。[①]

---

① 统计数据来自《关于调整内地西藏班高中招生计划的函》（2000）。

表2-1 全国内地西藏班招生情况统计（1985~1999）

单位：人

年份	合计	初中	高中	中师	中专	大学
1985	1300	1300				
1986	1240	1240				
1987	1320	1320				
1988	1400	1400				
1989	2176	1180	200	295	501	
1990	2485	1277	300	302	606	
1991	2444	1242	261	250	691	
1992	2654	1222	300	270	605	257
1993	2654	1300	294	200	612	248
1994	2646	1235	333	240	576	262
1995	2815	1420	360	280	544	211
1996	3151	1621	390	310	550	280
1997	3161	1735	400	336	489	201
1998	3365	1855	455	369	347	339
1999	3442	1782	505	375	380	400

数据来源：国家民族事务委员会经济发展司、国家统计局国民经济综合统计司编《中国民族统计年鉴》（2009），民族出版社，2010，第651页。

关于考试录取与升学就业问题，内地西藏初中班入学一直实行比较严格的考试选拔，考试科目为藏语、汉语和数学。内地西藏初中班学生的毕业分流问题，《关于进一步加强内地西藏班工作的意见》（1992）指出，经西藏自治区政府批准后，由西藏教委报国家教委。国家教委根据各省市内地西藏班的生源和高一级学校专业设置的情况，将会同国家计委、财政部向各办学省市、部门下达招生分流计划，通过省市、部门在本部门计划内予以落实。也就是说，内地西藏初中毕业生的分流是国家按计划包分配的，这与当时我国教育的大背景一致。这一时期，内地西藏初中毕业生大部分升入当地和各有关省市中专和技工学校，少部分成绩优秀学生继续学习高中课程，毕业后择优升入大学本专科深造。到90年代末，随着内地西藏高中班的扩招和中专教育的萎缩，内地西藏初中毕业生升学也逐渐向高中转移。1999年这一政策做了调整，《关于1999年内地西藏班初中毕业生返藏参加统一考试有关事宜的通知》要求1999届初中毕业生返藏参加考试，具体考试工作由西藏班学生生源地地市教委统一安排组织，这也意味着内地西藏初中班按计划毕业分流制度面临终结。内地西藏高中班、中专班和中师班的录取主要是根据内地初中班的中考成绩由西藏自治区统一调配。大中专毕业生由西藏自治区统一分配工作。

关于教学效果，内地西藏班创建之初，在教学上面临很多问题，根据西藏班学生入学后的摸底测验，文化基础一般都比较差，而且参差不齐，实际上很多学生并没有达到小学毕业生应有的程度。通过调查，两届西藏班学生普遍存在基础差、层次多、汉语水平太低，特别是原来藏语授课班学生，相当一部分学生不会整数四则运算，还有一部分学生不懂汉语，语言交流差别很大。[①] 这给教学带来了一定的困难。但办班两年后已经初见成效，比如 1988 年国家教委在总结内地西藏班工作时指出，经过一年补习，绝大多数学生基本上达到了小学毕业水平，体质增强，思想品德、组织纪律方面也有较大进步。1994 年 6 月 14 日国家教委办公厅关于印发《内地西藏班（校）办学水平综合评估指标（试行）》的通知，要求各省市、部门接此通知后，在各校自评的基础上，可以对本地区、本部门所属西藏班进行检查评估。主要从主管部门重视、办学条件、指导思想、管理水平、办学成效五个方面进行评估。通过评估一致认为，经过十年努力，中央和内地各省市给予的大力支持，各地西藏班已经具备了基本的办学条件。内地西藏班（校）加强了西藏与内地的联系和交往，有力地促进了民族团结和西藏各项建设事业的发展。从毕业生返藏工作的反馈情况看，西藏自治区各级党政领导、用人单位以及整个社会对内地西藏班（校）毕业生的评价普遍较高，已毕业的近 6000 名内地西藏班（校）学生，绝大多数回到西藏急需人才的各县或县以下各基层单位，特别是内地中师毕业生的 95% 以上全部回到乡完小和最基层的村教学点上从事教学工作，他们中不少人已在县政协、人大、文教、卫生、妇联、共青团等工作岗位担任领导职务。西藏初、中级人才奇缺问题在一定程度上得到缓解。办内地西藏班（校）得到国际友人和居住在国外藏胞的称赞，认为党中央国务院为藏

---

① 《赴内地西藏班考察团，内地十六省市西藏工作考察报告》，耿金声、王锡宏：《西藏教育研究》，中央民族学院出版社，1989，第 323 页。

族人民办了一件大好事。[①]

1984～1999 年的 15 年，最主要的特征是各种内地办学的文件频繁出台，办学规模稳步增长，办学层次逐渐多样，专业种类不断增加。这一阶段，内地西藏班基本上确立了培养目标、招生录取、学制、师资队伍的配备和建设、课程与教学安排、教学评价等方面比较完整的教育教学体系，这十几年，是内地西藏班建设的起步探索时期，积累了很多内地办学的经验，为下一阶段内地办学的深化提高奠定了坚实的基础。正是内地西藏班办学取得了较好效果，党中央、国务院决定从 2000 年起在北京、上海、天津、南京、杭州、广州、深圳、大连、青岛、宁波、苏州、无锡等 12 个城市创办内地新疆高中班，首届 1000 名新疆各族应届初中毕业生进入内地 12 个城市所属的 13 所普通高中学校学习。这也反映了内地西藏班的示范效应。

（二）办学层次调整提高阶段（2000～2009）

2000 年以后，随着全国教育援藏的扎实推进，西藏的初、中级人才奇缺问题逐渐得到缓解。根据西藏经济发展和社会进步的最新需求，急需培养一批受过高等教育的高层次、高素质人才。

高中教育是现代国民教育体系的重要组成部分，它是连接九年义务教育和高中后教育的纽带，担负着提高国民素质、为高等学校输送优秀后备人才以及培养新生劳动力的多重任务。高中教育的发展程度是衡量一个地区经济综合实力和智力资源的重要标志。虽然内地西藏高中班已经成为西藏教育的补充部分，但是规模不大。西藏高中教育发展水平偏低，入学率不到全国平均水平的一半。高中阶段教育发展滞后，在一定程度上阻碍了西藏高层次人才的培养。西藏人民群众日益增长的接受高中教育的需求和高中教育资源供给不足的矛盾日益突出，高中教育发展已经成为制约西藏各级各类教育协调持续发展的瓶颈。因此，加快人才培养并缩短西藏与内地教育差距，充分利用内地学校的办学条件和师资优势办高中教育成为内地西藏班改革调整的方向和重点。

在这一背景下，内地西藏班招生对象也进行了新的调整。2000 年《关于调整内地西藏班高中招生计划的函》中要求从 2000 年开始，每年高中

---

① 子明：《西藏内地办学 15 年》，《中国民族》2001 年第 2 期，第 44 页。

招生计划在 1999 年 500 人的基础上，增招 300～500 人，每年招生规模达到 800～1000 人。2000 年开始，北京市西藏中学、湖南省岳阳市第一中学不再招收西藏初中班学生，全部招收高中生。江苏省南通市西藏中学、安徽省合肥市第六中学、湖北省沙市第六中学、重庆市西藏中学等学校新开办西藏高中班，从 2000 年开始招生。

为了加速培养西藏高层次人才，开创内地西藏班办学的新形式，随着高中逐步扩招，教育部、中央编办、发展改革委、财政部、人事部等要求做好内地一类普通高中西藏班学生插班就读的试点工作。从 2002 年 9 月开始，办有西藏初中班的省（直辖市）每年各招收 20 名西藏班应届初中毕业生，经统一考试，择优录取，直接插班到本省（直辖市）非民族班的一类普通高中学习。每年有关的省、直辖市招收 20 名内地西藏班的应届优秀初中毕业生（全国总计 380 名），直接插到省、直辖市非少数民族一类普通高中学校学习。从此，招收西藏学生的一类普通高中开始探索散插班教学的新模式。

为进一步提高教学质量，2003 年《关于进一步做好教育援藏工作的意见》颁布，该意见要求：在确保生源质量的前提下，改革现行的西藏班初中招生和初中毕业分流办法。西藏班初中招生实行西藏全区统一选拔录取。在西藏班初中和普通高中学习阶段引入竞争和激励机制，文化基础等方面不适应在内地学习的西藏班学生可以转回区内相应的学校就读，同时从区内选拔优秀的初、高中生等额补充到西藏班学习，这也就是"淘汰率"政策的出台。具体而言，即初中阶段学生完成初中学业后，统一回区内参加自治区统一命题的初中升学考试，由教育部领导的招生录取工作小组按学生志愿和学生成绩，指导各高中学校完成录取工作，其中有一部分学生会因成绩和品德问题不能被录取（可参加区内录取），余下的学生名额由区内地市中考成绩优异者补足。高中阶段，内地高中班的学生按当地省市教材学习高中课程，并在学业结束后在当地参加高考。由教育部领导的招生录取小组根据学生志愿和成绩"单独划线、单独录取"，也有一小部分学生会被淘汰。①

① 根据课题组调研了解到的信息，内地西藏初中班的淘汰率在 10% 左右，内地西藏高中班的淘汰率为 6%～7%。内地西藏高中班的高考录取是单独进行的，名额也单独划定。这部分被淘汰的内地西藏高中班学生仍可回自治区与区内学生一起参加高校招生录取。

2004 年，内地西藏班初中招生 1700 人，初中在校生 6700 多人；高中招生 1500 人，高中在校生 4300 多人；中师招生 200 人，中师在校生 800 多人；中专在校生 100 多人；大学招生 1138 人，大学在校生 2600 多人。[①] 内地西藏高中班招生工作进一步改革，经教育部同意，从西藏区内生源中招收 20 余名学生到内地重点高中插班学习，150 余名学生到内地西藏班普通高中学习，继续在拉萨中学高中各年级安排 80 名学生作为内地西藏班计划内生源。从 2004 年开始，在边境县招收 40 名内地西藏班学生并单独办班（目前边境班由济南西藏中学承办）[②]。至此，内地西藏班初中招生规模与高中招生规模大体相当。

为加强内地西藏班的德育和思想政治工作，2004 年教育部民族教育司和西藏自治区教育工作委员会在成都举办了首届内地西藏班思想政治和德育工作培训会议，参加培训的有内地西藏班办班省（市）教育主管部门相关负责人、分管学校德育工作的教师等 110 余人。通过培训，大家对西藏历史文化、风俗习惯等方面的认识有了进一步提高，更加明确了内地办学的重要意义，增强了工作责任心和使命感。同时对区内派到内地西藏班的藏语文教师进行了思想政治和德育培训，系统讲解了马克思主义"四观""两论"。通过培训，藏语文教师更加明确了自己肩负的重任。

到 2005 年年底，内地西藏班各级各类在校生达到 14700 人，并成功开展了内地西藏班办学 20 周年庆祝活动，组织开展了内地办学情况调研。"十五"期间，内地办学累计为西藏各条战线输送了大中专毕业生 2 万余人。内地班毕业生已成为西藏"三个文明"建设和加强基层政权建设的重要力量。

2007 年 1 月，中共中央统战部、教育部、西藏自治区人民政府在北京联合召开了全国内地西藏班办学和教育援藏工作会议，会议总结了 1985 年以来全国内地省（市）西藏班办学和教育援藏工作的成就和经验，表彰了西藏内地办学和教育援藏工作做出突出贡献的先进集体和先进个人，同时明确了进一步办好内地西藏班的指导思想、目标任务和有关政策措施。会

---

① 韩晓悟：《西藏在校生 40 年增长 7 倍》，《中国教育报》2005 年 8 月 31 日。

② 韩晓悟：《西藏自治区教育概况》，《中国教育年鉴》（2005），第 833 页。

议强调，在办学过程中，要把内地西藏班办成增强民族团结、维护祖国统一、促进西藏发展的坚强阵地，办成宣传我国民族政策和西藏工作的窗口，把学生培养成为政治可靠、有真才实学的合格人才。会议还就内地西藏班的办学规模、层次、教学模式、师资队伍建设、经费保障等问题做了部署。其中师资队伍建设方面特别指出要完善教职工待遇和子女升学等方面的优惠政策，要"确保班师比达到1∶8的配备标准"等。这次会议把内地西藏班的工作重心从办学规模扩充转移到办学质量提升上来。

对于完善评估内地西藏班的制度和体系，2007年3月12日，在江西南昌举行了全国内地西藏班校长会议，会上对如何评估内地西藏班进行了讨论。教育部民族教育司就新拟定的《内地西藏班督导评估指标》（征求意见稿）征求了与会校长的意见，并决定对内地西藏班重新进行评估。此标准相较以前的评估标准更为细化，且具有较强的可操作性。但由于初中对口定点、高中高考形式不统一，对于内地班教学质量如何评估还是没有一个具体的评比标准，今后需要进一步完善。

2000～2009年这十年，内地西藏班的办学层次进行了较大调整，内地西藏初中班压缩规模，部分学校停招初中学生转为招收高中学生，教学组织形式也发生较大改变，办有西藏初中班的省（直辖市）开始办西藏散插班，部分应届初中毕业生统一考试，择优录取，直接插班到本省（直辖市）非民族班的一类普通高中学习。内地西藏班的招生录取工作也进行了改革，内地班学生升学开始有了一定比例的淘汰率，内地西藏高中班的生源也突破了只招内地西藏初中毕业生的限制，从西藏区内生源中招收部分学生到内地高中班学习。这些变化一方面反映了西藏人才需求在不断发生变化；另一方面也体现了内地西藏班在教学组织形式、教学效益提高等方面开始进行新的探索。

（三）教育改革深化阶段（2010年至今）

2010年《国家中长期教育改革和发展规划纲要（2010—2020年）》出台，《纲要》提出要充分利用内地优质教育资源，探索多种形式，吸引更多民族地区少数民族学生到内地接受教育。西藏内地办学也因此进入了一个新的阶段。这一年相继出台了《教育部、中央统战部、中央政法委、国家民委关于进一步加强民族班爱国主义和民族团结教育工作的意见》《教育部、国家发展和改革委员会、财政部关于在内地部分省（市）举办内地西藏中职班的意见》《教育部、国家发展和改革委员会、财政部关于扩大内地西藏高中班招生规模有关工作的意见》《教育部办公厅关于印发〈内地西藏班、内地新疆高中班管理办法〉的通知》等多个文件。这一时期内地西藏班教育改革的重点主要是以下三个方面。

一是办学结构调整。根据《教育部、国家发展和改革委员会、财政部关于在内地部分省（市）举办内地西藏中职班的意见》（教民〔2010〕5号），决定从 2010 年起实施内地西藏中职班招生工作。2010 年安排招生计划 3000 人（其中 2000 人招收往届初、高中毕业生，1000 名招收参加 2010 年西藏统一中考的初中应届毕业生）。这 3000 人分别到内地 12 个省市的 42 所国家级重点中等职业学校学习。据中央办学规划，到 2013 年内地西藏中职班招生规模稳定在 5000 人。至此，西藏内地办学的结构开始普、职并重。

二是学制改革。受办学层次、招生生源改变等因素的影响，内地西藏班开始了学制改革。2010 年 9 月，根据教育部民族教育司和西藏自治区教育厅要求，内地西藏初中班学制由四年改为三年。由于学制的变化，各省市西藏初中班的教学管理要求、学科课程设置和教学活动也随之重新调整。根据《教育部、国家发展和改革委员会、财政部关于扩大内地西藏高中班招生规模有关工作的意见》精神，从 2013 年起，内地西藏高中班学制也进行改革。具体内容为内地西藏班高中学制将由 3 年延长为 4 年，增加一年预科学习，夯实学生知识基础，做好升学过渡准备。在这一年预科学习当中，重点补习初中的汉语文、英语、数学、物理、化学、生物等基础课程，使学生基本达到当地初中毕业生水平，并且尽快适应内地班高中阶段的学习；内地西藏班重点高中（散插班）招收的学生、进藏干部职工子女班、军队学校招收的学生学制依然为 3 年。

三是高中散插班招生规模扩大。根据《教育部、国家发展和改革委员会、财政部关于扩大内地西藏高中班招生规模有关工作的意见》，从 2010 年起，在北京等 18 个省（市）扩大内地西藏高中班招生规模。年招生规模由 2009 年的 1315 人逐步扩大到 2011 年的 3000 人，扩招 1685 人，原则上扩招任务安排办有内地西藏散插班的省级示范性高中学校。

这一阶段内地西藏班的办学规模进一步扩大，培养人才的目标进一步向高层次转移，截至 2013 年年初，开办内地西藏初中班的学校调整为 26 所，重点高中散插班增加到 60 所，内地中职班 48 所，招收内地西藏班学生的内地高校增加到 170 所。① 这一时期的改革涉及内地班教育教学中一些比较深层次的问题，比如普职关系问题、学制改革问题、教学组织形式问题等。这些变化，必然要求内地班的教学要加快改革步伐，要紧扣培养目标，普、职各有分工和侧重，以便更有针对性地进行教育和教学；要开拓创新，不断探索新的教学模式，以提高内地西藏班的教学效率和效益；要加紧内地西藏学生文化心理和学习机制的研究，为培养适合西藏经济和社会发展的优秀人才提供智力保障。

通过以上内地西藏班历史渊源及发展脉络的回顾，我们发现西藏教育的发展离不开党中央的英明决策，离不开内地西藏班的成功实践。内地西藏班的发展以及调整改革是随着西藏地区社会经济发展、教育发展变化而变化的。举办内地西藏班体现了国家和各省（市）对西藏人才培养的关心和支持，密切了边疆同内地的关系，有利于民族之间的团结与交融，加速了西藏地区人才培养的步伐，同时也带动了当地民族教育的发展。西藏地区的学生到内地学习期间与其他民族学生的频繁交往以及广泛的游览经历，使得他们对祖国的历史和文化有了更为深入的了解，促进了民族交流和文化传播。长期的集体生活，也培养了他们的自理能力和团结协作精神，有利于学生的全面成长。实践证明，内地西藏班的发展壮大对维护祖国统一，维护民族团结以及对民族教育事业的发展起到了非常重要的作用。

---

① 刘文军：《内地西藏班为我区培养优秀人才》，《西藏日报》2013 年 4 月 23 日。

第三章　内地西藏班教学现状调查：
成就、问题与对策

　　自 2011 年 11 月至 2013 年 5 月，课题组重点选取了五个具有代表性的内地西藏班，对内地西藏班的教学现状与问题进行深入摸底调查。调查结果显示，内地西藏班教学取得了巨大成就，从宏观层面看，西藏内地办学为西藏培养了大批优秀人才，获得了学生和家长的一致认可，内地西藏班的培养目标与办学特色初步形成；从微观层面看，内地西藏班学生综合素质全面提高、学校适应良好、民族文化保持良好、形成了很强的积极正向的国家认同与民族认同。当然，内地西藏班的教学也还存在一些问题，亟待深入研究和解决。

一　内地西藏班教学取得的成就

（一）培养了大批优秀人才

　　在近 30 年的办学历程中，内地西藏班培养了大批优秀人才，截至 2010 年 9 月，内地西藏班累计招收初中生 3.49 万人、高中生 1.49 万人、中师生 4840 人、中专生 6780 人、大学生 1.1 万人，为西藏培养输送了 2 万余名各级各类建设人才。绝大多数毕业生在西藏急需人才的高寒缺氧地区或县以下的基层单位、学校工作。不少毕业生已走上中小学、乡镇和县、局等领导岗位，许多人被单位、西藏自治区、国家有关部委评为优秀公务员、优秀共产党员、民族团结进步先进个人等。西藏用人单位普遍反映，内地西藏班毕业生政治思想坚定、知识结构全面、文化基础扎实、业务能力强、眼界开阔、思想解放、敬业爱岗，能旗帜鲜明地维护民族团结和国家统一，已成为促进西藏经济社会发展和稳定的中坚力量。

从调研学校看，各内地西藏班教学也是硕果累累，截止到 2012 年 7 月，北京西藏中学已有 13 届 1135 名初中生毕业（2003 年为最后一届）和 21 届 3677 名高中生毕业，这些高中毕业生均全部升入大学学习。已有近 3800 余名大学生毕业后返回西藏参加工作，成了建设新西藏的生力军。另据该校老师反映，毕业生活跃在西藏的政府机关、军队、科研院所、学校、医院、企业等各个领域，部分优秀校友已经颇有成就（见表 3 - 1）。

表 3 - 1　北京西藏中学部分校友介绍

朗杰	1992 届高中毕业生,1996 年华中农业大学毕业后,在西藏农牧学院林学系担任教师。承担一项德国援助的有关林业的研究项目
班久	1992 届高中毕业生,1996 年中央民族大学毕业后,在日喀则军分区从事边防工作,上尉军官
小达瓦次仁	1993 届高中毕业生,是内地西藏班达到北京市本科线的第一个学生。1998 年北京医科大学毕业,现为西藏第一人民医院的业务骨干,北医大硕士生
小久边	1992 届高中毕业生,1996 年郑州粮食学院毕业,日喀则圣康饭店副总经理
夏格旺堆	1993 届高中毕业生,1997 年四川大学考古系毕业,西藏博物馆工作,参与了多项考古发掘和研究。已在《中国藏学》《西藏研究》等刊物上发表论文多篇
格平	1993 届初中毕业生,大专毕业后,从事教育工作,拉萨市城关区教育局长
扎西达瓦	1992 届高中毕业生,1996 年北师大电教专业毕业,西藏金能电子有限公司副总经理,从事电脑销售和网络建设工作,也是北大方正在西藏的专卖人
贡布顿珠	1994 届高中毕业生,1998 年北京广播学院导演系毕业,西藏电视台文艺部导演。导演 2002 年西藏春节、藏历年文艺晚会等,并在电视剧《八瓣格桑花》中任导演、摄像、演员等,在《拉萨往事》中任摄像
罗布次仁	1995 届初中毕业生,1998 年高中毕业后考入中国传媒大学新闻系,现在西藏自治区文化厅文化产业处工作,其撰写的报告文学《西藏的孩子》荣获第十届全国少数民族文学创作"骏马奖"
旦增顿珠	1992 届高中毕业生,现已读完硕士研究生课程,并考取了四川大学金融专业,攻读博士学位
罗布	西藏自治区党校教授
边巴次仁	西藏自治区藏药厂工程师

截至 2012 年 9 月，山东济南西藏中学共接收了 2800 多名西藏学生，先后为西藏地区培养了 2500 余名毕业生。他们不仅成为西藏两个文明建设的高素质劳动者，也成为沟通内地与西藏文化教育交流的桥梁，为促进两地民族团结进步、实现共同繁荣发展做出了贡献。

在河北师大附属民族学院调研时，该校主管领导也反映："我们的毕业生到了西藏以后入了党，当了校长，成为骨干，成为劳模，这样的人特别多……有一个学生被选为十八大代表。"这些优秀人才成为内地西藏班的骄傲。

（二）获得学生和家长的一致认可

从调研结果来看，西藏内地办学获得了学生和家长的一致认可。

首先，在读的内地西藏班学生及其家长对该办学政策积极肯定。在"请用三个以上的词来描述你考入内地学校家人的心情怎样"这一问题上，几乎所有学生都把家长心情描述为"快乐，开心，高兴，激动，满意，幸福，骄傲"等词汇，在高兴的同时伴随着"不舍、担忧、难过"的家长占 10% 左右。而在"谈谈你在内地上学的感受"这一问题上，也有 97% 以上的学生表达了和家长一样的快乐而自豪的感受，而表达来内地之后出现"压抑、郁闷、心情差、孤独、无奈"等负面情绪的比例不足 3%。

对内地办学这一政策的评价，有 97% 左右的学生对这一政策持积极肯定态度并表达了自己的感激之情，认为这一政策非常好，部分学生希望内地班能进一步扩招，3% 左右的学生对这一政策没看法或者认为这一政策一般，有利也有弊，不足 1% 的学生对这一政策持否定态度，而之所以否定与其在内地的适应不良、学习成绩不好等因素直接相关。

内地西藏班学生对内地办学政策的评价摘选

评价 1：非常好，这是民族文化互相了解，传播交流的机会，也是使中国变强大的一个政策，我希望继续实行。

评价 2：很好，这不但能训练我们的自立能力，而且可以在内地接受更好的教育。

评价 3：这项政策很好，让我们藏族得到更好的方法和更多的学习机会，又能开阔我们的眼界。

评价 4：内地西藏班的政策好，对汉藏的文化更深入地了解，体现汉藏民族的友谊。

评价5：有了这样的政策，让我们藏族孩子们有更好的教育，能更好地建设西藏。

评价6：内地西藏班让我们来内地学习的同学开阔了眼界，我觉得这项政策很好，非常棒。

评价7：很好，可以更多地了解双方民族的文化，也能够促进我们之间的关系密切，开阔我们的眼界。

评价8：非常好，对西藏的孩子想得周到。

评价9：我觉得非常好，体现出他们对我们西藏学生的关怀。

评价10：帮助无数西藏学生得到更好的学习资源，开阔眼界，接受新思想文化。

评价11：开拓了区内孩子的知识面，培养了优秀苗子，为西藏的发展奠定了基础。

评价12：非常好，它有利于西藏的优秀人才在更大程度上得到提高，为西藏的未来发展提供了更多更强的人才。

评价13：为建设西藏提供了大量优秀人才，体现党中央对我们家乡的关心牵挂，是社会主义民主新生活的伟大创举。

评价14：这一政策为国家培养了大量人才，也让很多人了解西藏。

评价15：对我们西藏生很有帮助，给予我们机会，让我们接受更多事物。

评价16：为我们西藏生打开了一个开阔眼界的平台，非常好。

在学生问卷中，80%左右的西藏学生表示非常喜欢和比较喜欢在内地的学习生活（图3-1），当被问及"如果可以重新选择，你还会选择来内地读书吗"这一问题时，70%以上的学生选择了会，明确表示不会的仅占5%左右，这与前面学生对内地办学政策的主观评价基本一致（图3-2）。

其次，内地西藏班毕业生表示在内地的学习生活受益匪浅。为了更全面客观地反映内地西藏班学生对内地求学的感受，笔者对自己在中央民族大学任课班级的内地西藏班学生进行了调查，下面摘录的是一次作业"对自己中学受教育经历的反思"中学生做出的反馈，也真实地反映了这些学生内地求学的收获和自己成长进步的心路历程（详见附录一）。例如，一位在读藏族大学生在回忆自己的内地班经历时写道："对于像我们一样的

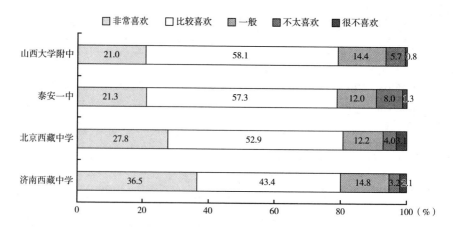

图 3-1 学生是否喜欢在内地学习生活情况统计[①]

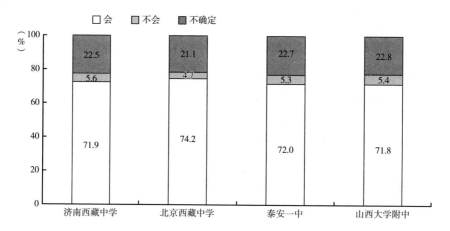

图 3-2 "如果可以重新选择，你还会选择来内地读书吗"统计

藏族学子来说，能上内地西藏班，是一件光宗耀祖的事，因为，这个是对我们学习的肯定，所以，在西藏家长们的眼里，内地班的学生都成绩优异，而在西藏的不是身体不适，就是成绩不好，或者考试失利。"对内地班与区内读书的差异比较，她做了这样的描述：内地班的学生在语文阅读速度和对其他学科的理解能力更强，普通话更标准，但藏文水平低于区内学生，区内学生比内地班学生见识少，接受其他民族文化的能力弱，社会

---

① 因有缺失值，所以个别项目统计百分比之和不是100%，后文同。

交际圈更小，沟通方面、生活独立性方面、心态等都相对差一些，最重要的是学习基础要比内地班学生更弱。可见，学生及其家长对内地班予以了积极的认同。

一位在读藏族大学生在描述自己在内地读书的感受时用的语言比较平实，但却在字里行间充满了感动，全文如下：

内地读书的感受

在内地学习当中，我不仅学会了很多的知识，更多的还学会了感激。

首先，我感激我们的党和国家能给我们在内地上学的机会，这不仅提供了我们在更好的环境里接受教育的机会，而且更好地促进了我们能够独立自主地生活。

其次，我要感谢那里的所有教内地西藏班的老师，他们用父母般的爱来关心我们，照顾我们，培养我们。在那里生活的我们一个比一个年幼，都是懵懂的小孩，但是什么事由自己做主，由自己来做，可是我们从未感到过伤心、难过、无助，因为有我们的那些无私的老师在，我们什么事都不用担心，我们在他们的暖暖的爱与细心的照顾下长大。他们不仅教了我们许多的知识，教育我们怎样做人，更多的是他们还为我们扮演父母的角色来关心我们，爱护我们，培养我们。因此，我要特别感谢每一位为我们付出的老师。从心里感激他们，因为他们的细心呵护与教育使我们不少的孩子能够走向良好的道路，为家乡做贡献。

再次，我要感激我身边的每一位同学，因为他们的宽容，因为他们的友情，我懂得了团结就是力量的道理。我们都是懵懂的孩子，面对无知的事情时我们都像亲兄弟、亲姐妹一样的相互讨论，一起解决问题，勇敢地面对困难，使集体的力量不断地发挥好，让我们自己在一个非常温馨的集体当中快乐地生活，一起长大。团结是非常重要的，因为我们在集体当中生活时，如果没有一个好的集体我们个人也发展不了……我们最后都取得了优异的成绩，现在个个都在比较有名的大学里上学，那都是因为我们创造了非常温馨的集体，发挥了集体的作用。

最后，我要感谢自己，那么的年幼就能离开父母自己独立生活，同样的年龄，同样的个子，可是我比任何一个同龄人坚强得多，独立自主性强。没有亲戚朋友在身边，但是我很坚强，很执着地独立生活，感谢当时勇敢的我，因为我的挑战，我不仅战胜了困难，更战胜了自己。

内地班上学期间我懂得了太多太多的东西，如果没有内地上学，我也不会有现在的一切。因为西藏的教育比较落后，没有内地先进；因为在西藏上学父母都在身边依赖性很强，自己也就学不会独立自主坚强地生活，现在发现自己比任何一个人懂事时内心觉得无比的自豪；因为老师的教育方法不同，在西藏，老师的教育方法比较传统，没有内地先进，所以觉得自己能在内地班里上学是件非常幸福的事。

内地班的存在是我们西藏小孩的希望，我真心地祝愿我们的内地西藏班越办越成功，越来越好。

次仁央金

另一位在内地上了七年学的女生用自己和妹妹做对比说明了内地读书与区内读书的差异："妹妹比我小一岁，她初中没有考上内地，就在区内读了三年的初中，因而我俩是统一参加中考和高考的。[1] 中考成绩妹妹比我差不多差了一倍多，她是她们那边的中等，我也是。其实她的普通话水平跟我差不多，随着西藏的发展，学校里有了越来越多的汉族老师，我妹那边很多课程都是汉族老师教的，就这样普通话水平得到了提高。然而分数摆在眼前，我把原因主要放在除了学生自己的能力外还有老师的教育能力上。因为我觉得内地的老师他们的知识多，方法多样，使学生更容易掌握知识。然后高考成绩同中考成绩那样，我妹是他们当中算是中等的，然而英语和数学考得很差，她说她们学校里都不怎么学数学和英语。也许是与一种氛围有关吧，我在内地读的初中、高中，学习氛围是很强的。差距就在这里。"

一位初中在区内就读、高中考到湖南岳阳市第一中学的男生，他讲述了自己初到内地班由不适应到逐渐适应，由自卑（与初中在内地班就读的同学成绩还有很大差距）到自信自强的过程，他在最后的总结中写下这样一句话："这样的高中生活很舒适，很享受。"

这些在内地生活了三年甚至七年的西藏学生，在回忆自己内地班读书

---

[1]　该生在内地班初中是四年制，而区内初中是三年制。

生活的经历时，无不流露出对内地这段特殊经历的留恋和对老师的感激，也都感慨于自己在内地读书的收获和进步，很多同学都表示"在内地读书是一件幸福的事"。无疑，这是他们人生中一笔最宝贵的财富。

一些直接来自藏区的大学生之前没有内地生活的经历，但通过与身边的内地班同学的比较，他们也深刻地感受到了内地读书与区内读书的差异，内地班的毕业生在汉语水平、独立性、视野、与他民族交往等方面都强于区内学生。

在访谈中还发现，内地班毕业生更容易适应大学生活，而非内地班毕业生在内地的大学生活适应上则面临更多困难。透过下面这些访谈，就可以看出直接从区内中学考上内地大学的西藏学生在学校感受到的诸多困惑。

访谈案例 3－1

访谈者：你感觉从区内考过来的与从内地班考上来的有什么不同？

S32：我觉得是区内的学生基础没有打好，因为条件的原因吧，各个方面比较差。到了这边之后，感觉什么都没有学好。

访谈者：来到内地之后，周边的朋友是藏族的多还是汉族的多？

S32：应该还是藏族的多。我身边有些同学就光和藏族学生一起玩。

访谈者：他们为什么光和藏族的玩呢？

S32：我觉得最主要的应该是语言方面的原因。特别是像我们这种没有在内地读过书的同学，普通话有些不太好。大家来自于不同的地方，说不同的方言，大家都听不懂。虽然我们都是用普通话来交流，但有的时候我的话他们可能听不懂，他们说的话，我又听不懂。

访谈者：心情不好的时候怎么办？

S32：我有一个知心朋友在西藏上警校，她是一个特别活泼的人。有事情的时候，我会试着给她发信息。上个学期基本上是哭着过来的，一方面是因为想家，另一方面是因为计算机和英语这方面的课程都不会。

访谈者：现在已经进入了第二个学期，困难还大吗？

S32：现在基本上已经适应了。但有些困难还是有。比如说，老师让我们到讲台上发言和演讲。因为在西藏的时候，老师很少让我们去发言。上一次我们开了一个班会，老师让我们轮流发言，我发言的时候都是抖音。我就是胆子比较小，想到什么说出来的时候还是紧张。

访谈案例 3 - 2

访谈者：你们平时与其他民族同学交流多不多？

S29：不多，就跟本民族本班，跟家乡的那些朋友，跟其他民族没什么印象，因为没有太多的接触。

S30：这个跟他一样，我们平常就是和本民族的还有一些就是从家乡过来的同学们一起交往，没有和别的民族交流，比如说上课就是和自己本民族的同学在一起，所以就是跟其他民族交流的时间非常少，所以对别的不同的民族也没有什么印象吧。

S31：我也就是和本班本民族在一起，和老乡们在一起，和本民族以外的交往不多，其他民族的同学感觉习惯有点不一样。

访谈者：你们前面说过在大学学习压力特别大，平时听老师讲课、完成作业、通过考试等方面是否有困难？

S29：有啊，困难当然真的有，很多学科都比较难。

访谈者：你们感觉中学在内地读与在西藏读有什么不同？

S29：内地班的话，他们的知识面都比我们广，他们非常善于交流，我们在藏区读的就比较传统，传统文化这些掌握得比较好。

再次，本地中学生对内地办学政策持积极乐观态度。在被调查的本地学生中，除极个别学生表示"无所谓"以外，绝大多数本地学生对这一政策也都持积极肯定态度。比如，很多同学表示："很好，有利于汉藏同学的相互了解与增进友谊，从而增进汉藏两族的友谊"；"有利于增进民族间的感情，了解藏族文化"；"很好，加强交流，我很庆幸有一个与藏族同学交往的机会"；"这是一项很好的政策，能够增强汉藏交流，让同学们认识更多朋友"。

此外，区内中学生也反映出了对内地求学的向往，在对拉萨三中的学生问卷调查中，35%的学生表示非常希望到内地读书，33%的学生比较希望到内地读书（见图 3 - 3），这种愿望不是凭空建立起来的，他们之中有近1/3的人经常与在内地读书的同学联系（见图 3 - 4），可以从同学那里得到内地西藏班的相关信息。

西藏自治区每年小升初报考内地西藏班的比例很高，几乎所有符合条件的考生都参加了内地西藏班的入学考试，但内地西藏初中班的录取率

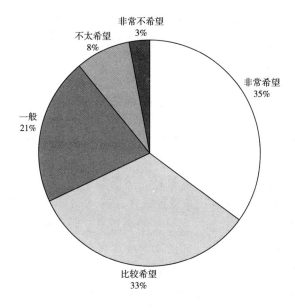

**图 3 - 3 "如果有机会，你是否希望到
内地读书"统计**

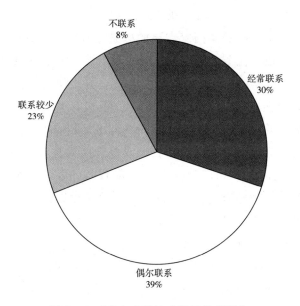

**图 3 - 4 "你与内地读书的同学或朋友
有联系吗"统计**

也就在 10% 左右，2009 年的录取率仅为 6%①，这种竞争远远高于高中考大学的竞争，这也从一个侧面说明了西藏学生和家长对内地西藏班的认可。

（三）围绕培养目标各校办学特色纷呈

经过多年的教育教学实践，内地西藏班培养目标越来越明确，并且初步形成了独具风格的办学特色。比如济南西藏中学在"笃信宽和"的核心价值观基础上，结合学校的育人目标、学校性质提出了"尚德笃学，爱国兴藏"的办学理念。"尚德"是思想教育方面，"笃学"指教学方面，"爱国兴藏"指情感价值观方面。经过长期的教学实践和摸索，济南西藏中学逐步清晰了自己的办学特色，即以汉藏融合教育为主旋律的"家文化"特色。北京西藏中学确立的培养目标是"为西藏培养热爱祖国、促进民族团结、具备终身发展素质的优秀高中毕业生"。同时，把学校的办学目标定位于"在内地班校处于领先地位，成为首都民族教育窗口校"。把"爱国、立志、勤奋、博雅"作为校训，把"团结向上，无私奉献"作为学校的核心价值观。山东泰安一中提出"我们要的就是英才，我们学校培养的目标就是培养精英，培养西藏和国家需要的栋梁之才"。在培养西藏所需要的人才时，主要从以下几个方面入手：第一政治强，第二思想通，第三感情深，第四品行高，第五身体棒，第六学业优。河北师大附属民族学院确立了学校的核心理念与定位，即以育人为本，锻造有中国特色的全国一流的以教育援藏为主的民族教育名校。自 2007 年开始招收内地西藏高中班。始终坚持"倾注一片爱心、构建和谐校园、提升民族教育、精育民族英才"的办学理念，围绕"夯基础、创特色、树品牌"的办学思路，坚持"常规固本、课堂提质、辅导增效、科研助力"的管理原则，扎扎实实地做好各项工作，教学质量稳步提高。调研中各内地西藏班主管领导基本上能比较清晰地描述本校的培养目标与办学特色，这也说明各校对西藏学生的培养问题都非常重视，都在积极探索适合西藏学生实际的培养模式。当然由于现有的政策文件中对内地西藏班的培养目标缺乏清晰的说明，加上民族教

---

① 饶春艳：《今年内地西藏初中班录取率仅 6%》，http://www.chinatibetnews.com/kejiao/2009-06/16/content_259672.htm，2009-06-16。

育本身的特殊性和复杂性，教育实践领域对内地西藏班培养目标的认识也还存在一些不足甚至偏差，需要认真研究厘清。

（四）学生的综合素质全面提高

内地西藏班学生的综合素质全面提高，具体表现在如下几个方面：学生的学业成绩有了较大提高；在各种文体和社团活动中表现出色；自理能力、人际交往能力、语言表达能力、环境适应能力等均明显增强；部分学生综合表现优异，积极向党组织靠拢，加入了中国共产党。

1. 学生的学业成绩有了较大幅度的提高

调研中所有内地班均反映西藏学生的学业成绩较之刚入学时有了明显提高，中考、高考淘汰率基本控制在5%以内，多数学校近几年的淘汰率基本为零。

济南西藏中学作为全国唯一招收西藏边境生的内地学校，经过四年或三年①的学习，学生的学业成绩得到大幅度提升。以该校2008级学生中考成绩为例，学生总平均分达到了587分（见表3-2）。

表3-2　济南西藏中学2008级学生（2012年毕业）中考成绩统计

项　　目	化学	英语	政治	语文	数学	物理	藏文	体育	总平均分
平均分	76.6	71.4	86.3	76.8	84.5	78.0	83.4	29.9	587
及格率(%)	89.6	76.3	99.3	99.3	96.3	88.9	98.5	100	—
优秀率(%)	11.9	17.0	35.6	1.5	40.7	18.5	15.6	100	—

2012年西藏自治区区内生源应届初中毕业生报考内地西藏高中班考生政审、体检最低控制分数线为：区内少数民族农牧民子女生源政审、体检最低控制分数线485分；区内少数民族城镇生源政审、体检最低控制分数线487分；进藏干部职工子女生源政审、体检最低控制分数线568分。济南西藏中学2008级中考成绩总平均分已经超过了当年进藏干部职工子女内地高中班录取分数线。2012年该校2008级毕业生全部考入内地西藏高中班，实现了"零淘汰"的目标，2013年该校三年制的2010级毕业生（其

---

① 内地西藏初中班2010年开始把学制由四年改为三年。

中包括 30 个边境生）也实现了"零淘汰"目标。

北京西藏中学的教学成绩也得到了西藏学生和家长的普遍认可。截止到 2012 年 7 月，该校 21 届 3677 名高中生毕业，均全部升入大学学习，从 2009 年开始，本科上线率均在 95% 以上（见表 3 - 3），受到西藏学生和家长的青睐。该校 2012 年录取的新生入学成绩在 522 分以上，均达到内地西藏散插班分数线。

表 3 - 3 北京西藏中学 2009～2012 年学生高考本科上线率统计 *

单位：%

2009 年		2010 年		2011 年		2012 年	
文科	理科	文科	理科	文科	理科	文科	理科
95. 6	97. 2	100	99. 5	98. 9	98. 3	95. 6	98. 9

* 由北京西藏中学提供的学生高考成绩单计算得出。

另外，内地西藏班学生的部分学科成绩与本地学生平均水平已相差不太大，尤其是语文和英语学科成绩差距较小。从 2009～2012 年北京西藏中学文科高考平均分与北京市文科高考平均分的差距图可以看出，西藏学生语文平均分与本地学生语文平均分差距最高年份仅有 8.17 分，差距最低年份仅有 5 分，英语平均分差距基本控制在 10 分以内（2011 年例外），数学差距相对较大，差距在 20 分左右（图 3 - 5）。理科差距较文科大些，但语文、英语也基本控制在 20 分以内（图 3 - 6）。可见，内地西藏班学生的学业水平也在不断提升。

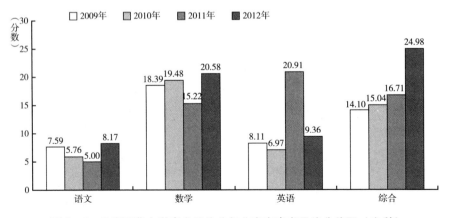

图 3 - 5 北京西藏中学高考平均分与北京市高考平均分差距（文科）

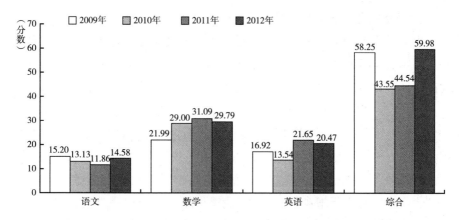

图 3 - 6　北京西藏中学高考平均分与北京市高考平均分差距（理科）

山西大学附属中学是山西省唯一一所招收西藏学生的中学。截至 2012 年 9 月，已累计培养 2000 多名初高中毕业生。西藏班毕业生实现了连续 7 年 100% 的高考升学率，2010 年，清华大学在内地西藏班录取的 4 名学生中有 2 名是山西大学附中的藏族学生，其中 1 名学生取得了全国内地西藏班藏族学生理科第一名的优异成绩。

泰安一中是山东省首批招收西藏内地散插班的 8 所重点中学之一，2003 年开始招收西藏学生，2010 年承担全省扩招任务。截至 2012 年 9 月，毕业 4 届共 21 名同学，全部升入 "985" "211" 国家重点高校。

河北师大附属民族学院也是首批招收内地西藏班的学校，从最初单一的 100 名藏族学生的 "藏班" 到 2007 年已经发展成 2200 名藏族与各民族学生的民族学院，学生数量增加了 21 倍。历届藏族中师班与大专班毕业生的就业率均为 100%。从 2002 年开始招收内地西藏高中班，已有 257 人毕业，在读 400 人左右。从 2007 年到现在，学校实现了零淘汰，学生全部升学。

北京八十中学从 2002 年开始招收内地西藏散插班，到 2012 年为止 8 届毕业生 148 人，其中升入 "985" 大学有 69 人，升入 "211" 大学有 63 人，除 2 人考取了二本院校外，其他全部升入一本大学。[1]

----

① 数据根据课题组调研收集到的北京八十中学 2002～2009 级西藏生升学情况统计计算得出。

2. 学生在各种课外活动特别是文体活动中表现出色

内地西藏班的学生在各种课外活动中的表现也非常出色，尤其文体活动方面更是西藏学生的长项。比如济南西藏中学，"雪莲艺术团"经常是社区活动歌舞表演的主力军，在济南市每年一届的艺术节上，该校稳居榜首。2011 年，雪莲合唱团首次走出山东，走上东南卫视"欢乐合唱团"的舞台。从全国 30 强，一路过关斩将，进入全国 5 强；2012 年，雪莲合唱团再战东方卫视"中国达人秀"，从上海音乐厅一路唱到北京人民大会堂；校报《珠峰》和校刊《雅龙河》，荣获全国校园报刊评比一等奖。此外，在"上海国际青少年书画摄影大赛"、第十二届全国中小学电脑制作活动以及东南卫视"欢乐合唱团"等比赛中也获得了多个奖项。北京西藏中学作为民族传统体育项目基地，一直以来都非常重视民族传统体育项目的开展，尤其在珍珠球、蹴球、绫球、民族舞蹈等项目上都取得了优异的成绩，多个项目都曾获得北京市比赛的冠军，在足球比赛中该校学生也表现出色，经常取得骄人的成绩。在各种文艺表演中，该校学生表现突出，"格桑花艺术团"是该校最有名的学生社团兼演出团体，曾多次在国内外重要场合表演，获得一致好评。山西大学附中西藏班在团中央、中国语文报刊协会等单位联合举办的第十四届"语文报杯"全国中学生作文大赛中获得多个奖项，成绩突出。

3. 学生社会适应能力得到明显提高

学生社会适应能力主要体现在自理能力、人际交往能力、表达能力、环境适应能力、问题处理能力等几个方面。社会适应能力是反映一个人综合素质能力高低的间接表现，是个体融入社会、接纳社会能力的表现。在调研中，内地西藏班教师、在读学生和已经考上大学的内地西藏班学生都反映，来内地读书的一个最大收获是在自理能力、问题处理能力等方面的进步。从西藏来到内地，首先面对的就是环境的变化，海拔、气候、饮食、语言、风俗习惯等均发生很大改变，在老师的悉心照料和帮助下，绝大多数西藏学生都顺利地度过适应期。[①] 由于很多孩子十二三岁就离开父母来到内地读书，要学会自己照顾自己，也要学会自己处理问题。在这个

---

① 访谈中发现，西藏生在内地的适应期一般为一两个月，也有的要一个学期左右。只有极个别的适应不了被送回西藏。近几年因适应不了内地生活被送回西藏的学生越来越少。

过程中，自己的语言表达能力、人际交往能力等都得到了锻炼和提高。课题组成员在调研时对这方面感受很深，尤其是访谈过程中这些西藏学生基本上对答如流，表意清晰。很多内地西藏班毕业的学生在回忆自己的内地班生活时都"为自己骄傲"，感觉自己比同龄的在父母身边娇生惯养的孩子更成熟、更懂事。从区内直接考到内地读大学的西藏学生也反映了这种落差，他们发现自己与身边内地班考上来的同学比较起来，内地班的同学人际交往能力、语言表达能力更强，而自己在大学的适应问题就更多，尤其是不太知道如何跟其他民族的同学交往，除了上课以外，基本上是和本民族的同学在一起，很难融入班集体当中（大学独立西藏班除外）。由此也可以看出，内地班的读书经历有助于西藏学生更好地适应大学的学习和生活。

4. 学生的思想道德和政治修养不断提升

内地西藏班学生高中就读期间已有多人积极向党组织靠拢，并加入中国共产党。截至 2012 年 6 月，北京西藏中学先后已有 4000 多名同学在学校接受了党组织的教育，已有 19 批 64 名学生加入了党组织。截至 2012 年 9 月，泰安一中已毕业 21 名同学，其中 8 人光荣加入中国共产党。课题组在泰安一中访谈时一名高一女生还曾问起"插班生到了年龄以后可以入党吗"，这也反映出学生向党组织积极靠拢的愿望。在与学生交流宗教信仰问题时，多数学生表示心里信佛，但也有部分学生对佛教有自己的认识，比如访谈时一名高二女生说："我觉得佛教对人的影响挺深的。但是个人意见，佛教中有的方面我不太赞同。"学生能够比较理性地看待问题也是思想不断成熟的标志。

在与泰安一中西藏班主管校长座谈时，他还提到一个案例：2008 届有个孩子，考到武汉大学了，这个孩子是两次家庭，他爸爸娶了他妈妈姊妹两个，这是个大家庭，他哥哥和他舅舅娶了同一个妻子。典型的一妻多夫，和一夫多妻。这个学生在材料中曾经写过"这就是内地办班成功了，我回去后，对家乡的这些做法感觉看不惯了，感觉家乡落后了"。后来既是他嫂子又是他舅妈的角色，与哥哥、舅舅离婚后另组家庭。这种婚育观念的变化也是西藏生在内地接受教育后思想观念的进步。

此外，多数受访者表示，来内地读书后西藏生的视野开阔了。西藏学生从自治区来到内地本身就是一个开阔眼界的过程，受招生录取的限制，考上内地西藏班的学生多来自于农牧区，而内地西藏班基本设在比较繁华的城市，有着深厚的文化底蕴，这种人生阅历对很多西藏孩子来讲是一生的财富。另外，很多西藏学生的寒暑假都是在内地过的，每到寒暑假学校就会组织西藏学生出去旅游或游学，"读万卷书不如行万里路"，在旅游或游学活动中，学生们一方面拓宽了知识面，开阔了视野，另一方面加深了对祖国大好河山的热爱，对我国的多民族文化也有了更多的直观感受。同时在这些活动中锻炼了学生的意志品质，增强了团队合作意识，让学生们受益匪浅。课题组2012年5月到山东济南西藏中学调研时，恰逢该校初三毕业班开展登泰山活动①，我们也一起参加，一路上学生情绪高涨，校长、教学主任、班主任等除了做好后勤保障工作外，还不时地给学生拍照，在路陡地段学生也会体贴地搀扶老师，我们一行人被师生之间的这种深情打动。

（五）学生学校适应整体良好

学生的学校适应情况是本研究的重点之一。本研究的学校适应包括课业适应、人际适应和自我接纳三部分。其中在课业适应方面，主要从学习态度、学习习惯、学习方法三方面来反映。从调查结果看，内地西藏班学生在学校适应上总体状况良好。

首先，在课业适应方面，绝大多数内地西藏班学生学习态度端正，学习习惯良好，但在学习方法与学习技巧方面存在较多问题，这是内地西藏班学生与本地学生在课业适应上存在的最大差异，也是二者在学习成绩上存在差距的一个重要原因。

其次，在人际适应方面，内地西藏班学生总体状况良好，具体表现在以下几个方面：一是西藏学生与教师互动状况良好，师生关系和谐；二是学生之间人际交往呈现良性互动，同学关系融洽。

最后，从自我接纳方面来看，内地西藏班学生整体状况良好，表现出了积极的自我接纳和认同。

在人际适应和自我接纳方面，西藏学生与本地学生不存在显著性差异。这说明在跨文化交往过程中，西藏学生积极适应了内地的学习生活状

---

① 这是济南西藏中学的常规活动，每届学生临近毕业学校都会组织统一登泰山活动。

态，这为他们在内地的学习和生活奠定了良好的基础。

在第七章的内地西藏班学生学校适应专题还会详细展开讨论，这里不赘述。

（六）学生的民族文化保持良好

从调查结果看，虽然西藏学生远离家乡到内地读书，但他们的民族文化并未出现中断现象。在风俗习惯问题上，80%以上的内地西藏班学生表示知道大部分藏族风俗习惯，并且在生活中会遵从藏族的风俗习惯（见图3-7）[①]。在与拉萨三中西藏班学生的比较中，从调查结果看，内地西藏班藏族学生与西藏自治区藏族学生在生活习惯问题上并不存在显著差异（见图3-8）。这一方面表明内地班藏族学生对本民族风俗习惯保持良好；另一方面也从侧面反映出内地学校对藏族学生生活习惯的尊重。

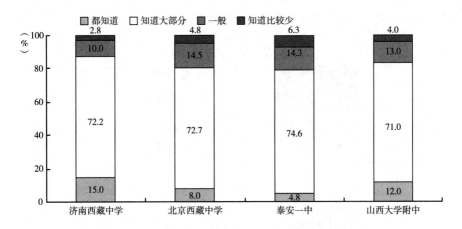

图3-7 "你知道藏族的各种风俗习惯吗"四校比较

在对北京高校西藏大学生做的问卷调查中，也证实内地西藏班学生在民族文化方面并未出现中断现象，相反，在某些方面还表现出了对民族文化的更多关注，他们的民族自觉意识也更强，比如在问及"你知道藏族的各种风俗习惯

① 由于内地西藏班西藏生藏族占90%左右，本研究对民族文化的保持情况、对本民族文化的认同情况均特指对藏族文化的保持和对藏族文化的认同。因此，涉及民族文化保持和本民族文化认同部分的数据均不包括汉族和其他少数民族学生。

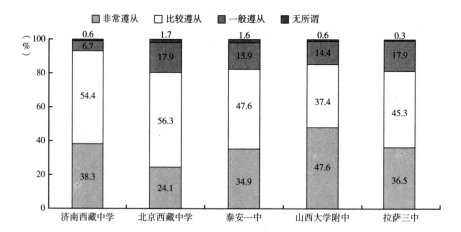

图3-8　"你在生活中遵从藏族的风俗习惯吗"统计

吗"这一问题时，内地西藏班毕业的大学生知道大部分藏族风俗习惯的比例达
到87.9%，高于从区内中学毕业的大学生比例（见图3-9）。

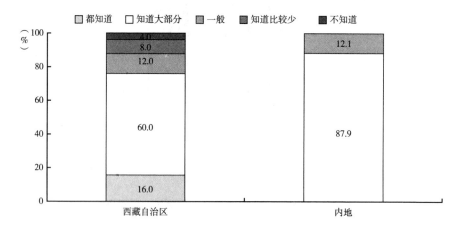

图3-9　"你知道藏族的各种风俗习惯吗"区内、区外比较

在民族语言问题上，内地西藏班学生之间的沟通和交流基本都是用民
族语偶尔夹杂汉语进行的①，在与家人的电话联络中，90%左右的藏族学

---

① 调查中内地西藏班学生反映他们之间的交流基本都是用藏语进行的，但内地西藏班学生
　也来自西藏各地，不同地区之间的藏语也不太一样，有时因为方言也有听不懂的情况，
　这时候就用普通话交流。

生多半使用藏语（见图3－10），60%以上的学生认为自己的藏语学得比较好，内地西藏独立校学生认为自己藏语学得比较好的比例达到3/4以上（见图3－11），可见，独立的内地西藏中学学生的藏语水平较混校独立班和散插班更好。绝大多数内地西藏生都认识到了学习藏语的重要意义，在"你认为对自己未来发展来说，藏语、汉语哪个更重要"这一问题上，1/5以上的学生认为藏语更重要，60%以上学生认为藏语、汉语同等重要（见图3－12）。

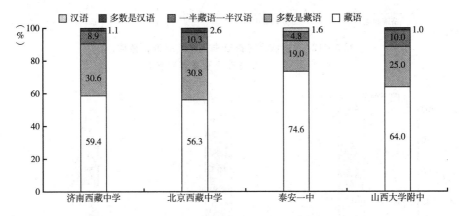

图3－10　学生与家人说话时使用语言情况统计

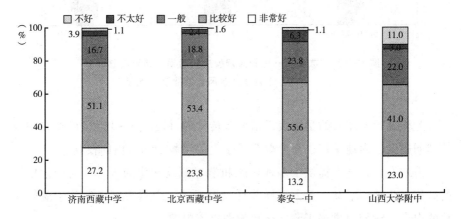

图3－11　"你认为自己的藏语学得怎么样"统计

在参加一些较大规模的庆祝活动时，半数学生表示会自愿选择穿民族服装（见图3－13），可见他们对民族服饰的喜爱。

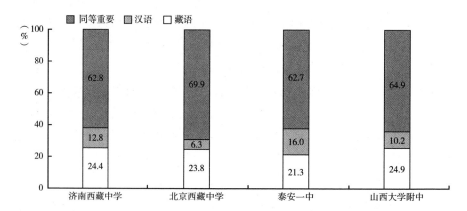

图 3-12 "你认为对自己未来发展来说，藏语、
汉语哪个更重要"统计

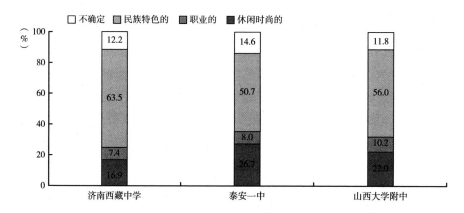

图 3-13 "去参加一些较大规模庆祝活动，如果自愿选择
你会穿什么风格的服装"统计

此外，90%左右的学生表示信仰藏传佛教（见图 3-14），可见在宗教信仰问题上，内地学校也充分尊重了学生的宗教信仰自由的权利。

内地学校为学生提供了多种接触和学习藏族文化的方式，比如，校园的藏族文化社团活动，重大藏族节日庆祝活动，学科教师讲解关于藏族文化的内容，学校提供关于藏族文化的图书资料等。

内地西藏独立校为学生接触和学习藏族文化做的工作更多，比如有的学校开设了关于民族文化的课程，因此，多数内地西藏独立校的学生表示来内地读书，对本民族文化的内容了解更多了。

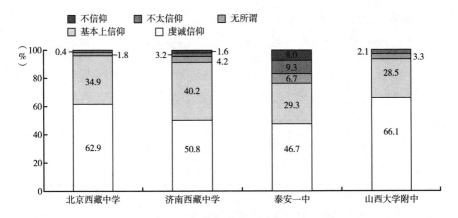

图 3 - 14　学生信仰藏传佛教情况统计

（七）学生形成了积极的国家认同和民族认同

民族认同与国家认同相统一，是多民族国家保持国家统一和社会稳定的思想基础。在对少数民族学生进行教育时，既要重视他们对本民族的认同，更要重视他们对国家的认同，实现民族认同与国家认同的统一，这也是内地办学的一个重要使命。

1. 国家认同

从调查数据来看，学生对国家的认同度很高，内地独立校与混校独立班、散插班西藏生的国家认同和民族认同不存在显著差异。绝大多数内地班西藏生认为自己是一个典型的中国人（见图 3 - 15），并且认为当外国人责难其他中国人时，觉得这就是对自己的侮辱（见图 3 - 16），如果到国外学习和工作，绝大多数西藏生会公开承认自己是中国人（见图 3 - 17）。

在党中央对待藏族的政策问题上，绝大多数西藏生都认为党中央对藏族的政策非常优惠（见图 3 - 18），并且多数都认为国家和民族的利益是高度一致的，在民族与国家利益关系认识问题上，1/5 以上的学生表示二者发生矛盾时国家利益应高于民族利益，泰安一中有近半数西藏生认为二者发生矛盾时国家利益应高于民族利益，这可能与该校对学生的思想政治教育引导有关。值得我们警惕的是，还有 10% 左右的西藏生认为二者发生矛盾时民族利益应高于国家利益（见图 3 - 19）。

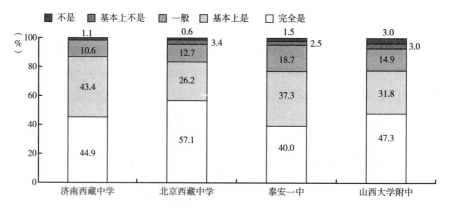

图 3-15 "你觉得自己是一个典型的中国人吗"统计

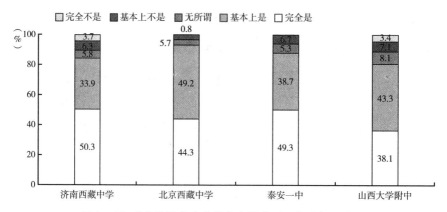

图 3-16 "当外国人责难其他中国人时,你觉得这就是
对你自身的侮辱吗"统计

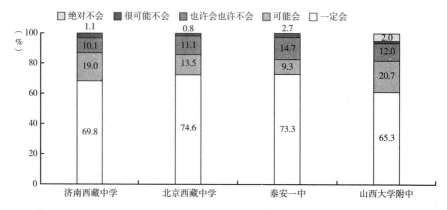

图 3-17 "如果到国外学习和工作,你会公开宣称自己是中国人吗"统计

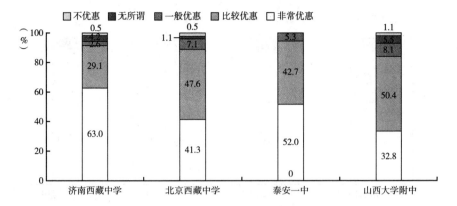

图 3 - 18　"你如何看待党中央对藏族地区的政策"统计

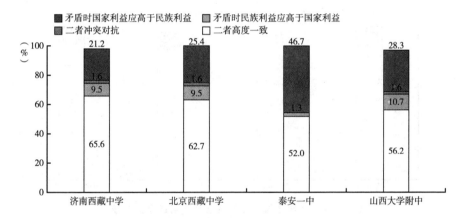

图 3 - 19　学生对民族和国家的利益关系的认识统计

　　从总体上看，内地西藏班学生的国家认同度很高，但是我们也必须清醒地认识到，还有极个别的学生不太认同自己的国家身份，极少数学生在民族与国家关系问题上更强调民族利益。对这部分学生学校必须耐心细致地做好工作，加强对学生的思想政治教育，帮助其树立正确的国家观、民族观。

　　2. 民族认同

　　内地西藏生对本民族的认同度非常高。90%左右的学生认为自己基本上是一个地道的藏族人（见图 3 - 20），并且会为自己的民族感到自豪（见图 3 - 21），同时 90%左右的学生表示毕业后愿意回西藏工作（见图 3 - 22）。

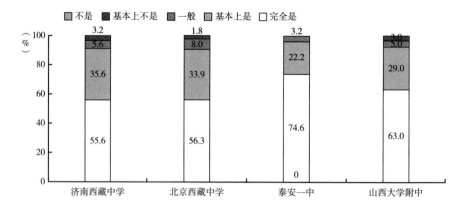

图 3 - 20　"你认为自己是一个地道的藏族人吗"统计

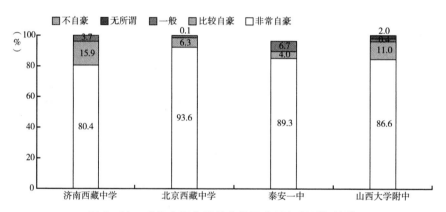

图 3 - 21　"你会因自己是藏族而感到自豪吗"统计

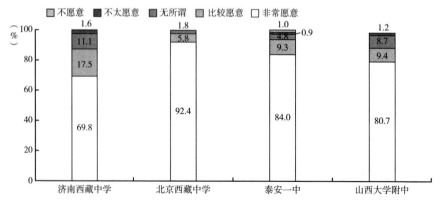

图 3 - 22　"毕业后，你愿意去西藏工作吗"统计

内地西藏班是西藏教育的重要补充，在西藏人才培养中扮演着重要角色，如此多的西藏学生愿意回到藏区工作，也实现了内地西藏班"内地办学、智力援藏"的办学主旨。访谈中当问及他们毕业后的打算时，内地班学生也基本表示要回西藏建设家乡。

　　从传播本民族文化的角度来看，90%以上的学生愿意向其他民族的朋友介绍本民族的传统文化（见图3－23）。身处异地，更是对家乡的事物倍感亲切，向他人介绍本民族传统文化既是本民族文化认同的一个表现，也有利于西藏文化的传播与发展，利于外界更多地了解西藏和西藏文化。

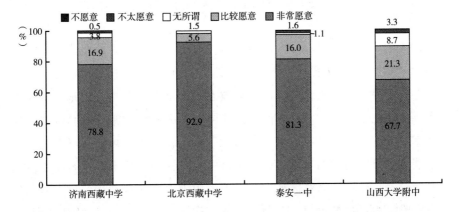

图3－23　"你愿意向其他民族的朋友介绍本民族的传统文化吗"统计

　　此外，虽然远离家乡、身处内地，西藏班学生对家乡的关注度仍然很高，80%左右的学生在问卷调查中表示对西藏的政治经济文化发展非常关注（见图3－24）。

　　另外，从服装、语言、传播民族文化、民族风俗、宗教信仰五个方面的数据来看，西藏班的学生对本民族的认同还是很高的，这部分在本民族文化传承方面已做过论述，在此不再赘述。

　　综上可见，到内地读书，并未削弱西藏班学生的民族文化认同和对西藏的归属感，相反，他们对本民族的认同感更强，这与课题组成员和西藏自治区教育厅领导访谈时得出的结论相互印证，自治区教育厅领导反映，内地西藏班毕业的学生有更强烈的民族保护意识。这与白杰瑞、班觉、阿

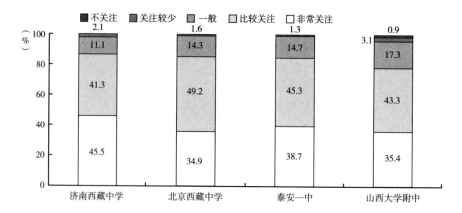

图 3-24　学生对西藏的政治经济文化发展关注情况统计

旺次仁等的研究结论也是一致的，他们在《学生眼中的内地西藏班》一文中指出："这些内地西藏学校从未削弱学生的藏民族的身份认同。相反，由于多年把藏族年轻人作为一个集体放在中国城市文化中，内地班的学习经历反而强化了学生的藏民族的身份认同。"[1] 积极的民族文化认同也是实现费孝通先生所倡导的"民族文化自觉"的前提，很多内地班毕业生为民族发展积极贡献力量的事实也证实了这一点，比如藏语电影字幕小组发起人扎彭就是一个在上海读完初中、高中的内地西藏班毕业生，后考入北京邮电大学。内地班的读书经历让他对藏语更情有独钟，在大学就读期间，他利用自己的专业知识，凭着自己对母语的一腔热情，发起了藏语电影字幕制作活动，翻译制作完成了《阿甘正传》《特洛伊》《家园》等近20部经典影片的藏文字幕，通过电影来传承母语，该小组现在还有了自己的网络主页（www.bosubtitle.com）。

从总体上看，内地西藏班学生不仅形成了很强的对本民族文化的认同，而且也形成了积极的正向的国家认同，实现了民族认同与国家认同的高度统一。内地西藏班这种特殊的教育模式与北美为土著儿童举办的强制性接受的[2]、禁止说土著语言的、低质量的寄宿制学校形成了鲜明对比，

---

[1]　马戎：《西藏社会发展研究》，民族出版社，2011，第267~281页。

[2]　北美为土著儿童设立的寄宿制学校把儿童强行从家里带走，几乎与家庭完全隔离，为防止儿童从学校逃走学校对儿童实现严格管制。

他们的寄宿制学校旨在消灭土著少数民族文化，我国的内地西藏班教育则在保护少数民族传统文化与接受现代学校主流文化之间找到了一种契合，有力地促进了西藏人才培养质量的提升，内地班培养出来的人才已经成为西藏经济社会发展的主力军。

二　内地西藏班教学面临的突出问题

（一）学制改革带来的困惑

根据教育部民族教育司和西藏自治区教育厅要求，内地西藏初中班学制于 2010 年 9 月起由四年改为三年。由于学制的变化，从学科课程设置、学科教学进度、教学管理措施到教学活动安排等方面都要进行重新调整与改革。这次改革给学校教育教学带来了极大的挑战。比如在与济南西藏中学的领导访谈时，有人反映"四改三"对学校的老师和学生来说都很痛苦，对教师来说，需要教师转变观念，调整教学进度，教学压力增大；对于学生来说，由于时间紧，任务重，对于一些汉语基础差的同学，学习很吃力，在访谈中有学生表示"一到内地就要学习，还没有适应内地生活，接受起来有点困难"。

内地西藏初中班学制改革以后，教育部又做出了内地高中班学制改革的方案。从 2013 年起，内地西藏高中班学制进行改革，内地西藏班普通高中学制将由 3 年延长为 4 年。这一调整将使内地西藏高中班面临很多问题：首先是教材的编写问题。现行内地西藏班的课程方案在课程结构、课程内容、课程实施、课程评价等方面均与内地普通高中一致（藏语文除外），"三改四"后，内地西藏高中班的课程方案与本地高中的课程方案不再同步，必须重新编制适合内地西藏班的课程培养方案。其次是校际交流问题。在现行的三年制培养体系下，内地西藏班的课程培养方案与内地普通学校的一致性，使内地西藏班的教研活动也与内地普通高中同步，在教学方式、方法等方面可以相互切磋、相互学习，但"三改四"后，这种切磋和交流活动可能会受到更多限制，同时内地西藏高中班由于所处省份的差异，教材选用方面也存在差异。因此，内地西藏高中班之间的教研交流也很有限。这对内地西藏高中班教师的专业发展无疑是不利的。最后是内地独立校与散插班不同步问题。散插班学生的培养方案与本地普通学生是一致的，散插班培养方案和受教育年限与普通内地班不同，可能会在一定程度上给学生报考内地班带来困扰，访谈中多数学生表示希望三年读完高中，因此，学制是三年还是四年，将直接影响到学生对内地班的报考志愿。在调研中，相关学校领导和老师都表示出了很多困惑和担心。

（二）藏语文教学面临的困境

藏语文教学是内地西藏班教学中的薄弱环节，内地西藏班藏语教学的最大障碍就是藏语师资匮乏问题。由于西藏自治区藏语师资比较紧缺，近年来派往内地的藏语教师也很少能达到文件中规定的师资配备标准。课题组调研了解到，北京西藏中学（每届招生 250 人左右，6~7 个平行班）和山西大学附属中学西藏班（每届招生 100 人左右，2 个平行班），全校均只有 1 个藏语文教师，而且是一年一轮换。由于师资紧张，学校每个年级每周只能开设一节藏语文课，且在高考中只是作为参考分数，不纳入总分，所以藏语文课往往就会流于形式。内地高中散插班到目前为止都没有选派藏语文教师，所以也未开设藏语文课程。内地初中班由于藏语文是中考主考科目之一，相对好一些，济南西藏中学每个年级 2 名藏语文教师（每届招生 200 人左右，每个年级 5 个平行班），每个年级每周 4~6 节藏语文课，但藏语文教师基本上也是一年一轮换。

从现实情况来看，这种藏语文教师选派和轮换制度存在一些问题：一是被选派的教师自身面临的问题。被选派的教师一般以中青年教师为主，多数已经在西藏自治区成家，被选派到内地就面临着与家人较长时间的分离，教师到了内地后也要经历一个适应过程，由于一年一轮换，与当地教师相互之间的了解还不够深入，很难真正融入当地的教师群体中，调研中也发现藏语文教师与当地教师之间的交流很少。二是藏语文教学质量难以保障。不稳定的师资队伍给藏语文的教学带来一定的负面影响，比如，由于仅接触一年时间，再加上藏语文教师教学任务重，一人教多个班级，因此，教师对学生了解不够深入，同时一年换一个藏语文老师，学生还需要经历对教师教学风格的适应，这些均会在一定程度上影响藏语文的教学质量。另外，由于监督考核机制不够健全，尤其是未列入高考必考科目，教学内容和教学质量很难保证，在与教师和学生的访谈中发现，五省区通用的高中藏语文教材并未真正在课堂上使用，课题组在内地高中班听藏语文课时也发现，课上藏语文老师讲的是自己随机挑选的关于藏族历史人物的故事，虽然由于情感上的原因，以及课堂内容本身的趣味性，学生表示很喜欢藏语文课，但对于学生的藏语言能力的提升还是很有限的。另外，这种藏文教师的选派制度还可能给区内学校的教学带来一定干扰。

内地西藏班学生的民族文化传承和保护意识很强，对藏语文的学习需求呼声很高，在开放性问卷调查中，很多西藏学生在教学建议方面明确提出要开设或增开藏语文课。比如，济南西藏中学学生提出希望更好地学习藏语的占16.8%，而山西大学附中西藏班要求增开藏文课的学生比例达到35.7%，很多学生希望学校多提供一些藏文书籍供学生阅读。如何保障藏语文教学，提高藏语文教学的成效是内地西藏班教学改革必须予以重视的问题。

（三）学生学习动力不足

学生学习动力不足是内地西藏班教学面临的一个共性问题，也是调研中老师们反映比较大的一个焦点问题，在独立建校的西藏中学和混校独立班这一问题表现得更突出。老师们一致认为较之本地学生来说，内地西藏班学生学习积极性、主动性差，高中阶段尤为明显。主要有两个方面的原因，其中一方面是政策性原因，即内地班中考、高考的单独招生录取政策。在西藏内地办学开始后的十几年间，内地班学生的毕业出路是西藏自治区统一调配的，除极个别"完全不合格，不适合做培养对象的"要提前送回西藏以外，全部升入内地高中班或中专班，《内地西藏中学班（校）管理实施细则》（1992）中规定：经过考试、考核，成绩不及格的学生，要进行补考。补考后仍有两门主科或两门以上学科不及格者，予以留级，留级后仍不能跟班学习的，应令其退学。应该说这一考核内地班学生的规定是非常宽松的，在这样的政策要求下，达不到条件的学生寥寥无几。到了2003年《关于进一步做好教育援藏工作的意见》颁布，这一情况发生改变，在该意见指导下，内地西藏班开始用"淘汰率"来激发学生的学习动机，虽然较之前的无特殊情况全部升学政策有所改变，引入了一定的竞争机制，但淘汰率很低，西藏班学生的升学压力仍然不大，考入内地班，就相当于进入了"保险箱",失去了勤奋学习的动力,用一线教师的话来说就是"缺乏奋斗精神,对政策的依赖性比较强"。在访谈时,有教师反映,"在内地班的学生 95% 左右会升入国家重点大学,没有高考的压力,比较安逸,学生会经常迟到,再就是会在没有经过老师的同意下旷课(不会向老师请假),规矩意识比较差"。另一个导致学生学习动力不足的重要因素是教学内容难度大,所用教材不切合西藏学生实际,在理科方面尤为突出。较之政策性原因而言,由于课程和教学不切合学生实际而导致的学习动力不足问题更容易被人们忽视,但却是一个特别值得重视的问题。访谈时一位内地西藏高中班的理科教师就做出了如下的描述:"西藏生对语文还比较感兴趣,大概有 20% 不学,剩下的多数还会去学习。理科就不一样了,我觉得有三分之一的学生是跟不上的,因为进度很快,一节课有很多东西,有些学生反应积极,悟性高,但对于多数学生来说,你讲得再好他也不听,因为他听不懂,基础差,反应慢。"扩招之后,内地西藏高中班中有近一半的学生是从西藏自治区考过来的,他们的基础更薄弱些,所以"听不懂"的问题更为突出。一位在西藏班任教多年的教师反映:"西藏班学生用的教材和本地学校学生的完全相同,这个对他们而言,难度特别大,尤其是扩招以后,好多区内的孩子考过来,他们都在西藏上的初中,根本没有学过文言文什么的,所以他们学高中语文更难,他就根本接受不了,在这种情况下,他在学习上难以感受到自己的成就,学了还是不会,慢慢也就不学了。"另一位教师也深有感触:"你说人家那边的精英都过来了,为什么来到这边就厌学呢?好多孩子就是学不会,根本就是听天书,教材用本地同样的教材,高考考同一套题,西藏的孩子们就会觉得学与不学是一样的,再学也学不到那个档上,所以很多孩子就不学了,我觉得这是内地班学生厌学的一个重要原因。"一线教师的这些反馈值得我们很好地反思,内地西藏班的教学如何做到因材施教是提高西藏学生学习效果的一个关键因素。

(四) 教师的教学效能感弱

教师的教学效能感是教师对自己影响学生学习行为和学习成绩能力的主观判断。这种判断,会影响教师对学生的期待、对学生的指导等行为,从而影响教师的工作效率。因此,可以间接地把教师的教学效能感作为教师教学成效的反映指标。从调查结果来看，内地西藏班教师对这项艰巨的事业都抱有很大的热情，都付出了很多努力和艰辛，但成就感普遍不高。① 因此，在工作中抱怨情绪比较明显，透过下面这些老师的表达可见一斑：

T1 老师：我们的职业更多的是一种自我满足。但在社会上，一说是西藏中学的老师，就感觉着这老师水平低。我有这么一个疑问：我在西藏中学教书这么长时间，我在想如果要我去本地的某一所普通中学教书，不知道能否胜任，还是说我只能教西藏中学的学生了？我们这里的老师都很认真，但我们好像自己心里都没有底气。

T7 老师：理论界都是在关注西藏学生怎么样，插班学生怎么样，全把老师给忽视了，老师管理学生，尤其是像我们混校，眼巴巴地看着汉班老师教学，学生很理解老师，然后又得到家长的不仅是配合，还有全力支持，他们对老师的这种认可很强。在西藏部这边你为了把他教育好，但是他不理解老师，老师再有升学的压力，再有其他一些事务，工作起来相当困难……得不到家长的认可，找不到成就感。

内地西藏班教师的教学效能感弱受哪些因素影响？如何增强教师的教学效能感？第十章将对这些问题进行深入讨论。

（五）学科教学对教学对象的特殊性关注不足

毋庸置疑，内地西藏班的教育教学取得了很大成绩。但也必须看到，相对于内地学生来讲，内地班学生的学业成绩仍徘徊在一个相对较低的水平，这使得很多教师抱怨"学生基础差""学习主动性差"等。学生基础弱是不争的事实，他们到内地享受优质教育资源后，成绩的提升似乎并未达到非常理想的状态，这也是导致很多内地西藏班教师教学效能感低下的重要因素，访谈中很多教师都表达了类似的看法。本课题组在深入课堂听课、与师生深入访谈后发现，内地西藏班的学科教学，多是照搬内地普通教育的教学模式，对特殊教育对象即生活在内地的西藏学生研究不够深入，教学前没有充分了解学生的生活经验和知识背景，教学中不能用西藏

---

① 内地班教师的教学效能感主要指独立建校的西藏中学与混校独立班的教师教学效能感。因为散插班的教师教学效能感不会因几个西藏生的加入而产生太大变化。

学生易于理解的事例来解释说明，对西藏学生教学的针对性不强，这是导致学生学习兴趣不足、学业成绩提升缓慢的重要因素。

（六）教师的校际沟通交流机会少

内地西藏班之间教师交流机会少也是制约教学水平提升的一个重要因素。调研中很多一线的内地西藏班教师表达了自己的困惑，虽然学校所在地教育局会定期组织教师进行教研活动，但由于内地西藏班教学的特殊性，与本地教师之间的交流也往往仅限于教学内容、重点、难点等方面的探讨，而内地西藏班教师教学最大的困惑是面对独特的教学对象怎样教学才能取得更好效果的问题，访谈中很多老师希望能在内地班之间进行交流，因为彼此的教学对象相似，在教学上大家可以一起探讨的问题更多，更有针对性。而到目前为止，内地西藏班之间的交流更多是局限于管理方面和德育方面，比如每年召开内地西藏班校长会议、德育会议，但教学方面的沟通交流较少，有些内地西藏班即使在同一地区甚至同一城市，但彼此之间的交流也非常有限，尤其是独立的内地西藏校与散插班之间的沟通更少。这样每个内地西藏班的教育教学都要靠自己去摸索，未能就一些共性问题进行深入探究、总结、提升，未能很好地实现内地西藏班之间的资源信息共享和经验推广。

当然，除了上述这些问题，内地西藏班教学一个比较大的缺憾就是家长参与学校教学的机会较少，不便于家长及时了解孩子的学习情况并与教师互动，同时由于长期离家在外，内地西藏班的学生更容易因想家而情绪低落。不过由于现代通信技术的发达，学生、教师与家长联系也越来越频繁，调查中了解到女生更容易想家，所以与家长的联系也更多，一般一周左右会与家里通一次电话，有的甚至每天都要与家里打电话联系。内地学校一般要求班主任一个学期与每个学生家长至少电话沟通一次。而且随着交通越来越便利，西藏人民生活越来越富裕，内地西藏班学生和家长往返内地西藏的机会也不断增多，如从 2012 年起，非毕业班（初一、高一）学生可以利用暑假统一返藏探亲，同时，为让家长了解内地各办班学校的办学情况和学生在校期间的学习情况，亲身体验和感受办班学校对西藏学生的关爱和对西藏教育事业的大力支持，西藏自治区教育厅组织内地西藏班学生家长代表赴内地办班学校参观考察。内地办班学校也利用每年送学生（毕业班学生和非毕业班返藏探亲学生）返藏的机会到西藏了解区内的情况。这些措施在很大程度上拉近了家长与学校之间的距离，也在一定程度上弥补了学生远离家乡的亲情缺失。

三　内地西藏班教学问题解决的思路与对策

（一）内地西藏班的学制改革：与学分制改革统筹实施

1. 内地西藏班学制改革背景分析

内地西藏班的学制改革问题是与初中、高中办学层次的调整密切相关的。关于初中、高中办学层次调整问题则应更多地考虑西藏的基础教育发展水平与西藏经济社会发展对人才的需求。从现有文献资料来看，西藏的基础教育事业取得了巨大成就，如入学率得到了大幅度提高，办学条件大大改善。到 2010 年，全区小学适龄儿童入学率达到 99.2%，初中入学率 98.2%，高中阶段入学率 60.1%。[1] 但我们也必须承认，西藏的基础教育质量还不高。纪春梅通过对拉萨七县一区义务教育阶段的学校教育质量调查研究发现，学生的学业成绩较低。比如对 2008 年拉萨小考（考内地班）和中考成绩分析，结果如下：参加小考（内地班）的学生四门课程的平均成绩只有藏语在 60 分以上，其他三门课程的平均成绩在 45 分左右，单科及格率藏语情况较好，超过 60%，数学最差，及格率只有 13.1%。学习很差的学生（考试分数低于 25 分）所占比重很大，特别是数学与综合课，达到 46% 以上。四科都及格所占比例较低，只有 7.6%，说明只有极少数学生在所测各科上达到了基本要求（见表 3-4）。初中除藏语文平均成绩达到 60 分外，其他学科平均分极低。化学、英语和物理的及格率极低，英语的及格率只有 2.9%，英语低于 40 分的学生比例高达 88.8%。研究样本中市区和城关区学生比重分别为：小学 47.0%，初中 17.5%，如果仅统计农牧区学生的学业成绩，结果会更差一些（见表 3-5）[2]。

---

① 韩晓悟：《西藏和平解放六十周年创造教育事业发展奇迹》，《中国教育报》2011 年 7 月 19 日第 1 版。

② 纪春梅：《西藏义务教育质量研究——以拉萨七县一区为例》，华中师范大学博士学位论文，2011。

表 3 - 4　2008 年拉萨七县一区小考各科学业成绩分析结果

单位：%

	数学	综合	藏语	汉语文
平均分	40.9	45.4	64.5	51.6
及格率	13.1	31.1	66.4	47.4
优秀率	0.06	10.7	22.5	15.3
低于40分的比例	51.8	46.0	10.5	32.1
低于25分的比例	11.9	23.6	3.5	21.4
四科都及格比例	7.6			

表 3 - 5　2008 年拉萨七县一区中考各科学业成绩分析结果

单位：%

	化学	数学	英语	藏语	政治	物理	汉语文
平均分	32.0	42.4	25.0	60.0	40.7	32.7	43.9
及格率	12.4	23.8	2.9	63.0	22.4	8.0	29.6
优秀率	3.7	3.5	0.7	6.0	2.8	0.7	2.8
低于40分的比例	69.3	46.7	88.8	13.0	51.0	68.3	41.2
低于25分的比例	46.0	24.5	61.3	6.0	25.7	37.8	22.8
七科都及格比例	1.2						

　　北京大学学生社团山鹰社科学考察队教育组，于 2011 年暑假前往西藏阿里地区札达县，进行了为期一个月的关于农牧区教育现状考察调研，也发现该县中小学教育规模已经很大但其质量和结构合理性仍存在较大问题。①

　　基础教育质量直接影响到大学教育质量，很多西藏学生在大学里学业成绩较差，尤其是理工科类专业更为突出。这种人才培养现状与西藏的人才需求情况是极不匹配的。《西藏自治区中长期人才发展规划纲要（2010—

---

　　① 唐巍、吴宇佳：《西藏农牧区教育现状及问题分析——以阿里地区札达县为例》，http：//www.mapku.org/portal.php？mod＝view&aid＝670，2011－11－26。

2020 年)》就指出："当前我区人才发展总体水平与经济社会发展需要还存在较大差距：人才队伍整体素质不高，创新创业能力不强；人才结构和分布不尽合理，服务新农村建设的卫生、农技、畜牧等实用人才严重短缺；经济社会发展需要的应用开发型人才紧缺，高层次创新型人才匮乏。到 2020 年，在农业科技、生态环境保护、能源资源、信息、生物技术、新材料、交通运输、旅游、金融财会等经济重点领域培养急需紧缺人才 11100 人；在政法、宣传思想文化、教育、医药卫生、民族宗教管理、防灾减灾等社会发展重点领域培养急需紧缺人才 49240 人。"

显然，要促进西藏经济社会健康快速发展，必须在人才培养上下大功夫，鉴于西藏自治区基础教育质量尚不高、内地西藏班的人才培养模式已见明显成效的现实，办好内地西藏班作为西藏教育的重要补充形式仍是今后较长一段时间应坚持的举措。但需要特别强调的是，内地初中班应以为高中输送学业水平高、综合能力强的毕业生为重点，保证内地高中班的生源质量，同时招生重点放在义务教育发展最薄弱的农牧区，农牧民子女占 70% 的招生政策一定要严格执行；内地西藏高中班招收的直接来自区内的学生比例占一半左右，会使内地西藏高中班的学生基础差距进一步拉大，也正是在这样的大背景下，国家出台了内地班学制改革的政策。

2. 内地西藏班学制改革的可行性建议

前文已讨论过学制改革可能给内地西藏班带来的困惑和问题。本研究认为，缩短内地初中班学制，由原来的四年改为三年是基本可行的，因为从整体上看西藏自治区的小学教育质量在逐步提高。从 2013 年的中考成绩来看，内地初中班毕业生的中考成绩三年制（2009 级）总分平均分比四年制（2010 级）总体上低一些，从下面 15 校两届学生中考成绩总分平均分的差距图可以看到，上海共康中学、江苏南通西藏中学、济南西藏中学两届学生成绩差距很小，分别相差 3.1 分、6.08 分、6.66 分，2/5 内地初中班三年制毕业生总分平均分比四年制毕业生总分平均分高 20 分左右，1/3 内地初中班两届学生成绩差距达到了四五十分，只有江苏南通西藏中学三年制毕业生中考成绩超过了四年制毕业生的中考成绩（见图 3 - 25）。

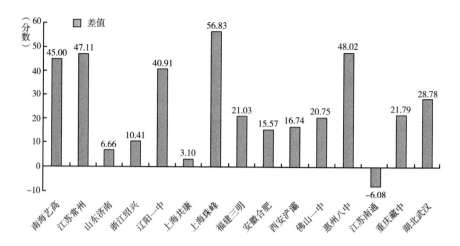

图 3-25 2013 年内地西藏初中班 2009 级、2010 级毕业生中考成绩差距比较

综合来看，两届毕业生的成绩差距不算太大。① 而且 2010 级毕业生中考各科平均分也基本都在及格线以上，其中政治、数学、物理、藏文平均分达到了 70 分左右，英语、化学平均分偏低，其中 2/5 的内地初中班英语平均分达到了及格线（见图 3-26）。

从两届学生的学科成绩差距来看，英语、数学、化学、物理相差较大，可以初步推断内地班的教学在学生的英语和理科学习方面提高较大，而藏文部分学校三年制毕业生平均分超过了四年制毕业生，说明内地班的藏语学习由于语言环境与区内差异较大，在部分学校出现了下滑趋势，但下滑区间基本控制在 5 分以内（见图 3-27）。

综上分析，内地初中班学制由四年改为三年基本可行，学生成绩下降区间不太大，对高中学习不会造成太大的冲击。

但内地西藏高中班学制改革仅仅一刀切地把重点高中（散插班）招收的学生、进藏干部职工子女班、军队学校招收的学生学制定为三年，其他全部改为四年的做法还需慎重，因为从调研情况看，内地西藏高中班学生学习积极性不高，如果把学制延长至四年，可能会使部分学生学习的惰性

---

① 2013 年内地西藏初中班中考与区内统一，考化学、英语、政治、数学、物理、语文、藏文、体育八科，其中体育成绩总分 30 分，学生之间分差较小，差值基本控制在 1 分以内。所以两届学生总分的成绩差距主要是其他七科的差距。

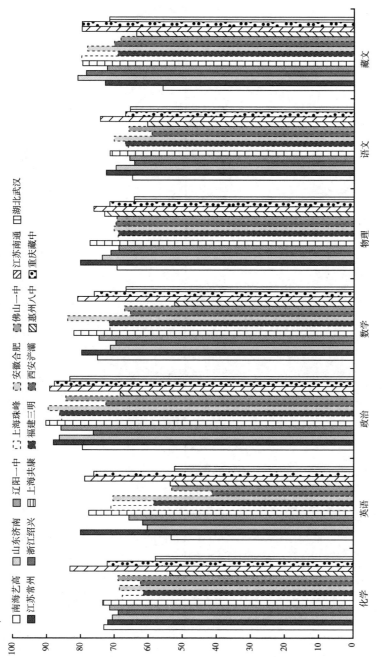

图 3-26 2013 年内地西藏初中班 2010 级毕业生各科中考成绩统计

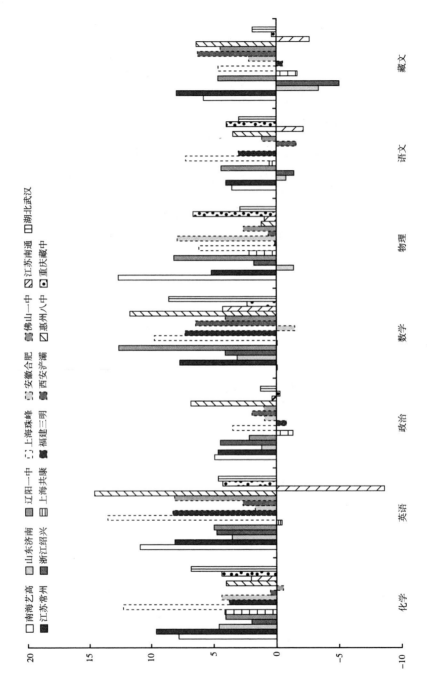

图 3-27 2013 年内地西藏初中班 2009 级、2010 级毕业生中考各科成绩差距比较

更强，而且访谈中很多学生表示不希望高中读四年，高中从新疆内高班毕业的多数在读大学生也对高中一年预科学习表示不满，希望能改为三年。本研究建议内地西藏高中班应实施弹性学制，并且和选修制、学分制统筹实施。学生应在3~4年内完成高中学习，允许学生提前毕业。只要修够高中毕业要求的学分，同时学业水平考试和综合素质评价达到规定要求，允许三年毕业，参加高考；三年内达不到毕业要求的学生学制可延至四年。三年内修满学分毕业的学生学费由国家和西藏自治区负担，三年内达不到毕业要求延至四年的学生，第四年学费由个人负担。这样一方面可以减少学生及家长对高中多读一年的顾虑；另一方面也可以避免散插班与独立内地西藏中学之间的制度差异，以免造成内地班之间的分化，同时能够节约内地办学成本，也可以激励学生更积极努力地学习，从制度层面减少学生学习动力不足问题，这与高中新课程改革的理念和课改方案也是吻合的。当然这也对内地西藏班的教学提出了更多挑战，如何提高教学效率和效果是今后内地西藏班教学改革和教学研究的重点。在具体实施上，还需建立一系列相应的配套措施，比如建立内地西藏高中班学生学业水平考试制度，可以参照目前普通高中的毕业会考制度来实施，落实选修制和学分制，让学生有更多的选择余地等。

（二）内地西藏班藏语文教学质量的提升：环境创设与师资选聘

藏语文教学问题是内地西藏班学生反映比较集中的一个问题，也是内地西藏班饱受诟病的一个方面。本研究认为，要提升内地西藏班藏语文的教学质量，应重点做好以下两个方面的工作。

首先是语言环境的创设。语言环境是影响语言学习的重要因素。内地西藏班的学生置身于汉语学习的大环境中，这种浸入式第二语言的学习方式无疑对西藏生汉语的学习和提高是非常有益的，但却给藏语文的学习带来了不利影响。为了弥补这一不足，内地西藏班应积极创设学习藏语文的氛围，比如学校践行多元文化教育理念，对内地西藏班教师进行藏语文培训等。学校应充分利用这些因素，促进师生藏语文学习水平的提升，同时这也是加深师生感情、促进师生交流的有利方式，对提高内地西藏班的整体教学质量也是大有裨益的。

广泛阅读是提高语言学习和运用语言能力的一种有效方式。调研中发现独立建校的西藏中学藏文方面的阅读材料还有一些，但散插班就非常有限，学生接触藏文读物的方式往往是由家长从西藏寄过来的。因此，内地西藏班应丰富师生的藏文阅读资料，比如订阅藏文报刊，提供关于西藏历史与文化方面的藏文书籍，这一方面能为师生的藏语文学习提供资源支撑；另一方面也与内地班的多元文化教育相辅相成，有助于多元文化教育更好地落实。

其次是藏语文师资选派方式的拓展。师资问题是影响教学质量的最重要因素。鉴于此前讨论的内地西藏班藏语文教师选派制度中存在的问题，本研究认为，在藏语文教师选派问题上可以打破原有的思路和做法，在原有的教师选派制度基础上，可以增加新的选派渠道，比如选派西藏应届大学毕业生到内地西藏班进行藏语文教学不失为一个有益尝试，并且可以逐渐成为内地西藏班藏语文师资来源的一种主要途径，原来由区内学校直接选派教师的比例可以逐渐降低。具体操作上，可以由西藏自治区统一组织在西藏每年的应届大学毕业生中选取藏文基础好（当然有内地学习生活经历的藏语文专业毕业生更好，比如中央民族大学藏学院的毕业生）、综合素质强的学生，到内地西藏班担任藏语文教师，年限以三至四年为佳（基本是一届学生的期限），由于他们刚毕业，一般没有成家，在内地教学就少了很多牵绊，同时由于他们的年龄与内地西藏班学生比较接近，沟通交流更容易，同时时间相对较长，与当地教师也能更多接触，能更好地与当地教师进行沟通交流。此外，在西藏大学生就业形势也越来越不容乐观的大背景下实施这一政策就具有更多的现实意义。当然这种做法也需要采取如下一些配套措施：一是要建立到内地任教的激励机制，如凡到内地西藏班任教 3~4 年的毕业生在未来就业（包括考公务员）、读研、职称评定、职务晋升等方面予以优先照顾，在内地西藏班任教期间的生活费用由西藏自治区统一划拨等；二是要建立内地西藏班藏语文教师职前培训制度，如凡选派到内地西藏班任教的应届大学毕业生在毕业前的最后一个学期进行集中培训，到内地西藏班实习、见习等，提前了解内地西藏班的教学生活情况，为毕业后的任教奠定基础；三是要建立内地西藏班藏语文教师的监督检查和评估制度，为内地西藏班藏语文教学提供质量保障。

（三）内地西藏班的思想政治教育：学科教学作为主渠道

内地西藏班学生学习动力不足、个别学生还存在国家观与民族观的认识不清问题，这都与他们的思想观念中存在某些偏差或错误认识有关。要改变这些现象，必须进一步加强对内地西藏班学生的思想政治教育工作。对学生进行思想政治教育的渠道很多，但主渠道仍要依托学科教学进行，因为学科教学是学校教育的核心工作，是对学生影响最大的思想阵地，促进学生德智体全面发展本身也是学科教学应有之义，各学科教师要以培养目标和教学目标为导引，对学生的知识与技能、过程与方法、情感态度价值观进行全面教育。在具体的学科教学实践中，要特别注意以下几点。

首先，要加强对学生世界观、人生观和价值观的教育。要以学科教学为依托，理科教学要特别重视对学生科学精神的培育，尤其要注重科学知识、科学思维、科学方法的教育，文科教学更加强调学生人文素养的养成，要注重人文知识、人文态度、人文精神的教育。教师在教学中要以弘扬西藏学生真善美的民族价值观为契机，引导学生树立远大的人生志向，要有积极的人生态度，形成正确的幸福观、苦乐观、荣辱观。要避免学生出现"考上内地班就进了保险柜""上大学是最终目标"的短视思想和行为。

其次，要以历史、政治、地理、语文等学科为重点加强党的民族政策、民族理论教育，让学生了解和掌握党的民族政策，从思想深处明白加强民族团结、维护祖国统一对西藏发展的重要作用，增强维护祖国统一和民族团结的责任感与使命感。要加强青少年对中国历史的学习，全面了解中华民族悠久的历史、灿烂的文化，强化文化认同感、归属感。

再次，应加强有关西藏历史文化的教育，使学生正确把握民族与国家的关系，深刻感受到西藏在中央关心、全国支援下，经过西藏各族人民的共同努力，发生的翻天覆地的变化，要培养他们的民族自信心和自豪感，让他们从小牢固树立热爱家乡、热爱祖国的信念。

在教学中，教师要以营造良好的班级氛围、建立和谐的师生关系为基础，增进师生感情，加强交流与沟通。同时，教师要始终以身作则，充分发挥"为人师表"的示范效应。

另外，学校还可通过多种途径开展维护民族团结和反对分裂的教育，比如，在新生入学教育、毕业生离校教育，以及每逢西藏的重大节日庆典活动等过程中，学校请当年参加西藏和平解放和建设的离退休老同志或离退休援藏干部给同学们作加强民族团结和维护祖国统一方面的报告；通过学生社团开展丰富多彩的校园文化和具有民族特色的文化活动，扩大各民族同学间的文化交流，并形成互帮互学的良好风气。

（四）内地西藏班教学互动平台的搭建：集中研讨与网络交流

针对目前内地西藏班教师校际沟通交流较少的现状，今后内地西藏班的教学改革应做好教学互动交流平台的搭建工作，可以从以下两个方面着手。

首先是教师集中研讨平台的建立。导致内地西藏班之间教师交流障碍的原因很多，但主要原因是内地西藏班之间缺乏统一组织，同时内地西藏班分布比较分散，加上教师的教学工作时间比较长，即使在寒暑假内地西藏班教师也很少休假。因此，要解决这一问题，要从组织管理上保障内地西藏班之间的教学沟通与合作，需要教育部主管部门统一协调，可以以学科为单位组织教学研讨。要给内地西藏班教师松绑，让他们有时间、有精力参加这种交流活动，要确保内地西藏班教师的师生比达到1∶8的规定，同时取消寒暑假补课制度，建立学生自治制度，寒暑假以丰富多彩的活动代替课堂补课，让多数教师从假期补课中解放出来。加强内地西藏班教师教学方面的沟通和研讨，不仅是促进内地西藏班教学水平整体提升的有效方式，也是促进内地西藏班教师专业发展的重要途径。

其次是网络教学交流平台的搭建。搭建内地西藏班之间的网络教学交流平台也是促进内地西藏班教师之间沟通与交流的一种有效方法。目前在内地西藏班之间有一个由内地西藏班教育督导办公室主办的"全国内地西藏班教育教学网"（网址：http：//ndxzb.com.cn/index.asp），但这个网站的信息内容非常有限，尤其是近两年的信息更少，教学方面的信息和资源多数还是2009年的内容，显然不能满足教师们的实际教学需求。因此，应以教学交流为主旨，加快内地西藏班网络教学平台的建设，更好地实现内地西藏班教育教学资源和经验的共享，提升内地西藏班教师多元文化教育教学能力①，推动内地西藏班的教学、科研迈上一个新的台阶。

---

① 关于教师的多元文化培训问题在第五章教学模式改革趋向与路径部分还将深入展开研究，这里不赘述。

内地西藏班学科教学的针对性不强、教师多元文化教学能力欠缺等问题，需要对内地西藏班教学模式进行改革与创新，第五章对此会进一步讨论。内地西藏班学生学习动力不强，教师教学效能感弱等问题，也需从教学评价制度改革入手综合加以解决，关于内地西藏班的教学评价问题在第六章中还会专门论述。当然，内地西藏班教学问题的解决需要教育行政部门尤其是西藏自治区教育厅与内地教育主管部门的协调与整体设计，需要学校特别是内地西藏班之间的通力合作，也需要家长和社会各界的支持与配合，多方面努力才能取得好的效果。

第四章 内地西藏班的教学模式：
优势与不足

在内地西藏班近30年的教育教学实践中，以组织形式为明显特征，初步形成了独立建校式教学模式、混校独立编班式教学模式、散插式教学模式等几种典型的教学模式类型（详见附录二）。每种教学模式各有特色。混校独立编班式教学模式是介于独立建校式教学模式和散插式教学模式之间的一种模式，兼具这二者的一些特点，因此本章把讨论重点集中在独立建校式教学模式和散插式教学模式上，这两种教学模式的特点也是就二者的相互比较而言的。而且内地西藏初中班都是以独立西藏中学或混校独立西藏班的形式存在的，散插班是高中阶段的特殊形式，因此，对散插班的讨论仅限于高中。

一 独立建校式教学模式

所谓独立建校式教学模式是指在内地办学思想的指导下，以专门学校的形式组织起来、为西藏定向培养人才的教学模式。这种教学模式是西藏内地办学以来一种主要的教学模式。比如，目前内地西藏初中独立校有江苏省常州西藏民族中学、浙江省绍兴西藏民族中学、山东省济南西藏中学等，内地西藏高中独立校有北京西藏中学、四川省成都西藏中学、河北师范大学附属民族学院①等，另外，还有江苏省南通中学、重庆西藏中学、

---

① 河北师范大学附属民族学院虽然是混校独立编班的教学模式，但由于其高中部仅面向西藏招生，除了西藏高中班以外，学院还有大专班和预科部，与高中不是一个教学体系，因此，该校的西藏班在教学上更接近独立建校的教学模式。

湖北省武汉西藏中学三所内地西藏完全中学（兼办初中和高中）。这种独立建校式内地西藏中学一般都具有很长的内地办学史，招生规模较大，基本在 500 人以上，多者近千人（比如重庆西藏中学），已经为西藏输送了大批专门人才，可以说独立内地西藏中学在西藏人才培养中扮演着重要角色，它们的办学成效受到西藏自治区和学校所在省市教育行政部门、学生及家长的普遍认可。相对于散插式教学模式而言，独立建校式教学模式有其优势与不足。

（一）优势

1. 教学的针对性更强，有利于学生的课业适应

近年来，内地西藏中学招收的学生，除少数援藏干部子女外，均来自西藏，这一学生群体既具有很强的同质性，又具有很强的民族特殊性，这也便于独立的内地西藏中学根据西藏学生的实际开展更有针对性的教育教学工作。

首先是课程与教学计划的特殊性。现有政策文件中关于内地西藏班课程与教学方面的规定基本是针对独立建校的西藏中学和混校独立西藏班的。早期的内地办学政策都非常强调内地西藏班的特殊性，在内地办学中非常重视藏语和西藏民族文化传统的学习。这一情况到 2000 年之后随着内地办学层次从初中逐渐向高中上移而逐步发生改变。[①] 如《内地西藏班初中预科教学计划（试行）的通知》（2004）就对内地班的课程与教学要求做出调整：西藏班初中学生入校后，一律先在预科学习一年，除藏语课外，统一使用汉语授课。预科阶段重点学习和补习小学阶段的汉语、数学、英语、思想品德（道德）、信息技术课程，不断提高学生基础文化素质，以达到内地小学毕业水平。教材统一使用教育部组织编写的预科教材［汉语、数学、英语、思想品德（道德）、信息技术五种试用教材］。其他课程教材由学校从当地选用。……预科阶段的教育教学结束后，学校对学生进行综合素质测试和评价，合格者进入初中学习；不合格者，可转回西藏就读。学生进入初中后，除藏语课外，其他课程全部与当地初中教育接

---

① 1999 年西藏自治区教委发出《关于扩大内地西藏班高中招生计划的请示》（藏教委字〔1999〕57 号），此后内地西藏班高中招生规模逐步扩大。

轨，统一教学计划，统一使用当地教材。这一阶段开始强调内地西藏班教学与内地学校接轨，而不再强调内地西藏班教学的特殊性。2002年内地西藏高中散插班开始招生之后，西藏班的教学与内地学校的统一呈越来越明显之势。不过由于学生的特殊性仍然存在，虽然教学整体计划与本地一致，但各独立的内地西藏中学仍会照顾到本校学生实际而对课程与教学计划进行调整。比如，济南西藏中学考虑到新课改后所用语文教材中存在一些不利于藏族学生学习汉语的因素，比如语法、修辞、文体等汉语知识缺乏系统性，有的比较零乱地分散于"补白"中，有的只是在书后附录中以表格的形式支离破碎地出现，还有教材中没有写作知识导引，只有人文性话题，学生写作能力的发展没有一个逐渐提高的过程要求等，该校语文学科组根据本校藏族学生的汉语实际水平，以文体知识为主框架，适当调整教材内容。整合后的教材分"阅读"与"写作"两大部分，"阅读"部分由"精读课文"与"浏览文章"两大板块组成，重点以语文的工具性为切入点，以文本学习为例，让学生以文体知识学习为抓手，整体把握语文三大文体、四大文学样式的特点及其阅读、写作方法，突出古诗文的诵读，构建了一个知识体系更为具体明确、适合西藏学生学习汉语的教材体例，与本地普通初中的教材体例不同，当然教学进度安排也必然存在较大差异。河北师大附属民族学院也针对西藏学生的特点，在语文和英语学科采用自编教材进行教学。在语文学科上，该校打破本地高中选用教材的限制，把苏教版、人教版和西藏自治区教材进行整合，尤其是古文方面重组了课文篇目，采用自编教材后学生的语文成绩得到提高，比如近三年该校高考语文成绩在逐年上升，特别是在古文阅读上学生提高很大。在英语学科上，考虑到学生英语基础较差，该校从英语基础抓起，从最基本的音标、时态、词汇等做起，编制了初高中衔接教材，用该校教学主管领导的话说，"我们学生的底子太薄，薄得无法想象，比如本地学生英语考120分很正常，但我们的学生有的只能考30多分，所以我们若不改变教学内容和教学策略，根本教不了"，也正是学生学习的这种现状，推动了该校在教学上的不断改革，也提高了学校教师的教学研究能力。

其次是对西藏学生心理特点的教学针对性。由于文化和成长背景的不同，使得西藏学生与本地学生的心理发展特点存在很大差异。面对这一特殊的学生群体，这一教学模式更便于独立的内地西藏中学开展有针对性的教学。比如北京西藏中学围绕西藏学生的身心特点，先后开展了《提升内地西藏班藏族高中生综合素质有效途径的研究》、《内地西藏班（校）高中生学习心理问题的研究》（北京市教育学会"十一五"科研规划课题）、《内地西藏班民族团结教育有效途径研究》（北京市"十二五"教育科研民族团结教育进学校的重点课题）专项课题研究。其中《内地西藏班（校）高中生学习心理问题的研究》从内地西藏班学生的学习动机、学习自我效能感、学习策略等方面进行了积极探索，初步掌握了内地西藏班学生的学习心理，为各学科的教学奠定了良好的心理学基础。鉴于内地西藏班学生学习积极性不强，学习比较懒散等特点，该校积极组织开展了时间管理的教学研究。在近30年的办学中，该校积极探索以藏族青少年为教育对象的教育教学管理体制和教学过程规律，从藏族学生心理与社会背景出发，调整教学进度，确定教学重点和难点。从学生认知心理出发，注意调动学生学习语言的兴趣，把提高语言学习能力作为重点，注重发挥学生主体意识，引导学生掌握学习方法，使学生在听、说、读、写等基础能力方面有显著的飞跃，为今后学习奠定基础。在理科教学中总结了"激发兴趣、改进学法、提高能力"的教学指导方针，全面提高学生素质，收到了良好效果。河北师大附属民族学院针对学生的抽象思维弱，数理学科学得不好，进行了学生的场域性和独立性研究、西藏学生特点与教学策略研究，鉴于内地西藏班学生的学习方法、学习策略欠缺，该校专门开设了《学习学》作为校本课程，考虑到学生的汉字书写不够规范，学校开设了书法课，并组织开展了"汉字书法文化在少数民族学生中的传承研究"（河北省社会科学发展研究课题）。这些研究虽然起步较晚，但已经取得了明显效果。

综合来看，独立建校的内地西藏中学与其特定的培养目标相适应，执行特定的教学计划，对西藏学生的教学更有针对性。也正因为如此，独立建校的内地西藏中学学生在学校适应上要优于散插班学生。调查显示，在上课回答问题、学习的自信心等方面专门学校的学生均强于散插班的学生。学生的学业适应问题在第七章还会专门展开讨论，这里不再赘述。

2. 民族特色鲜明，有利于民族文化的学校传承

独立建校的西藏中学大多是国家首批接收内地西藏班学生的学校，这些学校办校伊始就打上了"民族"的烙印，从校园文化、课程设置到学生活动等均形成了比较鲜明的民族特色。

首先是校园文化的民族特色。比如北京西藏中学位于北京市朝阳区藏文化特色比较鲜明的高原街，周围有北京藏学研究中心、北京藏医院、北京西藏书店等涉藏机构，尤其是全国涉藏图书品种最多最全的书店——北京西藏书店就在北京西藏中学对面，为北京西藏中学师生全面了解西藏历史与文化提供了良好的资源保障。北京西藏中学的校舍建筑模仿藏式风格，高低错落、红白相衬，被学生亲切地称为"小布达拉宫"，教学楼里的"萨迦格言"，教室里的汉、藏双文板报等都独具西藏特色，这种文化氛围让远在异地求学的学生倍感亲切，同时也让学生浸润在西藏和内地两种文化氛围中。山东省济南西藏中学，在多年内地办学经验基础上提出了"尚德笃学，爱国兴藏"的办学理念，确立了"德育为首、育人为本、特色强校、质量立校"的战略。为适应 21 世纪西藏教育改革和未来西藏建设对高素质人才培养需求，把济南西藏中学建成融藏民族特色、济南教育特色、学校自身特色于一体的，现代、文明、和谐、优美的，具有奉献精神与创新精神的全国民族教育窗口学校。学校的办学特色越来越鲜明，在多年践行的藏汉民族文化融合、丰富多彩的课外活动基础上，逐渐形成了学校的"家文化"特色（详见附录三）。山东济南西藏中学也非常重视校园文化建设，设计了独具汉藏文化特色的校标、教室门前走廊展板、校园文化长廊等，比如校园文化长廊的主题为"文化源长，汉藏情深"，分别对汉藏的节日文化、服饰文化、饮食文化、礼仪文化、民族文学、舞蹈艺术、绘画艺术、音乐艺术、建筑艺术这些方面进行了介绍，既使学生加深了对家乡的了解和热爱，又引发了学生对汉族文化的兴趣和喜爱。这一长廊不仅是文化的长廊，也是友谊的长廊，两地沟通的桥梁，民族风情的长廊。此外，独立的内地西藏中学为学生提供了多种关于藏族文化的图书资料，在调研中了解到，山东济南西藏中学图书阅览室有《西藏日报》《西藏时报》《西藏青年报》《西藏科技报》《拉萨晚报》《那曲报》《昌都报》《日喀则报》《林芝报》《山南报》等十几种藏文报刊。常州西藏中学 2005 年通过了常州市中小学示范图书馆的验收，藏文书籍达到了 600 多册。[①]兼具西藏和内地两种文化的特色是独立建校的西藏中学的共同特征。

---

　　① 索朗达杰：《常州西藏中学图书馆通过示范图书馆验收》，http：//news.sina.com. cn/e/2005－11－30/16417583307s. shtml，2005－11－30。

其次是多元文化的课程特色。独立建校的内地西藏中学都开设了藏语文课程，初中阶段由于藏语文是中考科目，所以在内地西藏初中班是必修主科之一，每周有 4～6 节藏语文课。在高中阶段，独立的内地西藏中学和混校独立编班的学校基本上开设了藏语文课，每周 1 节，而在散插班则均未开设藏语文课程。因此，在民族语言的学习和使用上，独立的内地西藏学校和混校但独立编班的学校更有优势，调研中也证实了这一点，独立建校的西藏中学学生认为自己的藏语学得很好。除藏语文以外，很多独立建校的西藏中学还以新课改为契机，积极开发带有民族文化特色的校本课程。尤其是伴随着基础教育新课程改革的推进，在特色办学、校本课程开发等理念成为我国中小学教育改革的潮流之后，内地西藏中学的民族特色也得以保留并不断强化，关于西藏民族文化传统的校本课程也不断得到开发并实施。比如济南西藏中学从 2007 年开始着手《汉藏民俗文化》校本课程开发研究，并成功申报了山东省教育科学"十一五"规划课题。该校的《汉藏民族文化》校本课程分为"普及民俗知识、传播传统文化的校本课"与发展学生个性、培养学生能力的"知识技能提高类"两种。在三个年级开设了"汉藏服饰文化、汉藏饮食文化、汉藏地理风情、汉藏节日习俗、汉藏民俗文学、汉藏音乐艺术、汉藏美术对比"等校本课程。经过四年多的实践探索与总结，学校成功开发出《汉藏服饰文化》《汉藏饮食文化》《汉藏民居文化》《汉藏地理风情》《汉藏节日习俗》《汉藏民族文学》《汉藏歌舞艺术》《汉藏美术比较》《汉藏历史》等几门校本课程，涵盖了语文、地理、历史、音乐、美术、微机等 6 个学科，同时还融入了爱国爱家乡、民族团结、行为礼仪等多项内容，形成了具有西藏中学特色的校本课程系列。这些课程以选修课形式开展，每周两课时。校本课程的开发与实施，为内地西藏班的教师和学生提供了一个多元发展的平台，激发了师生教学的热情和积极性，教师的教学科研能力和学生的学习能力均得到较大提升，教师依托课题研究有了更多接触、学习和运用藏族文化的机会，多元文化教育的理念和教学能力也随之提高，并在省部级以上刊物发表了多篇教学研究的学术论文，学生通过校本课程的参与学习，对汉、藏民族文化有了更深入的了解，民族自信心也进一步增强。

　　独立建校的内地西藏中学还组织了多种多样的带有民族文化特色的学生课外活动和社团活动。比如，藏舞操是济南西藏中学的一项特色活动。

藏族是能歌善舞的民族，学校充分发挥学生的这一优势，由藏族学生创编了《藏舞操》，学校每天的课间操分为两个环节，第一个环节是做广播体操，第二个环节是藏舞操，学校还每年举行藏舞操比赛，该校的教师也被藏族艺术所感染，很多教师参与到藏舞操活动中。济南西藏中学的"三语文化节"、北京西藏中学的"藏文化周"等活动已经成了学校的传统活动项目，这些活动既为民族文化传承提供了契机，又调动了学生参与学习的积极性，增强学生学习的自信心，取得了较好的效果。

　　在内地西藏独立校，关于民族文化传承方面做的工作更多，因此，独立建校式教学模式下，60%以上的学生表示来内地读书后，对本民族文化的内容了解更多了，认为比来内地读书前对本民族文化了解更少的学生不足1/6，而散插式和混校独立编班式教学模式下，有半数左右的西藏生认为自己来内地读书以后对本民族文化了解更少（见图4-1）。

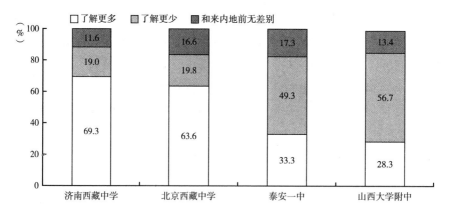

图4-1　来内地读书以后西藏班学生对本民族文化的了解情况统计

　　在对内地西藏生接触或学习藏族文化方式问题的调查上，也发现不同办学模式存在较大差异。在独立建校式西藏中学和混校独立西藏班，西藏生了解和接触藏族文化的方式更多样，比如学科教师讲课、学校社团活动等涉及藏族文化的机会更多，甚至有学校专门开设与藏族文化有关的校本课程，学校涉及藏族文化的图书资料也更多，而散插式教学模式下西藏生了解藏族文化的方式更单一，机会也更少（见图4-2）。不管哪种模式，学校都比较重视藏族重大节日的庆祝活动，这也是内地西藏生了解藏族文化的一个重要途径。

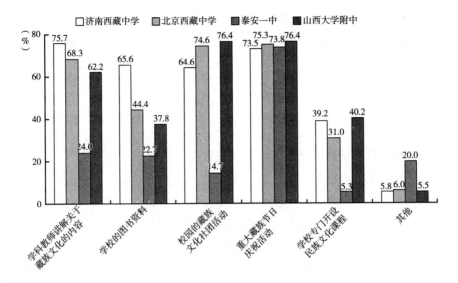

图 4 - 2　内地西藏班学生在校接触或学习藏族文化的方式统计

3. 学校内部管理体制单一，更便于教学管理

由于独立建校的西藏中学学校内部管理体制是单一的，不存在混校和散插班的一校两制情况，在教学计划管理、教学过程管理、学生管理以及对教师管理等方面更好统一，便于监管。在教学计划管理上，由于内地西藏班学生均来自遥远的西藏，学生全部寄宿在学校，这就要求学校不仅要安排好正常工作日的教学工作，而且要做好周末、寒暑假的教学活动计划，也就是说内地西藏班的教学计划是一年 365 天的工作运转安排，对于独立建校的内地西藏中学来说，由于教学对象均是西藏生，教学计划也就能统一安排；在教学过程管理上，由于教学对象的独特性，要求内地西藏班在教学进度安排、教学内容选择、教学评价等方面均应针对教学对象的实际情况进行调整，独立建校的内地西藏中学更便于统一做出规划和管理；在学生管理上，独立建校的西藏中学一般都实行封闭式校园管理方式，学生一般一周才能外出一次，且有时间限制（外出时间从两个小时到半天不等）。访谈中了解到，学生一般会利用这个自由时间购物、吃小吃。平时的学习和生活都封闭在校园里（特殊活动除外），由于本校的学生都来自西藏，相同的文化背景让他们之间发生冲突的概率更少，在学校管理上更容易，而且独立的西藏中学都有了多年的内地办学经历，对内地西藏

班学生的身心特点了解也更深入，积累了很多对西藏学生教学管理的经验。在教师管理上，由于内地西藏班教学计划和教学时间等方面的特殊性，内地西藏班教师通常是没有周末和寒暑假的，独立建校的内地西藏中学由于全校教师的工作节奏基本一致，所以也更便于对教师的管理。

（二）不足

1. 学生日常接触他民族同学的机会较少，不利于族际交往

调研中发现，独立建校式教学模式下，由于学校里都是西藏学生，又是封闭式管理，日常学习生活中西藏学生接触本地学生的机会相对较少，与他民族的接触主要发生在与本地教职员工的交往上。虽然在各种文体活动或比赛时与其他民族同学会有所接触，在社会实践或在每周规定时间的校外采购等活动中与当地人有接触机会，有的内地西藏中学与本地学校搞手拉手活动增加了西藏学生与本地学生的接触，但这些接触仍然是很有限的。这种状况不仅减少了西藏学生了解和深入体会内地文化的机会，也减少了本地学生了解西藏和西藏文化的机会，同时由于民族间的接触少自然就少了很多增进民族感情的机会。调查也显示，生活在这种模式下的学生本民族以外的朋友数量明显少于散插式教学模式的西藏学生，在独立的内地西藏中学没有本民族以外朋友的学生比例占 1/5 左右，而散插班这一比例不足 10％，独立内地西藏中学有 4 个以上本民族以外好友的人数占总数的 1/3 左右，而散插班这一比例则占半数以上（见图 4－3）。

2. 学生学习动力更弱，不利于学业成绩提升

由于本校学生都来自西藏，大家的学习基础比较接近，在教学上教师的教学进度和教学难度均会照顾到大多数学生的实际，较本地普通中学对学生学习上的要求稍低，同时由于内地西藏班高考、招生单独进行，高考淘汰率很低，所以他们的学习压力相对较小，加上民族心理上藏族有求稳求静的特性，正如藏族学者巴登尼玛所分析的："藏区社会是一种静态的稳定社会，人们无须过多地与自然抗争，不必过多地思维，只需要使自己适应自然、适应社会就可以得到生命的维持，而任何破坏现状的'动'都只能给人们带来灾难。"[①] 这种求静、不喜变化的特

---

① 巴登尼玛：《文明的困惑——藏族教育之路》，四川民族出版社，2000，第 110 页。

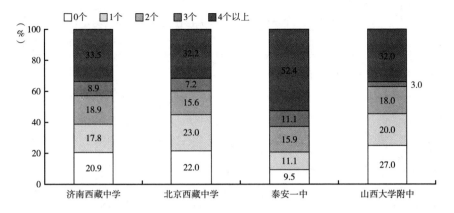

图 4 - 3　内地西藏班学生好友中本民族以外的人数统计

征使学生奋力向上的意志品质受到影响，所以整体的学习氛围较内地普通中学要差一些，又缺少内地学生紧张学习氛围的影响和与内地学生学习成绩差距的直接比较，学生学习的惰性更强。学生的学习动力不足也是调研中独立的内地西藏中学和独立西藏班老师们反映比较多的一个问题。学习动力不足自然会直接影响学习的效果，导致学业成绩提高缓慢。

二　散插式教学模式

招收散插班是 2002 年以来的新做法（虽然此前也有学校试点，但规模很小，比如 2001 年山西大学附中就进行了散插班试点，招了 5 个插班生）。2003 年《关于进一步做好教育援藏工作的意见》指出：为加速培养西藏高层次人才，办有西藏初中班的省（直辖市）每年各招收 20 名西藏班应届初中毕业生，经统一考试，择优录取，直接插班到本省（直辖市）非民族的一类普通高中学习。2010 年《教育部、国家发展和改革委员会、财政部关于扩大内地西藏高中班招生规模有关工作的意见》要求从 2010 年起，在北京等 18 个省（市）扩大内地西藏高中班招生规模。年招生规模由 2009 年的 1315 人逐步扩大到 2011 年的 3000 人（详见表 4 - 1），其中天津、河北、河南、湖北可在原有学校扩招，其他省（市）的扩招任务安排现办有西藏高中班散插班的学校。此后，散插班的规模不断扩大。

表 4 - 1　内地西藏高中班扩招任务分配情况

单位：人

省、市	扩招人数	扩招班数	年度扩招规模		年度招生规模	
			2010 年	2011 年	2010 年	2011 年
合　　计	1685	40	587	1098	1902	3000
北 京 市	90	2	45	45	315	360
天 津 市	170	4	84	86	259	345
上 海 市	170	4	84	86	84	160
河 北 省	80	2	0	80	80	160
山 西 省	20	1	20	0	100	100
辽 宁 省	50	1	50	0	80	80
福 建 省	80	2	0	80	0	80
江 苏 省	170	4	84	86	204	290
江 西 省	80	2	0	80	0	80
浙 江 省	135	3	45	90	45	135
安 徽 省	80	2	0	80	0	80
山 东 省	90	2	45	45	45	90
河 南 省	130	3	40	90	80	170
湖 北 省	45	1	45	0	125	125
湖 南 省	40	1	0	40	160	200
广 东 省	135	3	45	90	45	135
四 川 省	40	1	0	40	170	210
重 庆 市	80	2	0	80	40	120
总政治部	0	0	0	0	70	70

资料来源：教育部民族教育司编《教育援藏内地办学文件资料汇编》（内部资料），2010。

2012 年，全国招收西藏插班生的内地重点高中 53 所，包括上海复旦大学附中、北京八十中学、天津南开大学第二附中等，招生规模达到 1475人（当年独立西藏中学和独立西藏班招生 1525 人），与独立建校的西藏中学和混校独立西藏班招生规模大体相当。散插班已经成为内地班中的一股新生力量，吸引了越来越多的优秀内地班学生到散插班就读。这种教学模式的优势与不足主要表现在如下几个方面。

（一）优势

1. 学习氛围好，有助于西藏学生养成良好的学习习惯

由于招收内地西藏散插班的学校都是各省的一类高中，教学设施、师

资队伍、生源等均是当地一流的学校，这类学校的校风、学风都很好。在这样的大环境中，对西藏生的学习是一种促进，尤其是对学习习惯、学习毅力的培养大有裨益，对西藏学生汉语言表达能力的提高也有帮助。正如调查中散插班的一位女生 S3 所说的，"混在一起的话，对自己也有一些提高，周边学习环境好，有汉族，语言方面也有提高"，另一女生 S4 也反映"这边的同学都主动学习，自己也深受影响，学习方法也由以前的死记硬背到现在注重方法。作业很多，没有时间想别的事情，语文水平跟着汉族学生在一起时间长了逐渐提高了。我觉得如果班上都是西藏生的话，可能会学习动力不够。大家都是那个水平，差得不远。他们只有在到了高三的时候，才会紧张起来，开始学习"。一位散插班的男生 S5 也表达了类似的感受："在学习方面，提高比较快。周围的同学有差距，有竞争，有动力。虽然过程比较困难，但是对未来比较好。"在调查中，很多内地西藏班的学生都做出了类似的回应。

山西大学附属中学是一所独立西藏班和散插班两种形式并存的学校，在该校调研时，主管内地班教育工作的周主任介绍说："个别非常拔尖的西藏学生，他们在散插班上跟得就会很好。我们这边 2009 年、2010 年两个清华。这两个孩子分别是全国内地班理科第一名、第三名，2011 年北大三个、清华一个，但是有独立班的也有散插班的，2010 年都是散插班的，2011 年有独立班的，还是散插班出来的高分多。他们考得很好，当然也和他们班的整个氛围以及学校的整个学习环境有关，对他们的人生观、世界观、学习态度、精神世界的影响也是比较大的。"T6 老师对散插式、独立编班式两种模式下学生的学习表现差异深有感触："散插班那几个藏族孩子虽然每次考试成绩都排到最后，但是明显感觉到他们在不断地学习，在咱们这儿（单独的西藏班），很多学生就是抓紧时间能玩就玩一会儿，而且汉族班的老师管得不一样，本身我们学校在省内就是一流学校，本地汉族学生学习都非常努力，汉班的老师管理汉班的学生，教育汉班的学生，点到为止，教育过程相比这边轻松多了。"T7 老师也表示："西藏班老师就是家长，如果没有耐心，再是个年轻老师，不懂民族特点，很可能就打起来了，学生脾气很大，容易冲动……散插学生在班上，如果紧跟的话，还是不错的，但如果是比较差的孩子，就不太好了，但是就是特别好的那种孩子散插还是有好处的，毕竟那个集体压力比较大，不想学都不行。"需要特别指出的是，这两位老师都强调散插班对要求上进、学习基础好的西藏生有积极促进作用，对基础相对弱一些的学生这种激发学习动力的功能可能就发挥不出来了。

此外，散插班不仅对西藏学生的学习有推动性，对他们的性格养成也有帮助。一位散插班的班主任在访谈中表达了这样的看法："散插班的学生一个学期下来，就比单独列到西藏班里的学生的脾气温和很多了。"T6老师也表示："以前吧，这边招的有援藏干部的孩子，我以前带的班里面，既有汉族学生又有藏族学生，汉族学生占1/3以上，那会儿感觉就是即使是藏族学生，脾气什么的也都很温和，而且汉藏族处起来都特别好，特别融洽，现在纯藏族以后，就他们自己是一个小群体，反而觉得不太好。援藏干部子女在学习上还是积极主动性更强，对藏族学生的学习还是有带动作用的。"

2. 学生的族际交往更频繁，有助于促进民族团结

由于西藏学生和本地学生混编在一个班级里，不同民族学生交往的机会自然就增多了。在泰安一中散插班，90%以上的西藏学生有本民族以外的好友，其中有4个以上好友的人数达到半数以上，有本民族以外好友的学生比例显著多于混校独立班和独立建校的西藏中学。

随着交往的增多，西藏生和本地生对彼此民族文化的了解也随之加深。比如，当问及"你了解内地的风俗习惯吗"这一问题时，西藏学生回答非常了解和比较了解的人数达到40%左右，散插班西藏生对内地风俗习惯的了解程度更高一些，非常了解和比较了解内地风俗习惯的比例接近半数（见图4-4）。

本地的学生对藏族的风俗习惯了解也比较多，1/5以上的本地学生对藏族风俗习惯达到了比较了解的程度。山西大学附中本地生①比较了解藏族各种风俗习惯的达到了1/3左右（见图4-5）。

本地学生也表达了更多接触西藏同学和西藏文化的意愿。比如70%左右的本地学生表示非常愿意或比较愿意跟藏族同学在一所学校或一个班级读书，表示不愿意或不太愿意跟藏族同学一起读书的人数微乎其微

---

① 山西大学附中由于有独立西藏班和散插班两种形式，学校中西藏学生人数较多，因此，本地学生接触西藏学生和西藏文化的机会也更多。

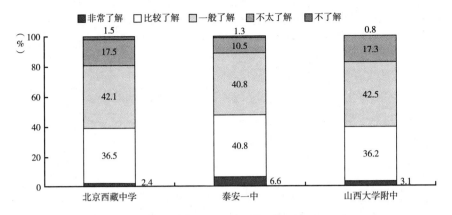

图 4 – 4　内地西藏班学生对内地风俗习惯了解情况统计

资料来源：山西大学附中西藏生数据为独立西藏班与散插班合并在一起的数据，由于学校散插班人数较少未做单独统计。2012 年 5 月课题组调研时全校散插班西藏生只有十几个，招生时分在散插班的部分西藏生已转回独立西藏班就读。本地普通班中就读的西藏插班生每班只有一两个。

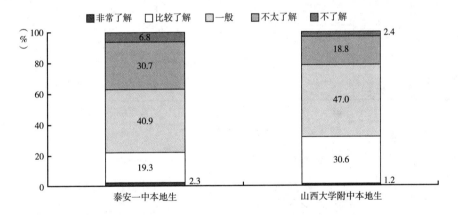

图 4 – 5　本地学生对藏族各种风俗习惯了解情况统计

（见图 4 – 6）。80% 左右的本地学生表示非常愿意或比较愿意跟藏族同学交往并希望请藏族同学到自己家里做客（见图 4 – 7、图 4 – 8）。多数本地学生有学习藏语的愿望，山西大学附中这一比例达到了 74.1%[①]（见图 4 – 9）。

————————————

① 非常希望和比较希望学习藏语的本地生所占比例。

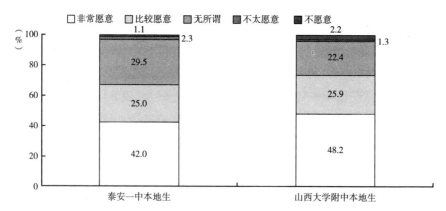

图4－6　"你愿意在有藏族同学的学校或班级读书吗"统计

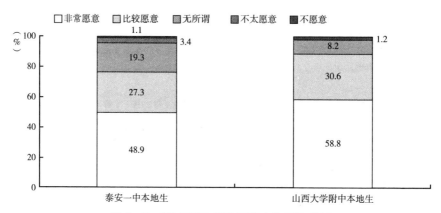

图4－7　"你愿意和藏族同学交往吗"统计

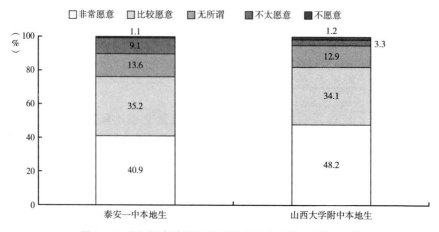

图4－8　"你愿意请藏族同学到自己家里做客吗"统计

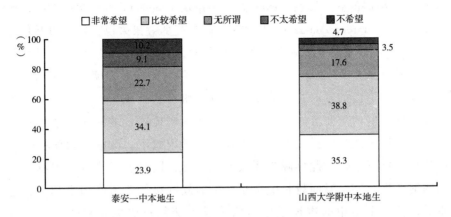

图 4 - 9 "如果有机会，你希望学习藏语吗"统计

在上述几个问题上，山西大学附中的本地学生对西藏同学和西藏文化表现出了更多的亲近感，这可能跟学校有较长时间的内地办学史以及学校有较强的藏族文化氛围有关。

上述调研结论，与群际接触理论的一些研究发现也相吻合。群际接触理论（Intergroup contact theory）是关于群际关系的一个重要理论，其核心是过失无知现象，这一流派通常假定，刻板印象和态度的形成源于一群体对另一群体缺乏充足信息或存在错误信息，而接触情境为获得新的信息、澄清感知错误以及再学习提供了机会。[①] 该理论认为，减少群际偏见的主要方式是与"外群体"在最佳条件下进行接触。有效群际接触所需要满足的"最佳条件"如下：一是平等的地位。在接触情境中，两群体要地位平等。二是具有相同目的。接触情境中的两个群体不是进行群际间的较量，而是需要有相互合作、共同努力的目的，同时双方为了达到这个目的必须携手合作。三是得到资深权威、法律或风气民俗的支持。四是合作的群际关系。[②] 在最佳条件下接触，就能有效地增加群际信任，促进群际交往。而群际接触的方式主要有三种，即：直接的群际接触（direct intergroup

---

[①] Ben-Ari R，Amir Y，"Intergroup Contact，Cultural Information，and Change in Ethnic Attitudes"，*The Social Psychology of Intergroup Conflict*，Berlin：Springer，1988，151 - 165.

[②] 洪颖、刘邦春：《接触理论在民族教育中的发展及运用》，《东北师范大学学报》（哲学社会科学版）2012 年第 4 期，第 214～217 页。

contact)、拓展的群际接触（extended intergroup contact）和想象的群际接触（imagined intergroup contact）。从增进群际信任的效果来说，直接的群际接触的效果最好，拓展的群际接触的效果其次，想象的群际接触的效果可能不及前两种方式。[①] 内地西藏班作为一种独特的民族教育模式，在利用内地优质教育资源的同时为民族接触提供了机会，也成为促进族际交往和族际信任友好的重要方式。在独立建校式教学模式、散插式教学模式和混校独立编班式教学模式等几种不同的教学模式下，散插式教学模式的群际接触更直接，因此群际交往频率也更高，同时群际接触又带有一定的辐射作用，办学时间越长的学校产生的族际接触辐射作用也越大，这也是山西大学附中的本地学生与西藏学生交往意愿更强烈的一个重要原因。

族际交往是一个双向互动过程，在不断的接触和交流过程中，民族之间的了解会不断加深，民族间的误解和隔阂也将不断消除。但在这个过程中，需要我们把很多工作做得更细致，否则会给民族团结带来一些困扰和障碍。在访谈中课题组就发现了一些问题。

访谈案例 4-1

访谈者：班上本地的同学友好吗？

S6：友好。

访谈者：有歧视你们吗？

S6：偶尔也会有。

访谈者：表现在哪方面，举个例子？

S6：我们刚来的时候表达不好，回答问题答错了他们就会笑。还有一次我做出来一道题给同桌看。同桌就会跟别人说你看这道题连白玛（名字）都能做出来。这什么意思嘛？我特别受不了这种打击。特别瞧不起我。考试成绩发下来，总喜欢看我们的成绩。然后一旦比他们高，他们觉得受不了。有时候感觉本地的学生是故意躲着我们。

---

① 辛素飞、明朗、辛自强：《群际信任的增进：社会认同与群际接触的方法》，《心理科学进展》2013 年第 2 期，第 290～299 页。

访谈案例 4－2

访谈者：你和班上本地同学的关系怎么样？

S3：散插班之间的藏族同学们的关系特别好，我们一到课间就跑到一起玩。汉族学生虽然也热心、热情，但是达不到心中朋友的位置，他们以自我为中心，觉得他们活得累，觉得性格很不同。汉族人更温和，自己更暴力。与成绩中游的学生更容易相处，与学习好的不易相处，班级按成绩坐，因为学习成绩因素不愿意与汉族学生更多交流。他们的优点是很热情，带着我们去他们家里玩，还给我们带礼物、吃的，但去他们的家也觉得拘束。

访谈者：你觉得老师对藏族学生或藏族文化是否有偏见？

S3：没有，但自己很敏感，对于老师提的藏族问题、敏感问题自己心里不舒服，因为学习成绩因素不愿意与汉族学生交流。

由于西藏学生来到一种异文化当中，跨文化交往使他们本能地保持一种警惕感，也会因此而变得敏感，或因民族文化对同一事件的看法或行为不一致而发生分歧。比如在访谈中 T6 教师就反映：那种文化的差距很大，我给你举个例子，我们有一个西藏的学生，他就说汉族学生对他不友好，我就问他怎么不友好，他就说"我到操场了，我看见两个汉族学生在打篮球，然后我就说咱们一起玩吧，然后那两个孩子就说'我们不玩了，我们走了'"。然后我就说"你又不认识人家，你就去跟人家打球，肯定会觉得别扭的"，但是他们这种文化就觉得我拍一下肩膀就是朋友，大家一起玩什么的。这种差异就让这个孩子觉得他们不想和他一起玩，所以这种融合特别难，这种文化差异，并不是说人家看不起你，这些孩子也不一定善于交往，其实就是文化的差异，汉族的孩子就是我不认识你，我不跟你一起玩，但是这个孩子就觉得特委屈，认为他们就是歧视，不想跟自己玩。就包括平时，你看他一眼，他就觉得是不是瞧不起我，这也是他不自信的一面，这就是文化的差异。

正是因为跨文化交往的这种复杂性，使得内地西藏散插班的教育也变得更为复杂。T7 老师提出了这样的观点："散插了以后汉藏学生都混在一起了，我觉得增加仇恨的机会和增进民族团结的机会都是均等的，未必散插就一定是好的，关键看教学过程中各种关系的处理是否得当。比如以前我们有个藏族男生，因为打球与本班的一个同学闹僵了，引起一次群架，结上仇了。我们之前民族团结的一切努力就因这场架化为乌有。"当然这位男老师反映的情况可能仅仅是个案，这个老师的观点也可能存在某些偏颇，但我们必须清醒地认识到，在民族交往增多的同时，我们必须做更多细致的工作，尤其是对本地学生在处理民族关系时要积极教育和引导，否则也可能会给民族团结带来不利影响。

散插班的教学模式是为增进民族感情、促进民族团结做的有益尝试，这种增加接触的做法也确实有了较大的成效，但为了让这种效应更好地发挥并不断扩大，还需要内地学校把工作做得更细，尤其不能忽视对本地老师和本地学生及家长的教育和引导，以便为有效群际接触创设"最佳条件"。

（二）不足

1. 学生心理压力大，学习自信心更易受挫

因为招收散插班的学校都是当地一流的学校，所以学生的整体素质比较高，尤其是学业成绩普遍较高。虽然考到散插班的也都是西藏学生中的佼佼者，但与内地成绩好的学生相比，仍存在不小的差距。从原来群体中的"尖子生"一下变成现在班上的"后进生"，这种落差必然给他们带来极大的困惑与压力。调研中三所散插班学校（泰安一中、北京八十中、湖州菱湖中学）十余名学生在访谈中均表达了类似的感受。比如一个散插班的女生 S3 反映："刚开始很痛苦，现在好一些了，从以前上内地独立校到现在这种混合编班，很不习惯。学习上，老师讲课快，初中时适应，高中就不适应了，作业多、科目多，我们西藏同学互相交流，但交流不出什么，也不喜欢问，不问汉族学生，不敢问，不愿意问，心里有隔膜，觉得自己与大家不同。有时压力越大越学不进去，学习效率越低。"

下面与学生 S6 的这段访谈也真实反映了部分散插班学生的内心状态。

访谈案例 4 – 3

访谈者：刚才这位同学认为散插班的教学模式更好一些，你认为呢？

S6：对不同的人来说，环境对他影响是不同的。在散插班，有人会堕落，有人会上进。因为初中我们都是尖子生考过来的，所以来这以后失落

感比较大，压力也特别大。有些高一的学生就是从区内考进来的，他们没报散插班。但他们考得成绩比较高，直接就录取到这里，但是和这里的尖子生相比，成绩差距特别大，打击很大，进取心受挫。

访谈者：你平时学习怎么样？

S6：在我们西藏生里还凑合，但在班上肯定就是差的。

访谈者：在学校有没有心情不好的时候？

S6：常有的事儿。

访谈者：那心情不好怎么办？

S6：找朋友聊一聊，主要还是朋友。

访谈者：是西藏来的朋友还是本地的，和本地的同学联系多吗？

S6：本地的同学主要是学习上交流，生活上的不大聊。

访谈者：后悔上插班了？

S6：嗯。

访谈者：后悔初中上内地班吗？

S6：初中不后悔。

访谈者：让你重新报志愿你还会来插班吗？

S6：不来了。

在与独立建校的西藏中学、混校单独编班的学生座谈交流时，也间接地了解了一些散插班学生的情况。据他们反映，内地初中班考到散插班的学生学习适应更好一些，从区内直接考过来的难度就比较大。

访谈案例 4-4

访谈者：你觉得哪种类型的内地班（独立学校、混校独立班、散插班）对学生的发展更有利？

S13：独立班。

访谈者：你有同学读插班的吗？

S13：有。

访谈者：他们有什么感受？

S13：压力很大。

访谈者：除了压力大还有其他的吗，比如老师上课是否会关注到他们？

S13：不怎么关注的感觉，因为他们赶不上。

访谈者：你跟这些同学联系多吗？能不能说说具体情况？

S13：联系挺多的，手机短信联系，有时也打电话。我一个同学在南方的一所学校，后来读了一年转回区里了。

访谈者：就因为学习跟不上转回去的吗？

S13：除了学习跟不上，他自理能力也不是很好。

访谈者：他初中是在区内读的还是内地班读的？

S13：区内。

访谈者：有从内地初中班考到散插班的同学吗？

S13：有。

访谈者：在哪里读呢？

S13：广州、长沙。

访谈者：那他们现在状况怎么样，比如学习？

S13：他们在那边同学挺多的，也是压力大。

访谈者：除了压力大，跟不上，还有没有其他问题？比如说人际交流，同学关系方面有没有问题？

S13：那方面没有太大问题，就是学习上的问题大。

在河北师大附属民族学院调研时，一位老师①在回忆自己教过的第一届考上散插班的学生时说："散插班吧，我和我的学生聊过，2002年开始散插班，最好的学生都是去北京，当时我有5个学生（内初班的）考的散插班，刚开始很高兴，还鼓励他们，一年以后再聊天时，4个孩子反馈回来的都是去散插班后悔，当然主要是心理上的压力，很难接受，在内地班的时候都是名列前茅的学生，到散插班根本跟不上课，而且散插的都是内地很好的学校，对孩子的心理折磨是很大的。"

对于本身就面临着跨文化冲突的内地西藏班学生来说，学习的心理压力过大可能会影响他们的心理健康，也可能会造成他们在内地学习的不愉快经历，进而影响到他们对主流文化的认同与国家认同，这是值得我们特

---

① 该教师目前任教内地西藏高中班，2002年以前河北师范大学附属民族学院招收内地西藏初中班，之后停招，2007年开始招收内地西藏高中班。

别警惕的。

2. 课程难度大，不利于因材施教

虽然散插班的整体学习氛围很好，对西藏学生的学习也有积极促进作用，但由于西藏生的学习基础与内地一流学生还有很大差距，与内地学生同样的教材、同样的教学进度、同样的教学难度，对西藏生来说无疑是一种巨大的挑战。个别学习好的没问题，但多数西藏生与本地学生同步学习还是有很大难度，而西藏生在班级里所占比例很小，老师在讲课过程中又不太可能很好地照顾到西藏学生的实际而调整教学进度和难度，这一方面使得西藏学生有些课程跟不上，尤其是数学、物理、化学等理科听课有一定困难；另一方面，也使得西藏学生在课堂教学中的实际参与度降低。这些也在一定程度上损伤了西藏学生的学习热情和学习积极性，不利于对西藏生的因材施教。在内地班任教多年的 T6 老师把西藏生学习兴趣不浓的主要原因就归结到了课程与教材内容不适合西藏学生实际这一因素上："我认为最重要的原因还是教材方面的，他们学习的内容，用的教材和本地班的完全相同，这个对他们而言，难度特别大，尤其是扩招以后，好多区内的孩子考过来，他们在西藏上的初中，就根本没有学过文言文啊什么的，所以他们一上来学高中语文更难，根本接受不了，因为在学校，毕竟学习是一个主要方面，他们在学习上难以感受到自己的成就，学了还是不会，这就导致他们学习信心的缺失。好多孩子就是学不会，根本就是听天书。孩子们觉得学与不学是一样的，再学也学不到那个档上，所以很多孩子就不学了。"

在对浙江湖州菱湖中学的三个散插班西藏生进行访谈时，虽然他们都表示在散插班学习很好，和本地学生一起学习有动力，但也均表达了自己在学习上的困惑，尤其是数学跟不上，上课老师很少能照顾到他们，有学生反映"老师经常说我不会为了你们几个人拖慢进度"（详见附录四）。

在一位散插班西藏女生谈及"她最喜欢的老师"时，这位同学也道出了自己的困惑："我最喜欢的老师是英语老师，因为英语好学，我能应对学科中的问题，但老师很少叫我们回答问题，既希望被提问、被关注，又害怕被提问，怕说错，总之，回答不回答都很矛盾。"

由于在课堂教学中的这种被动处境，西藏学生的学习积极性严重受挫。山西大学附中既有独立西藏班又有散插班，虽然入学时录取是分开进行的，但入学后学生在选择哪种模式问题上相对灵活，近几年每年都有学生由于心理压力大、课程跟不上而从散插班转到独立的西藏班，据当地老师反映，有的学生从散插班转到独立班后，学习成绩反而会上升，因为之前在散插班缺少被关注和认同的感觉。在其他学校调研时也得知存在这种情况，一些不适应散插班的西藏学生被迫转到独立的西藏中学或独立西藏班，极个别学生甚至直接转回区内就读。

3. 藏族文化氛围相对较弱，不利于民族文化传承

散插班的学习以本地学生的学习需求为重点，对西藏民族文化的关注相对较少。而这方面恰恰是西藏学生比较关注的方面。尤其藏语文问题，到目前为止，散插班均未开设藏语文课程，调查中很多西藏学生对此反映强烈，希望能不断改观。另外，学校的各种学生社团活动也均以本地生为主，尤其是一些知识技能类的活动西藏生很难参与，所以就导致散插班的西藏生在校生活"每天除了上课就是补课，除了学习还是学习"，这与独立建校的西藏中学形成了鲜明对比，在同学之间的相互交流中散插班的学生也表现出了更多的无奈和不满。①

访谈案例 4 – 5

访谈者：你们来内地之后感觉自己有什么变化吗？

S6：语言变化比较大，汉语水平有了较大提高。

访谈者：那藏语怎么样？

S6：差不多忘记了，没有人教，口语可以交流，但是写不出来，错字比较多。

访谈者：有学习藏文的材料吗？

S6：家里给带过来或者寄过来，但现在学习这么紧张，没有时间看。

访谈者：那你们想学藏语吗？

S6：想，特别想学。

访谈者：在内地上初中的时候藏语怎么样？

①　调查中了解到内地班学生之间的跨校交流比较多，主要是通过电话联系，由于现在网络技术发达，学生会在晚自习结束后或周末用手机 QQ 上网，这也增加了他们与外界沟通交流的机会。

S6：初中的时候学得比较好，学校会教我们，中考也考藏语。

访谈者：如果让你给学校提意见，你希望学校做哪些调整？

S6：意见就是要注重藏族文化，要不觉得有像忘了根一样的感觉。北京西藏中学、南通西藏中学和天津红光中学，和那边同学交流时说他们的活动很多。

4. 一校两制，不利于教学管理

散插班由于是一校两制，所以给学校的教育教学管理带来了很多困惑。山东泰安一中一位负责西藏班管理的老师介绍说："现在内地西藏高中班面临一些困难和挑战，过去招五个都是非常好的，现在招到四五十个，因为初中没有扩招，高中扩招，扩招进来的有的直接来自区内或者内地初中班学习成绩靠后的，这样学生的综合素质下降，文化基础下降，导致各方面习惯差。管理起来非常困难。尤其是节假日，本地学生放假了，学校组织西藏学生补课，老师们很辛苦，义务补课，但西藏学生还有意见，希望放假出去玩。"山西大学附中散插班的班主任也表达了同样的困惑："散插班不好管理，我们学校是开放式管理，平时学生进出校园没有严格限制，因为多数本地学生是走读。尤其是到了星期天，本地学生都回家了，藏族学生干啥呀，到处跑，有的可能就去网吧了。如果是单独的西藏班，大家都在一起，可以统一组织，一起活动，还好一点。散插班的西藏学生人数少也不方便再单独组织活动。"可以看出，这种一校两制的模式在管理上存在共同的问题，访谈中学生对此也有很多抱怨："本地学生放假就回家或出去玩了，我们却要补课，天天学习，学烦了，其实也没效果。"这无形之中构成了西藏学生与管理者之间的矛盾。

正是由于散插班教学模式容易造成西藏学生心理压力大，学习跟不上等问题，在山东泰安一中西藏学生的问卷调查中，关于"你希望在哪种类型的内地班读书"一题，有近半数同学选择了专门的西藏中学或民族混合学校但有独立的藏族班级模式，选择民族混合编班（散插班）的仅占45%。在山西大学附中西藏班做的调查中，选择民族混合编班的比例更低，仅占18.9%。详见图4-10、图4-11。

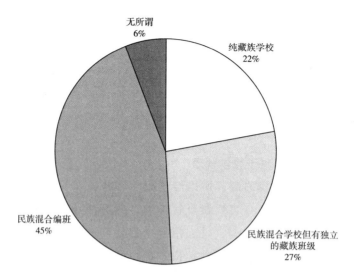

图 4 – 10 "你希望在哪种类型的内地班读书"（泰安一中）统计

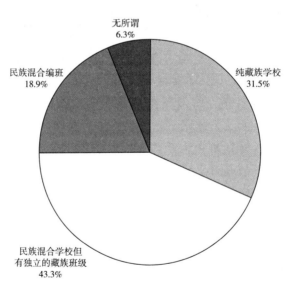

图 4 – 11 "你希望在哪种类型的内地班读书"（山西大学附中）统计

三　混校独立编班式教学模式

混校独立编班式有两种，一种是以西藏学生为主的学校，比如上海共康中学（初中）、天津红光中学（完全中学）、重庆西藏中学（完全中学）等，都是以西藏学生为主体，少量招收本地学生，这类学校更接近独立建校式的内地西藏中学；另一种是以本地学生为主的学校，比如辽阳一中西藏班（初中）、福建三明列东中学（初中）、山西大学附中西藏班、湖南岳阳第一中学、安徽合肥三十五中、辽宁营口第四高级中学、上海珠峰中学（原上海行政管理学校）、广东佛山市第一中学等，这些学校以本地生源为主体，少量招收西藏生源。这种内地班教学模式同时具备了独立内地西藏中学和散插班二者的优势，本地学生、西藏学生生活在一个校园里，平时耳濡目染，相互对彼此的文化不断加深了解，同时教学又相对独立，能照顾到西藏学生的基础和民族特点，有针对性地展开教学。也正是这种优势互补，让很多长期从事内地班教育教学的人士对这种模式有更多的认同。

访谈中 T27 老师认为："我不赞成藏汉合班，但是我赞成藏汉混校，混校可以让藏族的孩子理解内地的规则，如汉族的孩子几点起床、几点上课，从管理上来讲，孩子们高兴，从我们接触的孩子来讲，他们对这种严格管理很认同，人家这么做，我们也能这么做，所以从管理上来讲是很好的。同时要独立办班，这样既不会让西藏学生有太大的心理压力，又能因材施教地进行教育。"

T7 老师表示："在散插班的话他们不是主流，得到的关注较少，为什么好多孩子愿意转回来，因为他觉得能得到老师的认同，他不孤独，他在那边，表面上大家相处得好像很融洽，实际上人家躲着你，你知道吧，他并不是说真正融合在一起，所以这种大面积的散插肯定是不好的。"

T6 老师也持相同的观点："就像我们学校这种方式，又有融合又有独立，既接触但又不完全接触，一个学校有汉族生也有藏族生，但是呢又有独立班，这样的话他们可以得到更多的教育，同时又会接触本地的孩子。我觉得这种模式还是比较好的。"

这种模式也得到了很多在读西藏大学生的认可。我们对北京几所高校在读西藏大学生的调查，在"你认为哪种类型的内地班对学生发展更有利"这一问题上，选择民族混合学校但有独立藏族班级这一类型的比例最高，达到了 42%，选择民族混合编班的仅占 17%（见图 4 - 12）。

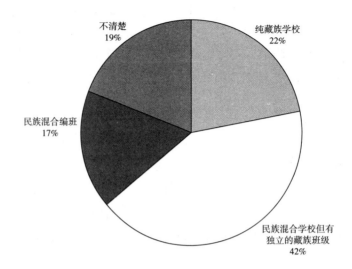

图 4 – 12　"你认为哪种类型的内地班对学生发展更有利"（大学生）统计

　　但目前这种模式的问题就在于西藏学生与本地学生的直接交流仍然很有限，需要进一步创造机会让他们有更多机会直接接触本地学生。

第五章　内地西藏班教学模式改革：趋向与路径

如前所述，内地西藏班学生的学业成绩低于本地学生仍是客观现实。但内地西藏班教育是否还有改进的空间？对这一问题的回答还应重新回到我们教育的起点，即对内地西藏班培养目标的重新定位和对特殊教育对象的全面分析上来，同时也提醒我们必须重新反思内地西藏班现行的教学模式。自办班以来，内地西藏班的教师除藏语文教师由西藏自治区选派以外，其他学科教师全部由当地选聘，这些教师不懂藏语，也未接受过多元文化教育的培训（这也是所有中国教师的共同问题，或者说是中国师范教育体系中的一个缺陷），对教授对象西藏学生的成长经历、文化背景也了解有限，这种状态使他们很难真正走进学生的内心世界，也很难用学生理解的方式进行教育教学，于是，"听不懂—不爱听—不爱学"似乎成了一种常态，这也是很多一线教师的共同感受。要打破这样的格局，内地西藏班教学模式改革需要做出新的设计。

内地西藏班的教学模式改革首先要厘清培养目标和基本理念，这是构建教学模式的理论基础，在此基础上，宏观层面要对独立建校式教学模式、混校独立编班式教学模式和散插式教学模式进行分类规划与指导，微观层面要从课堂教学角度构建适合内地西藏班实际的教学模式。

一　内地西藏班培养目标的定位：出发点与归宿

培养目标就是要回答培养什么样的人的问题，培养目标的定位是内地西藏班教育发展的根本指针，它既是内地西藏班一切教育教学工作的出发点，也是归宿，内地西藏班课程的设置、教育内容的选择、教育教学效果的评价等均应以培养目标为基本依据。然而在这一问题上，仍存在不少模糊甚至是错误的认识。调研中发现，虽然各内地西藏班对培养目标都有描述，但实践中并未真正成为教育教学工作的指针，比如一些内地西藏班的领导、老师反映对内地西藏班怎么办比较困惑，用他们自己的话说"我们也搞不清楚到底要做什么，到底要怎么做"，这种困惑无疑对内地西藏班教育教学是不利的。内地西藏班到底要培养什么样的人，我们应该认真地进行梳理和反思。

（一）内地西藏班培养目标的政策文本分析

从现有文献中看，内地西藏班的办学和培养目标随着时代的发展也在不断地发生改变：1984 年《教育部、国家计委关于落实中央关于在内地为西藏办学培养人才指示的通知》中指出：着重为西藏培养中等专业技术人才。1988 年四部委《关于改革和发展西藏教育若干问题的意见》对内地西藏班的培养目标又做了进一步细化和说明，即这些青少年到内地学习后，德智体都得到发展，维护祖国统一的观念进一步增强，藏文也学得比较好，因而，受到西藏广大干部和群众的拥护。内地西藏班和学校要继续注意加强藏语文和优良民族文化传统内容的教学，加强艰苦奋斗传统的教育，保证学生在德智体美劳各方面得到健康发展，使他们成为有理想、有道德、有文化、有纪律的社会主义新人，成为热爱社会主义祖国、热爱西藏，为振兴西藏、为民族的发展繁荣勇于献身的，能与当地群众打成一片具有良好科学文化素质的有用之才。1992 年国家教委下发的《关于进一步加强内地西藏班工作的意见》明确指出：在内地创办西藏班根本目的和任务，就是要利用内地学校的办学条件和师资优势，帮助西藏培养一批拥护中国共产党、拥护社会主义，自觉维护祖国统一、民族团结，具有初步的科学世界观和较扎实的科学文化知识以及一定的劳动技能的建设骨干，有效地促进西藏的改革开放、经济的繁荣和事业发展。在这两个《意见》中，对内地西藏班培养目标的描述虽不尽相同，但表达的侧重点基本一致，即为西藏培养维护祖国统一和民族团结的、具有良好科学文化素质的中等专业技术人才，重点强调政治立场坚定和科学文化素质两个方面。

随着西藏经济社会的发展和人才需求的变化，内地西藏班培养人才的层次也逐步发生转变。2000年《关于调整内地西藏班高中招生计划的函》中指出：西藏初、中级人才奇缺问题在一定程度上得到了缓解，目前急需培养一批受过高等教育的高层次、高素质人才。2007年《全国内地西藏班办学和教育援藏工作会议纪要》中强调：在办学过程中，要把内地西藏班办成增强民族团结、维护祖国统一、促进西藏发展的坚强阵地，办成宣传我国民族政策和西藏工作的窗口，把学生培养成为政治可靠、有真才实学的合格人才。要坚持优先加强爱国主义和民族团结教育，加强党的民族、宗教政策教育，使学生牢固树立科学的世界观和"汉族离不开少数民族、少数民族离不开汉族、各少数民族之间也相互离不开"的思想观念。2010年《内地西藏班、内地新疆高中班管理办法》进一步明确指出，西藏班、新疆班要坚持社会主义办学方向，贯彻落实科学发展观，执行党的教育方针和民族政策，全面实施素质教育，坚持育人为本、德育为先，把西藏班、新疆班办成宣传党的民族政策和西藏、新疆工作的窗口，办成增强民族团结、维护祖国统一、反对民族分裂，促进西藏、新疆跨越式发展和长治久安的坚强阵地。要培养坚决拥护中国共产党的领导，热爱祖国、热爱社会主义，坚定维护祖国统一、民族团结和政治可靠，有理想、有道德、有文化、有纪律的德、智、体、美全面发展的社会主义事业可靠接班人和合格建设者。可见，2000年之后虽然培养人才的层次有所提升，但培养目标的重心并未发生改变，维护祖国统一和民族团结的政治立场仍是内地西藏班培养人才的首要目标。

（二）内地西藏班培养目标的重新解读

虽然不同文件中对内地西藏班培养人才目标问题都做了一些交代和说明，但在具体指向上还有些泛化和模糊。内地西藏班的培养目标既要符合我国普通中学的培养目标的总体规定，又有其独特性，西藏内地办学既不同于区内办学，也不同于内地普通办学，它是我国新时期民族教育的一种特殊模式，有独特的产生和存在背景。一方面西藏教育基础相对落后，人才培养不能满足西藏经济社会建设的迫切需要；另一方面民族问题特别是边疆民族稳定关系到国家的稳定和发展大局。在这样的大背景之下，本研究认为，内地西藏班的培养目标应定位为①：全面贯彻党和国家的教育方针和民族政策，使学生基本形成正确的世界观、人生观、价值观；热爱社会主义祖国和中国共产党，热爱西藏，自觉维护国家尊严和利益，继承和发扬中华各民族的优秀传统，具有文化理性，有较强的社会责任感和为人民服务的思想；具备马克思主义民族观、宗教观的理论基础，形成正确认识和处理民族、宗教问题的基本素质和能力，自觉维护民族团结和国家统一；具有较强的民主、法制意识，遵守国家法律和社会公德，维护社会正义；形成终身学习的能力，掌握适应时代发展需要的基础知识和基本技能，具有较强的收集、判断和处理信息的能力，基本形成科学与人文素养、环境意识、创新意识与实践能力；具有健康的心理、强健的体魄、顽强的意志，形成科学、健康的生活方式和审美情趣，具有较强的独立生活和人生规划能力；具有团队精神，尊重他人，助人为乐，学会交流与合作，理解并尊重文化的多样性，具备面向世界的开放意识。

在具体的教学实践中，要把握好内地西藏班的培养目标，至少要重视以下三个方面的内容：一是为西藏培养人才；二是培养政治可靠的人才；三是培养具有良好科学文化素质的德智体全面发展的现代人才。

为西藏培养人才，就要考虑西藏的经济社会发展水平和人才需求，考虑西藏社会文化特点，培养出来的人要了解西藏的历史与现状，熟悉藏族的文化，同时西藏与内地的发展越来越同步，也越来越密不可分，伴随着西藏与内地的文化交流，多元化社会的特征也愈益明显，所以为西藏培养人才也就要求培养出来的学生具备适应多元文化社会的能力。正如费孝通所说的，"一切文化只是人类生活的办法"②，每种文化也都是在不断与他文化交融中发展变化的。因此，要培育学生的文化理性，既承认其自身文化具有合理性，同时又接受新的文化存在，不断凝聚、内化、整合新的文化价值意识，使学生的自我文化价值意识得到升华。内地西藏班的教育既要让西藏学生了解包括内地主流文化在内的多民族文化，又要让他们熟悉西藏文化，能够把各民族文化中的合理成分加以借鉴和吸收，不断地扩建

---

① 内地西藏班的培养目标是课题组在我国义务教育阶段培养目标和普通高中教育培养目标的基础上，结合内地西藏办学的特殊性讨论形成的。

② 中国民主同盟中央委员会、中华炎黄文化研究会编《费孝通论文化与文化自觉》，群言出版社，2005，第9页。

创新本民族文化。要了解内地主流文化和其他民族文化就要求内地西藏班在教育教学过程中尽可能创造条件让西藏学生更多地接触本地学生和本地文化，尽可能多地让他们融入当地的生活，要熟悉西藏文化就要求内地西藏班要积极营造了解和学习藏文化的氛围，包括藏文学习、西藏历史文化传统的学习等。

培养政治可靠的人才，就要求内地西藏班的教育教学始终要把爱国主义教育、民族团结教育放在首位。但值得我们警醒的是，爱国主义和民族团结教育要落到实处，不是简单说教就能做到的，一定要把这种教育理念融入日常教育教学过程中，要帮助学生形成积极的国家认同，把"和而不同"和"多元一体"作为一种价值导向，注重培养学生的国家意识和公民意识，培养学生彼此尊重、彼此欣赏的情怀，不以本民族的文化标准去评判异民族文化的优劣，在彼此相处过程中，既不盲目自大，也不妄自菲薄。当然，这种引导不仅是针对西藏学生的，也是针对本地学生的。从某种意义上说，民族团结教育更应重视对内地学生的民族团结意识的引导。调研中我们发现，有些本地学生甚至本地教师，对西藏学生和西藏文化常有着某种误解或刻板印象，在一定程度上阻碍了民族间的深入交流，比如有些本地学生反映"西藏学生比较暴躁，好打架"，存在"惹不起躲得起"这样一种倾向，无疑会给民族交往带来不利影响。尤其是混校独立班或散插班的教育，需要我们为促进民族团结与交流进行整体设计。

培养具有良好科学文化素质、德智体全面发展的现代人，就要求内地西藏班不断地研究西藏学生的文化和心理特点，要从实际出发因材施教，以培养学生学习能力和创新能力为重点，不断地提高他们的学业成绩，为他们未来的学习和工作奠定坚实的基础。现有的内地西藏班在教学条件和设施、师资队伍等方面都具有较高的水平，但对西藏学生特殊性的认识还不够，尤其是对西藏学生的认知特点、民族文化特点等缺乏深入的了解，这些正是阻碍西藏学生学业成绩提高的重要因素，也是今后一段时间需要内地西藏班积极探究的问题。德智体全面发展是我国教育目标的总体要求，自然也适用于内地西藏班教育，要从多元智能的角度注重学生多方面能力的发展，尤其要以西藏学生纯朴善良的优良品质和音体美特长为生长点，培养他们的自信心和良好的意志品质，促进学生的全面、健康发展。

当然，在具体的人才培养层次上，还要根据西藏的经济社会发展需要来确定，不同层次人才的培养目标也应各有侧重。

二　内地西藏班教育理念的重塑：
多元文化教育的构想与思路

内地西藏班教育模式的特殊性主要体现在两个方面，即地域的特殊性和教育对象的特殊性，地域的特殊性即内地班是办在内地的西藏教育，为西藏培养人才，这就要求内地西藏班培养的人才必须符合西藏的经济社会发展需求，能够热爱西藏、服务西藏；教育对象的特殊性即内地班面对的是生活在内地的西藏学生，他们远离亲人，承载着西藏的文化，同时在内地也面临着来自异文化的冲击。这种教育模式本身就带有多元文化的属性，也必然要求用多元文化的理念和多元文化教育的方式方法予以积极应对。

（一）多元文化教育对内地西藏班的重大意义

1. 多元文化教育是落实内地西藏班办学宗旨的重要举措

内地西藏班的学生肩负着艰巨而神圣的历史使命，他们不仅要掌握丰富的科学文化知识，还要成为民族文化传承与开拓创新的主力军，更要承担起民族文化交流与促进民族团结的重任。这一办学宗旨要求内地西藏班教育要融多元文化为一体。这点在培养目标中已有阐述。

2. 多元文化教育是适应多元文化社会发展的客观要求

全球化和多样化是当今世界的两大时代特征。一方面随着交通和现代科技的发展，尤其是随着网络和信息技术的发达，使得国与国之间、地区与地区之间的交流愈益频繁，这种交流受时空的局限越来越少，在频繁的交流中，彼此之间的相互依赖更强，人类也随之出现很多需要共同面对的问题，如环境问题、资源问题等，在很多方面各国达成的共识越来越多，但这并未阻止一些人为性灾难的发生，伴随着全球化进程的加快，国际争端并未减少，地区冲突也时有发生，由于民族、宗教等文化差异引发的矛盾也愈演愈烈。在这种形势下，如何既很好地融入国际社会又保持本国的传统与优势是各国面临的大问题。正是在这样的大背景下，费孝通先生提出了民族关系的处理要尊重"多元一体格局"，"多元一体格局"是在中国文明史进程中发展起来的民族关系现实和理想，这对于处理文化之间关系，同样也是重要的。在此基础上他进一步阐发了"各美其美、美人之美、美美与共、天下大同"的设想。"各美其美、美人之美"也就是各种文明教化的人，不仅欣赏本民族的文化，还要发自内心地欣赏他民族的文化。中国作为一个多民族国家，在发展进程中，尊重文化的多样性，加强文化间的理解、交流和融通显得尤为重要，而教育是促进民族文化交流和融通的重要途径。西藏文化由于地域、民族、历史、信仰等多方面的原因，与内地文化差异较大，因此，内地西藏班的教学必须在充分尊重其民族文化的基础上进行，让西藏学生在内地学习科学文化知识的同时受到内地文化和西藏文化的双重熏陶。同样，也因为内地办学这种形式，使内地的学生能够更好地接触和了解其他民族的文化，在文化交融中达到费孝通先生提出的"各美其美、美人之美"的理想境界。

3. 多元文化教育是提高内地西藏班学生学业水平的有效路径

维果茨基的"最近发展区"（ZPD）[①]理论认为，课堂教学应该指向学生的最近发展区，集中在学生可以掌握但需要老师和同伴的帮助才精通的概念上。主流文化为中心的课程教学有很多是西藏学生不熟悉的场景，这就把他们的最近发展区变窄了。维果茨基把概念分为"科学概念"和"自发概念"。科学概念是有系统有组织的，它是前人经验的概括，也是文化历史的积累。自发概念是儿童通过自己的活动在日常生活中形成的，这种经历给了孩子们很丰富的经验，但它是不系统、无组织的。维果茨基认为："一个日常生活概念在其慢慢地向上发展的过程中，为向下发展的科学概念扫清了道路。它创造了一系列能让概念的原始的和基本的方面向前进化的必要的结构，而这些原始和基本方面恰恰是概念的躯体和活力。科学概念，反过来，又为儿童从自发地形成概念向着有意识地、慎重地运用概念方向发展提供结构上的支持。"[②]因此，在内地班教学中，我们应该把主流文化与西藏的传统文化有机地结合起来，以更好地促进学生学业成绩的提高。

---

① "最近发展区理论"后文还会再讨论，这里暂不作具体介绍。
② 柯祖林：《心理工具：教育的社会文化研究》，华东师范大学出版社，2007，译者前言。

近年来很多对少数族裔学生的研究成果显示，如果得到合适的教育，少数族裔学生的学业成就也能达到很高的水平。Ladson – Billings（1994）、Depit（1995）和 Heath（1983）的研究和提出的理论表明，如果教师非常了解他的学生的文化、价值观、语言和学习特点的话，就能够促进学生在学校的成功。① 美国的心理学博士泰尔斯顿（Donna Walker Tileston）在研究学生的学习动机时也指出，"作为教师，在感觉学生的积极性不那么高的时候，我们可以采用多种多样的方法来增强他们的动机。了解学生所属的文化以及那种文化对教育的期望，将有助于我们在面对有关'如何开发他们天生的动机本能'问题时，做出正确的决定"。"在大多数的文化中，人们认为信任的关系、与教练员的关系以及真诚的关怀和尊重的关系，理应发生在教学内容之前；换句话说，关系第一，教学内容次之。我们生于斯长于斯的文化会影响我们对待学习的态度，也会影响我们对课程、教师以及对课堂体验的期望。作为教师，我们不必去了解每一种文化——但是，我们必须了解孕育出我们学生的文化"②。我国学者巴登尼玛的研究指出，在藏族地区现行的义务教育课程脱离了藏区文化背景及藏族儿童的实际生活、认识经验。义务教材缺少藏族文化成分的介绍，让藏族儿童背诵李白、杜甫的诗歌而不谈《格萨尔王》，为培养藏族儿童刻苦钻研的精神只讲"悬梁刺股"却不谈宗喀巴或米拉日巴的艰苦求学，这样的课程很难让藏族儿童感兴趣。③ 同时，脱离学生民族实际的教学，由于发生了"文化的断裂"可能造就出"文化边缘人"④。基于这样的认识和考量，在内地西藏班实施多元文化教育显得尤为必要和迫切。一方面多元文化教育是减少内地西藏班教师与西藏学生隔阂的有效方式；另一方面多元文化教育也是提高内地西藏班学生学业成绩的有效方式。从长远意义来说，内地西藏班也是在我国这样一个多民族大家庭里真正有效实施多元文化教育的"试

① 〔美〕J. A. 班克斯：《文化多样性与教育——基本原理、课程与教学》，荀渊等译，华东师范大学出版社，2010，第 15 页。
② 〔美〕泰尔斯顿：《让学生都爱学习——激发学习动机的策略》，宋玲译，中国轻工业出版社，2012，第 7~8 页。
③ 巴登尼玛：《试析现行藏族义务教育课程中存在的几个问题》，《民族教育研究》1996 年第 3 期，第 57~62 页。
④ 滕星、杨红：《西方低学业成就归因理论的本土化阐释——山区拉祜族教育人类学田野工作》，《广西民族学院学报》（哲学社会科学版）2004 年第 3 期，第 2~18 页。

验田"。

4. 多元文化教育是实现民族自觉的重要举措

费孝通先生在长期对中国社会文化研究的基础上提出了"文化自觉"理论。所谓文化自觉，指的是生活在一定文化中的人对其文化有"自知之明"，并且对其发展历程和未来有充分的认识。同时，"文化自觉"指的又是生活在不同文化中的人，在对自身文化有"自知之明"的基础上，了解其他文化及其与自身文化的关系。[①] 他还进一步指出："文化自觉是一个艰巨的过程，只有在认识自己的文化、理解所接触到的多种文化的基础上，才有条件在这个正在形成中的多元文化的世界里确立自己的位置，然后经过自主的适应，和其他文化一起，取长补短，共同建立一个有共同认可的基本秩序和一套各种文化都能和平共处、各抒所长、联手发展的共处守则。"[②] 文化自觉是一个民族能够在扬弃中不断发展的动力源泉，内地办学不是要中断西藏学生的民族文化，而是应该更好地传承和发扬西藏的文化，所以内地西藏班一方面要对西藏学生进行内地主流文化教育；另一方面，也要对西藏学生和内地学生进行藏文化教育，这样才能更好地发挥内地西藏班民族文化教育的窗口功能。

（二）多元文化教育的基本思路

在内地西藏班进行多元文化教育，笔者认为现阶段的重点是做好两个方面的工作，一是教师的多元文化教育培训，二是学校设立多元文化课程。

1. 内地西藏班教师的多元文化教育培训

内地西藏班教师的多元文化教育培训有两个重点，一是双语教学培训，二是多元文化教育教学理念与技能培训。

首先是双语教学培训。双语师资匮乏是很多少数民族地区教育面临的共性问题，对于西藏的双语师资培训而言，课题组认为重点应放在对教学水平比较高、教学能力比较强的汉语师资上，而非民族语师资上。培训一

---

① 费孝通：《费孝通九十新语》，重庆出版社，2005，第112页。

② 中国民主同盟中央委员会、中华炎黄文化研究会编《费孝通论文化与文化自觉》，群言出版社，2005，第233页。

批教学业务能力强的双语师资是提高内地西藏班教学质量的重要途径。具体如何培训双语师资呢？这个问题可以采取几种方法：第一种是搞内地西藏班双语师资的集中培训，这项工作可以由教育部和西藏教育厅协调，利用寒暑假集中办班培训，具体办班培训事宜可以借鉴中央民族大学藏语零起点班教学的经验，各校根据教学实际分期分批选派教师参加培训，当然为了增强培训效果，相关主管部门可以采取一些硬性规定和激励措施，比如每年参加培训的教师人数不得少于全体教师的15%，五年之内全部完成轮训；教育部统一组织双语教师的考核工作，考核合格颁发双语教学资格证，教师的职称评定、评奖评优等均与双语教学资格证挂钩，等等，当然具体的办法还需要进一步调研和全面设计。第二种方法是借助现代信息技术和语言学方法，开发藏语学习软件平台，教育部和相关部门组织专项课题研发藏语学习软件，目前已有一些少数民族濒危语言的学习软件开发项目①，通过语料库的收集建立起一种互动性语言交流平台，供学习者使用。这种方式比较便捷，不受时间和空间的限制，教师在日常教学中就可以学习使用。第三种方法是利用选派到各内地西藏班的藏语教师进行本地教师的藏语培训，还可以把学生中藏语学得比较好的充分利用起来，让他们对本地教师进行藏语培训，这样既便于提高本地教师的藏语听说能力，又便于西藏学生加深和巩固藏语的学习。当然这几种方法可以并用，在内地西藏班创设出一种藏语学习的氛围，既有利于双语师资的培养，又有利于促进师生之间的深入交流，加强文化沟通和理解，增进师生感情，可谓一举多得。

其次是多元文化教育教学理念与技能培训。我们不得不承认，在多元文化教育方面，内地西藏班的课程与教学还存在很多问题和障碍。其一，教师的多元文化教育能力欠缺是多元文化教育课程实施的主要障碍。教师是多元文化教育课程能否顺利实施的决定性因素。然而，在我国现有的师范院校和普通高校的教育学院中，除了个别学校或学院加开了多元文化教育课程外，绝大多数院校的师范教育并未涉及多元文化教育，同时在我国的教师培训体系中也极少涉及多元文化教育方面的内容。而在美国，许多

---

① 比如中央民族大学本科生创新研究项目国家级项目"基础西部裕固语教学软件的开发和使用"（郭翔主持）可作为少数民族语言教学软件开发的参考。

大学的师范学院和教育学院（系）都开设了多元文化教育课程，许多州都要求师范生学习一定数量的多元文化教育课程才算达到合格标准。[①] 课题组在几所内地西藏班对教师做的问卷调查显示，近半数教师未接受过藏族文化或少数民族教育方面的专门培训，有的学校这一比例更高。双语教学应该是多元文化教育的有效教学模式，但在内地西藏班教学中双语教学很难实现。比如内地西藏独立校除了一名藏语教师外，几乎所有本地教师均不懂藏语，在混插班由于未安排藏文教师连藏语课程都不能开。另外，教师在教育教学理念上还存在一些偏差甚至错误观念，比如调查中有个别教师认为西藏学生较汉族学生智力水平低。教师多元文化教育理念不足，必然给多元文化教育课程的实施带来极大的障碍。其二，评价机制不健全是多元文化教育课程实施的关键性制约因素。教育教学评价是教育改革的风向标，目前内地西藏班的教育教学评价尚未形成明确的指标体系，评价总体导向仍未摆脱"成绩至上"的困局，使得内地西藏班仍把主要精力集中在考试成绩和升学排名上，教师们也顺理成章地把目光更多地聚焦在如何提高基础本来就薄弱的西藏学生成绩方面，多元文化教育的想法就被束之高阁了。因此，除了校本课程以外，主导课程的实施仍缺乏多元文化教育的实际介入。可以说，内地西藏班现有的多元文化教育实践多是在追求学校特色发展的动力下催生出来的产物，相关的主管部门和教师群体对多元文化教育重要意义的认识尚存不足，尤其是多元文化教育对提升学生学业成绩方面的认识比较欠缺，致使很多教师仍被困扰在"学生基础差，成绩提高困难"这样的抱怨之中。按照班克斯（James A. Banks）的多元文化教育理论，多元文化教育的重要目标是整体学校改革。"变革整体必须是整个学校环境而不是任一元素，如教学素材、教学策略、测试计划或教师培训。教师教育和授权是很重要的，但是为了学校改革，其他改革措施也同样必须在学校环境中实施。许多教师在暑期工作中有了新的见地、教学素材和多元文化教学策略，他们也渴望在学校中试用这些。然而，当这些教师回到学校时，他们经常会没有勇气这样做，因为在这些学校里，仍然存在着对待种族与文化多样性的传统模式，教师也不能获得来自领导和同行的经常性的支持。没有这种支持，具备新技能、新见地的教师不得不放

[①]　刘华蓉：《多元文化教育面临诸多瓶颈》，《人民政协报》2009 年 5 月 6 日（C04）。

弃并回归他们传统的态度和行为"①。因此，多元文化教育的实施需要教育部门和学校协同起来进行整体改革，才能取得更大的成效。具体的多元文化教育培训可以依托多元文化研究尤其是在民族学、少数民族教育学、藏学等方面研究比较深入的高校进行。同时，在我国的师范教育和教师资格申请中也应加入多元文化教育的内容，使教师真正接纳多元文化教育的理念，掌握多元文化教育的技能。

2. 内地西藏班多元文化课程的构建

课程是使教育理念得以落实的重要载体。多元文化教育的实施最终还是要体现在课程体系的构建与实施上。多元文化教育的奠基人班克斯教授指出，为了帮助学生发展明确的文化、民族和全球认同，我们必须对学习课程进行改革，改革的方法主要有四种，即贡献法、民族附加法、转型法和决策制定与社会行动法。贡献法是一种最常使用的方法，也是教师将种族内容整合到课程之中的最容易的方法。这一方法的显著特征是采取与选择纳入课程的主流英雄的相似标准，挑选一些种族英雄并将其融入课程中去。主流课程则按照其基本的结构、目标和显著特征保持不变。其中，英雄和节假日方法是贡献法的一个变体。民族附加法是将民族内容整合到课程之中，在不改变课程的基本框架、目的和特征的情况下，将之附加到课程的内容、概念、主题与前景之中。该种方法经常是在不显著改变课程的基础上，通过增加一本书、一个单元或是一节课来实现的。转型法是改变了基本的课程假设，让学生从多个民族视角和观点来界定概念、问题、主题和困难。这种方法的主要课程问题在于不是去增加一长串种族族群、英雄人物和贡献等，而是融入来自不同族群的多种视角、参考框架和种族内容以帮助学生拓展对社会的本质、发展及其复杂性的理解。决策制定与社会行动法包含转变途径的所有要素，不过增加了要求学生做出决策并采取与单元学习中的概念、问题或困难相关的行动。班克斯还指出，这四种方法在实际教学中经常是混合与融合使用的，让教师从主流中心课程直接转换到一个关注决策制定和社会行动法的课程是不现实的。相反，把种族内容整合进课程，从最初的层次到最高层次是一个渐进的累积过程（见

---

① 〔美〕J. A. 班克斯：《文化多样性与教育——基本原理、课程与教学》，荀渊等译，第53页。

图 5 - 1)①。从我国现阶段的国情来看，前两种方法是切实可行的，而且已经开始在实际教学中践行。比如，藏族的传统节日藏历年、望果节、雪顿节等，这些节日带有浓郁的民族特色，很多内地西藏班在这些传统节日尤其是藏历年都会举行隆重的庆祝活动，这就是多元文化教育课程改革中的贡献法。附加法也是适合内地西藏班多元文化课程改革的一种方法，目前主要是在独立的内地西藏中学运用较多，一般是以校本课程的形式开展的，比如济南西藏中学、北京西藏中学研发的关于藏汉文化的校本教材和藏文化节等，均是在统一的国家课程之外，以提高学生对民族文化的认识和理解为旨趣开发出来的适合西藏学生发展的特色课程。

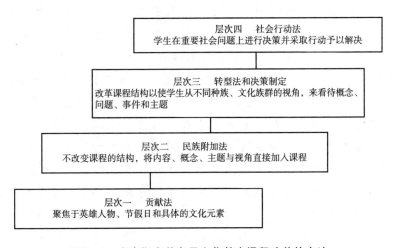

图 5 - 1　班克斯有关多元文化教育课程改革的方法

案例：济南西藏中学的多元文化教育课程

　　济南西藏中学以国家关于内地西藏班的办学目的和任务为指针，确立了"尚德笃学，爱国兴藏"的办学理念。"尚德"是思想教育方面，"笃学"指教学方面，"爱国兴藏"指情感价值方面。这三方面的内容也正是该校整体提升的校园文化的主题。围绕学校的办学理念，该校在多元文化课程的实施途径上进行了有益的探索。

---

①　〔美〕J. A. 班克斯：《文化多样性与教育——基本原理、课程与教学》，荀渊等译，第 55 ~ 59 页。

（一）校本教材是实施多元文化教育课程的重要载体

济南西藏中学在校生 600 多人，分别来自拉萨、日喀则、那曲、阿里、山南、林芝和昌都七个地区，由于经济文化的区域性导致学生的文化基础、思维方式、行为习惯等与内地学生存在很大差异，统一的国家课程难以满足藏区学生的发展需求。因此，学校决定根据藏族学生实际，开发应用适合学生特点的校本课程。从 2007 年开始，学校开始着手《汉藏民俗文化》校本课程开发研究，并成功申报了山东省教育科学"十一五"规划课题。该校的《汉藏民族文化》校本课程分为"普及民俗知识、传播传统文化的校本课"与发展学生个性、培养学生能力的"知识技能提高类"两种。在三个年级开设了"汉藏服饰文化、汉藏饮食文化、汉藏地理风情、汉藏节日习俗、汉藏民俗文学、汉藏音乐艺术、汉藏美术对比"等校本课程。经过四年多的实践探索与总结，学校成功开发出《汉藏服饰文化》《汉藏饮食文化》《汉藏民居文化》《汉藏地理风情》《汉藏节日习俗》《汉藏民族文学》《汉藏歌舞艺术》《汉藏美术比较》《汉藏历史》等一系列校本教材，涵盖了语文、地理、历史、音乐、美术、微机等 6 个学科，同时还融入了爱国爱家乡、民族团结、行为礼仪等多项内容，形成了具有西藏中学特色的校本教材系列。这些课程以选修课形式开展，每周两个课时。校本课程的开发与实施，为内地西藏班的教师和学生提供了一个多元发展的平台，激发了师生教学的热情和积极性，教师的教学科研能力和学生的学习能力均得到了较大提升，教师依托课题研究有了更多接触、学习和运用藏族文化的机会，多元文化教育的理念和教学能力也随之提高，并在省部级以上刊物发表了多篇教学研究的学术论文，学生通过校本课程的参与学习，对汉、藏民族文化有了更深入的了解，民族自信心也进一步增强，在"上海国际青少年书画摄影大赛"、第十二届全国中小学电脑制作活动以及东南卫视"欢乐合唱团"等比赛中获得了多个奖项。

（二）课外活动是多元文化教育课程的主要形式

课外活动是学生课余生活的重要组成部分，也是多元文化教育课程的主要形式。济南西藏中学围绕着多元文化教育搞了一系列课外活动，其中，"心手相连"系列活动、藏舞操活动和"三语"文化艺术节比较典型，已成为该校的特色活动项目。"心手相连"活动在济南市市中区教育局教育科的具体指导下，由济南西藏中学发起，九所普通中小学校参与，藏汉两民族学生相互交流学习。每年的活动分为三个阶段，第一阶段，主题是"汉藏心连心，牵手迎新春"活动，济南西藏中学的学生到市区八所中小学开展联谊活动，通过互换"友好班级牌""花名册"，与汉族学生结成友好班级；活动中的"歌舞、小品、包饺子、教说藏语、教学藏歌、教跳藏舞"等深受汉藏同学的喜欢，为同学们留下了美好的记忆。第二阶段，主题是"汉藏一家亲，家中度新春"。藏族孩子在年三十到汉族家庭过除夕，他们像一家人一样一起包饺子、贴春联、吃团圆饭，让藏族孩子真正体验到"汉藏一家亲的温暖"。第三阶段，主题是"汉藏齐欢聚，联欢庆佳节"。大年初一一大早，省、市、区各级领导和市中区八所中小学校的领导、汉族友好班级代表、汉族家庭代表一起与西藏中学的师生及部分藏族学生家长欢聚一堂，共同庆祝藏历新年。通过这些在节假日开展的丰富多彩的活动，增进了汉藏学生间的交流与沟通，使藏族学生感受到祖国大家庭的温暖，了解汉民族文化习俗和生活习惯，开阔了藏族学生视野，提高了藏族学生适应社会、交际等方面的能力；同时也让汉族同学进一步了解西藏民俗文化，了解藏族同学在内地求学的不易，从小懂得关爱他人，学会自我约束，提高独立生活和生活自理能力，增强社交礼仪方面的知识。

藏舞操是济南西藏中学的另一项特色活动。藏族是能歌善舞的民族，学校充分发挥学生的这一特长，由藏族学生编创了《藏舞操》，学校每天的课间操分为两个环节，第一个环节是做广播体操，第二个环节是藏舞操，学校还每年举行藏舞操比赛，该校的教师也被藏族艺术所感染，很多教师参与到活动当中。

为提高学生的综合素质，构建良好的育人环境和和谐的校园文化氛围，学校举办"三语"文化艺术节，围绕活动主题，开展"日新月异话发展、家乡变化我来说"征文比赛、"我的空间我做主"寝室文化评比、"佳片有约"——爱国主义电影展播、唱响青春——班级合唱比赛、"激扬青春、挑战自我"校园主持人评选活动、"我心中的西藏"书画作品展暨三语书法比赛、"我行我秀"三语运用能力大比拼等，教师和学生的创造性都得到了很好的体现，学生学习的信心和积极性也得到了很好的提升。

（三）隐性课程是实施多元文化教育课程的必要补充

隐性课程对学生的身心发展起着潜移默化的影响，利用隐性课程对师生实施多元文化教育也是重要一环。

学校充分考虑到教育任务的特殊性，设计了一系列校园文化标志，有体现西藏和山东济南内涵和谐统一的校标、信纸信封、门牌、胸卡等，还在教室门前走廊、文化长廊、综合楼一楼大厅等处设计了展现民族文化特色的展板，这些美丽丰富的画面，让师生每到一处都能体会到中华民族文化的多姿多彩，做到了著名教育家苏霍姆林斯基所说的"让学校的每面墙壁也会说话"，借这些校园文化对师生进行相应的文化传递和思想教育，起到润物无声的作用。

在混校独立班和散插班，以传统节日为特征的民族文化融入都有所涉及，但在校本课程开发上涉及藏文化的还很少。实际上，对混校而言，实施关于藏文化的校本课程更有意义，因为不仅可以让西藏学生更好地了解本民族的文化，在内地求学有更多的亲切感和民族自豪感，而且能让内地学生更多地接触和了解西藏文化，这种文化的交融是民族团结的坚实基础。

三　内地西藏班教学模式的创新：
分类指导与分层教学

自内地西藏班创办以来，经过多年的实践探索，已经形成了三种比较成型的教学模式，即独立建校式教学模式、混校独立编班式教学模式和散插式教学模式。每种教学模式都有自己的优势与不足，每种教学模式也都有自己的侧重点。在今后的发展过程中，几种模式还会并存发展，但教育相关主管部门对这几类模式的指导应各有侧重，以达到取长补短的效果，促进内地西藏班积极健康发展，更好地发挥民族文化交流"窗口校""示范校"的功能。

（一）独立建校式教学模式的发展思路

独立建校式教学模式的教学改革侧重点应该放在加强与本地学校、社区的联合互动上。相关的教育主管部门应把援藏教育放在当地教育综合改革和发展的大局中统筹协调，鼓励学校大胆创新，逐步打破独立西藏中学封闭式办学的做法，就近与本地学校联合，联合的方式可以多种多样。

校际全面互动是一种方式。比如济南西藏中学从2012级开始，每届的初一新生到济南舜文中学进行为期一年的游学。早上，孩子们背上书包，坐上班车，走进舜文学校，与本地学生一起学习交流；傍晚，西藏中学的孩子们乘车回本校住宿。在舜文中学，西藏和内地学生共同申报社团，一起参与活动，共享两校优质资源，融合两校师资力量，统一管理学生，相互交流学习，这是一种很好的尝试。

校际局部互动也是一种切实可行的方式。比如可以逐步建立起合作学校的学分互认制度，内地西藏中学与本地合作中学学分互认，通过选修课实现两校优质教育资源共享，使本地学校的优势资源更多地惠及西藏学生，同时也使本地学校教师和学生有更多的接触西藏学生和西藏文化的机会。比如，北京西藏中学的民族体育项目、藏文化校本课程、藏语文等科目可供内地普通学校学生选择。另外，在社团活动、社会实践活动中也可以联合，比如北京西藏中学每年春季搞的藏文化周以及定期的锅庄舞等活动均可以吸收本地学生参与。这些做法不仅可以推动校际资源共享，还可以推动中学特色办学的发展，给内地西藏中学和本地学校都注入新的活力。从调研中反映的情况看，这些做法是有现实基础的，比如调查发现，本地学生对藏文化充满好奇，希望更多地学习和了解西藏的历史与文化，有部分本地学生对藏语也有浓厚的兴趣，西藏学生也希望有更多机会接触和学习内地文化。

当然，校际合作也不一定仅仅局限在同级学校之间，还可以利用当地高等教育资源的优势。因为内地西藏班一般都办在经济文化比较发达的城市，当地的高等教育资源一般也比较丰富。可以通过手拉手、联谊活动等，让本地大学生积极参与到同西藏学生的互动中，比如可以定期邀请本地合作高校的大学生到西藏中学进行交流，可以是学习方法的交流，也可以是思想生活方面的交流，还可以定期组织西藏中学生到大学游学参观，这种方式一方面可以激发西藏学生的学习兴趣，让他们提前了解大学生活，同时也有助于拓展他们的视野；另一方面也可以让在读大学生有更多接触少数民族学生和少数民族文化的机会，这是提高在读大学生社会实践能力的大好时机，可谓一举多得。调研中了解到，河北师范大学附属民族学院是一所集内地西藏高中班、大学预科班和大专班于一体的学校，内地西藏高中班相对独立，但可以有效地利用学院大专班和预科班的资源，比如该校的外语系大专生与西藏班学生结对子，一周进行 1～2 次外语辅导，对西藏班学生的外语学习起到了积极促进作用。这种方式也为内地西藏中学与当地大学交流互动提供了借鉴。

（二）散插式教学模式的发展思路

对于散插班的西藏学生而言，学习氛围很好，但最突出的问题是学生心理压力大，课程学习难度大。正如访谈中一位教师所说的："藏族孩子的家长多数更希望插班，想把好的学生放到一起，但是对于藏族孩子来说，怎么样更好地适应散插班的教学确实也是一个比较艰难的过程。"这种情况就要求各校根据学生的具体实际采取更有针对性的应对方案。比如可以根据学科实行混合教学模式改革试验。调查中发现，散插班的西藏学生往往在数学、物理、外语等学科难度大，跟不上进度，学校可以在西藏学生普遍认为难度大的学科单独开班教学，而学生基本能适应的语文以及其他文科科目实行散插教学，这样一方面保持了散插班的优势，另一方面也达到了因材施教的目的，可以在很大程度上缓解西藏学生的心理压力，防止学生出现自暴自弃的情况，同时也更便于学科教师的教学安排和管理。当然，很多散插班学校实行的师生一对一帮扶计划、学生手拉手计划、周末集中补课制度等也都可以作为散插教学的补充形式，但这些工作要考虑到实效性，不能流于形式，补课也要避免给西藏学生造成太大的额外学习负担。

民族文化尤其是藏族文化教育欠缺也是散插班教育的一个缺陷。因此，下一步教学工作中，要加强散插班的民族文化教育，建议在满 40 名西藏生的学校开设藏语文课程，还可以在学校搞藏语角活动，给西藏生和本地生提供语言交流的平台，更好地促进民族文化的交流。学校在校本课程、社团活动中也应积极尝试和探索开展藏文化的宣传和学习交流方式，真正落实多元文化教育的理念。民族之间接触越多，民族文化了解越多，彼此的误会也就越少，民族团结教育才能真正落到实处。对于西藏学生而言，在内地读书自然浸染在主流文化之中，加强西藏历史与文化教育，会增强他们的民族自豪感和民族自信心，也更有利于他们适应在内地的学习和生活。

（三）混校独立编班式教学模式的发展思路

对于混校独立西藏班而言，下一步教学改革和发展的重点工作应放在如何利用自身的优势，打破一校两制的局限，真正实现校内的联合与沟通上。具体做法可以参考如下两种思路：一是借鉴山西大学附中的内地西藏班教学模式，即建立一种既有独立班又有散插班的灵活模式，给西藏生提供融入本地普通班的机会，同时也让在散插班确实适应不良的学生有退路可走，能转回独立西藏班学习。二是在学生基础差距较大的科目上单独编班，在学生基础差距小的科目、选修课、社团活动、课外实践等方面实行混合教学，增加西藏学生与本地学生的接触机会。同时也可以在校内搞手拉手活动，开创更多的有利于民族文化交流的形式和活动，促进民族交往。当然，这两种方式可以同时运用。因地、因时、因材施教才是内地西藏班教学的合适做法。

四　内地西藏班课堂教学模式的建构：
文化支架式教学

从现实来看，内地西藏班的学科教学虽然已经开始做一些教学模式的探索，比如河北师范大学附属民族学院的"同班教学模式"、武汉西藏中学的"齐"字教学模式、南通西藏民族中学的数学学习能力培养教学模式等，但这些都未脱离内地普通学科教学模式的局限，未能触及内地西藏班学生学习的根本问题，从这个意义上说，目前尚未形成一种可供内地西藏班教学参考的比较成型的课堂教学模式。内地西藏班教学的最大特色在于独特的教学对象——西藏生，他们负载着独特的民族文化。促进内地西藏班学生学业成功是内地西藏班教学的神圣使命。本研究认为，构建起以文化为基本线索的文化支架式教学模式是实现这一任务的有效路径。

（一）内地西藏班课堂教学模式的理论支撑

正如教学模式的权威学者乔伊斯在《教学模式》一书中指出的：教学模式就是学习模式，我们评价一种教学模式的优劣，不仅要看它是否达到了具体的目标（例如：自尊、社会技能、信息、思想及创造力的获得），而且要看它是否能够提高学习能力。后者才是主要目的。① 围绕学生学习建构的教学模式，经常会涉及建构主义、最近发展区理论、支架理论、元认知理论等基本思想，这些思想也是建构内地西藏班课堂教学模式的基本理论支撑。下面将对这些理论中对建构内地西藏班课堂教学模式有直接帮助的部分进行梳理。

1. 建构主义

建构主义是当今教育领域的一种主导思潮，尤其是对教学观与学习观的影响更大，正如福克斯所指出的："在教育著作中对于学习观的论述里，建构主义正呈现着一种支配态势。"② 在各国的课程与教学改革中，建构主义已经成为重要的理论依托。建构主义教学思想的核心体现在如下几个方面。

第一，建构主义的知识观。建构主义者一般认为，知识并不是对现实的准确表征，它只是一种解释、一种假设，它并不是问题的最终答案。知识是灵活的，而不是死的教条，更不是最终的定论。课本知识只是一种关于各种现象的较为可靠的假设，而不是解释现实的模板。③

第二，建构主义的学习观。在知识观的基础上，建构主义提出了自己独特的学习观，认为学习就是知识的建构。在学习的过程中，头脑储存信息、组织信息，并在此基础上修改原有的概念。学习不仅仅是一个接受新信息、新观点和新技能的过程，而且是一个头脑对这些新材料进行重组的过程。④ 学习者不是被动的信息吸收者，而是信息的主动建构者，学习者对知识的理解只能由个体学习者基于自己的经验背景而建构起来。每个学习者都有自己的家庭、社区和民族文化，也都有自己丰富的内心世界，这些在他们学习过程中都有重要影响。

第三，建构主义的教学观。在建构主义者看来，教学过程是师生对世界的意义进行合作性建构的过程，而不是"客观知识"的传递过程。在这个过程中，教师是学生建构意义的帮助者、促进者，而不是知识的传授者和灌输者。其角色就是学生学习的辅导者，"真实"学习环境的设计者，

① 〔美〕乔伊斯：《教学模式》，荆建华等译，中国轻工业出版社，2011，第5页。
② R. Fox, "Constructivism examined", *Oxford Review of Education*, Vol. 27, No. 1.
③ 张桂春：《建构主义教学思想的张力》，《教育科学》2003年第1期，第17~20页。
④ 〔美〕乔伊斯：《教学模式》，第8页。

学生学习过程的理解者和学生学习的合作者。

从建构主义的教学思想出发，内地西藏班的教学应充分考虑学生的成长经历特别是西藏独特的文化背景，要让学生的生活世界与学习材料之间建立起意义连接，这样才能取得好的学习效果。

2. 最近发展区理论

有效教学就要确立既让学生通过努力能够达到又不超过学生掌握能力的目标和过程，这一状态即是最近发展区（Zone of Proximal Development）理论所积极探讨的问题。维果茨基把学生的发展水平分为两种：一种是学生的现有水平，表现为学生能够独立解决问题的智力水平（第一发展水平）；另一种是学生即将达到的发展水平，表现为借助外界的帮助可以达到解决问题的发展水平（第二发展水平），维果茨基把这两种水平之间的差距称为"最近发展区"[①]。如果教学处于学生知道并且能做的水平范围，学生就不能学到更多知识和技能，如果教学超越了学生当前的知识和能力水平，他们即便再努力也收获甚少。这一理论提示我们：适度超前于学生现有水平的教学才是好的教学。

"适度超前"也是内地西藏班教学应遵循的重要原则，如何在西藏学生的现有水平和潜在发展水平之间搭建起桥梁，利用最近发展区促进学生独立自主学习，形成更好的学习策略，这是内地西藏班教学需要认真研究的问题。

3. 支架教学理论

支架（scaffold）本意是建筑行业中使用的脚手架，后来被教学领域借用，特指成人、同伴和有能力的人对学习者学习过程中所施予的有效支持。普利斯里等（Pressly, Hogan, Wharton – McDonald, Mistretta, Ettenberger, 1996）为"支架"所下的定义是根据学生的需要为他们提供帮助，并在他们能力增长时撤去帮助。[②] 可见，支架过程是教师或有能力的他人为学习者提供支架，然后通过支架把管理学习的任务逐渐转移给学习者自己，最后撤去支架的过程，主要步骤参见图 5 - 2。

---

① 何克抗：《建构主义——革新传统教学的理论基础》（上），《科学课》2003 年第 12 期，第 22 页。

② 闫寒冰：《学习过程设计——信息技术课程整合的视角》，教育科学出版社，2005，第 136 页。

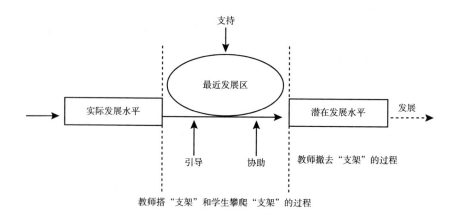

图 5 - 2　支架的过程

资料来源：洪树兰：《数学"支架式教学"研究》，云南师范大学硕士学位论文，2006。

支架式教学已经发展成一种教学模式，这种教学模式与建构主义教学思想也非常吻合，因此，支架式教学也经常被列为建构主义的教学模式之一被广泛谈及。支架式教学中教师应按照学生智力和理解能力的"最近发展区"来合理搭建"支架"，并通过支架使学生从原来的发展水平逐步提升到另一个新的更高发展水平，直至完成教学任务。这里仍然强调学生是学习的主体，教师只是提供支架的帮助者。

支架式教学模式的基本环节一般包括搭建支架—进入情境—独立探索—协作学习—效果评价等几个部分。

以支架教学理论为指导，对于内地西藏班的教学而言，最核心的两个问题是西藏学生学习的最近发展区如何划定以及支架如何搭建，确定最近发展区首要的是清楚西藏班学生的已有基础，在已有基础之上合理规划教学目标与教学过程，搭建支架就要求对西藏学生的认知特点与文化生活背景有深入的了解，以此为基础搭建起来的支架才更有针对性，教学也才能收到事半功倍的效果。

（二）内地西藏班文化支架式教学模式的理论构建

综合以上几种教学理论，本研究认为，内地西藏班的课堂教学应以西藏学生为根本出发点，紧密围绕西藏学生的民族认知特点和西藏文化特点来展开，民族认知特点也与民族文化紧密相关，因此，构建以民族文化为基础的支架教学模式对内地西藏班的课堂教学具有普遍的适用性。

支架式教学强调为学习者提供其所需要的一种概念框架来帮助学习者加深对知识和问题的理解。在内地西藏班教学中，学生易因缺乏汉语文化背景知识在理解材料时出现信息缺失、偏差或歧义进而形成认知障碍。比如在济南西藏中学调研时，一位物理老师反映：在进行人教版八年级物理下第八章电功率一章的教学时，我请同学们找出最不明白的 10 个名词，排名第一的竟然是"无轨电车"；在学习杠杆的应用一节时，请同学们模拟钓上鱼时挑竿的动作，大部分学生不知道钓鱼是怎么回事；在学习物体的浮沉条件时，有一个问题是水饺刚刚下锅时是漂浮在水面上还是沉在锅底，几乎所有学生都说："只在学校吃过水饺，没有下过，不知道它是什么状态，"这种情境下，西藏生的学习难度自然就加大了。造成西藏生文化理解障碍的原因主要有两个方面：一是内地西藏班的教学对学生的民族文化和成长背景关注较少，不能很好地结合学生已有的经验系统进行教学，这是目前内地西藏班教学尤其是具体学科教学上面临的普遍问题；二是内地西藏班的汉语教学缺乏文化的支撑和意义的建构。调研发现，内地西藏班的语文学习大都以应付中考、高考为重心，整体上是速成式的，教师与学生几乎把全部的精力都放在了对教材的教授和学习上，死记硬背、生吞活剥的现象很普遍。学生根本没有时间、没有精力也没有基础去理解学习材料背后所蕴含的文化背景知识，即使是一些课本规定的内容老师也缺乏帮助学生分析、掌握和消化的意识。学生的汉语学习在很大程度上是在自己的母语和汉语之间做着不间断的翻译工作。对于一篇阅读材料，西藏学生可能在字词理解上已经不成问题，然而对于其中涉及的文化背景知识如人文地理、历史发展、风俗习惯因素则有隔膜。对汉语的理解存在偏差和障碍，这必然会影响到其他科目的学习。因此，在内地西藏班的教学中一定要植入文化支架，在西藏文化和主流文化之间架起文化沟通的桥梁，才能更有效地促进西藏学生学业水平的提高。美国阿拉斯加土著学区文化数学项目的案例（MCC）应该可以看作文化支架教学模式的有益尝试，也是一种比较成功的教学模式。MCC 课程的主要特点是，课程中注入儿童熟悉的文化背景，授课过程利用儿童熟悉的语言，让文化背景成为儿童学习的有力工具，将学生的文化和语言普遍联系起来，在学校背景下让他们成为知识的综合建构者。MCC 项目较为明显的成效是使课堂更富有活力。学生因此积极参与，学业成绩显著提高。[①]

构建文化支架式教学模式关键要处理好以下几个方面的问题。

一是文化支架的搭建。如何搭建起以文化为基础的支架是各科课堂教学要积极探索研究的问题。每个学科都蕴含着丰富的文化内涵，这里所讲的文化既包括主流文化，也包括民族文化，在学科教学中，教师要深入挖掘教学内容和教学材料的文化意义，尤其是要尽力在主流文化与西藏文化之间找到契合点，用西藏学生熟悉的生活空间和生活事件来创设情境，帮助学生更好地理解和掌握知识技能。藏族学者巴登尼玛指出："学校教育必须寻求自己的最佳着力点，即研究儿童所受用的文化背景，以找到进入儿童生活空间的入口，使我们的学校教育适应学生的文化背景，或者说以学生所享受的文化作为学校教育的基础。"[②] 如图 5-3 所示。

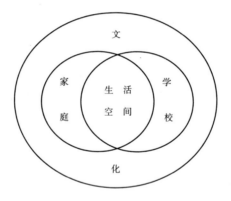

图 5-3　儿童的生活空间与学校、家庭、文化的关系

而要做到这一点，就需要教师有多元文化的积累，掌握多元文化的教育教学技能，这部分前文已经述及。

二是支架的搭建必须基于学生的最近发展区。在教学过程中，起点是学生的实际发展水平，终点是学生的潜在发展水平，要完成从起点到终点

① 常永才、秦楚虞：《兼顾教育质量与文化适切性的边远民族地区课程开发机制——基于美国阿拉斯加土著学区文化数学项目的案例分析》，《当代教育与文化》2011 年第 1 期，第 7~12 页。
② 巴登尼玛：《文明的困惑——藏族教育之路》，四川民族出版社，2000，第 278 页。

的转化，教师必须认真分析学生已有的知识经验和预达成的学习任务之间的差距，厘定学生的最近发展区，如果学生已有知识经验与预达成的学习任务之间差距过大，则要分层次来确定最近发展区，分层次达成预设目标。要让搭建的支架始终在最近发展区范围内，以使学生始终保持学习的热情。调研中，很多内地西藏班学生反映教学进度太快、难度大、听不懂、跟不上，所以干脆放弃，"一上课就睡觉"成为部分学习困难学生的常态，当然也有个别学生反映老师对内地西藏班学生要求太低，以至于激不起学习的兴趣，这些都是教学中要注意防止的现象。

三是师生的角色定位。在支架教学模式下，教师的角色是支架的搭建者，要通过创设问题情境，提供支架帮助学生学习，但不能控制或限制学生的活动，而学生则是支架的利用者，是知识的积极建构者，是课堂教学中的主体，要真正实现学生学习由被动向主动的转变。这一点对内地西藏班的学生尤为重要，学习被动是内地西藏班教学面临的普遍问题，而造成这一问题的原因除了教学超出了他们的最近发展区难以跟上进度之外，还有一个重要原因就是内地西藏班仍是以传统的灌输型教学模式为主，未真正践行学生主体的教育理念，课题组成员在深入课堂听课时对此感受颇深。要改变这种局面，需要教师转变观念，合理定位自己的角色，鼓励学生主动学习与合作探究，在一些学校开始尝试的"导学式"课堂教学改革方案就是一个很好的开端。①

至于文化支架教学模式在内地西藏班具体的学科教学中如何运用，需要各学科教师针对学科和学生实际进行深入探索，本书第十一章的语文阅读教学案例中还将做更详细的阐述。

---

① 调研中了解到，部分内地西藏班开始试行"导学式"教学模式，如济南西藏中学、河北师大附属民族学院等。

第六章 内地西藏班教学效果评价：
误区与转向

内地西藏班学生升学实行"统一考试、统一阅卷、单独划线、单独录取"的办法为内地西藏班开展素质教育创造了天然优势，但由于对这一优势认识不足以及教学评价方面的误区，素质教育在内地西藏班渐行渐远。开展内地西藏班教学效果评价调查研究，既是内地西藏班教学评价澄清误区、理清思路、找准方向迈出的第一步，也是把内地西藏班素质教育引向正轨的开端，同时对内地普通学校开展教学评价改革也将发挥示范作用。

教学评价是依据一定标准，运用可操作的科学手段，通过系统地收集有关教学信息，对教学活动的过程和结果做出价值判断的过程。[①] 教学评价一般包括对教学过程中教师、学生、教学内容、教学方法手段、教学环境、教学管理诸因素的评价，但主要是对学生学习效果的评价和教师教学工作过程的评价。由于教师教授效果在很大程度上是通过学生的学习效果来反映的，所以本研究的教学效果评价特指教学中对学生学习效果的评价。学生的学习又可分为学习的准备（基础）、学习的过程（状态）、学习的结果（成绩）三个方面。[②] 因此，我们把内地西藏班学生学习效果评价定义为依据一定标准，运用有效技术，通过收集相关信息，对学生学习的准备（基础）、学习的过程（状态）、学习的结果（成绩）三个方

[①] 王本陆主编《课程与教学论》，高等教育出版社，2009，第296页。

[②] 余文森：《目标、评价及其与教学的相互关系》，《福建师范大学学报》（哲学社会科学版）1990年第8期，第112~117页。

面分别进行价值判断，并为相应的教学决策提供信息和服务的过程。本章将从学生学习效果角度探讨内地西藏班教学效果评价现状及未来发展方向。

一　内地西藏班教学评价政策文本解读

内地西藏班的教学效果应如何评价？这一问题关系到内地西藏办学的发展走向，对内地班的教育教学实践具有直接的指导价值。从 1985 年开始招生以来，国家的相关政策文件中时而提及该问题，但标准尚不明确。

1986 年《国家教育委员会、国务院西藏经济工作咨询小组关于转发〈内地十六省市西藏班工作会议纪要〉的通知》（教民厅字〔1986〕014号）中指出，按照中央领导同志关于西藏班学生中"完全不合格，不适于作培养对象的，应在做好工作后，提前送回去"的指示精神，属于下列几种情况的，应提前送回去：（1）在思想品德、品质方面有突出问题，一年来一贯表现差，屡教不改的。（2）有严重疾病不能坚持学习的和生理上有严重缺陷的，要经相关医院确诊，并有医生的证明。（3）原有的文化基础很差，又不好好学习的，其中有的根本就不学习。（4）虽然学习努力，但原有基础很差，再补习一年也达不到应有要求的。（5）还有个别学生属特殊情况必须送回去的。这也就意味着合格的内地西藏班学生至少要在德、智、体几个方面达到一定标准。

在 1988 年《国家教育委员会、财政部、国务院西藏经济工作咨询小组、人事部印发〈关于内地西藏班工作初步总结和今后意见〉的通知》（教民厅字〔1988〕009 号）中，在总结内地西藏班教学效果时，在突出强调学生的文化基础知识、体质、思想品德、组织纪律基础上，又增加了"重视学习藏语文"一项，强调"藏语文是西藏班的一门主课"。

1991 年《国家教委办公厅关于加强内地中专、高中西藏班（校）首届毕业班工作的通知》（教民厅〔1991〕12 号）中具体提出了先进班集体、优秀毕业生评选条件，其中评选优秀毕业生的条件主要有三个方面：思想品德好、学习成绩优异、积极锻炼身体。

1991年《国家教委办公厅关于检查内地有关学校西藏班情况的通知》（教民厅〔1991〕13号）中涉及了教育教学效果方面的检查内容：学生在德智体各方面受到的教育及效果；对学生进行关于民族团结、祖国统一、反对民族分裂观念的教育情况；办班以来，发生哪些严重违反校纪的事件；是否还存在不安定因素。可见，这里强调的重点仍是德育和智育两个方面。

1994年《国家教委办公厅关于印发〈内地西藏班（校）办学水平综合评估指标（试行）〉的通知》（教民厅〔1994〕13号）首次颁布了内地西藏办学的评估指标，内容见表6-1。

表6-1　内地西藏班（校）办学水平综合评估指标（试行）

一级指标权重	二级指标		三级指标	
	要素	权重	要素	权重
一、主管部门重视（10）	办学基础条件保障	10	1. 政府、部委有专人负责；省、市教委一位副主任分管；每年至少召开1~2次例会；有会议纪要；经常到校检查工作解决问题	5
			2. 省市财政专项经费已经落实并高于当地同类学校生均标准	5
二、办学条件（20）	干部配备	5	1. 有校级干部分管，每月至少召开1次例会	3
			2. 学校设有专人负责	2
	教师队伍	5	1. 教职工编制数略高于当地同类学校编制数	3
			2. 有一支能满足教育、教学和生活管理需要的教职工队伍	2
	校舍与设备	10	1. 教学用房及教学设备配置	4
			2. 学生宿舍配置及生均面积	3
			3. 学生食堂配置及卫生状况	3
三、指导思想（10）	全面贯彻党的教育方针	10	1. 教学计划安排体现了德智体全面发展要求	4
			2. 面向全体学生，实现因材施教	6

续表

一级指标权重	二级指标		三级指标	
	要素	权重	要素	权重
四、管理水平 （40）	教育管理	10	1. 学校德育教育机构设置情况	4
			2. 有切实可行的教育工作计划和管理制度	6
	教学管理	10	1. 有切实可行的规章制度	4
			2. 教学计划和教学大纲执行情况	3
			3. 课外活动开展情况及效果	3
	总务后勤管理	10	1. 校领导重视后勤工作，有健全的规章制度	4
			2. 藏班经费专款专用，使用合理账目清楚	3
			3. 有专职医务人员，卫生健康档案健全	3
	生活管理	10	1. 有健全的生活管理制度	3
			2. 学生伙食状况	4
			3. 学生寝室管理情况	3
五、办学成效 （20）	政治思想素质	8	1. 学生遵纪守法，遵守社会公德，无违法犯罪现象	4
			2. 各民族师生间团结友爱，关系融洽，尊重师长	2
			3. 学生遵守校纪校规，无不良习惯	2
	文化业务素质	7	1. 学生成绩能够逐年提高，毕业时接近或达到当地的中等学校平均水平	4
			2. 学生动手能力增强，技术技能达到要求	3
	身体素质	5	1. 学生养成良好的卫生习惯，发病率逐年下降	3
			2. 体育锻炼达标率、优秀率高	2

1994 年颁布的《内地西藏班（校）办学水平综合评估指标（试行）》是目前为止阐述最为详细的内地西藏班办学评估指标体系。在这个指标体系中，办学成效仅局限在学生方面，且仍以德、智、体为主要内容，内地西藏办学的特殊性未得以充分体现。

2010 年《教育部办公厅关于印发〈内地西藏班、内地新疆高中班管理办法〉的通知》（教民厅〔2010〕10 号）进一步明确规定学校办学方向：西藏班、新疆班要坚持社会主义办学方向，贯彻落实科学发展观，执行党的教育方针和民族政策，全面实施素质教育，坚持育人为本，德育为先，把西藏班、新疆班办成宣传党的民族政策和西藏、新疆工作的窗口，办成增强民族团结、维护祖国统一，反对民族分裂，促进西藏、新疆跨越式发展和长治久安的坚强阵地。该通知指出学校的培养目标：要培养坚决拥护中国共产党的领导，热爱祖国，热爱社会主义，坚定维护祖国统一、民族团结，政治可靠，有理想、有道德、有文化、有纪律的德、智、体、美全面发展的社会主义事业可靠接班人和合格建设者。并从德、智、体，主要是从行为规范方面对学生提出了具体要求，规定办班学校每学期进行一次学生操行评定，对学生在校学习期间的政治思想、道德品质、学习和劳动技能等表现进行全面考核和综合评定，并将评定结果作为对学生奖惩和升留级的依据。每学期结束，办班学校要将学生在校期间的表现和学习成绩以书面形式通知家长。

二 内地西藏班教学效果评价误区

由于政策文本中缺乏明确的教学评价标准，导致实践中内地西藏班的教学效果评价出现了一些误区，并给内地西藏班的教育教学工作带来不良影响。

（一）教学评价偏离培养目标，片面强调某一方面的评价

培养目标规定了学校教育培养人才的基本质量规格，是评价学校教育质量的根本标准。截至目前，相关政策文件和领导讲话对内地西藏班培养目标的阐释比较宽泛：要培养坚决拥护中国共产党的领导，热爱祖国，热爱社会主义，坚定维护祖国统一、民族团结，政治可靠，有理想、有道德、有文化、有纪律的德、智、体、美全面发展的社会主义事业可靠接班人和合格建设者。本研究认为，内地西藏班的培养目标应重点强调三个方面：一是为西藏培养人；二是培养政治可靠的人；三是培养具有良好的科学文化素质、德智体美劳全面发展的现代人。

从调研结果看，目前内地西藏班教学效果评价仅仅注重了第三个方面，前两个方面很少涉及。如山东济南西藏中学从思想品质、公民素养、生命安全、交流合作、学习能力、运动健康、审美表现七个方面对全体学生进行综合素质评价，并在此基础上评选"星级少年"，"星级少年"包括

"礼仪之星""守纪之星""劳动之星""勤俭之星""艺术之星""体育之星""学习之星""合作之星"。江苏常州西藏中学对学生的评价包括学生学习成绩、学生素质评价和班主任对学生综合评价，评价内容还是学生的德、智、体、美、劳诸方面，除了藏语文与内地普通学校有区别外，其他基本一致（该校学生的综合素质评价详见附录五）。

关于第一方面的评价，为西藏培养人，由于培养目标没有做出明确阐释，究竟为西藏培养什么样的人目前仍然模糊不清，再加上国家相关文件对内地西藏班课程、教材的相应规定，如"学生进入初中后，除藏语课外，其他课程全部与当地初中教育接轨，统一教学计划，统一使用当地教材""西藏班、新疆班一律使用当地统一教材，统一使用国家通用语言文字授课"，这些导致内地西藏班教学与内地普通学校教学没有太大区别。

尽管为避免西藏学生到内地后出现"文化中断"现象，相关文件对学校开好藏语文和特色课程做了说明，如"用汉语授课，同时加授藏语文""并适当增加有关西藏乡土教材的内容""西藏班要开好藏语文课，教师由西藏教育厅统一选派""内地西藏班和学校要继续注意加强藏语文和优良民族文化传统内容的教学"。但在实际教学中，由于受中考、高考"指挥棒"影响，初中阶段学校对藏语文教学比较重视，高中阶段独立校或独立班的藏语文每周一节课，散插班没有藏语文课，同时因藏语文不列入高考科目，藏语文教学受到较大冲击，问题比较突出。而学生对藏语文的需求比较强烈，独立校的西藏学生"希望多重视藏语"、建议"藏文课多一点"，混校独立班的学生认为"应该增加藏文课程""开设藏文课，而且放在主科的位置"，散插班的学生"希望能够更加重视藏语，因为到了高中以后没有藏语文课，所以基本的都快忘了"，建议："注重藏族文化，要不觉得像忘了根一样的感觉""开藏文课，让我们了解西藏文化"。总的来说，内地西藏班学生希望学校开设藏语文课程，增加藏语文课时，提供藏汉双语课外读物等，让他们有更多的机会、时间学习本民族的语言、文化和历史。

藏语是西藏自治区藏族群众日常生活和工作中普遍使用的语言文字，熟练掌握藏语是在当地生活和工作的必要条件，而且西藏目前的经济社会发展状况仍需要大批熟练掌握藏族语言文字，熟悉西藏历史和现状，了解藏族文化习俗的基层干部和技术人员。内地西藏班学生学成后最终是要回到西藏，回到家乡，建设家乡。如果对西藏特殊的自然环境、宗教、历史、文化、生产水平及生活方式等的发展变化不了解，学成返藏后个人的知识和能力无法与当地经济、社会、文化接轨，甚至无法用当地语言文字与藏族群众进行基本的沟通交流，因不了解西藏文化而成为"文化边缘人"，建设西藏也就无从谈起。访谈时一位在京就读藏族大学生（S24）也表达了类似的看法："如果落下那个（藏语）的话在西藏是不管用的，因为（西藏）还是以母语为主嘛，特别是在农村，城市还好一点吧，但是要是藏语不好的话肯定起不了什么大的作用。"为西藏培养人，就是培养出的人要了解西藏、熟悉西藏，具体而言，必须熟悉西藏的语言文字、历史文化、风俗习惯等人文、社会环境，能够深入西藏的城市和农村，与当地藏族群众正常沟通交流，了解和处理生产、生活中遇到的实际问题，这是为西藏培养人才所必需的。

关于第二方面的评价，培养政治可靠的人，有关学生政治素质评价比较明确的说法仅见于《国家教委办公厅关于印发〈内地西藏班（校）办学水平综合评估指标（试行）〉的通知》，内容如下：一是学生遵纪守法，遵守社会公德，无违法犯罪现象；二是各民族师生间团结友爱，关系融洽，尊重师长；三是学生遵守校纪校规，无不良习惯。这些内容主要是对学生道德品行和法律行为的基本要求。此外，虽然在政策文件中非常强调要对学生进行维护民族团结和祖国统一教育，如 2010 年《教育部中央统战部中央政法委国家民委关于进一步加强民族班爱国主义和民族团结教育工作的意见》（教民厅〔2010〕2 号）提出民族班爱国主义和民族团结教育工作目标：一是把民族班办成增强民族团结、维护祖国统一、促进少数民族地区发展和稳定的坚强阵地，办成宣传我国民族政策和少数民族地区工作的窗口；二是培养学生热爱党、热爱祖国、热爱社会主义的深厚感情，增强学生维护祖国统一和民族团结的自觉性和坚定性，强化各民族学生对伟大祖国、中华民族、中华文化和中国特色社会主义道路的高度认同感，使学生初步具备马克思主义民族观、宗教观，形成正确认识和处理民族、宗教问题的基本素质和能力；三是加强道德品质和文明行为的养成教育，培养民族班学生养成高尚的道德情操、健康文明的行为、遵纪守法的意识、尊老爱幼的美德、团结合作的精神。此文件在进一步明确学校办学方向的基础上，从德育角度首次提出要培养各民族学生的国家（民族）认同感。

但是，由于教育教学实践中没有这方面的评价指标，再加上受思想政治教育"远、大、空"的影响，爱国主义和民族团结教育往往停留于口号式宣传和粗线条的灌输式教育，各个学校把"保稳定"、学生"不出事"作为评价标准，评价学生思想政治素质往往根据日常经验和观察，尚未使用科学评价工具或方法采集有效、可靠的事实依据。

国家举办内地西藏班的目的不仅仅是让西藏学生来内地学习科学文化知识，更主要的目的是要培养一批坚决拥护中国共产党的领导，热爱祖国，热爱社会主义，坚定地维护祖国统一、民族团结和政治可靠的建设新西藏的主力军。河北师范大学附属民族学院主管西藏班工作的副校长（T28）谈起一位当选为十八大代表的毕业生时说："光看学习成绩是片面的，一旦回去（西藏）以后站在国家大的角度考虑，拥护中国共产党，反对分裂，搞团结并且在教育战线上还做出了自己的贡献，这就是成功，你不能狭隘地从成绩看待问题。因为无知，一些情况下没有判断力，别人怎么说我就怎么做。而内地西藏班（学生）没有在这个方面出现问题，包括'3·14'内地西藏班毕业生没有参与的。"校长的一席话不仅证实内地西藏班在近30年的教育教学实践中的确培养了许多政治可靠的人才，从国家安全、国家利益考虑，也反映出面对当前复杂形势，西藏在政治、经济、文化、教育、科技、卫生等各领域特别需要大批具备较强政治敏锐性和政治鉴别力，能够在复杂的政治环境中旗帜鲜明地拥护中国共产党，拥护祖国统一和民族团结的坚强可靠的政治力量。学生的学习成绩并不能代表他政治坚定，忠于党，忠于祖国，尤其是对西藏的青少年来说，政治素质至关重要，只有学生政治立场坚定，并能学以致用，积极发挥建设西藏建设祖国的作用，内地西藏班的教育才真正成功。这也是国家在内地办西藏班的一个重要初衷。正因为如此，政治素质、思想意识、爱国情感这些隐性的评价内容更应该纳入教学效果评价之中，把学生民族认同、国家认同作为内地西藏班教学效果评价的重要指标。这些评价内容看不见摸不着，比较抽象，比较敏感，难以准确测量，评价起来难度比较大，并且这些效果的达成是一个长期任务，可能还是一个反反复复的曲折过程，其教学效果不可能立竿见影，需要在三年、六年、十年甚至更长时间以后才能显现出来，但是这些效果关系到未来西藏的安全稳定。因此，我们要系统、深入地研究涉及内地西藏班学生思想政治素质的诸多问题，包括民族认同、国家认同等比较敏感的问题，并在教学评价中实践探索。

（二）教学评价片面追求"升学率"，应试教育倾向明显

《普通高等学校招收内地西藏班、新疆高中班学生工作管理规定》① 指出：高等学校招收西藏班、新疆班学生实行"统一考试、统一阅卷、单独划线、单独录取"的办法，在这样的大前提下，"淘汰率"低是内地西藏班在教学上的一大优势。调研中几乎所有学校都会自豪地说每年淘汰的学生数只有一两个，还有不少学校实现了"零淘汰"，这较之内地的普通学校而言无疑是很大的优势。但也正是这种优势造成了现实中内地西藏班两个方面的困境：一是学生学习积极性不高，这是调研中所有学校的共性问题，西藏学生没压力，只要进了内地班，几乎就等于进了保险箱，他们不用像内地普通学校学生那样争分夺秒地学习也能进入大学，而且都是比较好的大学；二是学校教学效果评价标准模糊不清。受内地普通学校"唯分数论"和"升学率"的大环境影响，内地西藏班之间的竞争也围绕升学展开，各学校在介绍自己的成绩时都强调"升学率""淘汰率"和"重点率"，因此，是否实现了"零淘汰"和考入清华、北大等"985"重点高校和"211"高校的学生比例就成了各学校宣传和肯定自身教学成效的核心要素。本课题组调研过程中各校领导对本校教育教学成绩的介绍都突出了这一点。比如一位内地西藏班的主管领导（T10）在介绍内地西藏班的办学成绩时强调："现在从毕业的学生看，第一届一个学生入党了，第二届也有学生入党了，他们几乎全部进入'985'高校，有个同学考入了中国政法大学，是山东省的文科状元，内地西藏班的，但他想学法律，因此就考了这个学校了……今年的这些孩子都是进的好学校的强势专业，比如南开大学学的是经济学，报厦门大学的学的是金融学……一个孩子上了中国农业大学，他的成绩综合排位实际上上海交大和复旦都不成问题，有的学生考到电子科技大学去了。"

---

① 教育部关于印发《普通高等学校少数民族预科班、民族班招生工作管理规定》《普通高等学校招收非西藏生源定向西藏就业学生工作管理规定》《普通高等学校招收内地西藏班、新疆高中班学生工作管理规定》的通知，http://www.moe.gov.cn/public_files/htmlfiles/moe/moe_751/201001/xxgk_77933.html，2005-03-30。

在以"升学率""淘汰率""重点率"为教学评价标准的引导下，内地西藏班的教学也陷入了应试教育的旋涡，题海战术、假期补课、考试等成了教学的常态，但这已经远远背离了内地西藏办学的初衷，也会给教育教学实践带来很大的损害。

首先，我们对内地西藏学生容易做出错误的估计和判断。内地西藏班学生的学业成绩虽然有了较大幅度的提高，但与内地学生相比，西藏学生的成绩还相对较低，以北京西藏中学为例，2012 年文科总分平均为 350.52 分，北京市文科总分平均为 413.6 分，二者相差 63 分，理科差距更大，2012 年北京西藏中学理科总分平均为 329.83 分，北京市理科总分平均为 454.65 分，二者相差近 125 分（见图 6-1、图 6-2）。

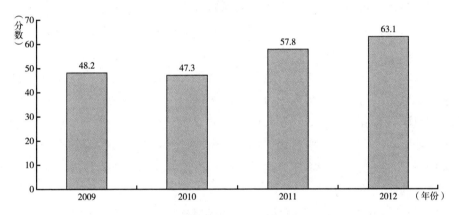

图 6-1　北京西藏中学高考总分与北京市高考总分差距（文科）

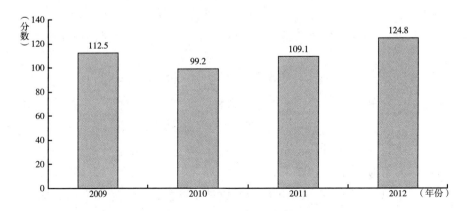

图 6-2　北京西藏中学高考总分与北京市高考总分差距（理科）

西藏学生很多人从初中开始在内地就读，享受着内地优质的教育资源，与内地学生的成绩差距为什么还如此之大？这一问题直接影响着人们对内地西藏班教学效果的评价，很多内地西藏班的学校领导做出了"虽然西藏学生学业成绩有了很大进步，但与内地学生还有很大差距"的判断；这还会影响很多内地西藏班教师的教学热情。调研过程中，很多一线老师表现出了对西藏学生和自己教学的无奈，"学生教起来挺困难的，有时候讲了很多遍都不会""这些学生基础太差，老师再努力教学效果也不明显"，这样一种感受直接影响着内地西藏班教师的教学效能感；这也会影响内地西藏班学生的学习热情，"我们藏族学生没有内地的优秀，我们没有发展的地方""内地的学生太优秀，我们根本比不过他们"，这已经成为很多西藏学生的潜意识，自然他们的学习自我效能感也就更弱。对内地西藏班教学效果的认识直接影响着内地西藏班教师和学生的教学动力和行为，因此，必须要予以尽快澄清。

其次，应试教育倾向给内地西藏班教学带来负面效应。一是小学、初中应试教学给高中教学带来压力。在教学过程中，重视或强化升学考试科目的教学，忽视或放弃非升学考试科目的教学，从小学到初中，教师考什么教什么，学生考什么学什么，一些非中考科目在初中阶段形同虚设，给高中教学带来压力。在本课题组调研时，内地西藏高中班学校领导和教师对这一问题反映强烈。

T26教师："（初中）教学与高中衔接不上，中考考什么就学什么，中考不考的科目不上，如历史、地理、政治，初中根本不上，学生到高中没有这方面的知识，知识衔接不上……考试科目一样，试卷不一样，考题不一样，要求不一样，如计算机，（西藏）城区的上计算机课，偏远的就不上。"

T27教师："像地理，中考不考，内地西藏初中班就不重视，结果一上高中地理，地理是个空白，生物也是这样。希望提提建议，中考指挥棒就有问题。（高中老师）就是初中的课也要上，高中的课也得讲。"

二是学生应试学习，心理压力大。有的学生考什么学什么，不考的科目就不学、不听，北京西藏中学有位同学（S26）反映，"副科都不用考试，课都没怎么听。"有的学生因学习成绩不理想，主动远离老师和同学，影响了正常的人际交往，希望外出参观游览，放松心情，缓解压力。如一位散插班的学生（S4）说，"班级按成绩坐，因为学习成绩因素不愿意与汉族学生交流。"另一位学生（S3）认为，"与汉族学生相比，我们压力很大，提议双周或长假学校能带出去玩，哪怕只是偶尔。希望学校统一安排，否则有人学习，玩的人学不到，心理不平衡，这里老师虽然关心我们，但没有初中老师更了解我们，所以精神很空虚，心理上需要有人关注并给予指导，希望得到老师更多的评价与认可，当心情不好时就会写日记、打电话等，与成绩中游的学生更容易相处，与学习好的不易相处，内地学生的优点是很热情，带着我们去他们家里玩，还给我们带礼物、吃的，但去他家也觉得拘束。"即使学习成绩较好的学生也感到压力大，害怕落后。当问到"你对现在各科的成绩是否满意？"时，有些学习成绩较好的学生虽然表示满意，但也透露出担心和不安。北京西藏中学高二学生（S26）说："上次考试考了年级第一嘛，压力特别大，因为班里还有别人在拼嘛。"

三是家长关注孩子考试分数，对孩子升学抱有高期望。内地西藏班的学生家长对子女将来有一份好工作、获得理想的社会地位抱有很高的期望，他们对孩子在学校的考试分数比较关注，甚至有的家长在选择学校时考虑较多的是学校能否最大限度提高孩子的考试成绩，使自己的孩子顺利升入"重点大学"。一位内地西藏班老师（T23）就曾遇到过这样的家长，这位家长的做法反映出家长对孩子考入"好大学"的良苦用心："北京八十中有位学生的家长想让孩子去人大，最后没有录取，家长就不同意了，他就以为我孩子上了最好的高中就要去最好的大学。"

有教学必然有考试，考试是评价教学效果的一种基础性手段，但不是唯一的评价手段。在此我们并不否定考试，关键是考试的内容和要求要依据培养目标和教学目标来考查学生的学业成绩。另外，考试应与其他评价方式结合起来，不仅考查学生的学习结果，更要考查学生的发展和变化过程。因此，我们绝不能把考试成绩和"升学率""淘汰率""重点率"作为衡量内地西藏班办得好坏的唯一标准。内地西藏班教学效果评价必须突破对学生学习的结果（成绩）进行评价的单一范畴，兼顾学生学习的准备（基础）、学习的过程（状态）两个环节，注重西藏学生学习期间的发展和变化过程。通过最大限度地发挥教学评价诊断、激励、教育的正面效应，准确把握内地西藏班教育教学状况，发现和诊断教学问题，及时改进教学行为，改善学生学习困境，促进每个学生发展，扭转片面追求"升学率"，注重应试教育的局面，控制和消除因过分强调评价的甄别与选拔功能带来的部分教师教学效能感低，部分家长功利取向严重，部分西藏学生产生失败、气馁、厌学、不安、焦虑情绪等不良后果。

（三）注重学生逻辑/数学和语言能力评价，忽视其他潜在能力评价

哈佛大学知名心理学家加德纳教授的多元智能理论认为，我们每个人都拥有八种主要智能：语言智能、逻辑—数学智能、空间智能、肢体—动觉智能、音乐智能、人际智能、内省智能、自然观察智能。①

加德纳教授的研究表明，不同的人会有不同的智能组合，各种智能紧密关联但又相互独立，只有领域之别，而无优劣好坏之分。各种智能的发展是不均衡的，在发展的各个阶段以不同的方式显现，每个学生都有可资发展的潜力，只是表现的领域不同而已。② 而学校往往只强调学生在逻辑—数学和语言（主要是读和写）两方面的发展，但这并不是人类智能的全部。"传统的教育方式，不论是教学、考核还是评估，都是采用单一的方式，而且重视的往往是语言和逻辑—数学智能。传统教育方式最糟糕的是，过分注重了语言智能和逻辑—数学智能，否定了其他同样为社会需要的智能，使学生身上的许多重要的潜能得不到确认和开发。"③ 这是加德纳教授对传统学校教育的批判，也是当前中国基础教育的通病。

内地西藏班和内地普通学校一样，教学、评价过分注重学生逻辑—数学和语言能力，忽视学生的其他能力，而且主要以考试、测验等量化评价方法检测学生在逻辑—数学和语言智能方面的发展情况，其中最直接的参考数据就是语文、数学、外语等基础科目的考试成绩。可以说，从小学到初中，从初中到高中，从高中升入大学，归根结底，内地西藏班都是以学生逻辑—数学智能和语言智能发展水平即"智育"发展水平为依据评估学校，考核教师，评价学生，最终决定学生是否升入内地西藏班，是否升入高一级学校，而使一些其他智能占优势的学生在考核评价中处于不利地

---

① 陈琦、刘儒德主编《当代教育心理学》，北京师范大学出版社，2009，第52页。

② 王斌华：《学生评价：夯实双基与培养能力》，上海教育出版社，2012，第64~65页。

③ 姜澎：《每个人至少有八种智能——霍华德教授谈多元智能理论及发展》，《文汇报》2004年5月24日。

位。

多元智能理论认为，人类智能通过符号社会化。这些智能绝不会在真空里发展出来。它们是在自身拥有实际含义和切实后果的发展着的文化中，被符号化的活动调动出来的。[①] 也就是说，智能的形成受到个体所处的文化环境的影响。西藏位于世界屋脊，恶劣的自然环境，传统农牧业社会的生产方式，独具特色的历史文化，塑造了藏族人民"团结互助，较强的依赖性""热爱自然，求善高于求真""求稳、求静"[②] 等极具民族特点的文化心理结构。

首先，西藏学生从小受到藏族文化熏陶和涵养，形成了他们独特的智能优势。对于西藏学生来讲，他们的逻辑—数学智能可能不占优势，但他们的肢体—动觉智能、音乐智能等优势较为明显，他们能歌善舞，热爱运动，在各种文艺演出、体育赛事中的出色表现可见一斑。如北京西藏中学、江苏常州西藏中学、山东济南西藏中学等学校组织学生参加校外体育类、艺术类、书画类等多项比赛并多次荣获国家级、市级奖励。

其次，西藏学生良好的人际智能得到了内地师生的一致肯定。内地西藏班老师认为西藏学生与老师感情深厚，他们独立生活能力强，有责任意识，乐于助人，团结友爱。以下是访谈中内地西藏班老师对西藏学生的评价。

T6 老师："像他们这个班，在毕业的时候，送他们走的时候，他们就都跑出来了，要分别了他可亲了，那毕业的时候，你看，那哗哗地都来了，好多班主任、老师也都来送学生……"

T5 老师："有时候，其实我觉得内地西藏班真的应该搞一个思想品德课。有的孩子真的考得很好，有的孩子真是把东西都收拾得干干净净的，帮助别人，这种品质，有了责任意识，有了目标，也是一种动力呀。"

T35 老师："现在看来，对西藏班的学生要投入感情，西藏的孩子重情重义，他不怕校长，不怕主任，就怕班主任，因为他们信任你，我认为在管理上，西藏班的孩子在哪些方面能信任你呢，一是情感上，二是学识

---

① 〔美〕霍华德·加德纳：《智能的结构》，沈致隆译，中国人民大学出版社，2008，第345页、第418页。

② 巴登尼玛：《文明的困惑——藏族教育之路》，四川民族出版社，2000，第105～110页。

上，但是最重要的还是情感上，他们很尊敬老师。"

T22 老师："学生毕业之后和班主任的联系比较多，感情比较深。"

问卷主观题"谈谈你对藏族同学的感受"分析显示，近80%的本地学生给予藏族同学积极评价，他们认为西藏学生具有热情、质朴、善良、友好、开朗、团结、好相处等个性品质（见图6-3）。本地学生纷纷表示："藏族同学活泼开朗，与内地同学相处融洽，不需要人们的过度关心，能团结同学，自立自强""乐于助人、热爱班集体、团结真诚""他们十分善良不会斤斤计较，很热心质朴""很好相处，有时有点腼腆，但是很爽朗，兴趣丰富广泛，很可爱，我喜欢与他们交朋友""团结、善良、开朗、能歌善舞、与同学和睦相处"。

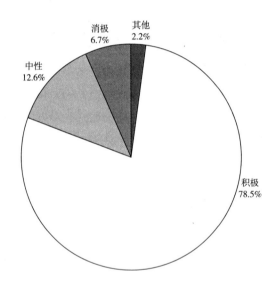

图6-3　本地学生对藏族同学的评价

由此可见，内地西藏班学生的智能发展是多方面的，我们不能仅以逻辑—数学智能和语言智能评价学生的学习效果，使一些在肢体—动觉智能、音乐智能、人际智能等方面表现同样出色的学生得不到认可，挫伤他们发展、进步的积极性，与考试成绩相比，这些智能优势对他们成年后适应社会同样有帮助。我们要引入多元智能评价理念，帮助学生识别自己智能的强项和弱项，通过发展他们的强项智能带动弱项智能发展，促进学生全面而有个性的发展。教学评价要充分考虑西藏学生所处的文化背景和生存环境，尊重学生发展的差异性和独特性，注重对学生发展独特性的认可，帮助学生树立自信，使每一位学生的优势和潜能都能得到发挥。正如内地西藏班一位老师（T28）所说："每一个学生都有闪光点，我想通过一个闪光点，怎么来带动其他方面的东西，这个很关键。"对学校而言，要考虑"怎么利用内地的教育资源来全方位地提高内地西藏班学生的综合能力，这才是关键的问题，这个问题需要研究"。

（四）重视内部评价，较少关注外部评价

目前内地西藏班教学评价主体为学校领导、教师和学生，对开展学校教学内部调控起到了很好的作用，如北京西藏中学任课老师互相听课、评课，加强对青年教师的课堂教学评价力度，并制定青年教师课堂教学评价标准；江苏常州西藏中学把评价教师教学效果的权利交给学生，由学生对任课教师的师德、教学水平、教学态度、工作表现等诸方面进行测评；山东济南西藏中学由教师、校学生会、学生同伴参与学生本人的综合素质评价。毫无疑问，这些做法是评价内地西藏班教学效果的重要组成部分，值得鼓励和提倡，但对全面考察内地西藏班的教学效果来说，缺少空间上的延展性和时间上的连续性。具体而言，局限于校内师生挖掘学校的内部成效，未把高一级学校师生、毕业生等校外成员纳入内地西藏班教学效果评价主体范围。实际上有了校外成员参与评价，才能多渠道搜集学生信息，多视角分析教学状况和教学成效，获得更加全面、客观、公正的评价结果。事实证明，内地西藏班教学产生的外部效应和后期效应也是客观存在的。

调查显示，未就读于内地西藏班和毕业于内地西藏班的在京藏族大学生对内地西藏班的教育教学效果整体上持肯定态度，同时也指出了不足。

未就读于内地西藏班的在京藏族大学生认为在内地西藏班学习能够开阔视野，扩大知识面，增强学习主动性，提高汉语水平和使用普通话沟通交流的能力。不足之处：一是学生学习压力大；二是由于不够重视藏语文教学，学生藏语水平比较低；三是内地西藏班学生传承藏族传统文化的意识淡薄，不太重视藏族传统习俗。一位初中、高中就读于西藏自治区内的在京藏族大学生谈到内地西藏班时很坦诚地说："内地西藏班的学生跟我

们最大的差别，一是他们的汉语水平比我们高很多，因此学习其他各科都比较容易，待在西藏的学生汉语水平比较低；二是由于从小就离开父母，因此，内地西藏班学生的独立、自理能力很强，对家和对亲人的依赖没有我们强；三是相对于待在西藏的学生，他们应该有更广视野，包括经历事件以及接触的东西比我们更多一些；四是由于他们跟汉族相处的时间比我们多，在日常生活当中，与汉族相处的方法与我们有所不同，比我们更了解汉族的风俗、习惯、特点，比我们更有经验。但是，我发现很多内地西藏班的学生大都藏语水平比较低，作为藏族，我觉得最先应把本民族的文化知识以及语言学好，那样，可以与其他民族互相交流、互通有无，可以更好地全面地发展自己，可以更好地为各民族、为社会服务。因此，如果给内地西藏班加一门藏语课程，就可以为他们营造学习本民族文化知识的氛围，更可以与汉族以及其他民族交流与探讨文化差异和各民族的文化特色。除此之外，我还发现，内地西藏班的学生视力普遍低于待在西藏的学生，我认为，学习知识、看书是一件很重要的事，但过度或超出合理范围地去学习，可能对身心发展造成负面影响，所以，应该把学习与健康有机联系，就会更好。"

毕业于内地西藏班的在京藏族大学生十分认可内地西藏班的教育教学水平，认为在内地西藏班学习收获多，进步大，更重要的是为今后可持续发展奠定了基础。他们普遍认为在内地西藏班读书有以下优势：一是能够提高汉语水平和用普通话沟通交流的能力；二是学习氛围好，基础知识扎实，知识面宽，视野开阔；三是独立生活能力提高；四是组织协调和人际交往能力得到锻炼；五是与汉族学生接触多，接受主流文化的能力提高。不足之处：一是学习藏语文的机会少，藏语水平没有更大提高；二是离开父母管束，有些自律意识差的学生养成不良的学习、生活习惯，如抽烟、喝酒、迷恋网络游戏，学习不努力。一位初中、高中就读于内地西藏班的在京藏族大学生回忆说："对于我而言，在内地读书是幸福的，因为在内地受教育的程度比我家乡的高，至少老师的知识面比我们那边的老师广，老师的教育能力强，教育设备先进。作为学生，我们可以获得更多的知识，拓宽知识面。至少到内地念书，开阔了我的眼界，我可以从我老师讲的故事中学到很多的知识，还有面对跟自己不同族的老师，至少我们的普通话水平会得到潜移默化的一点点提升。然而，对于本民族的藏文水平来说，我们在内地读书的比区内的低，所以来内地念书是有利也有弊的。"

三　内地西藏班教学效果评价的对策建议

（一）影响内地西藏班学生学习效果的四个因素

学习方式理论流派的重要代表人物比格斯（J. B. Biggs）认为，反映或决定学生学习质量的因素主要有三个，即学习准备、学习过程与学习结果。学生的学习准备因素主要有两个，即学生因素和环境因素。其中，学生因素包括学生的知识基础、能力水平、学习动机与学习意向；环境因素则包括学校课程、教学方法、评价方法、教学环境、文化传统等。学习过程因素主要指学生的学习方式，它包括学生的学习动机和学习策略。学习结果则包括认知和情感两个方面的因素。[①]　教学评价要对内地西藏班学生学习的准备（基础）、学习的过程（状态）、学习的结果（成绩）三个方面进行价值判断，就必须考虑每个环节影响学生学习效果的因素，才能抓住问题症结采取适当的教学评价措施。结合内地西藏班学生实际情况，我们认为，在学习的准备（基础）环节，影响内地西藏班学生学习效果的因素有三个：用第二语言学习、跨文化适应、原有的知识基础；在学习的过程（状态）环节，影响内地西藏班学生学习效果的因素主要是学习方式。

1. 第二语言学习的劣势

与内地学生相比，西藏学生用第二语言学习使其在语言理解和表达上处于劣势。现代语言学研究表明，在语码转换中，相对于单一语言系列的加工而言，混合语言系列的加工时间更长，错误率也更高。对于藏族学生而言，他们的第一语言（母语）是藏语，有很多来自农牧区的学生尤其是边远地区的学生直到初中毕业也仅是把汉语作为一门课程来学习，老师平常的教学语言和学生日常交流语言全部是藏语，来内地之后，学校除了藏语文外，所有课程全部采用汉语授课，用第二语言听课、回答问题、写作

[①]　吴维宁、高凌飚、李佳：《学习过程研究与学习方式评测》，《教育测量与评价》（理论版）2008 年第 12 期，第 4 页。

业、考试答题，无疑会增加理解的难度，理解之后再转换成汉语表述出来，难度就更大了，而且西藏学生的汉语表达能力普遍要比内地的学生弱，所以卷面分数低一些也是情理当中的事情。调研中有些一线的老师也证实了这一点。比如，在河北师范大学附属民族学院调研时，一位在内地西藏班教学多年的语文教师反映："我统计过我们的语文考试，就是想通过这个选择题，看一看学生对文章的理解能力究竟到哪个程度了，五项选择都是从文中提炼出来的，涉及对文章各个层面的理解，是以选择题的形式出现，咱们学校和市里二类校的差别几乎是零，就从这个得分来讲，学生的理解能力不比市里的差，但是为什么最后的现代文阅读低于市里了呢，因为最后要把主观题变成语言表达出来，表达就涉及藏、汉语的转换，语言的差异使得分低于市里，主要是语言问题。"在济南西藏中学调研时一位初中物理教师在一次测验后做试卷分析也发现，基础题、作图题、直接套公式的计算题得分率在80%左右；涉及理解性的，需要用文字说明物理原理和物理依据的简答题，需要公式变换、灵活应用的计算题得分率在50%左右；创造性发挥的题目得分率低于10%，甚至不得分。由于除藏语之外的所有科目都是用汉语授课，受汉语水平的限制，西藏学生各科的学习都受到一定影响。新课改后，西藏班学生的高考成绩与内地学生的高考成绩在呈现拉大趋势，这主要也是由新课改之后高考考核侧重点发生了改变，即由原来的知识储备考查向能力考查转变，不再单考记忆性的内容，转而重视知识的运用，侧重培养学生的实践能力和创新能力，这无疑会给西藏班的学生带来更大的挑战。

2. 西藏学生基础知识薄弱

美国著名教育心理学家奥苏贝尔（Ausubel）说："如果要我把教育心理学的全部内容归纳为一条原理，我认为影响学生学习的最重要因素是学生的现有知识。（老师应该）确定学生的现有知识并据此进行教学。"[①] 由于地理位置和交通条件的制约，西藏各地区的教学水平差距较大，如拉萨等处于交通便利地区的学校教学条件、师资力量相对优越，学生掌握的基础知识相对较好，处于那曲、阿里等偏远地区的学校由于教学、师资落后，学生基础知识更为薄弱。西藏学生基础知识薄弱，制约了他们短期内

---

① 蓝云：《对学习过程基本问题的探讨》，《教育科学研究》2002年第6期，第9页。

实现学业成绩的提高。尤其是 2010 年高中扩招以来，内地西藏班生源质量受到很大影响，一些老问题出现了新情况：一方面，学生基础知识参差不齐的问题更加突出，内地西藏班教学面临更多困难和挑战。以北京西藏中学 2009 年、2010 年、2011 年、2012 年四年新录取的高中生为例，从表 6 - 2 可以看出，学生中考成绩总分平均分呈逐年下降趋势，学生之间的总分差距越来越大，如 2011 年录取新生中考成绩最高分与最低分相差 302 分。从单科成绩来看，语文、政治、藏文①、体育四年中考平均分基本保持稳定，变化不大，学生之间的分数差距较小，英语、数学、物理、化学四年中考平均分呈逐年下降趋势，且学生之间的分数差距逐年拉大，其中英语最为明显。

表 6 - 2　北京西藏中学 2009 ~ 2012 年录取新生中考成绩统计

		N	均值	标准差	差异系数（%）	均值的 95% 置信区间		极小值	极大值
						下限	上限		
语文	2009 年	265	74.29	5.61	7.56	73.61	74.97	60	90
	2010 年	262	74.47	5.68	7.62	73.78	75.16	59	89
	2011 年	260	65.47	9.49	14.50	64.31	66.63	32	82
	2012 年	261	77.23	5.80	7.51	76.52	77.94	61	98
数学	2009 年	265	80.36	6.20	7.72	79.61	81.11	59	95
	2010 年	262	73.51	13.26	18.04	71.90	75.12	39	100
	2011 年	260	60.26	13.04	21.64	58.67	61.85	17	92
	2012 年	261	80.91	11.06	13.67	79.56	82.26	45	100
外语	2009 年	265	79.83	10.02	12.55	78.62	81.04	44	100
	2010 年	262	64.71	13.28	20.52	63.10	66.33	18	91
	2011 年	260	59.97	17.58	29.29	57.82	62.12	17	93
	2012 年	261	64.44	18.64	28.92	62.16	66.71	17	96
物理	2009 年	265	82.76	7.20	8.70	81.89	83.63	64	96
	2010 年	262	60.92	7.56	12.42	60.00	61.84	41	82
	2011 年	260	54.96	12.88	23.44	53.38	56.53	21	96
	2012 年	261	76.09	10.47	13.76	74.81	77.36	47	99

---

① 内地西藏班援藏干部子女多为汉族，汉族学生中考不参加藏语文考试，故汉族学生的藏语文中考成绩为零。

续表

		N	均值	标准差	差异系数（%）	均值的95%置信区间		极小值	极大值
						下限	上限		
化学	2009年	265	87.92	5.25	5.97	87.29	88.56	66	99
	2010年	262	79.86	8.65	10.84	78.81	80.91	52	100
	2011年	260	62.35	13.08	20.97	60.75	63.94	24	92
	2012年	261	69.69	12.58	18.05	68.16	71.22	38	97
政治	2009年	265	80.63	5.98	7.41	79.91	81.36	59	93
	2010年	262	92.50	5.40	5.83	91.84	93.15	57	100
	2011年	260	75.10	9.61	12.80	73.92	76.27	47	96
	2012年	261	84.74	8.29	9.78	83.73	85.75	54	99
藏文	2009年	265	76.61	5.90	7.71	75.89	77.32	51	88
	2010年	262	78.08	6.76	8.65	77.26	78.91	54	93
	2011年	260	71.50	14.46	20.22	69.74	73.27	0	97
	2012年	261	77.33	11.19	14.47	75.97	78.70	0	96
卷面总分	2009年	265	562.40	19.92	3.54	559.99	564.81	530	645
	2010年	262	524.05	31.52	6.02	520.21	527.88	394	617
	2011年	260	449.60	52.82	11.75	443.15	456.05	284	586
	2012年	261	530.43	44.44	8.38	525.01	535.84	464	653
体育	2009年	265	29.30	1.35	4.60	29.14	29.46	19	30
	2010年	262	29.51	0.81	2.73	29.41	29.61	26	30
	2011年	260	29.32	1.69	5.77	29.11	29.53	15	30
	2012年	261	29.47	1.58	5.37	29.27	29.66	17	30
总分	2009年	265	591.71	19.97	3.37	589.29	594.12	560	675
	2010年	262	553.56	31.53	5.70	549.73	557.40	424	645
	2011年	260	478.92	52.75	11.01	472.48	485.36	314	616
	2012年	261	559.89	44.60	7.97	554.46	565.33	494	683

2010年以来，内地西藏班高中扩招主要是散插班扩招，生源质量下降进一步拉大了散插班学生与内地学生的差距，正常教学受到挑战，学生进取心受挫。本课题组调研中，部分内地西藏班学校领导、教师对近几年内地西藏班生源质量下降影响下一步教学表示担忧。

T30老师："我觉得还是生源的问题，初中的时候咱们的生源还是比较好的，学习困难相对很小，但是现在的高中生生源比较差，所以在理科上会产生很大的问题，其实整体上来讲，内地西藏班的好学生，理科是比文科好的。"

T27 老师："学生的英语，对于我们招来的学生来讲，底子太薄，薄得不可想象。"

T5 老师："生源很复杂，既包括内地西藏班毕业的学生，其中有汉族援藏干部子女，又有现在西藏区内调进来的一批学生，这两年又扩大招生规模。藏区的学生要占到50%，怎么说呢，就是招生规模扩大之后，学生质量是参差不齐的，实际上看起来分数很高，但是和我们这样的学生相比就相差很多，即便是和普通高中的学生相比也是差距很大的。但是他们在全国范围内，也算是顶尖的学生了，怎么也排到 10 名左右了，在我们这里，在教学上，肯定是顾及大多数学生，不可能是因为四五个学生影响大多数学生。但是也有个别突出的一些学生，他们跟得就会很好。"

T10 老师："现在代表内地西藏高中办班面临一些困难和挑战，因为过去招五个都是非常好的，现在招到四五十个，因为初中没有扩招，高中扩招，这样就是学生的综合素质下降，文化基础下降，导致各方面习惯差。"

T22 老师："这个问题区内的学生比较多，但是内地班的也有。文科的两个班比较明显，第一次期中考试成绩平均分在 30 分左右。两个班 80 多个学生，一多半的区内生……那里的学生基础本身差，当然也有基础比较好的，有 20 多个对文科感兴趣。内地班垫底儿的学生学习习惯很差，平时管理都很困难，成绩好的学生都去插班了。他们在大城市待了四年。区内的孩子，反而学习认真的分数不低。"

从以上几所内地西藏班教师对近几年生源质量的分析可以看出，目前内地西藏班学生数量不断增加，但生源质量有所下降，学生基础知识薄弱的问题进一步加剧，且学生之间的差距更加明显，这些情况将影响内地西藏班下一步教学和学生未来的学习。如何在学生基础知识参差不齐的情况下，开展好内地西藏班的教学，保证教学质量，保证学生有所收获，这是内地西藏班必须面对的一道难题。

3. 学习方式存在问题

学习方式是反映学习效果的重要指标，学生采用什么方式学习，直接决定其学习质量和学习效率。内地西藏班学生不单单是基础知识薄弱，更多的还是学习过程中学习方式存在问题。问卷调查显示：绝大多数内地西藏班学生学习态度端正，但上课回答问题表现不佳，其中半数以上的学生上课时不积极回答老师提问，初中学生较之高中学生表现积极些；学习习惯总体状况良好，但学习惰性比较强，学习效率不高是一个比较普遍的问题；内地西藏班学生在学习方法与学习技巧方面存在的问题最大；在知识的巩固上，学生的学习方法和策略比较欠缺；在内地西藏班学生与本地学生的比较中，在学习态度方面二者没有明显差异，但在学习习惯和学习方法方面，本地学生明显好于西藏学生。通过与教师、学生访谈，进一步证实西藏学生学习方式方面的确存在较多问题。

T33 老师："学习上面，基础差得不能想象，每次写完作业，考完试，都会有改错，学生通过改错对这个知识有所增进，很奇怪这些孩子他们不太热衷于改错，很多的时候你讲过之后，让他们改，再给点时间让他们改，他们就说不用了，交上来的作业还是那样的，该怎么错的还是怎么错。"

T1 老师："这里的学生没有自觉性，有落实，有检查，要把任务布置下去，到了高三的时候会紧张起来。"

从教师访谈得知，西藏学生日常学习比较被动，缺乏自觉性，教师在督促、指导学生学习上做了大量工作，但效果并不明显，给教师完成日常教学任务带来一定困难。

访谈案例 6 - 1

访谈者：老师布置的作业自己能独立完成吗？

S26：初中的时候能吧，到这里以后好一点，人比较多吧，科目也多，压力也大，竞争也没那么大，作业的话，写不完就那么放着。

访谈者：那作业写不完老师不追究吗？

S26：第二天早上抄一下。

访谈者：老师不来检查？平时交作业吗？

S26：课代表来收，把作业交上去，课代表说什么时候交作业，看到学习好一点的借过来……

访谈者：老师布置的作业是不会做得多呢？还是会做得多呢？

S26：那要看当天上课的情况，认真听课，如果认真的话一般可以都做下来。

访谈者：还是要看当天听课的效果，如果听懂了就基本能做了，听不懂还是有一些不会做，是吗？不会做留着的就像刚才你说的那样，作业交上去后，老师有没有给你们反馈作业哪里错了？

S26：老师抽一节习题课，然后再给讲解。

访谈者：你觉得你初中有没有一些好的学习方法，你能回顾一下你是怎么学习的吗？平时预习吗？

S26：不预习。

访谈者：课后复习吗？

S26：就是做作业。

访谈者：考试前复习吗？

S26：对，考试前复习。

访谈者：平时的课后复习有没有？

S26：初中的时候英语老师要求每一篇文章都要背，这样下来英语还好一点吧，现在班里英语差距可能拉大一点，老师特别严。

从访谈案例6-1可以发现，在预习、听课、课后复习、作业练习等学习过程的基本环节，一定数量的西藏学生存在课前不预习，听课效率不高，课后未及时复习，按要求独立完成作业比较困难，考前临时抱佛脚等问题。另外，这些学生缺乏学习主动性，学习责任意识不强，学习过程中需要老师监督、检查、指导，独立学习能力比较弱。

学习方式是反映学习效果的重要指标，学生采用什么方式学习，直接决定其学习质量和学习效率。内地西藏班学生学习方式不科学，学习方法不当是造成大部分学生学习过程中效率不高、学习质量得不到保证的直接原因，进而制约了他们获得满意的学业成绩。

4. 跨文化适应带来的影响

内地西藏班学生最小的十一二岁来到内地，最大的十五六岁来到内地，正处于性格、人格、价值观形成的关键时期。他们远离家乡亲人，独自面对和适应来自文化、语言、气候、生活习惯等诸多方面的变化，是否适应内地的学习和生活，直接影响他们的学业成绩和身心健康。通过分析问卷主观题"用三个以上的词语描述你来内地上学的感受"发现，在内地学校学习期间，大部分西藏学生能够保持积极的情绪状态，但也有少部分学生体验到消极情绪。我们将学生描述内地上学感受的词语分为两类，一类是描述积极情绪的词语，一类是描述消极情绪的词语。根据出现频次从高到低排序，学生主要用高兴、快乐、激动、开心、自豪、兴奋、幸福等词语描述积极情绪，用伤心、想家、孤独、压力、无助、无奈、苦等词语描述消极情绪。

通过访谈教师和学生，我们深入了解了内地西藏班学生在内地学校的适应情况。西藏学生入学后，内地西藏班的老师常常要从喝水、吃饭、穿衣、整理内务等这些最基本的生活习惯入手，指导学生一步一步适应学校的学习生活。在学校老师、同学的指导帮助下，大部分学生经历了一个暂时不适应到逐步适应的过程，最终都能做到生活自理、独立自主，顺利融入学校的学习和生活。他们遇到困难时能够及时向老师，尤其是同学寻求支持和帮助。一位散插班教师（T16）介绍的情况让我们看到了这群孩子的点滴进步，也看到了老师的用心付出："咱们有专职的生活辅导老师，学生一入学，我们先从学生吃饭、喝水这些地方做起。刚来我们这儿的有些同学，他习惯喝奶茶，不太习惯喝白开水，有时候去买饮料。辅导员就慢慢疏导，我也给他们讲，可乐、雪碧等饮料不能作为你日常饮用的饮料，所以我们还是教他们喝水，教他们吃饭，教他们怎么样整理自己的衣橱。""我们拿出了高档宿舍的百分之九十给了西藏生，是四人住的。他们刚来的时候，我就看到有些小孩可能是在家里习惯了，就把吃剩的东西和衣服放在一块儿了。后来过了一段时间就发现长毛了。所以我觉得从入学开始进行生活指导是非常必要的。从他们吃饭、喝水，整理自己的生活用品，从这些方面开始教给他们要学会照顾自己。就现在看来，我们学生的自理能力经过半个学期的时间，应该说是有很大的提高。自我管理，自己能照顾自己。后来，随着时间的延伸，比如说换季了要买衣服，我们那个指导老师也要告诉他，我们周围的购物地点，要到哪里去才能买到适合你这个年龄的、材质也非常环保的衣服，也都做了一些指导。"

访谈中大部分学生对自己来到内地学校初期的适应状况记忆犹新，回顾过去，他们能够自信地肯定自己的进步和变化，表达对老师和同学的感激。

访谈案例 6 – 2

访谈者：讲述一下你来内地的学习生活感受。

S15：来这里以后吧，感觉学生和老师都心地善良，对自己特别好，而且还有许多大哥哥大姐姐帮助自己，人间自有真情在。

S16：也挺好的。

访谈者：来到内地后学习生活适应吗？

S15：适应。

S16：适应。

访谈者：来内地后朋友多不多啊？

S15：多，也还有藏族之外的包括汉族在内的其他朋友，如张家口的大专班朋友。

访谈者：来到内地以后，在内地生活遇到过什么困难，是如何解决的？

S16：刚来的时候，衣服洗得不怎么干净，找别人帮着洗衣服。

S15：有很多朋友和老师的帮助，生活基本没有遇到困难。学习方面我的脑子迟钝一些，听课有时跟不上，老师学习上经常帮助我，我特别感动。

访谈者：你们心情不好的时候多不多，在哪些方面心情不好？

S15：还行，在学习方面，听不懂就心情不好。

S16：我是想到家里的不好的事情，心情就不好，替家里担忧。

访谈者：如何使心情好起来的？

S15：听歌，多跟别人说话，跟朋友说，跟家里人打电话。

访谈者：你觉得来内地读书以后有什么变化？

S15：感觉来到内地以后眼界放宽了，见识也多了，在西藏那里只是在山沟沟里，见识不多。

S16：自理能力强了，能跟同学交流了。

访谈者：学习方面有什么变化？

S16：自主性强了，有计划性了。

也有一部分学生因为适应不良而出现情绪困扰，极个别学生因为无法适应内地学校的学习生活而转学回到西藏。访谈过程中，他们表达了自己在适应过程中出现的矛盾心理，其中有收获，也有苦恼。

访谈案例 6－3

访谈者：你来内地上学有何感受（包括饮食、语言、文化、学习等是否适应，对内地的感受）？

S3：刚开始很痛苦，现在适应多了，从以前上内地独立校到现在这种混合编班，很不习惯。和汉族同学最开始接触少。考上内地班，家人虽然很欣慰，又舍不得，平时总想家，哭，但大家互相安慰，还好。学习上，老师讲课稍快，初中时适应，高中就不适应了，作业多、科目多，大家互相交流，但交流不出什么，也不喜欢问，不问汉族同学，不敢问，不愿意问，心里有隔膜，觉得自己与大家不同，学校活动少，常年待在学校，很期待出去玩，与初中相比，这里做得欠缺，特别是长假时。

访谈者：你觉得自己来内地读书后发生了哪些变化？

S3：心里缺乏安全感，比如阴天时，心情也随着天气闷，认为自己比西藏区内的学生更懂事，这边学生主动学习，自己也深受影响，由此前的死记硬背到现在注重学习方法。喜欢读《读者》《青年文摘》等，作业多，没有看大量课外书的时间，语文水平跟着汉族学生在一起时间长久而逐渐提高。

学校是一个微型社会，学校适应是社会适应的起点，社会适应是学校适应的延伸。学校的集体生活是健全学生人格，培养良好心态，增强个人能力的重要载体。如果西藏学生在学校适应良好，将对学业成绩和身心健康有积极推动作用，有利于他们成年后独立生活、自我管理、自我教育、自立自强，并较快适应社会生存环境，避免人生道路上犯错误。反之，如果适应不良，则对学业成绩和身心发展起到阻碍作用，他们可能因为适应不良而长期处于失败、受挫、忧虑、失败这样一种恶性循环的困境之中，最后带着失败的挫折感返回西藏、走向社会，可能将在很大程度上影响他们成年后对学校、对内地、对社会，甚至对国家的看法。从这一角度考虑，学生跨文化适应能力一定程度上可以预测他们的学业成就，以及他们成年后对学校、对内地、对社会、对国家的态度和看法，也就是说，学生在内地西藏班的学校适应体验将影响他们日后对学校的满意度，进而影响他们对内地和主流文化的认同。

通过以上分析，我们了解了西藏学生学习过程的每个环节影响其学习效果的因素，我们认为，三个环节及这三个环节中存在的四个因素共同制约着内地西藏班学生的学习效果。因此，内地西藏班的教学评价要抓住三个环节、四个因素对症下药，具体而言，内地西藏班教学评价的逻辑起点要从两方面着手：一方面要从过程维度对西藏学生学习的准备（基础）、学习的过程（状态）、学习的结果（成绩）三个方面进行价值判断，尤其要关注学生学习的准备（基础）、学习的过程（状态）这两个环节；另一方面，从内容维度进行价值判断时要考虑影响西藏学生学习效果的四个因素：用第二语言学习、跨文化适应、原有的基础知识、学习方式。从而采取适当的教学评价措施，准确诊断和解决教师教学和学生学习过程中出现的问题和困难，帮助学生改善学习困境，培养学习能力，取得更大的进步。具体应注意以下几个方面。

一是针对学生使用第二语言学习和基础知识参差不齐的情况，我们必须在承认这种差距的情况下，发挥好诊断性评价的功能，在教学开始前，及时摸清学生的现有水平及个别差异，从而确定教育教学目标、选择教育教学方法，做到因材施教。在教学过程中引入增值评价理念，评价学生的提高幅度，以西藏学生的前期成就（原有基础）作为衡量学生学业成绩的基础，从而判断学生进步的幅度。假若学生进步幅度大，就说明付出了努力，应该给予及时表扬和鼓励。以学生能够接受的方式评价差距和进步，进而达到缩小差距的目的，赋予全体学生更多的成功感，这样带给学生的是快乐成长，而不是痛苦蜕变，这对内地西藏班学生的身心健康和全面发展意义更大。一些内地西藏班的领导和老师认识到了这一点，如河北师范大学附属民族学院主管内地西藏班工作多年的副校长（T28）在访谈时这样阐发自己的教育理念："我们注重学生的提高，但不是说都得考上清华、北大，我们注重从一点一滴的事做起，最基础性的东西去做，看学生进步了多少，提高了多少，我们争取进步得多一点，提高得多一点，立足于现实，本着为每一个学生负责的态度，无论是做事还是做人，让学生去转变，因为光是抱怨没有用。我们不允许老师怪学生基础差，要摆好心态，人家会的话还到内地来干什么啊，人家会了还要我们教吗，正因为他不会，我们才去教他。"但还有很多一线教师未能充分认识到这一点，因此在实际教学中对学生的抱怨很多。

二是针对内地西藏班学生学习方式存在问题的情况，首先，教学评价要在改善学生学习的过程（状态）上下功夫，即要在教学过程中，定期或不定期地实施形成性评价，发挥形成性评价提供反馈、利用反馈改进教学、"矫正"学生学习行为的功能，及时向学生表明他们的进步或退步，使学生始终保持清醒的头脑，防止形成不良的学习方法、学习态度和学习习惯，过高或过低地估计自己的学业水平。在教学结束后，终结性评价要在形成性评价的基础上进行，使学生及时得到学习的反馈信息，不断体验成绩、成就、进步、经验和教训，激发学习热情，树立自信，不断调整和改善学习态度、学习方法和学习策略，从而培养良好的学习能力，学会自主调控学习过程，并从学习过程中培养自我管理、自我教育能力，这样到高一级学校或工作单位才能够很快适应学习、生活和工作，成为终身学习、自主发展的人。需要强调的是，在学生学习过程中，应当避免过去频繁或烦琐的无效评价或低效评价，要通过制订系统的评价计划，选择科学、简便易行的评价方法等确保评价质量和效率，并与教学进程协同一致。其次，教学评价要把西藏学生的学习能力纳入评价指标，注重从学习的过程（状态）环节考查学生的学习效果，同时还要开展内地西藏班毕业生长期追踪评价，通过长期追踪调查掌握学习过程评价的长期效果，使评价更好地服务教学、服务学生。

三是内地西藏班学生的发展进步不仅要体现在学业上，还要体现在跨文化适应能力上。内地西藏班学生的跨文化适应状况应该成为教学效果评价的一部分，要将学校在培养学生跨文化适应能力所做的努力以及学生的跨文化适应能力纳入教学效果评价指标，成为衡量学校办学质量的内容之一，具体包括课业适应、环境适应、人际适应、语言适应、生活适应、心理适应、学校满意度等。[①] 这些指标反映的效果是动态变化的，不是短期内就能完全显现的，且短期效果未必客观准确，需要学生在长期的自我反省中形成客观认识。

（二）建立内地西藏班教学评价体系

1. 评价目的

通过教学评价，全面把握内地西藏班教育教学状况，发现和诊断教学

[①] 侯首辉的硕士学位论文《内地西藏班（校）学生文化适应问题研究——基于成都西藏中学的调查》（2012）从自然环境适应、日常生活适应、语言适应、学习适应、人际交往适应、心理适应六个维度研究了内地西藏班学生的跨文化适应问题。本课题组在内地西藏班学生的跨文化适应问题研究中重点调查了西藏学生的课业适应、人际适应（包括同伴适应和师生关系适应两方面）和自我接纳三个方面的情况，并在前人研究的基础上作了更加深入细致的研究。

问题，改进教学行为，服务教育教学实践，切实改变以往评价偏离内地西藏班培养目标，片面追求"升学率""淘汰率"和"重点率"的倾向，促进内地西藏班持续提高教育教学质量，努力办出特色，促进西藏学生全面发展、学有专长、健康成长。

2. 评价依据

一是依据内地西藏班的培养目标确定评价重点，完善评价内容和指标，增强教学评价的全面性；二是依据《教育部关于推进中小学教育质量综合评价改革的意见》（教基二〔2013〕2号）①，细化西藏学生在德智体美劳等方面的评价，提高教学评价的针对性、可操作性；三是依据内地西藏班教学实际情况及西藏学生的特殊性选择合适的评价指标和方法，提高教学评价的适切性、有效性。

3. 评价原则

一是导向性原则。开展教学评价，最终目的是为了规范教学工作，促进教育质量提高。教学评价要有利于内地西藏班实现培养目标，有利于坚持正确的办学方向，有利于树立正确的教育质量观和人才培养观。通过发挥评价的导向作用，将学校、教师、学生的注意力引向教学，通过"教学—评价—改进"良性循环，实现评价对教学的促进和方向保障作用。

二是可行性原则。教学评价是一项复杂的工作，要确保评价在教学实践中运用，必须考虑可行性和灵活性。这就要求设计评价指标时不求面面俱到，但要抓住重点，抓住主要因素，选择那些能够切实反映内地西藏班教学成效的核心指标来使用，一级、二级指标要求适度、简单明了，指标内容与标准应具体明确，有可操作性。内地西藏班可以结合本校实际情况，制定出具有本校特色的评价方案，前提是指标的选取或方案的设计要获得学生、教师、家长等各种利益相关群体的广泛认可，且有足够的人力、物力和财力作保障，同时要简化评价程序与评价操作方法，以便广大教师、学生、家长都乐于参与。要把评价与教学管理结合起来，既要体现评价的相对稳定性、延续性，又要将评价的效果落到实处，切实发挥服务教学管理的作用。

---

① 《教育部关于推进中小学教育质量综合评价改革的意见》，http：//www. moe. gov. cn/public files/business/htmlfiles/moe/s7054/201306/xxgk_ 153185. html，2013－06－08。

三是全面性原则。全面性原则包括全员评价、全程评价和全面评价三个方面。其中，全员评价要求评价主体包括教师、学生同伴和学生本人，采用教师评价、学生互评、学生自评等方式开展教学效果评价，在可能或必要的情况下，还可以鼓励学生家长、高一级学校师生、毕业生、专家学者等有关人士参与评价；全程评价要求评价贯穿于学生学习的全过程，即对学生学习的准备（基础）、学习的过程（状态）、学习的结果（成绩）三个环节进行全程监控，而不是只关注学生学习的结果（成绩）；全面评价要求评价的范围全面涵盖内地西藏班培养目标，使培养目标得到全面衡量，而不是只评价培养目标的某一个方面，此外，要紧扣内地西藏班培养目标全面采集与掌握评价资料，确保评价资料全面、客观反映学生达成目标的状况，防止得出以点带面、以偏概全的评价结果。

四是发展性原则。评价要以促进学生发展为目的，要为学生的发展服务，评价不仅应关注学生的现实表现，而且应该重视学生的未来发展，重视每一个学生在原有基础上的提高。要在评价主体、评价内容、评价方法、评价工具、评价结果反馈等方面突出教学评价的发展性功能，改变过去过分强调甄别与选拔的做法，充分发挥教学评价的激励、导向和教育功能，使评价的过程成为促进学生发展与提高的过程。评价要坚持用发展的眼光看待学生，不仅要看到学生现有的发展水平，而且要看到学生潜在的发展可能性，激发学生主体自我发展的意识，让基础不同的学生都发挥其潜能，取得最大的成功。

4. 评价内容和指标

建立内地西藏班教学评价体系是一项复杂的系统工程，本研究仅就教学效果评价中的学生发展评价初步讨论相关的评价内容和指标。本研究认为学生发展评价重点应放在学生多元文化整合能力、学生思想品德发展水平、学业发展水平、身心发展水平、兴趣特长养成五个方面。

学生多元文化整合能力应侧重评价西藏学生的藏文化发展水平、中华文化发展水平和跨文化适应能力。藏文化发展水平主要考查学生在西藏语言文字、传统习俗、历史文化等方面的认知和表现情况，中华文化发展水平主要考查学生在中华民族通用语言文字、传统习俗、历史文化等方面的认知和表现情况，跨文化适应能力主要考查学生在学校的环境适应、生活适应、语言适应、课业适应、人际适应、心理适应等方面的情况以及对学校的感受和看法。

学生思想品德发展水平应侧重评价西藏学生的政治素质，将宗教观、民族观、国家观作为关键性指标。宗教观主要考查学生对藏传佛教或苯教及其他宗教的认知以及处理宗教问题的态度和表现情况，民族观主要考查学生对本民族、中华民族及二者关系的认知以及处理民族问题的态度和表现情况，国家观主要考查学生对中国统一的多民族国家、中国共产党、社会主义制度、四项基本原则等的认知和态度。

学业发展水平应侧重评价西藏学生的学习能力，将学习态度、学习技能作为关键性指标。学习态度主要考查西藏学生在学习动机、学习兴趣、学习效能感等方面的认知和表现情况，学习技能主要考查学生在学习方法、学习策略、学习习惯等方面的认知和表现情况。

身心发展水平应侧重评价西藏学生的情绪行为调控和人际沟通。情绪行为调控主要考查学生对自己情绪的觉察与排解、对行为的自我约束情况，应对和克服学习、生活中遇到困难的态度和表现等。人际沟通主要考查西藏学生在师生关系、同伴关系方面的情况。

兴趣特长养成应侧重评价西藏学生的爱好特长，主要考查西藏学生课余生活的丰富性，在文学、科学、体育、艺术等领域表现出的喜好、付出的努力和表现的结果。

5. 评价方式方法

在评价方式上，要将量化评价与质性评价结合起来，注重全面客观地收集信息，根据数据和事实进行分析判断，做出推论，改变过去主要依靠经验和观察进行评价的做法；将形成性评价与终结性评价相结合、诊断性评价与增值评价相结合，全程评价学生学习的准备（基础）、学习的过程（状态）、学习的结果（成绩）三个环节，侧重考查学生在学习的过程（状态）环节有关学习习惯、学习方法、学习态度等方面的进步和变化，考查学生学习进步幅度和学校的努力程度，改变过去单纯强调结果不关注发展变化的做法；将内部评价与外部评价相结合，促进学校建立教学质量内控机制，并结合外部评价进行自我诊断、自我改进，弥补内部评价的不足。

在评价方法上，一是对于学生学业发展方面的评价，不仅要涉及学生所学科目的核心知识和内容，更要重视对学生问题解决能力、创新思维等方面的评价，可以借鉴国际大型评价项目，如 PISA 项目的测评理念，注重测评学生在实际情境中运用知识、解决问题的能力。另外，还可以借鉴比格斯（J. B. Biggs）等人在 20 世纪 80 年代开发编制的《学生学习过程问卷（LPQ）》测评西藏学生的学习质量状况，为教育质量监控和教育决策提供及时、有效的信息。二是对于学生多元文化整合能力、思想品德发展水平、身心发展水平、兴趣特长养成方面的评价，要使用科学、客观、有效的评价方法收集信息，做出推论。在信息收集方面，一方面可以在考虑内地西藏班实际情况和西藏学生特殊性的基础上，借鉴国际、国内相关量表或问卷开发设计适合西藏学生的评价量表或问卷，如内地西藏班学生跨文化适应量表、民族文化认同量表等。另一方面，应当充分利用内地西藏班学生学籍档案或成长记录，注重教师在日常教学过程中对学生日常表现的观察、记录与分析评语等信息，综合采用档案袋法、情景测验、作业分析、行为观察法、个别访谈等质性评价方法，获得更加丰富的数据和信息。需要强调的是，质性评价资料和数据的解释和处理要求评价者掌握一定的专业知识和技能，并具备一定的专业素养。另外，各种评价方法都有其优势和局限性，内地西藏班在选择评价方法时，要对本校的实际情况有足够认识，在区域性实验和培训的基础上谨慎选用，才能取得预期的效果。

6. 评价主体

内地西藏班教学评价主体主要包括教师、学生同伴和学生本人，采用教师评价、学生互评、学生自评等评价方式。建议根据教师、学生同伴和学生本人在教学评价三个环节中的地位和作用分别赋予其不同的权重，并明确各个主体进行评价的具体内容和评价标准。我们认为，尽管教师不再是唯一的评价主体，但他们仍然是最重要的评价主体，应该给予教师评价最大的权重，尤其是对学生学习的准备（基础）进行评价时，教师要占主导地位，学生自评为辅助；对学生学习的过程（状态）进行评价时，鉴于学生本人对自己的学习进程和效果在认知和感受上比其他人更具体、全面和真实，要以学生本人自评为主导，学生互评为辅助，教师一般只提供相应指导，这样有助于促进学生本人与其他同学学习和交流，从多渠道、多视角获得关于自身学习过程的更多信息，准确判断自己的学习表现，并在反思中进行自我分析、自我检查，以加深对学习过程的了解，进而不断改进、调整自己的学习行为，内化学习目标；对学生学习的结果（成绩）进行评价时，仍然以教师为主导，学生互评和学生本人自评为辅助。

需要注意的是，在学生互评中，"要淡化等级和分数，淡化学生之间的相互比较，强调关注同学的优点和长处，强调自我反思。"[1] 要避免学生敷衍了事、"和稀泥"、走形式、走过场的做法，防止出现不顾客观事实，故意夸大成绩或不足，做老好人或打击报复等不良倾向。在学生自评中，"要突出学生的主体地位和主体作用，让学生充分享有知情权和参与权，鼓励和允许学生参与制定评价目标、评价方案、评价内容、评价方法和评价步骤，甚至鼓励和允许学生对评价结果进行申辩和干预，在评价双方'协商'的基础上得出共同认可的评价结果。"[2]

有关内地西藏班教学产生的外部效应和后期效应的评估，在有条件的情况下，鼓励高一级学生师生或毕业生参与评价，从而更加全面、客观地考查内地西藏班教学上的优势和不足，为调整教学、优化教学提供决策参考。

7. 评价结果

评价最主要的意图不是为了证明，而是为了改进。得出评价结果不是评价的目的，有效使用评价结果才是开展评价的真正目的。因此，内地西藏班教学评价结果的使用要在改进教学上发挥基础性作用。

一是及时有效反馈信息。包括向学生提供反馈信息，帮助学生认识当前的学习状态，进而调整之后的学习和行为；向家长反馈信息，让他们掌握子女在内地的发展和变化情况；向教研组和年级组反馈信息，便于交流、学习和借鉴，开展教研活动；向学校领导提供反馈信息，使他们及时掌握教学动态，为教学决策提供依据。

二是诊断改进教学。首先是诊断改进学生的学，通过评价结果把握每个学生的学习状态，分析每个学生的成绩与进步、优点与缺点、存在困难与问题的原因，进而发现学生的学习差异及不同的学习需求，制定教学改进措施，有针对性地指导学生学习。其次是诊断改进教师的教，通过评价结果判断教师的教学成效，总结教学经验和教训，并通过归因分析，找到问题的症结，调整教学策略和教学方法，提高教学质量。

---

① 蒋碧艳、梁红京：《学习评价研究：基于新课程背景下的实践》，华东师范大学出版社，2006，第35页。

② 王斌华：《学生评价：夯实双基与培养能力》，上海教育出版社，2012，第86页。

（三）建立内地西藏班教学评价保障机制

1. 改革内地西藏班招生考试制度

招生考试制度是教育教学改革的风向标，直接导引着内地西藏班的教学发展趋向。要促进内地西藏班教学评价改革，首先就要做好招生考试制度改革。

现阶段内地西藏班初、高中招生制度都是通过考试进行的，根据考试分数录取。由于内地办学属于教育援藏的组成部分，对边远贫困地区、农牧民子女应予以优先照顾，在多个内地办学的政策文件中都规定"农牧民子女应占录取总数的70%以上"。但本研究的不完全调研数据显示，招生中农牧民子女并未达到文件规定的要求，今后内地西藏班招生录取时还应进一步严格把关，确保弱势群体的利益。在升学制度方面，现阶段，初中阶段实施了初中毕业生回西藏参加统考的做法。学生完成初中阶段的学业后，统一回区内参加统一命题的初中升学考试，由教育部领导的招生录取工作小组按学生志愿和学生成绩，指导各高中学校完成录取工作，其中有一部分学生（约10%）会因成绩和品德问题不能被录取（可参加区内录取），余下的10%的学生名额由区内地市中考成绩优异者补足。内地高中班的学生按当地省市教材学习高中课程，并在学业结束后在当地参加高考。由教育部领导的招生录取小组根据学生志愿和成绩单独画线、单独录取，有6%~7%的学生被淘汰。由此可见，内地西藏班学生的升学压力很小，以升学考试去评价内地西藏班的教学只能导致学校之间的不公平竞争，因为内地西藏初中班的招生是划片进行的，比如西藏边境班的学生就都集中在山东济南西藏中学，由于西藏区内地区间的教育差距也比较大，所以学生的基础也有很大的差异，单纯以最后的升学统考来评价学校无疑是不公正的。高中阶段的高考各省之间的差异更大，不同的考试内容用同一个标准（内地西藏高中班高考分数线一致）决定升学也存在很多问题，很多西藏学生对此也有意见。因此，建议改革内地西藏班学生的升学制度。初中阶段升学可以考虑升学考试与指标到校相结合的做法，按一定比例把各内地西藏初中班的指标直接分配到相应的高中学校，再结合成绩和个人志愿来决定学生的毕业去向。高中阶段则可以把升学考试与高校自主招生改革结合起来进行。目前高校的自主招生基本上是把内地西藏班排除在外的，由于内地西藏班高考"单独招生、单独划线"，录取率基本在90％以上，因此，完全可以弱化高考在内地西藏班学生升学中的地位，实行高校自主招生，通过实名推荐优秀毕业生的方式来录取。加大高校的招生自主权，有利于中学与大学的沟通，让大学对人才的素质需求成为中学教学的导向，这样可以推动内地西藏班更好地践行素质教育，不断朝教学的特色化方向迈进，也可以为普通高中的高考改革提供参考和借鉴。当然也应根据西藏经济社会发展对人才的需求来指导高校在内地班的招生计划，包括招生规模和招生专业，防止出现西藏大学毕业生学非所用的情况。①

2. 建立内地西藏班教学管理信息数据库

目前内地西藏班教学管理信息化建设相对滞后。一是学校教学信息管理水平较低，收集的信息主要是学生个人基本情况及考试成绩、高考录取情况等，部分内地西藏班建立了学生综合素质评价信息管理系统，整体来看，这些教学管理信息比较零散，学校与学校之间信息采集标准也不一致，缺乏系统性、规范性和时效性；二是未建立"教育部相关部门—各省市教育行政部门—内地西藏班"三级办学管理机构教学管理信息系统和数据库。由于信息不对称，一方面制约了内地西藏班教学管理效率的提高；另一方面影响了内地西藏班教学效果检查评估等工作的有效开展。建立内地西藏班教学管理信息数据库，不仅可以为实施增值评价创造基础性条件，也可为形成性评价提供基础资料，使全员、全面、全程评价成为可能，同时也是加强教育教学管理，提高教育服务质量，开展教育质量监测的迫切要求。以下是建立内地西藏班教学管理信息数据库的初步设想。

第一，建立学生个体的信息数据库，采集从学生入学到毕业期间的发展变化信息，主要内容：一是学生个体的基本信息，包括学生的个人基本情况以及父母亲文化程度、工作类型、家庭经济文化条件等家庭背景信息，需要注意的是，每个学生应该有相应的、唯一的信息识别码，以方便各级办学管理机构实现数据库的对接、查询和管理；二是学生的发展变化

---

① 当前，很多西藏学生大学毕业的出路不是找与专业对口的工作而是考公务员，当然这与社会的大环境有关，但也与高校在西藏的招生专业与西藏社会发展的人才需求不一致有关。

信息，包括在校学习期间选修的课程、学科考试成绩、参加的校内外社团或活动、获得的荣誉、受到的处罚以及兴趣特长表现情况等；三是学校管理信息数据库，包括学校的办学条件、师资水平等信息。

第二，建立毕业生个体的信息数据库，包括毕业生升学、就业去向，联系方式，家庭住址，在高一级学校或单位的学习、生活、工作基本情况以及对内地西藏班教育教学的建议意见等。一方面，可以为长期开展内地西藏班毕业生追踪调查研究提供基础性资料；另一方面，可以为考察内地西藏班教育教学的外部效应和后期效应，全面地动态分析评估内地西藏班教育教学效果提供保障性条件。

第三，做好内地西藏班教学管理信息化建设保障性工作。关于内地西藏班教学管理信息数据库的管理，由教育部相关部门统一指导各省市教育行政部门、内地西藏班同步共建三级教学管理信息共享平台，促进信息资源同步共享，并在各级办学管理机构设立专门的部门或机构，安排专人负责网络平台硬件和软件的维护以及信息数据更新工作，确保采集的信息及时、全面、真实、准确。内地西藏班的教学信息管理工作要纳入教学评价考核范围，教学评价要对学校收集教师、学生相关信息的情况，了解教师教学与学生学习现状的能力以及学校利用收集的信息改进教学行为，服务教学决策的情况进行考核评估。

3. 建立内地西藏班多元文化教育长效机制

一是加强多元文化教育教师队伍建设，内地西藏班要在组织教师学习掌握多元文化教育知识和技能、举办多元文化教育培训交流方面建章立制，切实采取措施保障教师不断提高多元文化教育能力。二是营造多元文化教育环境，学校的课程内容、课外活动、校园文化生活要不断满足学生接受多元文化教育的需求，创造条件促进各民族师生友好交往。三是内地西藏班要与当地社区的学校、教育基地、服务机构等建立长期合作关系，通过共同开展校内外活动、社会实践、参观学习等，丰富校园文化生活，促进各民族学生沟通交往和文化交流，为西藏学生学习知识、丰富经验、锻炼个人能力、发展兴趣特长创造条件。

4. 建立内地西藏班毕业生动态跟踪机制

一是内地西藏班要在毕业生升学、就业、更换工作单位等关键时段掌握其去向，便于今后继续保持联系，可以充分利用网络平台，建立毕业生

QQ群、博客或网站，通过网络与毕业生长期保持联系。二是学校定期组织专人开展毕业生跟踪调查或回访，一方面采集毕业生发展变化信息，跟踪了解毕业生在高一级学校或单位的学习、生活、工作表现；另一方面可以对教学效果进行再评估，为改进教学提供参考。三是学校定期邀请毕业生回母校现身说法，举办毕业生座谈会，让毕业生介绍学习经验、工作体验，充分发挥学长的榜样示范作用，鼓励教育在校学生努力学习，确立未来发展目标。

5. 建立内地西藏班教学效果评价技术、人员、资金保障机制

一是培养和组建一支由内地西藏班和当地教育行政部门组成的具有先进评价理念、掌握评价专业技术、专兼职相结合的专业化评价队伍，以指导、服务、监督内地西藏班开展日常教学评价工作。二是内地西藏班教学效果评价要在学校日常自评、自查、自纠的基础上，由教育部相关部门委托有条件的高等院校、教育科研部门组建专业评价、监测机构进行定期全面评价，并提供专业化指导。三是举办内地西藏班的相关省市教育行政部门要将评价所需经费纳入当地教育经费预算，保障评价工具开发、专业培训、专门测试和调查、评价日常工作开展等必需的经费开支。

教学成效专题研究

第七章 内地西藏班学生学校适应现状调查研究

　　西藏学生远离家乡和亲人来到内地,他们不仅面临着环境适应问题,而且面临着跨文化适应问题。内地西藏班学生能否很好地适应内地的学校生活直接影响着他们的学习效果,影响着他们对内地求学经历及内地办学政策的看法,甚至影响他们对内地文化与国家的认同。所谓学校适应,根据《教育大辞典》的解释,是指儿童具有适应学校环境的技能,并能按照学校的期望和要求行动。[①]

　　为了解内地西藏班中学生的学校适应情况,本研究对济南西藏中学、北京西藏中学、泰安一中、山西大学附属中学的519名西藏中学生进行了问卷调查。[②] 为了更全面地了解内地西藏班学生学校适应情况,研究还选取了泰安一中和山西大学附属中学的本地学生193名进行了比较分析。本研究主要参考了吴武典、庄明贞、黄玉真(1994)编制的学生在校生活状况中的子问卷——在校行为部分,该问卷主要包括课业适应、常规适应、同伴关系适应、师生关系适应以及自我接纳五个维度,考虑到内地西藏班的特殊性,课题组对该问卷进行了重新修订,重点考察了课业适应、人际适应(包括同伴适应和师生关系适应两方面)和自我接纳三个方面。[③]

---

① 顾明远主编《教育大辞典》,上海教育出版社,2002,第1831页。

② 本研究剔除了3份无效问卷。调查的具体样本分布情况见绪论的研究方法与抽样部分。

③ 在前期调研过程中发现内地西藏班学生在常规适应上存在问题不突出,因而调查学校适应问题时未将常规适应列入其中。

一 内地西藏班学生的学校 适应状况

（一）课业适应

课业适应主要从学习态度、学习习惯、学习方法与技巧来反映。

1. 学习态度

在学习态度上，绝大多数内地西藏班学生学习态度端正。内地西藏班的大部分学生能做到先做作业再玩，会独立完成作业并且遇到不会的作业会和同学讨论，会准时交作业。在做作业问题上，初中生更积极主动，高中生略显被动，具体见表7-1所示。

表7-1　内地西藏班学生作业情况统计

单位：%

		总是如此	经常	偶尔	从来没有
我总是先玩再做作业	济南西藏中学	2.1	5.8	51.9	38.6
	北京西藏中学	3.2	16.7	57.9	22.2
	泰安一中	2.7	12.0	68.0	17.3
	山西大学附中	6.3	18.1	63.0	12.6
我会独立完成作业，遇到不会的问题会和同学讨论	济南西藏中学	27.0	48.7	23.8	0.5
	北京西藏中学	19.8	55.6	24.6	0.0
	泰安一中	14.7	54.7	30.6	0.0
	山西大学附中	8.7	35.4	48.8	7.1
准时交作业	济南西藏中学	50.3	40.7	7.4	1.1
	北京西藏中学	44.4	48.4	6.3	0.8
	泰安一中	22.7	61.3	16.0	0
	山西大学附中	10.2	52.8	33.9	3.1
作业中的错误,测验中仍出现	济南西藏中学	1.1	12.7	79.4	6.3
	北京西藏中学	0.8	23.0	75.4	0.8
	泰安一中	1.3	42.7	54.7	1.3
	山西大学附中	3.1	29.1	59.8	7.9

在"准时交作业"问题上，混校、散插班学生表现得更被动，不准时交作业的学生比例高于内地独立西藏中学。在"作业中的错误，测验中仍出现"这一问题上，混校、散插班学生问题也明显多于内地独立西藏中学，高中问题明显多于初中。这可能与教学深度和难度直接相关。

虽然从总体上看内地西藏班学生学习态度端正，但也存在一些问题，在上课回答问题方面尤为突出。调查显示，半数以上的学生上课时不积极回答老师提问，在混校独立班和散插班中，学生上课回答问题的积极性明显低于独立藏族学校学生。在"你上课回答问题的情况"这一问题调查中也进一步印证了这一结论，混校独立班和散插班中 60% 左右的学生表示"从不主动举手回答"问题甚至"老师点到也不敢回答"，散插班西藏生中没人踊跃回答问题（见表 7-2）。进一步的访谈调查发现，学生不积极回答问题，有的是不会，有的则是怕回答错误。这反映出在混校就读的内地西藏班学生由于在与本地学生学业成绩的比较中差距很大，在学业上表现得更不自信。

表 7-2　内地西藏班学生上课回答问题情况统计

单位：%

		总是如此	经常	偶尔	从来没有
上课时我会积极回答老师的提问	济南西藏中学	8.5	43.9	47.6	0
	北京西藏中学	4.8	42.9	52.3	0
	泰安一中	5.3	24.0	60.0	10.7
	山西大学附中	1.6	26.8	68.5	2.4
回答问题时得到老师的肯定和表扬	济南西藏中学	7.4	32.8	57.7	0.5
	北京西藏中学	0	21.4	73.4	3.6
	泰安一中	3.0	30.7	62.7	2.7
	山西大学附中	0	14.2	81.9	3.9
		踊跃回答	有足够把握才回答	从不主动举手回答	老师点到也不敢回答
你上课回答问题的情况	济南西藏中学	22.3	51.4	24.3	2.0
	北京西藏中学	21.4	56.3	19.8	2.4
	泰安一中	0	36.9	39.1	24.0
	山西大学附中	10.8	28.5	31.8	28.0

学生上课回答问题情况可以从一个侧面反映学生学习的积极性，而学生回答问题的积极性又与教师在教学过程中对学生的肯定和表扬直接相关。调查显示，在内地班，学生回答问题得到老师的肯定和表扬较少，在高中阶段尤为突出，有2/3以上的学生只是偶尔得到老师肯定和表扬，有的学生甚至从来没有得到过老师的肯定和表扬。

可以说，教师对学生缺少肯定和表扬是内地西藏学生上课回答问题不够积极的一个重要致因。而这一问题与老师对内地西藏学生的认识是有关系的。如在对三所内地西藏班教师的问卷调查中，在"与汉族学生相比，您认为藏族学生的不足主要有"（多选）这一问题上，42.9%的教师认为西藏学生上进心不强，36.5%的教师认为西藏学生不够刻苦和自我约束力差，19.1%的教师认为西藏学生智力水平低，这些判断势必影响教师对内地西藏班学生的期望和评价导向，进而影响内地西藏班学生的学业成就（见图7-1）。

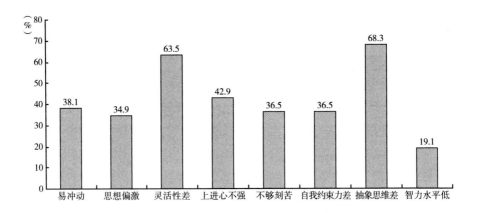

图7-1 "与汉族学生相比，您认为藏族学生的不足主要有"统计

内地西藏班学生对待考试的态度也反映出他们学习比较被动，在高中阶段尤为明显。比如在调查的三所高中，1/3以上的内地西藏学生经常在考试前"临阵磨枪"，1/3左右的学生会害怕考试（见表7-3）。在考试问题上，内地西藏高中班学生较内地西藏初中班表现得更为紧张，这可能与高中学生平时学习积极性不高、考试次数多、难度大等因素有关。

表7-3 内地西藏班学生对待考试的态度情况统计

单位：%

		总是如此	经常	偶尔	从来没有
经常在考试前"临阵磨枪"	济南西藏中学	4.2	20.1	54.0	20.6
	北京西藏中学	11.9	32.5	46.0	9.5
	泰安一中	12.0	40.0	41.3	6.7
	山西大学附中	10.2	26.8	55.9	7.1
我害怕考试	济南西藏中学	2.6	9.5	55.0	32.3
	北京西藏中学	10.3	22.2	53.2	14.3
	泰安一中	8.0	21.3	46.7	24.0
	山西大学附中	4.7	27.6	47.2	20.5

2. 学习习惯

内地西藏班的绝大多数学生都养成了集中注意力学习和听讲的习惯。比如大多数学生可以做到学习时不分心、上课时不跟邻座聊天、老师讲课时会专心听讲（见表7-4）。

表7-4 内地西藏班学生注意力情况统计

单位：%

		总是如此	经常	偶尔	从来没有
学习时我很容易分心	济南西藏中学	1.6	15.9	79.4	2.6
	北京西藏中学	3.2	24.6	72.2	0
	泰安一中	8.0	22.7	69.3	0
	山西大学附中	5.5	35.4	59.1	0
上课时跟邻座聊天	济南西藏中学	0	6.9	77.8	14.3
	北京西藏中学	0.8	9.5	85.7	4.0
	泰安一中	0	5.3	64.0	29.3
	山西大学附中	2.4	23.6	70.9	3.1
老师讲课时会专心听讲	济南西藏中学	12.2	65.1	22.6	0
	北京西藏中学	4.8	73.8	21.4	0
	泰安一中	9.3	76.0	14.7	0
	山西大学附中	3.9	48.8	44.9	0.8

在记笔记问题上，除山西大学附中西藏班以外，70%以上的内地西藏班学生上课时能认真做笔记，并且半数以上的学生上课不能记全的笔记下课会找同学补全（见表7-5）。

表7-5　内地西藏班学生记笔记情况统计

单位：%

		总是如此	经常	偶尔	从来没有
上课时认真记笔记	济南西藏中学	24.3	50.8	24.3	0.5
	北京西藏中学	30.2	54.0	15.1	0.7
	泰安一中	29.3	56.0	13.3	1.3
	山西大学附中	8.7	46.5	43.3	1.5
上课时不能记全的笔记,我会下课后找同学补全	济南西藏中学	16.4	34.4	43.9	5.3
	北京西藏中学	22.2	34.9	38.9	3.2
	泰安一中	28.0	40.0	29.3	2.7
	山西大学附中	8.7	23.6	57.5	9.4

调查显示，内地西藏班的多数学生都养成了课前预习的习惯，初中生的预习习惯好于高中生，散插班西藏生好于西藏独立校和混校独立班学生（见图7-2）。

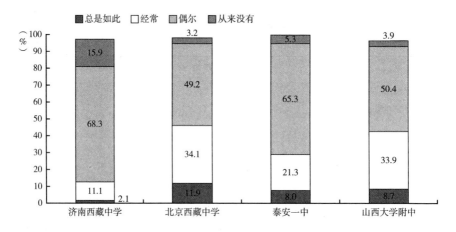

图7-2　"如果老师不要求，我不会进行预习"统计

但在课堂时间的利用、完成学习任务的效率方面存在的问题还比较多。比如，不能很好地利用课堂上的学习时间、不能在规定时间内完成学习任务、上课记不全的笔记下课后也不会找同学补的比例均超过了30%（见表7-6）。这一方面可能与内地西藏班学生基础薄弱，学习接受新知识

的难度较大有关；另一方面，也反映出内地西藏班学生在学习上的惰性还比较强，学习效率不高是一个比较普遍的问题。

表 7 - 6 内地西藏班学生时间利用情况统计

单位：%

		总是如此	经常	偶尔	从来没有
我能够很好地利用课堂上的学习时间	济南西藏中学	9.0	47.1	42.3	1.1
	北京西藏中学	4.8	55.6	38.9	0.7
	泰安一中	5.3	57.3	37.3	0
	山西大学附中	1.6	35.4	57.5	5.5
我通常能在规定的时间内完成学习任务	济南西藏中学	15.3	54.5	28.0	1.6
	北京西藏中学	6.3	54.8	37.3	0.8
	泰安一中	2.7	56.0	34.7	6.6
	山西大学附中	2.4	33.9	59.1	3.9

从总体上看，多数内地西藏班学生养成了良好的学习习惯，但部分学生学习惰性还比较强，尚有待进一步加强引导，并且需要进行新的制度设计。

3. 学习方法与技巧

由于学习方法是否科学决定着学生学习效率的高低，这是决定学习行为有效与否的关键因素。从调查结果来看，内地西藏班学生在学习方法与学习技巧方面存在的问题最大。

在学习计划方面，超过一半以上的高中生只是偶尔或者从来不会有计划地学习，初中生这一比例也超过了40%，一半左右的学生偶尔或者从来不会根据实际情况对学习计划进行调整（见表 7 - 7）。

在知识的巩固上，内地西藏班学生的方法和策略比较欠缺。比如，在"课本学过以后，我会尝试不看书而回想出它的要点""我会经常把所学的内容进行综合归纳""复习时利用图像、表格等形式来加深理解和巩固"问题上，选择"偶尔"和"从来没有"的学生比例高中达到了70%左右，初中比例也达到60%左右，30%多的学生在复习时不注意检查自己以前的缺点和不足，和同学互相提问来检查自己学习情况的学生也不足一半（见表 7 - 8）。

表7-7　内地西藏班学生学习计划情况统计

单位：%

		总是如此	经常	偶尔	从来没有
我总是有计划地学习	济南西藏中学	14.3	43.4	40.7	1.6
	北京西藏中学	4.8	39.7	49.2	6.3
	泰安一中	1.3	48.0	46.7	4.0
	山西大学附中	3.9	24.4	60.6	11.0
我经常根据实际情况对学习计划进行调整	济南西藏中学	12.2	40.7	42.9	3.2
	北京西藏中学	4.8	45.2	46.0	4.0
	泰安一中	8.0	50.7	40.0	1.3
	山西大学附中	3.1	26.0	53.5	16.5

表7-8　内地西藏班学生知识巩固情况统计

单位：%

		总是如此	经常	偶尔	从来没有
课本学过以后，我会尝试不看书而回想出它的要点	济南西藏中学	5.3	34.9	55.0	3.7
	北京西藏中学	0	27.8	65.1	7.1
	泰安一中	0	32.0	61.3	6.7
	山西大学附中	0.8	18.9	66.9	13.4
我会经常把所学的内容进行综合归纳	济南西藏中学	6.3	37.0	54.0	2.6
	北京西藏中学	2.4	23.0	65.9	8.7
	泰安一中	2.7	24.0	62.7	10.6
	山西大学附中	0.8	14.2	71.7	13.3
复习时利用图像、表格等形式来加深理解和巩固	济南西藏中学	3.7	29.1	59.3	6.9
	北京西藏中学	2.4	20.6	62.7	13.5
	泰安一中	1.3	20.0	53.3	25.3
	山西大学附中	1.6	21.3	50.4	26.0
复习时注意检查自己以前的错误和不足	济南西藏中学	14.8	45.5	37.6	1.6
	北京西藏中学	6.3	50.0	39.7	4.0
	泰安一中	14.7	54.7	25.3	5.3
	山西大学附中	5.5	29.9	55.9	7.9
我会和同学一起互相提问来检查自己的学习	济南西藏中学	8.5	40.7	47.6	3.2
	北京西藏中学	2.4	23.0	67.5	7.1
	泰安一中	1.3	25.3	64.0	9.3
	山西大学附中	1.6	18.9	63.8	15.7

在内地西藏高中班，能经常与同学交流和探究学习方法的人数比例约为30%，会尽量想出多个解题思路的人数比例不足20%，在这两个问题上内地西藏初中班比例略高，但也不足半数（见图7－3、图7－4）。

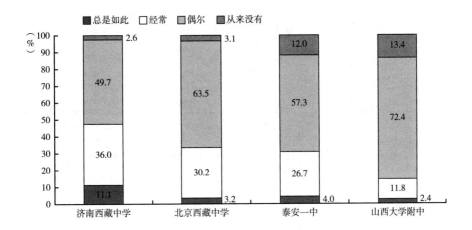

图7－3　"我经常与同学交流和探究学习方法"统计

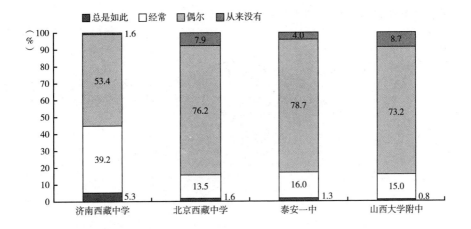

图7－4　"我尽量想出多个解题思路"统计

学习方法和策略的欠缺，使得学生对学习过的知识，很容易和其他记忆混淆。这也是他们学习效率低下、学习效果不够理想的一个重要原因（见图7－5）。

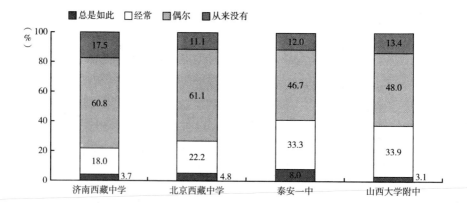

图 7-5 "对曾经记忆过的东西，很容易和其他记忆混淆"统计

（二）人际适应

1. 师生关系适应

调查发现，内地西藏班学生与老师互动的状况总体表现良好且融洽。超过 85% 的教师很乐意与学生在一起，具体如图 7-6 所示。

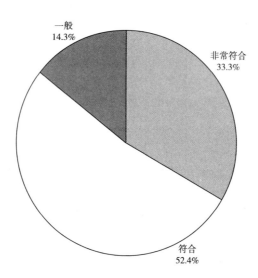

图 7-6 "我很乐意跟学生在一起"统计

80%左右的学生偶尔或者从来不会因为不喜欢某些老师而讨厌上他们的课，70%以上的学生很少觉得与老师亲近有困难。在这一问题上，独立的内地西藏中学教师更易于亲近，在与学生的访谈中也反映出了这种倾向，在独立的内地西藏中学师生的课外接触较散插班和混校独立班更多。

在课业学习上，初中学生表现得更为主动，遇到学习困难主动请老师协助解决的比例也更高，高中相对弱一些，主动请老师协助解决课业困难的比例不足30%。这与教师对学生的评价有很大关系，比如在"受到老师的鼓励和嘉奖"这一问题上，初中比例明显高于高中（见表7-9）。

表7-9　内地西藏班师生关系情况统计

单位：%

		总是如此	经常	偶尔	从来没有
不喜欢某些老师，也讨厌上他们的课	济南西藏中学	2.6	9.5	43.9	43.4
	北京西藏中学	3.2	15.3	48.2	32.5
	泰安一中	10.7	5.3	44.0	40.0
	山西大学附中	7.9	13.1	55.9	23.1
觉得与老师亲近有困难	济南西藏中学	3.7	10.6	41.8	41.8
	北京西藏中学	3.2	15.1	49.2	32.4
	泰安一中	5.3	20.0	49.3	25.3
	山西大学附中	3.9	23.6	52.0	20.5
主动请老师协助解决课业上的疑难	济南西藏中学	7.4	38.1	50.3	4.2
	北京西藏中学	3.2	25.1	60.6	11.1
	泰安一中	2.7	21.3	65.3	10.7
	山西大学附中	1.6	22.8	66.9	8.7
受到老师的鼓励和嘉奖	济南西藏中学	5.8	36.5	54.0	3.7
	北京西藏中学	1.6	22.2	69.0	6.3
	泰安一中	4.0	21.3	70.7	2.7
	山西大学附中	2.4	17.3	71.7	8.6

在"当你遇到困难会求助于谁"这一问题上，选择求助于老师的比例初中明显高于高中（见图7-7）。对于远离家乡的十二三岁学生来说，老师扮演着多重角色，不单单是教师，还是父母、朋友，因此，在学生心目中也更为重要。

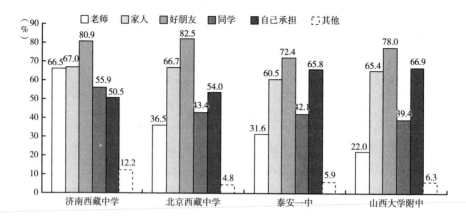

图 7-7　内地西藏班学生遇到困难时求助对象统计

2. 同伴关系适应

从总体上来看，同伴之间比较友好。比如，在同伴交友问题上，有60%以上的同学在"同学们都喜欢和我一起玩""获得同学们的信任和喜爱"项目上选择了总是如此和经常。"在班上交不到好朋友""觉得在班上孤立无助"的学生比例都比较少，只有泰安一中的西藏学生"在班上觉得孤立无助"的比例稍高，达到了1/4左右，这也说明散插班的西藏学生由于与内地学生在民族文化、民族心理等方面存在差异，在班上的孤独感也更强些（见表7-10）。

表 7-10　内地西藏班学生同伴关系情况统计

单位：%

		总是如此	经常	偶尔	从来没有
同学们都喜欢和我一起玩	济南西藏中学	21.7	50.8	24.9	2.6
	北京西藏中学	19.0	53.2	27.0	0.8
	泰安一中	14.7	53.3	30.7	1.3
	山西大学附中	15.0	46.5	34.6	2.4
获得同学们的信任和喜爱	济南西藏中学	14.3	48.1	26.5	9.5
	北京西藏中学	11.1	61.1	25.4	2.4
	泰安一中	6.7	65.3	24.0	4.0
	山西大学附中	8.7	51.2	28.6	10.0

续表

		总是如此	经常	偶尔	从来没有
在班上交不到好朋友	济南西藏中学	2.6	11.6	22.2	60.8
	北京西藏中学	0	2.4	15.	80.2
	泰安一中	0	8.0	38.7	53.3
	山西大学附中	5.5	10.2	26.8	56.7
觉得在班上孤立无助	济南西藏中学	4.8	11.6	27.5	55.0
	北京西藏中学	0	4.0	35.7	59.5
	泰安一中	13.3	10.7	36.0	40.0
	山西大学附中	3.9	12.6	40.2	41.7

　　在同伴互动上，70%以上的同学能经常鼓励和关心同学，40%以上的同学能经常主动帮助同学解决问题，半数以上的同学经常学习同学的长处与优点。在学习同学的长处与优点问题上，散插班西藏学生表现得更为积极，比其他类型教学模式学校的学生高出10个百分点以上（见表7-11）。访谈中散插班的西藏生也表达了类似的感受，很多西藏生表示本地学生都很优秀，要向他们学习，这也是散插班西藏生学习积极性更高的一个重要原因。

表7-11　内地西藏班学生同伴互动情况统计

单位：%

		总是如此	经常	偶尔	从来没有
鼓励和关心同学	济南西藏中学	18.5	54.5	24.9	1.1
	北京西藏中学	23.8	54.8	20.6	0.8
	泰安一中	18.7	66.7	13.3	1.3
	山西大学附中	19.4	50.9	23.9	5.5
主动帮助同学解决问题	济南西藏中学	7.4	45.0	40.7	6.3
	北京西藏中学	7.9	37.3	50.8	4.0
	泰安一中	6.7	48.0	42.7	2.6
	山西大学附中	3.1	37.3	44.6	14.2
学习同学的长处与优点	济南西藏中学	15.9	48.7	29.1	6.3
	北京西藏中学	13.5	48.4	33.3	4.0
	泰安一中	14.7	60.0	22.7	2.6
	山西大学附中	13.1	43.1	35.4	6.8

当然同学之间偶尔也会出现一些矛盾，70%以上的同学会偶尔和同学吵架，半数以上同学表示偶尔会被同学取笑。在山东济南西藏中学和山西大学附中西藏班经常和同学吵架的人数比例分别达到了13.8%和14.2%，经常被同学取笑的人数比例分别达到了13.2%和20.5%（见图7-8、图7-9）。这些现象的存在是正常的，人与人的相处难免会有摩擦。远离家人，情感缺失也会让学生的性情发生变化，在访谈中，也有学生这样说："来到内地，觉得自己变得暴躁了，经常会给同学搞恶作剧，和同学闹着玩。但是看到他们生气，也会去道歉，但是都是之后道歉，大家就还是好朋友。"

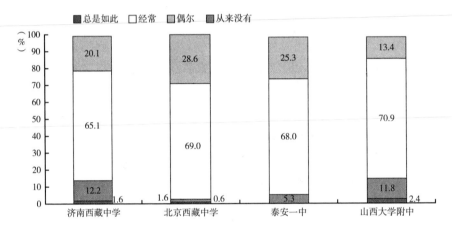

图7-8 "和同学吵架"统计

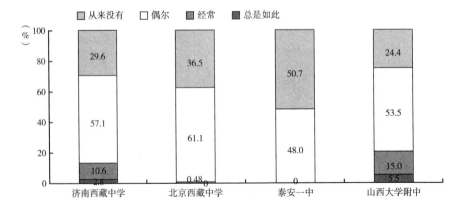

图7-9 "被同学取笑"统计

（三）自我接纳

从调查反映的总体情况看，学生的自我接纳较好。60%以上的学生表示对自己的前途很有信心，并且感觉自己生活得很快乐，独立的内地西藏中学这一比例达到了70%以上，而散插班和混校独立班的这一比例为60%左右。多数学生表示"能够了解自己""可以接受自己的缺点"，半数学生"喜欢自己的外表"，"觉得自己一无所长"的学生比例低于20%（见表7－12）。

表7－12　内地西藏班学生自我接纳情况统计

单位：%

		总是如此	经常	偶尔	从来没有
对自己的前途很有信心	济南西藏中学	37.0	39.7	17.5	5.8
	北京西藏中学	27.8	37.5	31.5	3.2
	泰安一中	29.3	46.7	22.7	1.3
	山西大学附中	31.0	34.6	24.1	10.2
我生活得很快乐	济南西藏中学	25.9	46.0	25.9	1.1
	北京西藏中学	24.6	50.0	23.0	2.4
	泰安一中	14.7	46.7	32.0	6.6
	山西大学附中	16.5	44.4	33.6	3.9
能够了解自己	济南西藏中学	18.0	48.7	27.5	4.2
	北京西藏中学	19.0	52.1	24.1	4.8
	泰安一中	20.0	57.3	18.7	4.0
	山西大学附中	18.9	48.3	24.1	8.7
可以接受自己的缺点	济南西藏中学	18.0	42.9	30.2	7.9
	北京西藏中学	15.9	40.5	34.1	8.7
	泰安一中	12.0	44.0	37.3	6.7
	山西大学附中	7.9	44.6	36.5	11.0
喜欢自己的外表	济南西藏中学	13.2	37.0	33.9	13.2
	北京西藏中学	11.9	37.5	37.9	11.9
	泰安一中	13.3	44.0	37.3	5.3
	山西大学附中	13.4	37.8	37.0	11.0
觉得自己一无所长	济南西藏中学	5.3	12.2	28.0	50.8
	北京西藏中学	0.8	4.0	37.3	56.3
	泰安一中	2.7	8.0	32.0	57.3
	山西大学附中	4.7	13.4	42.5	37.8

但涉及学习方面，西藏学生就显得不够自信，散插班学生表现得更为明显。比如，"满意自己在学校的表现"的人数不足一半。在"因成绩不好而怀疑自己的能力""觉得自己不如同学""担心老师不喜欢自己"等项目上，散插班学生比例都更高（见图7-10至图7-13）。这主要是因为在散插班，西藏学生与本地学生的成绩差距比较大，在比较中很容易导致西藏学生对自己学习的自信心不足。在访谈中，散插班的西藏学生对这一问题反映也最为强烈。

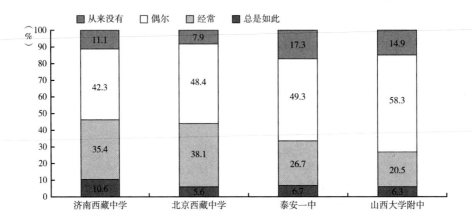

图7-10 "满意自己在学校的表现"统计

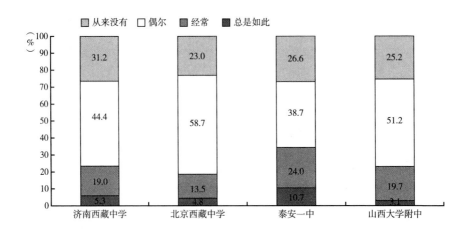

图7-11 "因成绩不好而怀疑自己的能力"统计

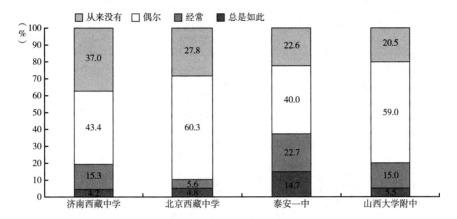

图 7－12 "觉得自己不如同学"统计

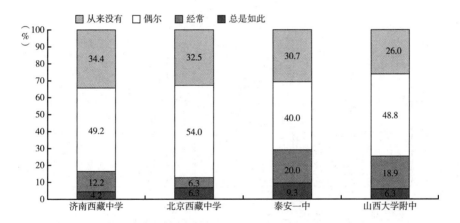

图 7－13 "担心老师不喜欢自己"统计

　　研究还发现，内地西藏学生的学校适应性别差异总体上不显著，但在个别项目上也存在一些差别，比如在交作业问题上，女生就更为主动。如图 7－14 所示：有 64% 的男生总是和经常准时交作业，而女生的比例高达 98%。

　　但在自我接纳方面，男生表现得更为积极。比如 70% 左右的男生可以接受自己的缺点，并有 20% 左右的男生总是可以接受；而女生则只有 44% 的可以接受，总是能接受自己缺点的比例仅为 7%。见图 7－15。

　　在"因成绩不好而怀疑自己的能力"问题上男生也更积极乐观。详见图 7－16。

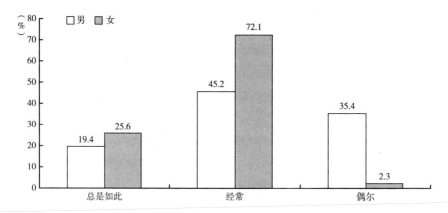

图 7 − 14 "准时交作业"性别差异比较

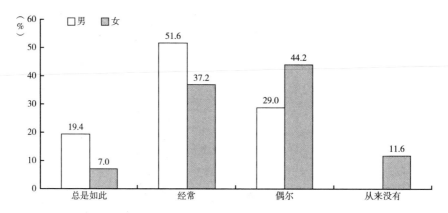

图 7 − 15 "可以接受自己的缺点"性别差异比较

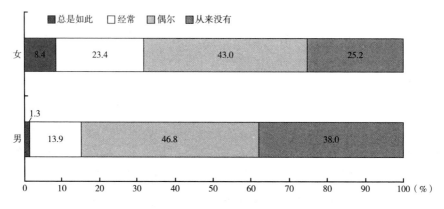

图 7 − 16 "因成绩不好而怀疑自己的能力"性别差异比较

二 西藏学生与本地学生学校适应差异比较

为了更好地了解内地西藏学生的学校适应状况，本研究还同时选取了
散插班的本地学生（整班抽样）做了对比分析①。从研究结论上看，本地
学生的课业适应整体上好于西藏学生，尤其在学习习惯和学习方法方面差
异更为明显，但学习态度方面本地学生和西藏学生差异不显著。

（一）课业适应

通过统计分析发现，总体上来说，本地学生的学习适应能力要好于西
藏学生。

学习态度方面，西藏学生与本地学生的最明显差异体现在对作业的态
度问题上，本地学生总是"准时交作业"的比例为61.4%，而西藏学生的
这一比例则仅为22.4%；能总是"独立完成作业并且遇到不会的问题会和
同学讨论"的本地学生比例接近半数，而西藏学生的这一比例仅为15.8%
（见图7–17、图7–18）。可以看出，本地学生整体上在对待作业的态度
上更认真也更重视，而西藏学生中则有部分对待作业不够认真。

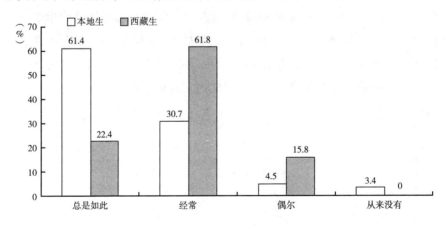

图 7–17 "准时交作业"统计

---

① 这里的西藏学生只是教插班的西藏生，抽样人数与本地学生大体相当。

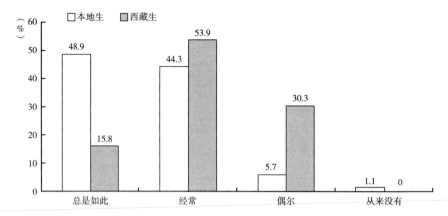

图7-18 "独立完成作业并且遇到不会的问题会和同学讨论"统计

学习习惯方面，本地学生在听讲和学习时注意力更集中，老师讲课时总是会专心听讲的比例占31.8%，而西藏学生的这一比例仅占9.2%；学习时总是和经常容易分心的本地学生占14.8%，而西藏学生则占31.6%。本地学生总是和经常在规定的时间内完成学习任务的比例分别为29.5%和44.3%，而西藏学生的比例分别为2.6%和55.3%，有35.5%的西藏学生只是偶尔能在规定时间内完成学习任务，另有6.6%的西藏生表示从未在规定时间内完成学习任务（见图7-19至图7-21）。这一方面反映出部分西藏学生学习积极性不高，惰性较强；另一方面也反映出散插班的学习任务，对于西藏学生而言难度比较大，知识点没有掌握和理解，不能运用所学知识来解决学习中的问题，因此有四成学生难以在规定时间内完成学习任务。

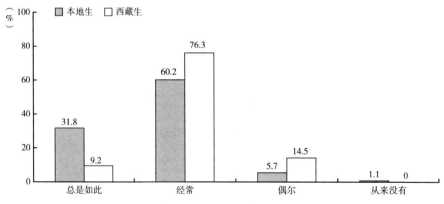

图7-19 "老师讲课时会专心听讲"统计

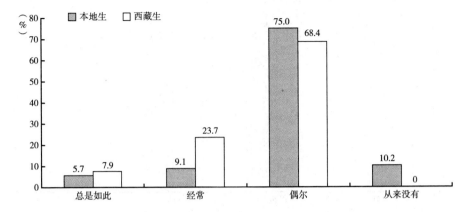

图 7 - 20 "学习时我很容易分心" 统计

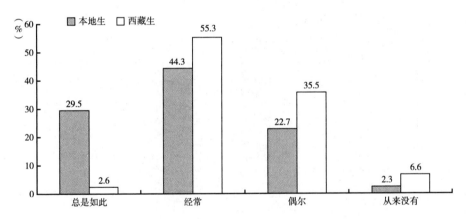

图 7 - 21 "我能在规定时间内完成学习任务" 统计

学习方法与学习策略方面，西藏学生与本地学生的差异最大，主要表现为本地学生较西藏学生而言，学习计划性更强，本地学生中有62%的人经常有计划地学习，78.4%的人经常根据实际情况对学习计划进行调整，而西藏学生经常有计划地学习的人数不足半数，经常根据实际情况对学习计划进行调整的人数占59.2%（见图7-22、图7-23）。可见，西藏学生的学习常带有很强的随意性和盲目性。

本地学生学习中的方法意识更强，60%左右的人会经常与同学交流和探究学习方法，而西藏学生的这一比例仅为30%左右（见图7-24）。访

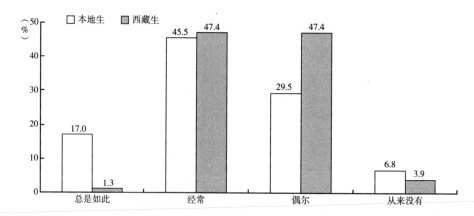

图 7－22 "我总是有计划地学习"统计

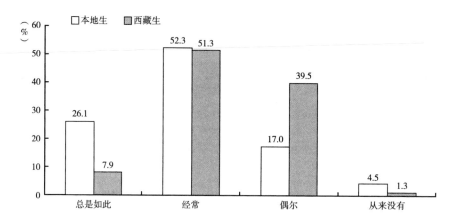

图 7－23 "我经常根据实际情况对计划进行调整"统计

谈中内地西藏班的老师也反映，西藏学生的学习方法比较欠缺，很多人仍靠死记硬背学习。访谈中有散插班学生说出了他们不爱与本班学生交流的原因：学习上，老师讲课稍快，不适应，作业多、科目难，大家互相交流，但交流不出什么，也不喜欢问，不问汉族学生，不敢问，不愿意问，心里有隔膜，觉得自己与大家不同。可见，西藏班的学生不愿意和班上的其他同学就学习中遇到的问题进行讨论，一是因为他们的基础知识差，不敢去问，存在着自卑心理；二是不愿意问，在文化和心理方面的差异也是阻碍他们相互交流的障碍。

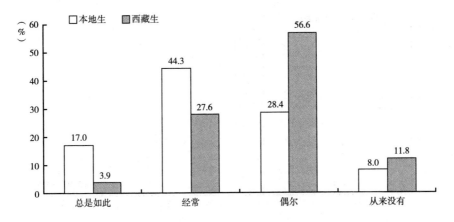

图7－24 "我常常与同学交流和探讨学习方法"统计

　　本地学生的复习更讲究策略。在"我会经常把所学的内容进行综合归纳"这一问题上，有18.2%的本地学生选择了总是如此，选择经常的人数比例为40.9%，而西藏学生选择总是如此的仅占2.6%，选择经常的人数比例为23.7%；80.7%的本地学生会经常在复习时注意检查自己以前的错误和不足，西藏学生的这一比例为69.8%（见图7－25、图7－26）。也正是由于部分西藏学生复习时不注意检查自己以前的错误和不足，导致他们作业中出现的错误还会再次出现。

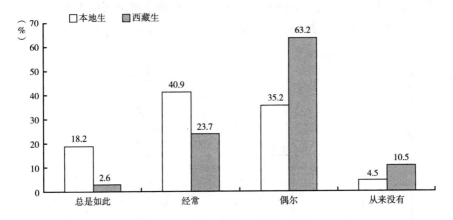

图7－25 "我会经常把所学的内容进行综合归纳"统计

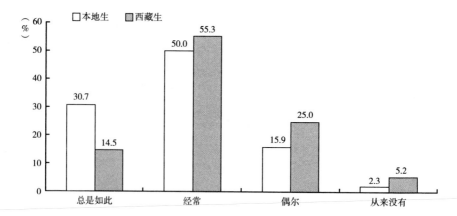

图 7 – 26 "复习时注意检查自己以前的错误和不足"统计

西藏学生与本地学生的课业适应差异主要体现在上述方面，在其他项目上二者差异不显著。

（二）人际交往

从师生关系来看，西藏生与本地生仅在"主动请老师协助解决课业上的疑难"一项上存在较大差异，本地生有半数以上会经常主动请老师协助解决课业上的疑难，而西藏生这一比例则仅占 23.7%（见图 7 – 27）。在师生关系的其他项目上二者差异不显著。这也从一个侧面反映出西藏生在学习上不够积极主动，访谈中，教师们普遍反映西藏学生的学习动机不强。

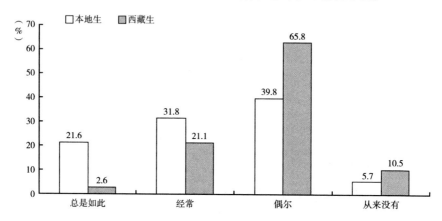

图 7 –27 "主动请老师协助解决课业上的疑难"统计

从同伴关系来看，在散插班，由于绝大多数是本地生，每个班西藏生只有四五个，所以相对于西藏生来说，本地生的同伴关系适应会更容易些，而西藏学生由于生活习惯、宗教信仰等不同，在同伴关系适应上可能会遇到的问题更多。但从研究结果来看，除个别项目外，二者差异并不大。差异比较明显的主要体现在以下几个方面。

　　在"同学们都喜欢和我一起玩"项目上，有90%左右的本地生认为同学们经常喜欢和他们一起玩耍，西藏生有约67%表示有同感，但仍有31.6%的西藏生表示只是偶尔会有同学喜欢和自己玩。也正因为如此，20%多的西藏生会经常感觉在班上很无助。具体见图7-28和图7-29。

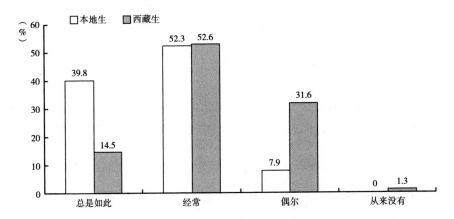

图7-28　"同学们都喜欢和我一起玩"统计

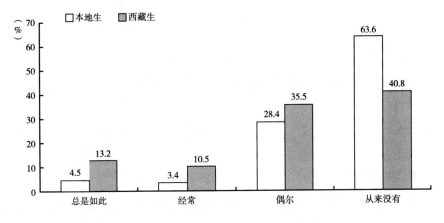

图7-29　"觉得在班上很孤立无助"统计

在"鼓励和关心同学"项目上，二者总体上差异并不大，都有85%以上的人会经常鼓励和关心同学。具体见图7-30。

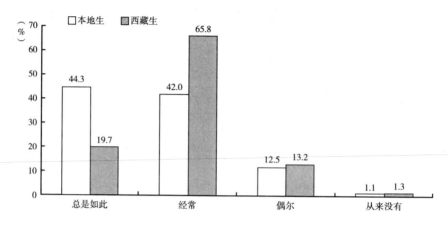

图7-30 "鼓励和关心同学"统计

在"获得同学的信任和喜爱"项目上，本地生有85%左右的人能总是或经常获得同学的信任和喜爱，高于西藏生近13个百分点。见图7-31。

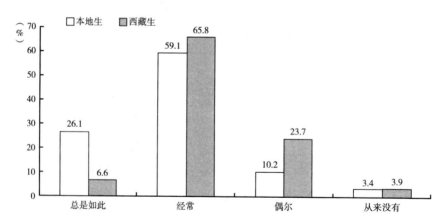

图7-31 "获得同学的信任和喜爱"统计

（三）自我接纳

在自我接纳方面，西藏生和本地生并无明显差异，基本上都可以正确认识自己，能够接受自己的优缺点，也可以客观全面地评价自己，既认为自己有所长，也知道自己身上存在着不足。但对于在学校中的表现，却有不同。

本地班的学生有 44.3% 的人认为自己总是生活得很快乐，西藏生的这一比例仅有 14.5%，有 30% 左右的西藏生只是偶尔感觉生活得很快乐，另有 6.6% 的人认为自己从来没有生活得很快乐。这可能与西藏生远离亲人，在散插班学习压力大等因素有关。见图 7-32。

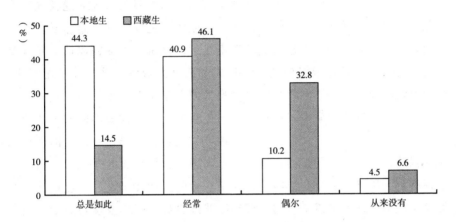

图 7-32 "我生活得很快乐"统计

本地生中有一半左右表示经常满意自己在学校中的表现，但西藏生中只有 30% 多表示满意。这也间接反映出在与本地生的比较中，西藏生在学习上更不自信。见图 7-33。

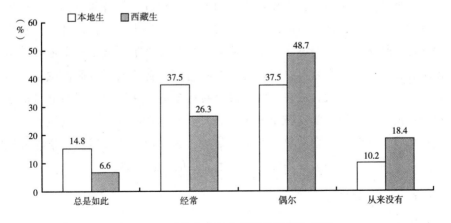

图 7-33 "满意自己在学校的表现"统计

三 研究结论与对策建议

（一）研究结论

从总体上看，西藏中学生在内地学校适应状况良好。独立建校式、混校独立编班式和散插式三类教学模式下学生学校适应存在一定差异，课业适应差异主要体现在独立建校式教学模式下西藏生的作业完成情况和课堂回答问题情况明显好于混校独立编班式和散插式教学模式。在学习习惯、学习方法与策略方面不同教学模式类型的西藏学生差异不显著。在人际适应上，独立建校式教学模式下师生关系更亲近，散插式教学模式下的西藏生由于与内地生在民族文化、民族心理等方面存在差异，在班上的孤立感也更强些，但在学习同学的长处与优点问题上，散插式教学模式下西藏生表现得更为积极。在自我接纳上，西藏学生的自我接纳良好，这也从一个侧面反映出内地西藏班学生的心理健康状况良好，但涉及学习方面，西藏生的自信心不足，散插式教学模式下西藏生表现得更不自信。在内地西藏独立校，学生的快乐感更强。研究还发现，在内地西藏学生的学校适应上的性别差异总体不显著，但在个别项目上也存在一些差别，比如在交作业问题上，女生就更为主动。但在自我接纳方面，男生表现得更为积极乐观。

从西藏生与本地生在学校适应上的差异比较看，二者的差异主要体现在课业适应方面，西藏生的课业适应明显不如本地生，具体体现在西藏生的学习习惯不佳，学习方法与学习策略欠缺，这也是西藏生与本地生学习成绩存在差异的一个重要原因。而在人际适应、自我接纳方面西藏生与本地生之间差异并不大，仅在个别项目上有些差异。课题组在对西藏自治区拉萨市的一所普通中学（拉萨三中）进行补充调查时发现，区内西藏生与内地西藏生在学校适应上总体差异不显著。这也说明学习习惯、学习方法与学习策略等方面的欠缺是西藏中学生面临的普遍问题。

（二）对策建议

为了促进西藏学生更好地适应内地的学习和生活，内地西藏班的教育教学应注意以下几个方面的问题。

首先，要加强内地西藏班的师资队伍建设。很多教师在接受完师范教育以后，就很少会进行专门的教育学、心理学知识的学习，即便有学校安排的培训，也是学科方面的知识培训，多元文化教育方面的培训更欠缺。作为内地西藏班的教师，教学对象具有特殊性，这就要求教师要去了解学生的文化特点和特殊需求，不断提高自身的教育教学能力。在实际教学中，针对西藏学生学习自信心不足的状况，要多加鼓励，布置作业、课堂提问要分层次，给予他们更多的认可和表达机会；针对西藏学生学习方法和学习策略等方面存在欠缺的实际，在教学中教师要合理引导，可以和学生一起研究教育心理学中的相关问题，帮助学生认识自己的认知特点，组织学生定期交流学习经验，共同探讨学习方法与学习策略，调研中内地西藏班学生对这方面的需求也比较强烈；针对西藏学生学习习惯不佳的情况，在日常教学中，注意培养学生良好的学习习惯，如课前预习、课后复习、善于总结归纳、合理安排时间等。对于一些问题突出的学生，要加强个别辅导。同时，要营造良好的班风、学风，促进同学们相互帮扶，共同进步。当然，由于内地西藏班的教师不仅要承担教学工作和任务，而且肩负着管理西藏生的生活问题，工作量会增大许多。因此，要切实保障内地西藏班教师的福利待遇，创造良好的工作环境和工作氛围。

其次，要加强学校的学生管理，重点做好如下几个方面的工作。一是入学前的宣传。学校在发录取通知书时，在通知书上附上新生入学手册，详细介绍学生未来的生活情况、学习情况，让学生提早了解情况，提前做好准备，以更积极的心态进入学校。二是入学后的新生教育。学生入学后，通过讲座、参观、经验交流等方式让学生对学习生活有直观的感知。三是建立学生学习成长档案，以全面了解每个学生的特点，更有针对性地进行辅导和教育。四是心理健康教育。做好心理健康排查工作，做到学生心理健康问题早预防、早发现、早治疗；做好学生的职业生涯规划指导，强化学生学习的深层动机，为学生积极主动学习打好基础。

第八章　内地西藏班学生学习方式现状调查研究

　　"学习动机和学习策略是不可分割的整体，称之为学习方式。学习方式决定了学习效果，不同的学习个体对学习的认识不同，采用的学习方式不同，导致学习结果上的质的差别。"[①] 如何提高学生的学业成绩和教师的教学成效始终是内地西藏班的日常教学和管理工作中的主要任务。学业成绩主要受学生个体内部的驱动力和外部的学习策略影响，现有研究也已证明，学生的学习方式对学习成绩有着至关重要的影响。研究内地西藏班学生的学习方式，不仅可以帮助学生真实地了解自己的学习动机强度和学习策略使用状况，进而提高自身的学业成绩，而且也可以帮助教师对不同学习动机强度和学习策略使用水平的学生采取有针对性的教育教学，做到因材施教。

　　"学习方式"（learning style）这一概念最早由美国学者赫伯特于1954年提出。[②] 但究竟何为学习方式或学习风格，中外学者各有不同的观点。本课题组认为，学习方式是指，学习者在学习过程中，为了实现学习目的，对学习活动表现出的一种倾向性，并伴随这种倾向性产生的为提高学习效率的任何活动。它应该包括学习者的学习动机和学习策略。学习动机是指激发个体进行学习活动、维持已引起的学习活动，并引导行为朝向一定学习目标的行为过程。学习动机可以从学习目的和学习兴趣等方面来反映。学

---

① 黄黎明、高凌飚：《学习方式研究对我国教学的启示》，《教育科学研究》2002年第2期，第30～35页。

② 谭顶良：《学习风格论》，江苏教育出版社，1995。

习策略是指学习者在学习过程中为了完成学习任务，以提高学习效率的任何活动，其中学习方法是学习策略的一个重要组成部分。因此，本研究把学习方式的考察重点放在学习目的、学习兴趣和学习方法三个方面。

一　研究方法与抽样

本研究重点采用了问卷法、访谈法和观察法。采用问卷调查可以获得客观的研究数据，进行深入访谈能够了解学生真实的想法，通过课堂观察可以在真实的教学情境中观察学生的学习状态。

为了获得内地西藏班学生学习方式的整体情况，研究使用了国内外比较通用的问卷——比格斯学习过程问卷（2001）[①]。该问卷由深层学习方式和表层学习方式两部分组成，每一部分各有 11 个小题，合计共有 22 个题目。深层学习方式由深层学习动机和深层学习策略组成。其中，深层学习动机有 7 个题目，深层学习策略有 4 个题目。深层学习动机题目序号为：1、5、9、13、17、19 和 21。深层学习策略题目序号为：2、6、10 和 14。表层学习方式由表层学习动机和表层学习策略组成。表层学习动机共有 4 个题目，表层学习策略共有 7 个题目。表层学习动机题目序号为：3、7、11 和 15。表层学习策略题目序号为：4、8、12、16、18、20 和 22。每一试题均有 5 个备选选项，分别为 A——完全不符，B——基本不符，C——有时符合，D——基本符合和 E——完全符合，分值从低到高，分别为 1分、2 分、3 分、4 分和 5 分。

经过前期调研和问卷测试，课题组发现不同教学模式下的内地西藏班学生学习方式存在的差异不大，因此，本研究把内地西藏班学生作为一个整体来研究学习方式问题。研究采用分层抽样方法，在北京西藏中学、河北师范大学附属民族学院高中三个年级中每个年级随机抽取一个班级的学生作为被试样本，两所学校的样本总量分别为 129 人和 128 人，样本的具体分布情况见表 8 - 1。

---

① 《学习过程问卷》第一版为 1987 年版本，该问卷为最新版本。该问卷是在本课题组与澳大利亚心理学家比格斯教授的通信过程中获得的，原文为英文版本，调查所用问卷由英文翻译成中文。

表 8-1　内地西藏班调研学生基本数据

单位：人

年级	性别		民族		班干部	就读初中		家庭所在地	
	男	女	藏族	其他		内地班	区内	城镇	农牧区
高一	55	61	112	4	35	77	39	69	47
高二	19	53	70	2	27	50	22	46	26
高三	28	41	68	1	21	63	6	41	28
合计	102	155	250	7	83	190	67	156	101

所有问卷均采用现场回收方法，回收率为100%，问卷信度为0.80。

为了翔实地了解内地西藏班学生的学习方式，本研究特选取了北京西藏中学高中三个年级的6名学生作为访谈对象进行了深入的结构式访谈。其中每个年级两名，男女生各一名。此外，研究也对北京西藏中学的学校领导、教学主任和部分学科教师十余人进行了访谈。通过与教师的访谈，可以帮助课题组从学校管理者和教学一线教师的视角，来了解内地西藏班学生学习情况。

同时，本研究还通过随堂听课对学生上课是否有睡觉现象、学生上课是否记录笔记、教师提问学生的频率、学生回答问题情况、教师对学生的评价等进行了观察，以全面地把握内地西藏班学生学习方式的整体情况。

为了更好地了解内地西藏班学生学习方式的特点，研究还选取了北京市朝阳区一所普通中学北京市——九中学的学生100人（高一、高二两个年级）做了补充调查。——九中学与北京西藏中学在一个区，整体教学水平与西藏中学的相差不大，二者比较可以帮助我们更好地了解西藏班学生与普通班学生学习方式的差异，进而更清晰地把握内地西藏班学生学习方式的特点。

二　内地西藏班学生学习方式总体分析

本研究在充分运用访谈资料的基础上，结合运用比格斯"学习过程问卷"（Learning Process Questionnaire，2001，以下简称学习过程问卷）调查获得的统计数据，对西藏班学生学习方式的总体状况进行了分析。

（一）内地西藏班学生学习方式的特点

学习过程问卷中的学习方式由学习动机和学习策略两部分组成，具体可以分为表层学习方式和深层学习方式。

表层学习方式由表层学习动机和表层学习策略构成。表层学习动机是指学生为了应付学校的检查、通过学校组织的考试而进行的学习；表层学习策略是指一些应付型的、肤浅的、消极被动的学习方法。

深层学习方式是由深层学习动机和深层学习策略组成。深层学习动机是指学习者为了掌握知识、获得技能而学习，对学习充满了兴趣。深层学习策略是指一种积极钻研的、探索性的、主动的学习方法。

表8-2　内地西藏班学生学习方式平均分数 *

	学习动机		学习策略		学习方式	
	深层	表层	深层	表层	深层	表层
西藏班	3.313 **	3.523	3.373	2.437	3.335	2.832

*　此处的内地西藏班为北京西藏中学和河北师范大学附属民族学院。

**　最低分为1，最高分为5。

结合表8-2，本研究认为：

第一，学习方式方面，内地西藏班学生整体以深层学习方式为主。深层学习方式得分3.335，表层学习方式得分2.832。

第二，学习动机方面，内地西藏班学生以表层学习动机为主，伴随深层学习动机。主要表现为西藏班学生学习兴趣不浓，学习的目的主要是增长见识和为将来求职做准备。深层学习动机主要表现为学习目的是获取知识。

第三，学习策略方面，内地西藏班学生以深层学习策略为主，伴随表层学习策略。

深层学习策略主要表现为西藏班学生在学习的过程中重视学习方法的选择，并且能够根据不同的学习任务和学习科目做出适当的调整。表层学习策略主要表现为学生在某些情况下会把识记记忆作为通过考试的学习方法。

（二）学习目的

通过访谈与问卷调查可知，西藏班学生在内地班学习的目的主要有学习知识、增长见识和为将来求职做准备。

1. 学习知识

西藏班学生学习的首要目的是学习知识，即有部分学生以深层学习动机为主。与区内的学校相比，内地班的办学条件更加优越。在教学水平、教学质量、师资队伍、教学理念和教学设施等方面，西藏班都要好于区内的学校。学生在这里能够享受到优质的教育资源，可以充分利用学校和周边的条件来学习。在某种程度上来说，西藏班实行的是寄宿制管理，学生除了特殊情况可以请假外出外，其他的时间一般都在学校。这样可以保证学生在学校中有充裕的时间用来学习。此外，由于远离了父母，学生的独立自主能力有了比较大的提高，也认识到了学习的重要性。

访谈案例 8 - 1

访谈者：为什么要来内地读书，是家长还是自己的决定？

S11：初中的时候吧，自己也想来，小学的时候老师基本上给我们讲，去内地的话学习条件会很好，但是在区内读的话，父母在身边，怕会被宠坏。每天学习的时间也很少，放学之后就可以直接回家，也有不回家的时候；在内地肯定不一样，每天学习的时间会很多，不能随时外出，外出的话也算是违纪的，到内地的话，对自己的学习成绩有很大提高。

在与学校教师的访谈中了解到，当前学校"面临着一个最大的问题就是如何提高学生的分数"。学校也把传授知识、提高学生成绩作为一个主要的任务。为了让学生能学到更多的知识，打好基础，内地西藏班每天晚上都会有 2 ~ 3 节的晚自习，周六周日也会安排补课。

2. 增长见识

增长见识是西藏班学生来到内地学习的另外一个目的。这可从与学校领导、教师和学生的访谈中得知。

在与北京西藏中学的领导访谈时了解到，学校为了开阔西藏班学生的眼界，实施了一项名为"走出去"的政策，即在节假日的时候带领学生参观博物馆，参加电视台的相关节目，还会参加一些与西藏有关的纪念活动和新闻发布会。北京作为祖国的首都和政治中心，这里有许多著名的博物馆，如民族博物馆和国家博物馆等，学生参观这些博物馆不仅可以了解到相关的知识，而且也开阔了他们的视野。

接受访谈的老师T18说"北京的机会多，在我们学校露面的机会很多"。由于北京西藏中学是北京市重点教育援藏单位，办学一直受到了党中央和北京市领导的关心支持，胡锦涛、李岚清、陈至立、刘延东、顾秀莲、热地、阿沛·阿旺晋美、林文漪、郭金龙等领导先后到校视察指导工作。在各种活动中学生的眼界也开阔了。

访谈案例 8 – 2

访谈者：刚才你说小妹读初三，她高中想到哪里读呢？

S8：我想让她去上海或北京。

访谈者：为什么呢？

S8：我想让她去大城市，见识多一些。

从访谈中可以看出，学生S8会建议他的亲朋好友去"大城市"读书，因为在"大城市"中见识会多一些。

访谈案例 8 – 3

访谈者：为什么会选择来内地读书呢？

S10：内地吧，见识可能会比较广，各方面，机会都多一点。

访谈者：你为什么会来北京呢？

S10：北京城市可能大一些。

访谈者：出去玩过吗？

S10：我们去了天安门广场和圆明园，天安门是自己去的，圆明园是集体去的。

访谈的学生明确表示，选择到内地读书，主要是因为在内地的见识比较广，可以开阔自己的眼界。内地西藏班学生可以利用节假日去参观内地的高等院校和旅游景点，一方面可以愉悦心情，释放平日学习的紧张"压力";另一方面还可以了解内地的历史和文化,拓展自己的知识面,提升自己的人文素养。

3. 为求职做准备

调查结果显示,56%的内地西藏班学生努力学习是为毕业后能找到高薪工作(见图8-1),这与刘慕霞(2010)对湖北民族职业学院的西藏班学生学习动机的实证研究结论一致。①

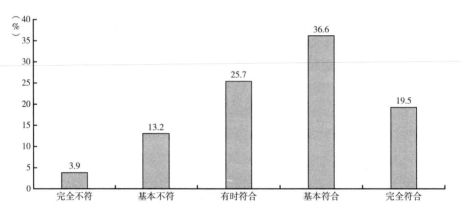

图8-1 不管我是否喜欢,都努力学好,这能毕业后找到高薪工作

接受访谈的学生认为,自己之所以要来到内地班读书,主要是因为在内地读书的经历有助于自己今后找到一份好的工作。学生来到内地以后,不仅能够享受到优质的教育资源,而且还可以提升自己的能力。学生在学校中使用普通话进行交流与写作,这可以提高学生的汉语表达与组织能力。从与内地西藏班学生的访谈中也可以看出学生的这一价值取向。比如:

访谈案例8-4

访谈者:当初为何要报考内地班?

S8:这边的环境比较好。

访谈者:内地班最吸引你们的一个地方在哪里?

----

① 刘慕霞:《内地西藏班(校)学生学习动机的实证调查与导向分析》,《西藏教育》2010年第4期,第48~50页。

S8：对于我们以后的发展有好处。

访谈者：你说的好处是指什么？

S9：找工作会有很大的优势。

访谈案例 8 – 5

访谈者：喜欢内地的学习吗？

S9：喜欢。

访谈者：为什么喜欢？

S10：就是比较锻炼自己。

访谈者：在学习上有什么大的变化吗？

S10：思维上比较灵活。

　　学生的访谈与问卷调查结果显示，内地西藏班学生在毕业之后都要回到西藏去工作。问卷调查结果显示，90%以上的学生毕业后非常愿意回到藏区工作。①

访谈案例 8 – 6

访谈者：你们俩想没想过大学毕业以后去哪里工作？

S8：回西藏。

S9：绝对会回西藏。

访谈者：为什么呢？

S8：就是想要回去。

访谈者：想要回去的想法是什么，觉得那里亲切，还是说想照顾家人？

S8：都有。

访谈者：比如说有机会，北京西藏中学需要藏语文的教师或者附近有藏学研究院，让你们留在内地，你们不考虑？

S9：还是要回去。

_____

① 此问卷调查数据来源于 2012 年 3 月对北京西藏中学所做学生学习适应性调查研究。

从访谈和问卷调查结果分析了解到，学生回到西藏工作的愿望十分强烈，即使是内地有很好的工作机会，西藏班学生在毕业后基本上要回到西藏去工作。

西藏班学生在毕业之后要回到西藏的原因主要有以下几点。

第一，心系家乡。接受访谈的学生表示，西藏现在的发展不好，与内地相比存在很大的差距。自己毕业后之所以要回西藏是想把家乡建设得更加繁荣。还有学生谈到了尽管自己在内地读书，但仍然十分关心家乡的经济和社会发展情况。

虽然这些年西藏获得快速发展，但由于地处世界"第三极"，高寒缺氧，环境脆弱，人口居住分散，发展起点低，经济基础仍然薄弱。尽管有一系列的对口援藏政策和单位，但西藏的发展还得需要自身的"造血"。内地西藏班学生回到西藏工作，运用自己所学的专业知识为西藏的经济、社会发展做出应有的贡献，正好满足了"西藏自身造血"这一要求。

第二，发挥自身优势。西藏班学生来到内地以后，增长了见识，开阔了眼界，培养了自己的综合实践能力，提高了自身的素质，更重要的是汉语表达能力有了很明显的提升，这些对于他们回到西藏工作都是一种优势。

第三，为了尽自己的孝心。内地西藏班学生小学毕业后离开父母来到内地求学，其中，初中 4 年，高中 3 年，以后大学还要再读 4 年。这样他们离开父母少则 7 年，多则长达十几年，在这期间他们很少有机会能够回到父母身边，陪伴父母。有的学生说自己在内地读初中的 4 年时间里，从来没有陪家人一起过藏历年。学生毕业以后，回到西藏可以照顾自己的父母，尽自己的孝心。

国家举办内地西藏班目的之一就是利用内地城市优质的教育资源为西藏的政治经济和社会发展培养合格的人才，从上述的分析可以看出，这一目的已基本实现。

（三）学习兴趣

学习兴趣是学习者在学习过程中产生的一种积极认知倾向或情绪状态，是内在动机在学习上的体现，是学习主动性和积极性中现实而又活跃的心理成分。学习兴趣会影响到学生的学习积极性和主动性。当学生对某一学科产生浓厚的学习兴趣时，会激发他主动探索和求知的欲望，学习积极性就会增强，学习活动呈一种积极主动的状态；相反，学生对学习内容缺乏学习兴趣，学习活动呈现一种消极被动的状态，甚至可能会导致厌学或者逃学等行为。

整体上来看，西藏班的学生学习兴趣不浓、学习动力不足、学习积极性和主动性不强。刘慕霞（2010）对内地西藏生学习动机的调查结果也显示，3/4 的学生对学习没有兴趣、缺少求知的欲望，大多数的学生是被动学习。这与本研究的结果基本一致。

1. 学习兴趣不浓

从与教师的访谈中得知，西藏班的学生不愿意上课，对学习不感兴趣。在深入课堂观察时发现，当老师说正式上课的时候，有部分学生却对老师提出了先看视频再上课的要求。问卷调查结果显示，西藏班中有一半左右的学生对学习内容不感兴趣，如图 8-2 所示。

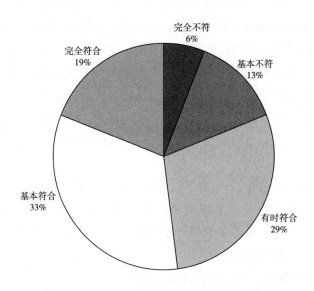

图 8-2　我学习的动力来自对学习内容的兴趣

访谈中一线的老师们也认为调动学生的学习兴趣是内地西藏班教学面临的最大问题。比如：

访谈案例 8 - 7

访谈者：您作为在内地班工作多年的教师，认为内地班的教学和普通班的教学最大的区别是什么？

T17：我是教语文的，是这样，第一是有兴趣，让他对你的课有兴趣，让他喜欢你的课，然后才决定你要教的东西。

访谈者：内地西藏班的学生与普通学校学生之间有哪些区别呢？

T19：对于他们来说，兴趣是最好的老师，要想教好他们，必须得有兴趣，兴趣是第一位的。

访谈案例 8 - 7 中，接受访谈的两位老师都表示，要想给西藏班学生上好课，首先要培养他们对学习内容的兴趣，然后才能够进行正常的课堂教学。

老师 T17 是教语文的，具有多年的内地班教学工作经验。课题组成员在深入课堂观察的时候发现，该老师为了培养学生对语文学科的兴趣，会在讲课前让一名学生站到讲台上给全班同学出一道脑筋急转弯或者和语文相关的思考题，然后让在座的同学们思考回答。学生们很积极地回答问题，课堂气氛十分活跃。这个"提问—回答"的整个过程有 10 分钟左右的时间，虽然可能会占用课堂的教学时间，但在接下来的上课过程中，学生不但积极回答老师的提问，说话的声音也有明显的提高。在听过其他老师的课后比较发现，该老师的课堂效果和课堂气氛较好。

另一位接受访谈的男老师说，他班级上的男学生对篮球很感兴趣，要是在上课的时候能和他们聊几句有关 NBA 的赛事，学生上课的热情和兴趣就会明显提高。

课题组成员经过较长一段时间的随堂听课观察发现，学生对老师讲课的内容不感兴趣，主要的表现就是上课睡觉。几乎每节课都有学生在睡觉，时间长短不同。有的学生刚开始打瞌睡，邻桌的同学会提醒一下，过了没多久，又继续打瞌睡。

从对学生的访谈中也可以了解到相同的情况。

访谈案例 8 - 8

访谈者：你上课会睡觉吗？

S8：一般不会睡觉。

访谈者：我看咱们班有睡觉的情况。

S8：有。

访谈者：他们为什么会睡觉呢？

S8：可能有一些不想听，大部分是听不懂，控制不住自己。

访谈者：为什么会听不懂？

S8：我觉得有一些是基础问题，有一些是因为前面没有思考。

访谈的学生告诉我们，班上的同学之所以会睡觉，可能是因为他们没听懂老师的课程内容。可见，听不懂老师讲课的内容是学生学习兴趣不浓、课上睡觉的一个重要原因。

2. 学习积极性不高

受学习兴趣的影响，西藏班学生的学习积极性和主动性也不强。访谈的一位老师说"学生的被动性很强"，"高一和高二的学生很少去主动地找老师"，"总的来说，他们还是缺乏奋斗，对政策的依赖性比较强"。另一位老师则说："费脑子的事他们不做"，"不爱读书，布置看的（作业）不看"。

这说明西藏班的学生学习比较被动，积极性不高。有一位老师则直接说"这里的学生没有自觉性"。

教师们认为造成西藏班学生学习积极性不高的原因有以下两方面。

第一，政策方面。因为内地西藏班学生在高考升学的时候，淘汰率很低，他们几乎都可以上大学，所以平时学生的学习积极性不高。

第二，学生方面。学生的学习态度不端正，认为只要自己在高三的时候稍微努力，便可在享受政策照顾的条件下考上大学。所以在高一和高二的时候学习不用功。这可以从课题组成员的观察和访谈中得到印证。

访谈案例 8 - 9

访谈者：学习过程中你会总结一下规律性的东西或者学习方法吗？

S8：不会去总结，没有那种意识。老师会帮我们总结，但是我们自己不会去总结。

从访谈中可以看出，一方面西藏班的学生自主学习的意识比较差；另一方面是消极等待教师的帮助。内地西藏班学生的学习仍是以接受学习为主，尽管接受学习能够使学习效率最大化，但是却不利于形成学生的自主学习能力，甚至还可能会助长学生的"惰性"。

问卷调查结果显示，超过七成左右的学生表示自己不能够及时复习当天老师在课堂上讲过的知识点和内容，如图8-3所示。

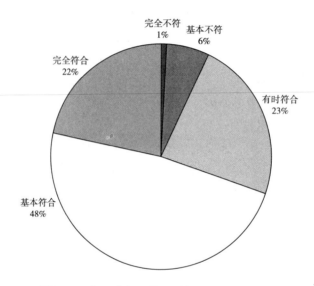

图8-3 每天我都不能及时复习当天所学内容

因为内地西藏班学生学习积极性不高，所以他们学习也不够努力。受访的老师表示，尽管会给学生布置作业，但仍有部分学生找各种理由不去做。

（四）学习方法

学习方法是指学习者为了完成学习任务所采取的手段和途径，主要受学习目的和学习内容的影响。研究通过访谈并结合问卷统计结果显示，内地西藏班的学生重视选择自己的学习方法，并且还会根据考试题型来调整自己的复习方法。但是在学习活动中，他们的学习方法还不是十分有效。由于自身基础知识较差，在学习过程中，不能够对所学知识进行迁移。

1. 重视学习方法

课题组从访谈中了解到，西藏班学生在课堂上能够认真做好笔记，而且也会总结学习方法，并且针对不同的科目有不同的学习方法。

　　课题组在深入课堂观察的时候也发现，西藏班学生基本上都会做笔记，有的学生还会使用不同颜色的笔来标明重点。

访谈案例 8 – 10

访谈者：你刚才说物理成绩不好，原因是什么？

S8：做题少。

访谈者：有没有死记硬背的？

S8：没有，一般是理解。

访谈者：语文、英语会不会想一些特殊的办法？

S8：现在有一本书，以图片的形式，更快地记住。

　　从访谈案例 8 – 10 中可以看出，该生认为考试成绩不好是因为自己在平时学习中做题不够多，导致自己没有掌握知识点。如果学生认为做的题越多，就会加深知识点的学习和理解，那么学生在学习的过程中有可能会陷入题海战术。题海战术只是把相关的知识点重复，而并没有真正理解和掌握。

　　学生在学习的过程中一般也不会把死记硬背作为一种学习方法。问卷调查结果显示，约有90%的学生不赞成把死记硬背作为学习的良好方法。

访谈案例 8 – 11

访谈者：有自己的学习方法吗？

S10：有。

访谈者：比如说？

S10：自己总结，课前预习、课后复习。

访谈者：老师讲过的会当堂复习吗？

S10：有的时候能，有的时候不能。

访谈者：自己会总结学习方法吗？

S10：课堂的笔记之类总结一下。

访谈者：课堂会做笔记？

S10：对，每门课都会做。

访谈者：笔记在下课后会看吗？

S10：会看。

访谈者：考试之前会复习吗？

S10：可能几周之前就会复习，后来的几周可能会紧一些。

从访谈案例 8 - 11 中可以看出，学生不但有自己的学习方法，而且还会进行总结，但这些方法仅局限在复习或者预习上。学生即使是自己总结，也是简单地把课堂笔记进行整理，而不是对所学知识的归纳和梳理。

访谈案例 8 - 12

访谈者：你有什么样的学习方法呢？可以结合学科来说。

S11：比如数学吧，数学平时每道题做完之后就感觉会了，不会去反思总结。现在的话，多做一些难题，如果不会的话就去问同学。数学成绩要想提高的话，有两个方法：第一，多做难题；第二，经常看自己做错的题。

访谈案例 8 - 12 中的学生不但给出了自己学习数学的方法，还会对自己的学习方法进行反思。

从上述三段访谈资料中可以发现学生的学习方法会因所学科目而异，说明他们在学习过程中能够针对不同的学科选择不同的学习方法。但是他们有一个共同的观点就是做题越多，在考试中就能考取高分。这一方面说明内地西藏班的学生没有掌握良好的学习方法，更重要的说明他们对于知识的理解程度不深，不能够做到"举一反三"，触类旁通。

问卷调查结果显示，半数以上的学生表示，自己经常会在学习的过程中考虑所用的学习方法是否得当。这说明，内地西藏班大部分学生在学习的时候注重了学习方法的选择，如图 8 - 4 所示。

问卷调查结果显示，65％的学生表示，考试题型是影响学习方法调整的一个因素，如图 8 - 5 所示。

这一方面说明，西藏班学生很看重每一次的考试。另一方面说明，西藏班学生没有一种相对固定的学习方法。学校中的考试，少则一个月组织

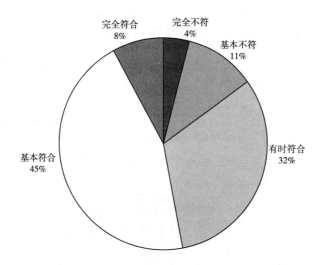

图 8 - 4 学习中，我常想想自己的学习方法是否得当

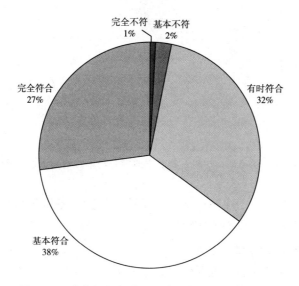

图 8 - 5 我会根据考试题型来调整自己的学习方法

一次，多则一个星期一次。如果学生在每次考试的时候都要调整学习方法，这样就会导致学生没有一种相对固定的学习方法。

2. 学习不能迁移

学习迁移，是指一种学习对另外一种学习的影响，或者已经习得的经验对完成其他活动的影响。[①] 学习的迁移能够使个体原有的经验得到不断的改造、概括和系统化，能够有效调节个体的活动，解决实际的问题。此外，有效的迁移能够帮助学习者在有限的时间内学得更快、更好。

研究通过访谈与问卷调查显示，在学习迁移方面，内地西藏班大部分学生不能在所学过的知识之间寻找联系并发现其中的规律。

比如，不足半数的学生表示自己基本上会把新知识与所学过的知识联系起来，如图 8－6 所示。

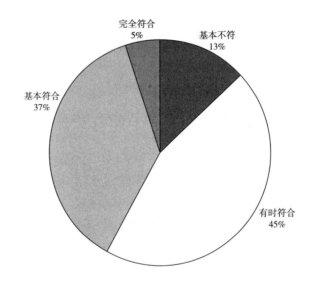

图 8－6　学习新知识时，我总喜欢把它与学过的知识联系起来

在学习过程中由于西藏班学生知识储备量少、基础知识薄弱、学习积极性和主动性差等，他们不能把所学知识进行迁移。

3. 学习缺乏计划性

学习的计划性是指为控制学习者未来的学习过程以达到预期的学习目的，对一定时间内的学习活动做出的具体规定。制订学习计划，能够促进学生学习目的的实现，增强学生学习的主动性和积极性。

内地西藏班学生在学习过程中比较盲目，缺乏计划性。问卷调查结果显示，一半左右的学生表示自己没有长期的学习计划，如图 8－7 所示。

---

① 林崇德：《教育心理学》，人民教育出版社，2000，第259页。

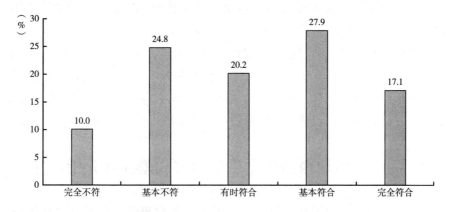

图 8-7 我没有一个长期的学习计划

超过20%的学生表示自己不能够有效安排每天的学习时间，如图8-8所示。

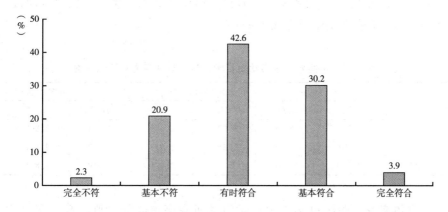

图 8-8 我能有计划地安排自己每天的学习时间

问卷统计结果与受访学生的讲述基本吻合。比如，访谈中的学生S8说"考试之前会做一些计划，考试前一周做计划。但是平时不会做。想起来什么就学什么"，"比如物理弱一些，会在考试前重点突击一下。平时是无意识地看"。这说明，内地西藏班的学生只会针对考试做出学习计划，同时也可看出西藏班学生对考试的重视程度。西藏班学生不仅缺乏学习计划，而且学习具有盲目性。学习计划的安排是学生对于自己学习时间的一个管理和把握，由此可以看出，西藏班学生在时间管理上存在着一些问题。

内地西藏班学生学习缺乏计划性的原因可能是以下三点。第一，学生没有掌握良好的学习方法。第二，学习的积极性和主动性不强。内地班学生对所学知识没有兴趣，导致其消极被动地学习。第三，时间管理意识薄弱。对时间管理的意识薄弱，也可能导致西藏班学生不能制订学习计划。

三 内地西藏班学生学习方式差异性分析

研究运用"学习过程问卷"分析了内地西藏班学生学习方式在年级、性别、就读初中与学校类型上的差异性。

（一）年级方面

通过分析表8-3的数据可以看出，内地西藏班学生以表层学习动机、深层学习策略和深层学习方式为主。

表8-3 不同年级学习动机、学习策略与学习方式平均分数

年级	学习动机		学习策略		学习方式	
	深层	表层	深层	表层	深层	表层
高一	3.319	3.605	3.333	2.449	3.324	2.869
高二	3.356	3.543	3.388	2.513	3.367	2.887
高三	3.353	3.503	3.343	2.421	3.349	2.815

具体来说，西藏班学生表层学习动机在高一年级最强，高二年级次之，高三年级最弱，即表层学习动机随着年级的增高而减弱。深层学习动机在高二年级的时候最强，高三年级次之，高一年级最弱。因为高一年级的学生刚进入到一个新鲜和陌生的学习环境，面对新增加的课程和周围新鲜的事物，都充满了好奇。因为来到了内地班，为了证明自己的"实力"，所以学生会很看重考试的分数。到了高二年级，已经熟悉了学校周围的环境，也证明了自己在内地班的"实力"和"能力"，于是开始对自己感兴趣的学科和知识进行学习，而且要为升入高三年级做准备，因此这个时候的深层学习动机最强。而到了高三年级，依然是表层学习动机分数高于深

层学习动机分数，这主要是因为高三的学生会面临着高考升学的问题，他们希望自己能够在每一次的考试中取得一个优秀的分数，期望自己能够在高考的时候取得高分，顺利进入高等院校读书。

学习策略方面，高中三个年级的学生均以深层学习策略为主。三个年级中，高二年级的学生在深层学习策略和表层学习策略方面得分最高。这是因为，高二年级的学生一方面为了能够掌握学习的内容和知识点，往往会对某一问题进行深入的探讨和学习。另一方面他们要为将来升学做准备，为了能够尽快地提高分数，也会选择一些应付考试的学习方法和技巧。

（二）性别方面

本研究认为，女生学习动机要强于男生。刘慕霞（2010）对内地藏族生学习动机调查结果也显示，女生的学习动机整体水平要高于男生。与本研究得出结论基本一致。

表8－4　不同性别学生学习动机、学习策略与学习方式平均分数

性别	学习动机		学习策略		学习方式	
	深层	表层	深层	表层	深层	表层
男	3.257	3.334	3.278	2.543	3.265	2.831
女	3.343	3.656	3.312	2.366	3.332	2.835

从表8－4中可以看出，男女学生都以深层学习方式为主。具体来说，学习动机方面，男女生均以表层学习动机为主。这说明，内地西藏班男女生学习兴趣都不高，为了应付学校的考试而学习，希望在考试中取得一个好的成绩，能够在班级中有一个靠前的排名。女生的深层学习动机和表层学习动机得分均高于男生，说明在学习活动中，女生的学习积极性要高于男生，更愿意把时间用在学习上，而男生有可能在课外的时间里去参加一些文体活动，这与访谈中老师提供的信息也基本吻合，"农牧区的学生和女生比较勤奋"。

学习策略方面，男女学生均以深层学习策略为主。这说明，内地西藏班男女学生在学习过程中为了能够提高自己的考试分数，会选择有效的学习方法。男生的表层学习策略得分高于女生，说明在具体的学习过程中，

会为了提高考试分数而采取一些肤浅的学习方法。但是男生的深层学习策略得分低于女生，说明男生钻研和探讨的积极性欠缺。

（三）学校类型方面[①]

如表8-5所示，在学习动机、学习策略和学习方式上内地西藏班学生的得分均低于本地普通班学生。

表8-5　西藏班与普通班学生学习动机、学习策略、学习方式平均分数

班别	学习动机		学习策略		学习方式	
	深层	表层	深层	表层	深层	表层
西藏班	3.317	3.498	3.35	2.627	3.329	2.944
普通班	3.478	3.710	3.543	2.740	3.502	3.093

具体来讲：学习动机方面，内地西藏班学生和本地普通班学生均以表层学习动机为主，但本地普通班学生的强度要高于内地西藏班学生。这说明，内地西藏班学生与本地普通班学生都是为了通过学校的考试、应付学校的检查而学习。深层学习动机方面，内地西藏班学生强度弱于本地普通班学生。这说明，与本地普通班学生相比，内地西藏班学生对学习内容的兴趣不浓，学习动力不足。

学习策略方面，内地西藏班学生和本地普通班学生均以深层学习策略为主。内地西藏班学生和本地普通班学生都是为了考试而学习，但是本地普通班学生会为了提高分数而选择更加有效的学习方法。

问卷调查结果显示，学习动机方面，高二年级学生的学习动机强于高一和高三年级，女生的学习动机强于男生，普通班学生学习动机强于西藏班学生。学习策略方面，高二年级的学生学习方式使用最好，男生的学习方法好于女生，普通班学生的学习方法要优于西藏班学生。学习动机和学习策略在就读初中方面无显著差异。

---

① 学校类型方面的差异比较是北京西藏中学与北京市——九中学的比较。

四　内地西藏班学生学习方式存在问题的归因分析

本研究认为，导致内地西藏班学生学习方式问题的原因主要有三个方面：一是国家政策层面；二是学生的自身因素；三是教师方面的因素。

（一）政策因素

1. 政策照顾

相关政策的照顾是西藏班学生学习兴趣低的一个主要原因。由于受到了国家相关政策的照顾，内地西藏班学生在升学的时候淘汰率很低，不会像内地普通学生面临升学的压力。因此，西藏班学生学习缺乏动力，学习兴趣不浓。

受到西藏经济社会发展的影响，藏区的教育质量与教育水平与中东部地区相比，仍有很大的差距。国家为了培养西藏经济社会发展所需的合格人才，特选择内地具有办学优势的城市开设内地西藏班。为了达到智力援藏的目的，国家在相关政策方面给予了一定的倾斜照顾。但也因此导致了内地西藏班学生学习兴趣不浓，学习动力不足。正如访谈时有老师（T17）表达了这样的观点："主要是因为，他们被国家的政策宠坏了，因为没有升学的压力，不会遭到淘汰。"

2. 缺乏统一的评价指标

导致内地西藏班学生学习方式问题的另一个重要原因是内地西藏班缺乏统一的评价指标或衡量标准。在这样的情形下，学校的"升学率""重点率""淘汰率"等就成为默认的评价标准。

（二）学生自身因素

1. 学习动机不正确

内地西藏班学生学习动机不正确是他们学习兴趣低、学习积极性差的一个主要原因。

访谈中有学生表示，希望学校能够经常带他们出去玩一玩，看看周围的名胜古迹，可以开阔眼界，不要管得这么严。在这样的学习动机驱使下，学生关注的只会是学习之外的事情，势必会造成对学习活动的不利影响。我们并不反对学生开阔眼界，但如果是单纯地为了增长自己的见识，那么就会对学习失去兴趣，学习的积极性也不会高。

2. 学生知识储备量不足

内地西藏班学生知识储备量不足是其学习积极性差和学习不能迁移的一个主要原因。

尽管考到内地西藏班的学生均是区内成绩非常优秀的学生，但与本地学生相比，在知识储备量上仍存在较大差距。基础知识比较差，就会影响西藏学生的课堂参与和作业完成等，时间久了导致学生学习兴趣不浓，上课注意力不集中，不听老师讲解，甚至发生上课与同桌聊天、打瞌睡睡觉等现象。这些不仅会影响个人的学习，也会影响到课堂的正常教学活动，使教师的教学工作无法顺利展开，导致教学任务不能按时完成。而且教师为了能够按时完成学校的教学工作，可能会采取一些强制的教学方法和手段。受访的老师 T17 说"学生的被动性很强，可以说现在是一种灌输式的教育，探究式教学无法开展"。

在问到上课是否有睡觉的现象时，受访学生说只有少部分同学，上课睡觉只是注意力不集中和缺乏学习兴趣的表现之一。调查结果显示，约有1/5 的学生表示自己在上课的时候注意力不集中。学生上课睡觉，一方面可能是因为睡眠时间不足。受访的这位学生正在读高中三年级，尽管说录取他们的分数很低，但是为了能够进入更好的大学，有些学生会付出比较多的努力，经常利用晚上休息的时间来学习，影响了正常的休息。另一方面学生自身的基础知识薄弱，不能够把相关的知识综合运用，在课堂上不能够有效参与到教师的课堂教学中，无法跟上教师的教学进度，导致学习兴趣不高。

（三）教师层面

1. 教师过多的支持

由于考虑到内地西藏班学生基础薄弱等因素，教师在教学中往往会按部就班讲解，而且事无巨细，给学生留下的思考空间和进步空间太小。教师会把一些总结性的知识点归纳起来告诉学生。这样，一方面可以帮助学生快速地学习，掌握更多的知识。另一方面，可能会助长学生的消极被动的"等待状态"。课题组成员随堂听课时发现,当老师提问时,如果没有学生回答,老师通常不是给予启发和引导,而是"自问自答"。长此以往,学生就会形成一种惰性:反正我不回答,我不总结,老师肯定会帮我总结的。这样也会导致学生的学习兴趣低,学习积极性不高。

但这里有一个问题值得教师注意:如果教师不去把已经总结好的知识告诉学生,那么就有可能影响到进一步的教学活动和教学任务。因此,如何能在既保证教学计划顺利进行,又可以激发学生学习兴趣和提高学生积极性之间找到一个平衡点,对于教师来说是一个比较难以把握的问题。

2. 教师过少的鼓励

问卷调查结果显示,八成左右的学生在回答教师的问题之后,不能够及时得到教师的肯定或表扬(见图8-9)。

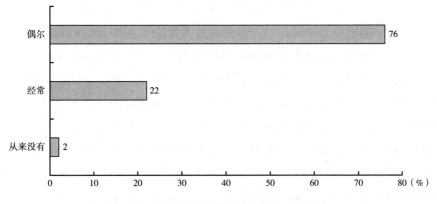

图8-9 回答问题时得到老师的肯定和表扬

教师过少的鼓励和表扬,也是内地西藏班学生学习不积极的一个原因。调查结果显示:只有不到1/4的学生能够经常得到教师的肯定和表扬。对于学生来说,在回答完问题之后,能够及时得到教师的反馈,是一种鼓励和强化。缺少教师及时正面的评价与肯定,对于学生来说是一种负强化。这种强化不利于学生积极参与教师的课堂互动,也不能够提高学生的学习兴趣。

课题组成员在深入课堂观察的时候发现,课堂中教师一方面不会经常给学生设置问题情境,让学生去深入思考问题;另一方面,在学生回答完问题之后,很少有教师对学生的答案进行点评。学生缺少教师及时肯定的评价，导致学生无法获得教师对于自己回答问题情况的反馈，这会降低学生参与课堂提问的积极性，不容易使课堂教学气氛活跃起来。

五　对策与建议

为了培养学生的学习兴趣，激发学生的学习动机，促使学生能够有效进行知识迁移，优化学生的学习策略，首先应该要从政策层面入手，制定并完善相关的教育政策；其次从学校和教师的层面出发，有针对性地对学生学习方式中存在的问题提出对策与建议。

（一）政策层面

西藏班学生学习动机不足的主要表现和原因之一就是缺乏学习兴趣，因此，如何能够培养学生的学习兴趣就成为激发学生学习动机和优化学习策略的关键所在。内地西藏班学生学习兴趣低的一个重要原因是受到了国家相关政策的倾斜照顾，导致他们没有升学的压力。为了能够提高西藏班学生学习兴趣，应该制定并完善相关政策，比如前文提到的实现弹性学制和四年制第四年收费的做法会对学生学习形成一定程度的激励。缺乏统一合理的教育评价指标也是西藏班学生学习兴趣低的一个重要原因。由于内地西藏班的特殊性，现在不同的西藏班使用不同版本的教材，缺乏一个合理的评价西藏班办学质量和成效的指标。受访的老师 T17 说"缺乏统一规范，多个婆婆，各自为政，评价指标不明确，对教学指导不够"。T18 老师也说"现在的问题就是缺乏一个有效和统一的衡量标准，连教材都不统一"。现阶段学校之间只能通过比较高考升学率和考入重点大学的学生数量来衡量不同西藏班之间的办学成就，这样就会导致学校、任课教师和学生唯"分数论"。只关心考试的成绩和分数，而忽略了学生的学习兴趣。因此，建立起一套合理的教育评价指标体系是当务之急。另外，由于西藏班学生身处内地，面对的是一个与藏文化完全不同的环境，因此，在学习和生活中会有诸多的不适应。为了让学生尽快地适应内地学习生活，激发学生的学习兴趣，应该加强对内地西藏班教师的培训，特别是多元文化教育的培训，以增强教学的针对性，提高教育教学的效果。

（二）学校层面

首先要创设条件促进教师的专业发展，提高教师的教育教学水平。教师的教学生动形象，能调动学生学习的积极性和主动性，是增强学生学习动机的最直接因素。

其次要帮助学生转变学习观念。内地西藏班学生认为学习的主要目的是能够在考试中取得好成绩，帮助自己在毕业后找到一份好的工作。学生应该要分清楚现阶段的学习目的与最终的学习目的。最终的学习目的是要促进自身全面发展，并把自己所学的知识运用到社会实践中去，实现自己的社会价值。但是，自身全面发展和社会价值的实现得需要具备一定的知识基础和相关的能力。因此，学校要帮助学生转变学习观念，明确现阶段的学习任务与学习目的。

再次要帮助学生设置合理的目标。目标设置理论认为目标本身具有激励的作用，目标能把人的需要转化成动机，使人的行为朝着一定的方向努力，并将自己的行为结果与既定的目标相对照，及时进行调整和修正，从而能实现目标。[①] 学校和教师应该根据学生的知识水平和能力，帮助其设置合理的学习目标。如果是中等难度的目标，学生在经过自己的努力之后便可达到，那么这样就可以培养学生对学习任务的兴趣，加强其学习动机；如果目标设置得太难或者太容易，都不利于学生学习兴趣的培养和学习动机的激发。

另外，学校既要重视基础知识的教学，又要重视学生学习方法的养成。良好学习方法的养成，需要学校管理者和任课教师的正确引导。任课教师的任务不仅是要完成学校制订的教学计划，把课本中的知识传授给学生，更重要的是要教会学生学习，培养学生独立自主的学习能力和学习习惯。

对于学生自身而言，为了更好地适应在内地西藏班的学习生活，不断提高学习的成效，也需要胸怀建设新西藏的远大志向，锻炼自己的意志品质，坚持不懈地努力学习。

---

① 王华、王光荣：《目标设置理论对学生学习动机激发的启示》，《沈阳教育学院学报》2005年第3期，第40～42页。

第九章 内地西藏班学生人际
交往现状调查研究

民族交往是指民族与民族之间的接触、交流和往来以及民族关系的协调，即指民族联系中的互动和民族关系的整合过程，也就是民族生存和民族发展的一种方式。① 内地西藏班自 1985 年举办以来，不仅发挥了"智力援藏"的作用，而且为西藏和内地各族青少年相互接触、交流、沟通、学习搭建了桥梁，有力地促进了民族团结进步教育，巩固和发展了平等、团结、互助、和谐的社会主义民族关系。本研究旨在调查内地西藏班学生在人际交往尤其是族际交往方面的差异，探讨不同教学模式对培养藏汉学生民族交往能力及促进民族团结的影响和作用。

一 研究方法与抽样

（一）研究方法

本研究综合运用调查法、访谈法和文献法。在运用这些方法收集原始资料的基础上，根据前人的相关理论和研究成果，自行编制《内地西藏班学生情况调查问卷》和《本地西藏班学生情况调查问卷》。

本次调查共发放问卷 517 份，在学生答题结束后，全部当场回收。问卷收回后，经仔细筛选，剔除无效问卷 35 份及来自西藏的汉族及其他民族

---

① 金炳镐：《民族关系理论通论》，中央民族大学出版社，2007，第 105 页。

学生填写的问卷 43 份，最后保留问卷 439 份。① 研究分别对 439 名内地西藏班藏汉高中生的主观题答案进行多维度分类编码后转换成封闭式选项，并运用 Excel 2003 和统计分析软件 SPSS19.0 进行数据处理。

（二）研究样本的选取

研究采用分层目的抽样的方式，抽取了 A、B、C 三所内地西藏班共计 439 名高一、高二的学生作为研究被试。有关被试的详细情况见表 9 - 1。

表 9 - 1　被试基本情况一览

学校	被试人数	藏族高中生		汉族高中生	
		高一	高二	高一	高二
A	136	67	69	0	0
B	182	53	47	42	40
C	121	27	36	30	28
合计	439	147	152	72	68

三所学校基本情况：A 校是一所专门招收西藏少数民族学生的寄宿制学校，是典型的独立建校式教学模式；B 校是一所省级示范高中，藏族学生独立编班，西藏班的教育教学、课程设置和学生活动等与当地汉族学生实行同步、完全共享，是典型的混校独立编班教学模式；C 校是一所省级重点中学，成绩比较优秀的藏族学生被散插到各班级与当地汉族学生一起学习，是典型的散插式教学模式。

二　研究结果及分析

人际关系是人与人在沟通与交往中建立起来的直接的心理上的联系，其特点包括个体性、直接性和情感性。② 内地西藏班藏族高中生在三年的学习生活中，离不开与老师、同学的人际交往，也就是说，他们都需要在

---

① 剔除 43 份问卷的原因是考虑到内地西藏班中援藏干部子女多为汉族，为避免分析族际交往时有偏差，故剔除。

② 郭念锋主编《心理咨询师（基础知识）》，民族出版社，2005，第 165 页。

学校、班级与老师、同学之间建立一定的人际关系。人际关系的外在表现形式之一就是结交朋友，建立友谊。内地西藏班藏汉高中生的人际交往既属于一般意义上的人际交往，也属于不同民族间的族际交往。因此，他们的人际交往圈以及好朋友的数量不仅是反映人际关系质量的指标，而且是反映族际交往范围和深度的指标。为调查了解这方面的情况，我们设计了主观题"请列出三个以上好朋友的名字"，调查对象是西藏藏族高中生和本地汉族高中生，主要从好朋友数量、族际交往两个维度进行分析。

（一）人际交往概况

1. 藏汉高中生好朋友数量差异比较

朋友是安全感和社会支持（social support）的一个重要来源。随着儿童年龄的增长，朋友的这种作用越来越重要。如果拥有至少一个支持性的朋友，就能在很大程度上减少那些被同伴群体排挤以及不受欢迎儿童的孤独感和受伤害程度（Hodges，Malone & Perr，1997；Hodges et al.，1999；Parker & Asher，1993；Schwartz et al.，2000）。与一个或几个朋友之间的亲密关系可以提供一种情绪上的安全感，这种安全感不仅帮助儿童建设性地面对挑战，而且使他们更容易承担其他生活压力。[1] 在三年的寄宿制生活中，内地西藏班藏族高中生远离家乡和亲人，客观条件的限制减少了他们获得来自父母的社会支持，他们更多的是在与教师、同学的朝夕相处过程中获得社会支持，与同学或老师结交朋友是反映藏族高中生获得社会支持的前提条件之一。

从图 9 – 1 可以看出，大部分藏族高中生都有好朋友，其中 44.1% 有 1~3 个朋友，43.8% 有 4~6 个朋友，11% 有 6 个以上的朋友，但也有 1.0% 的学生没有朋友。[2] 对于长期寄宿学校、远离父母的青少年来说，缺乏来自朋友的社会支持不利于缓解学习、生活等方面的压力，对个人身心发展是不利的。本地汉族高中生有 1~3 个朋友的占 93.9%，有 4~6 个朋友的占 4.1%，没有人有 6 个以上的朋友。[3] 本地汉族高中生好朋友数量

---

① 〔美〕戴维·谢弗：《社会性与人格发展》，陈会昌等译，人民邮电出版社，2012，第 501~502 页。

② 本文所用百分比数据均为有效百分比。

③ 因本地汉族高中生有 42 人未回答此问题，故在好朋友数量分析中本地汉族高中生有 42 个样本缺失。

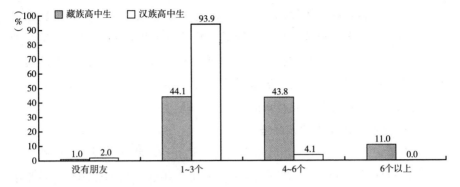

图9-1 藏族高中生与汉族高中生好朋友数量比较

少的原因可能是他们能够经常回家,大部分课余时间与家人一起度过,可以从父母及其他亲属那里获得较多的情感、信息、物质方面的社会支持。

表9-2 藏族高中生与汉族高中生好朋友数量差异比较

民族	均值	方差	标准差	极大值	极小值	均值T检验
藏族高中生	4.27	3.493	1.869	13	0	7.158*
汉族高中生	2.90	0.34	0.583	4	0	

注:* $p < 0.001$。

从表9-2可以看出,西藏藏族高中生的好朋友平均数量多于本地汉族高中生,但好朋友数量的离散程度高于本地汉族高中生,对藏族高中生和汉族高中生好朋友数量进行均值T检验,二者存在显著差异。

表9-3 藏族高中生好友中本民族以外的人数

单位:%

学校	办学模式	0个	1个	2个	3个	4个以上	合计	X^2
A	独立建校式	24.6	13.4	20.1	11.2	30.6	100.0	
B	混校独立编班式	27.0	20.0	18.0	3.0	32.0	100.0	20.414*
C	散插式	9.5	11.1	15.9	11.1	52.4	100.0	

注:* $p < 0.01$。

通过问卷客观题分析发现，70%以上的西藏藏族高中生拥有本民族以外的好朋友。经卡方检验，处于不同教学模式下的西藏藏族高中生结交的本民族以外的好朋友的数量存在显著差异，其中，学生在散插式教学模式下结交的本民族以外的好朋友的数量明显高于独立建校式和混校独立编班式，独立建校式和混校独立编班式差异不显著。

2. 内地西藏班学生的人际适应情况

问卷客观题显示，内地西藏班学生与老师互动的状况、同学之间的关系总体表现均良好且融洽。如在师生关系问题上，超过80%的教师很乐意与学生在一起，70%以上的同学从来不会讨厌某些老师或只是偶尔会对老师有不满情绪，70%以上的同学从来不会觉得和老师亲近有困难或只是偶尔会觉得有困难。在和教师的亲近感上，独立建校式明显好于混校独立编班式和散插式。在同学关系上，绝大多数同学都表示能"鼓励和关心同学"，"同学们都喜欢和我一起玩"，80%以上的同学从来没有和同学吵过架或只是偶尔有小的争执，"在班上交不到好朋友""觉得在班上孤立无助"的比例都很低。

（二）族际交往

族际交往是不同民族相互之间交融、认同的外在表现形式。本研究的族际交往特指朋友之间的族际交往。A校是独立建校式教学模式，族际交往受到客观条件限制。B校是混校独立编班式教学模式，C校是散插式教学模式，两所学校为族际交往创造了客观条件。以下将以藏汉高中生结交朋友的现象分析二者之间的族际交往状况。

表 9 - 4　处于不同教学模式下藏汉高中生族际交往情况

单位：%

学校	民族	族际交往			合计
		藏汉交往	本民族内部交往	其他	
A	藏族高中生	5.2	94.8	0.0	100.0
	汉族高中生	—	—	—	—
B	藏族高中生	13.5	82.3	4.2	100.0
	汉族高中生	17.4	78.3	4.3	100.0
C	藏族高中生	31.7	66.7	1.6	100.0
	汉族高中生	0.0	100.0	0.0	100.0

从表9－4可以看出，A校藏族高中生有94.8％的人是藏族内部交往，有5.2％的人是藏汉交往，由于受客观条件限制，藏族高中生的族际交往绝大部分是本民族内部交往。

B校藏族高中生有82.3％的人是藏族内部交往，有13.5％的人是藏汉交往；本地汉族高中生有78.3％的人是汉族内部交往，有17.4％的人是藏汉交往，可见，该校高中生的藏汉交往仅限于少部分藏汉学生之间。

C校藏族高中生有66.7％的人是藏族内部交往，有31.7％的人是藏汉交往；本地汉族高中生全部是汉族内部交往。[①] 可见，该校藏族高中生主观上比较愿意也比较认可与汉族同学交往，且藏族高中生与汉族高中生交往的比例较大。

表9－5 不同教学模式藏族高中生族际交往差异比较

单位：%

学校	教学模式	族际交往			合计	x^2
		藏汉交往	藏族内部交往	其他		
A	独立建校式	5.2	94.8	0.0	100.0	1.872*
B	混校独立编班式	13.5	82.3	4.2	100.0	
C	散插式	31.7	66.7	1.6	100.0	

注：* $p < 0.001$。

从表9－5可以看出，处于散插式教学模式下的藏族高中生的藏汉交往比例明显高于混校独立编班式和独立建校式教学模式，混校独立编班式次之，经卡方检验，处于不同教学模式下的藏族高中生族际交往存在显著差异。综上可见，藏汉合校有利于促进族际交往。

（三）人际吸引

人际吸引是人与人之间的相互接纳和喜欢。总结社会心理学家在人际吸引领域的研究，可以发现人际吸引的条件主要在于熟悉、吸引人的个人

---

① 本题主要是从主观题"请列出三个以上好朋友的名字"得出的结论，本地学生可能更多倾向于填写本地朋友。

特征、相似与互补、喜欢与爱情等方面。① 本研究中，我们以本地汉族高中生为认知主体，专门为本地汉族高中生设计了主观题"说说你对藏族同学的感受"，并从态度评价、个性品质两个维度分析藏族高中生赢得本地汉族高中生接纳和喜欢的群体特征或个人特征，初步了解汉族高中生在藏汉交往过程中形成和持有的对藏族高中生的态度。

态度（attitude）是个人对特定对象以一定方式做出反应时所持的评价性的、较稳定的内部心理倾向。瓦格纳（R. V. Wagner，1969）说："态度是由感情、认知和行为的成分组成的，它们与个人对态度对象的评价、知识和行为的心理倾向是符合的。"② 从本地汉族高中生的回答来看，他们大多数是从感情、认知角度谈对藏族同学的印象，少部分从行为层面表示与藏族同学交朋友。

表 9 - 6　汉族高中生对藏族同学的评价及差异比较

单位：%

学校	教学模式	积极	中性	消极	合计	X^2
B	混校独立编班式	81.0	13.9	5.1	100.0	1.041
C	散插式	79.6	11.1	9.3	100.0	

从表 9 - 6 可以看出，本地汉族高中生对藏族同学的评价积极的占80%左右，消极的不到10%，经卡方检验，B 校汉族高中生与 C 校汉族高中生在对藏族同学的态度评价上无显著差异。

在所有的人际吸引中，个性品质是一种最为可靠、稳定、长久起作用的因素，也是个体吸引力最重要的来源之一。我们根据美国学者安德森（N. H. Anderson，1968）③ 对影响人际关系的个性品质的研究成果，将本地汉族高中生描述藏族高中生个性品质的词语分为三类，描述积极品质的词语、描述中性品质的词语和描述消极品质的词语。

从图 9 - 2 可以看出，61.5% 的本地汉族高中生认为藏族同学拥有积极品质，他们多用热情、质朴、善良、友好、开朗、团结、好相处等词语描

---

① 章志光主编《社会心理学》，人民教育出版社，1998，第 268 页。
② 章志光主编《社会心理学》，第 187～189 页。
③ 章志光主编《社会心理学》，第 273 页。

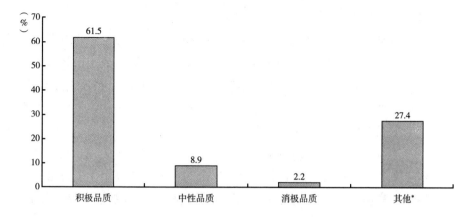

* 其他主要是指本地高中生用"好"等词语描述对藏族同学的感受。

图 9 - 2　汉族高中生对藏族同学个性品质的描述

述藏族同学的积极品质，8.9%本地汉族高中生认为藏族同学拥有中性品质，他们用冲动、腼腆、羞涩、内向等词语描述藏族同学的中性品质，2.2%的本地汉族高中生认为藏族同学拥有消极品质，他们用怪异、不好相处等词语描述藏族同学的消极品质。综上可见，藏族高中生在人际交往中表现出的个性品质得到了多数本地汉族高中生的积极评价。

三　结论与建议

（一）结论

1. 从总体上看，内地西藏班藏族高中生的好朋友数量多于本地汉族高中生，但好朋友数量的离散程度高于本地汉族高中生，藏汉高中生好朋友数量差异显著。处于不同教学模式下的藏族高中生结交的本民族以外的好朋友数量存在显著差异，学生在散插式教学模式下结交的本民族以外的好朋友的数量明显高于独立建校式和混校独立编班式，独立建校式和混校独立编班式差异不明显；一般来说，内地西藏班藏族高中生能够通过与同伴（同学）交往建立和保持友谊，为获得社会支持创造条件。

2. 内地西藏班学生与老师互动的状况、同学之间的关系总体表现均良好且融洽，其中在学生和教师的亲近感问题上，独立建校式明显好于混校独立编班式和散插式。

3. 内地西藏班学生的族际交往以本民族内部交往为主，兼有藏汉交往，但学生在不同教学模式下的族际交往存在显著差异，处于散插式教学模式下的高中生的藏汉交往比例明显高于混校独立编班式和独立建校式，混校独立编班式次之。从总体上看，藏汉合校有利于促进藏汉交往，且藏族高中生主观上比较认可与汉族同学交往。

4. 从总体上看，内地西藏班藏族高中生在人际交往中表现出的个性品质得到了大多数本地汉族高中生的积极评价，本地汉族高中生对藏族同学的个性品质描述以积极品质为主，认为藏族同学大部分拥有热情、质朴、善良、友好、开朗、团结等积极品质。

（二）建议

1. 鼓励内地西藏班藏汉高中生建立和保持良好的人际关系。学校要通过开展藏汉班级、藏汉学校联谊活动或藏汉学生互帮互助活动等，促进各民族同学之间的信息交流、情感沟通和学习成绩提高，同时，藏族学生要学会利用人际资源拓宽求助渠道，及时解决学习、生活等方面遇到的挫折和困难。

2. 维持良好的师生交往关系，进一步拉近师生心理距离。内地西藏班教师在与藏族学生交往过程中，要充分考虑藏族学生学业、心理、生活方面的特殊需求，主动与藏族学生沟通和交流，并充分利用课堂、课余时间、课外活动等传统沟通渠道或 QQ 聊天、手机短信等现代沟通方式全方位、多角度跟踪了解藏族学生的思想和心理，及时在情感上、学业上、生活上给予藏族学生关心、支持和鼓励。特别要注意的是，内地教师在与西藏学生交流过程中，要努力克服来自语言和文化方面的沟通障碍，尊重西藏学生的风俗习惯、思维方式、价值取向，减少因语言、文化差异造成的误解和冲突。同时，学校可以请教育心理学专家来给学生做关于人际交往、情感等方面的讲座，帮助学生更好地认识人际关系问题。

第十章　内地西藏班教师教学
效能感现状调查研究

教师是教育教学的关键因素，教师的教学效能感对教学效果具有重要影响。教师教学效能感是指教师在教学活动中对其能有效地完成教学工作、实现教学目标的能力的直觉和信念。[①] 教师教学效能感一般包含两个层面，即个人教学效能感和一般教学效能感。个人教学效能感是指教师对自己所具有的教学能力和技巧的信念；一般教学效能感是指教师对于自己能够影响学生、改变学生的能力信念。[②] 教师教学效能感会影响教师投入教学的努力程度和坚持性，影响教师对教育、教学任务难易的选择，支配、控制着教师的行为动机以及对学生的期望，还影响着教师的教学行为和教学方式，进而影响到教育教学效果。在前期调查中发现，教学效能感弱是内地西藏班教师群体面临的普遍困惑。内地西藏班的教育教学与普通学校迥异，影响教师教学效能感的因素也与普通学校不同。造成内地西藏班教师教学效能弱的原因是什么？如何提升内地西藏班教师的教学效能感？这些问题的解决将有助于提高内地西藏班的教学成效，这也是本研究的根本旨趣所在。

考虑到内地西藏班的学校性质、任务与文化背景的特殊性等因素，本研究对教师教学效能感的考察以质化访谈方法为主，选取了山东济南西藏中学、北京西藏中学、山西大学附属中学西藏班、河北师范大学附属民族

[①] 俞国良、罗晓路：《教师教学效能感及其相关因素的研究》，《北京师范大学学报》（人文社会科学版）2000年第1期，第72~78页。

[②] Gibson S., Dembo M. H., "Teacher efficacy: Aconstruct validation", *Journal of Educational Psychology*, 1984, 76 (4): 569–582.

学院等几所比较有代表性的内地西藏班为样本校，深入访谈了45位一线教师和学校行政管理人员。为从整体上把握内地西藏班教师教学效能感情况，研究还重点选取了北京西藏中学、河北师范大学附属民族学院的教师70人进行了问卷调查①，问卷以无记名的方式发放，现场回收，收回69份，回收率为98.6%，经过整理均为有效问卷。

本研究所用的量表是辛涛等人于1995年修订的"教师教学效能感量表"，该量表包括一般教学效能感与个人教学效能感两个分量表，共有27道题，采用Likert 6点制计分。被试者在每个维度上得分越高，表示其效能感越高。通过计算两个维度和总表的克伦巴赫a系数，总量表Cronbach Aldha值为0.83，一般教学效能感量表Cronbach Aldha值为0.828，个人教学效能感量表Cronbach Aldha值为0.747，符合统计学要求，表明问卷具有较高的信度。问卷所收集的数据采用统计软件SPSS19.0进行处理。

一 内地西藏班教师教学效能感现状

（一）内地西藏班教师教学效能感总体状况

问卷统计结果显示，内地西藏班教师教学效能感平均得分为3.84，标准差为0.6228。教师个人教学效能感的均分为4.16，一般教学效能感的均分为3.29，且个人教学效能感明显高于一般教学效能感，说明内地西藏班的教师对自身的教学能力信心较大，相信自己能帮助学生解决学习上的困难，激发学生的学习动机，使学生有效地学习。教师们相信自己有能力影响和改变学生，也反映了教师在教学活动中的主动性和积极性。而对教育影响学生的信心相对较弱。具体情况见表10-1。

表10-1 内地西藏班教师教学效能感现状

	一般教学效能感	个人教学效能感	总体教学效能感
平均值（X）	3.29	4.16	3.84
标准差（S）	0.9357	0.5767	0.6228

---

① 发放问卷的教师数约占全校教师数的62.7%。

虽然从数据结果来看，内地西藏班教师教学效能感得分并不低，但在深入访谈中我们发现，很多内地西藏班教师表现出明显的负面情绪，对学生期望值偏低，对工作抱怨很多，常用的教师教学效能感问卷由于针对性不足，并未能全面反映出内地西藏班教师教学效能感的真实水平。如在一节高二英语复习课上，课题组成员观察到，老师首先讲了上次课布置的作业中出现的问题，在讲解作业题的过程中，课题组成员注意到这位老师的语气消极，并时不时地会向大家传递这样一种信息："如此简单的题都不会"，在开始上课的 2 分 33 秒里，老师对学生作业中出现的错误都是负面的评价，并且说这是初中的知识，竟然到现在都不会。当讲完这些题的时候，老师问："你们觉得强调句难还是感叹句难啊"，学生回答说："强调句"，老师叹了一口气："初中的知识，学不会不赖我啊"，然后老师就开始讲其他的题目了。课后当课题组成员和这位老师聊天时，发现该教师仍然是一种无奈的表情，觉得这些学生怎么教都教不好，初中知识都不会。当然这位老师由于学生当天作业完成情况很差，可能有点情绪，但类似的抱怨在内地西藏班一线教师中并不少见。课题组在另一所学校调研时，有一位语文教师告诉我们："我认为什么都不用教他们，教什么都不会，都不行，要我说，直接给他们一本语文书让他们读去，其他都是瞎扯，什么地方读不懂，就问老师，其他什么都不用讲，因为讲了也没用。"从这些话可以看出，这位老师对内地西藏班的学生期望值很低，抱怨也多，不仅自己的效能感低，这样的情绪在课堂中传递给学生，对学生的健康发展也是不利的。这些特殊因素对内地西藏班教师的教学效能感发挥着重要作用，也影响着教师的工作热情和教学效果。

（二）内地西藏班教师教学效能感在个人特征上的差异性分析

　　通过差异性分析发现，教龄对内地西藏班教师教学效能感有显著影响，性别、学历和任教学科对内地西藏班教师教学效能感没有显著影响，职称和是否担任行政职务对内地西藏班教师的个人教学效能感和教师教学效能感有显著影响，是否担任班主任对教师的个人教学效能感有显著影响。具体见表 10 - 2。

表 10 - 2　个人特征在内地西藏班教师教学效能感各维度上的差异性分析

变异来源	一般教学效能感		个人教学效能感		教师教学效能感	
	T 值	P 值	T 值	P 值	T 值	P 值
性别	1.502	0.138	1.075	0.286	1.466	0.147
是否担任班主任	1.177	0.243	2.282 *	0.026	1.985	0.051
是否任行政职务	1.813	0.074	2.633 *	0.011	2.557 *	0.013
	F 值	P 值	F 值	P 值	F 值	P 值
教龄	1.919	0.118	9.972 **	0.000	6.520 **	0.000
学历	0.241	0.787	2.294	0.060	1.253	0.292
职称	2.322	0.083	2.854 *	0.044	3.384 *	0.023
任教学科	1.638	0.152	2.013	0.077	1.995	0.080

注：* 表示 $P < 0.05$　** 表示 $P < 0.01$。

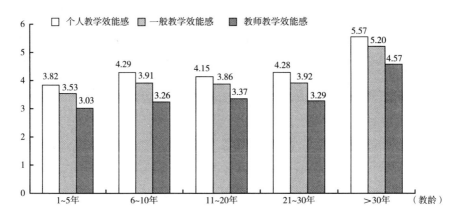

图 10 - 1　教龄在内地班教师教学效能感各维度的影响分析

由图 10 - 1 可知，内地西藏班教师的教学效能感在教学生涯的初始阶段是最低的，6 ~ 10 年时达到一个高点，在 11 ~ 20 年时有所降低，但趋于平缓。在访谈中，我们发现，尽管刚出校门的新教师对自己的教学水平比较自信，但在进入内地班工作之前几乎不知道有这种形式的学校存在，面对有文化差异的学生显得底气不足，造成教师的教学效能感较低。随着教学年限的增加，不断积累经验并深入了解教学对象，改进教学方法，调整教学心态，教学能力逐渐进入最佳状态，教学效能感不断提高。教龄超过 20 年的教师，大多为 40 多岁的教师，随着职业预期目标的逐步实现，教学效能感也有所提高。

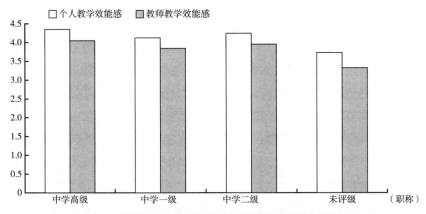

图 10-2　职称因素对内地西藏班教师教学效能感的影响

从图 10-2 可以看出，未评级的教师无论是个人教学效能感还是教师总体教学效能感都显著低于已评职称的教师。

由图 10-3 可知，担任班主任的教师比非班主任任课教师个人教学效能感高，在访谈中我们了解到，内地西藏班的教师和学生的学习、生活是融合在一起的，班主任和学生的接触尤其多，学生也更加信任班主任，因此担任班主任的教师对自己能够影响学生的信心就较强，个人教学效能感也高。而担任行政职务的教师总体教学效能感和个人教学效能感都高于其他教师（见图 10-4），主要是因为从事行政工作，教师会更加了解内地班的学生，以及同类学校的整体状况，这更加有利于开展教育教学工作，教师的效能感也较高。但在访谈中，他们也表达了这样的无奈，虽然担任行

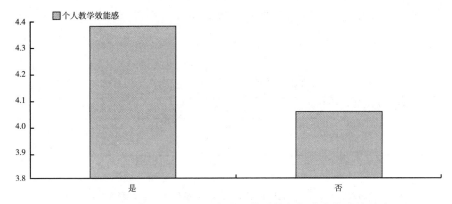

图 10-3　是否担任班主任对内地西藏班教师教学效能感的影响

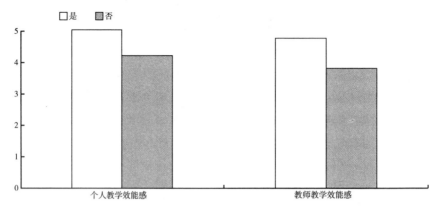

图 10 - 4　是否担任行政职务对内地西藏班教师教学效能感的影响

政职务能更加了解学生，但是既做教师又兼任行政职务，工作量很大，压力也很大。

二　内地西藏班教师教学效能感的影响因素分析

（一）影响内地西藏班教师教学效能感的一般因素分析

国外的研究表明，学校的结构和气氛对教师的自我效能信念，特别是他们的个人教学效能感，有显著的影响，良好的人际关系、强有力的学校管理、高的学习期望是区分教师效能的重要预测变量。[①] 辛涛等人结合我国实际，将学校因素分为制度的完整性、工作提供的发展条件、学校风气、学校的支持系统、同事关系和师生关系等六个维度。通过对案例学校的调查，结果如表 10 - 3。

表 10 - 3　内地西藏班教师教学效能感在学校因素上的均值和标准差

	制度完整性	发展条件	师生关系	同事关系	支持系统	学校风气
M	3.99	4.21	3.83	4.23	3.78	3.60
SD	1.10	1.02	0.92	0.99	1.11	0.85

---

① 辛涛、申继亮、林崇德：《教师自我效能感与学校因素关系的研究》，《教育研究》1994年第 10 期，第 16 ~ 20 页。

数据显示，内地西藏班教师在学校环境各因素上的平均数由高到低依次是：同事关系、发展条件、制度完整性、师生关系、支持系统和学校风气，这说明教师对学校环境的评价较高。在访谈中，很多老师都反映领导层面很重视学校建设，学校在办学条件和教学资源方面都受到很大的支持。通过进一步的方差分析，发现这些因素在内地西藏班教师教学效能感方面都没有显著的差异，说明教师对内地西藏班的整体环境还是满意的，内地西藏班的这种情况也从另一方面反映了国家对民族地区教育事业的支持，且支持力度很大。

要全面把握内地西藏班教师教学效能感现状与影响因素，还需走进他们的生活和内心世界，更真实、更详细地了解内地西藏班的教学情况。

（二）影响内地西藏班教师教学效能感的特殊因素分析

1. 工作负荷过重导致教师身心疲惫

（1）工作内容复杂烦琐

课题组通过走访调研学校了解到，内地西藏班教师的工作范围涵盖了学生学习、生活的方方面面，工作内容更是复杂烦琐，除了备课、上课、批改作业、管理班级这些教学常规以外，还要照顾学生的生活起居，更要关注学生在内地的适应情况，事无巨细，这也是很多老师感到教学效能感低的一个主要原因。

①教学难度大

内地西藏班的学生知识基础比较薄弱，来到内地，他们又受到语言和自身思维方式的限制和束缚，再加上学校适应、身体状况等各种各样的原因，对知识的接受和吸纳程度也不同于内地的孩子，学生的特殊性给教师的教学工作增加了很多困难，既要保持和同地区的教学进度，还要保证教学质量，教师感到很辛苦。访谈中 T41 教师这样描述自己的工作："对我们来说就像是戴着脚镣跳舞，还得注意学生的基础，还得朝着高考去，对老师的要求确实也挺高的，教学既要重基础还要拔高，挺难的。"

很多老师都表达了同样的感受，"有时候一道题要讲很多遍还讲不明白"。教师备课的难度也很大，因为要考虑学生的接受能力，知识基础，往往即使是一个知识点也要花费教师大量的时间去思考，把尽可能多的新旧知识融入其中。在河北师范大学民族附属学院，课题组在教师办公室看到这样一幕：

下午吃饭时间，很多教师并没有在教职工食堂完成就餐，而是用饭盒带回办公室，一边备课一边吃饭，课题组成员就问老师为什么不在餐厅吃完饭再备课，教师无奈地答道：我也很想在餐厅吃完饭再回来，谁不想好好吃一顿饭啊，咱们的学生接受能力有限，像普通学校那样备课根本不行，就像这些物理知识，你必须得想各种各样的方法让学生能理解学会，就这一项备课就能用掉很多时间，再加上学校制定的帮扶学生规定，一会儿还要给学生单独辅导，所以时间很紧。

正常的教学任务之外，内地西藏班都会在周六日和寒暑假安排教师补课，T41教师这样告诉课题组成员：周一到周五已经很累了，况且学生周六接受力也不好，心有点浮，所以说如果哪个老师这周有补课的话，从周一就开始心里有负担了。

②管理工作复杂

内地西藏班是一种特殊的办学形式，教育对象来自于与内地文化有很大差异的西藏，学生的民族、宗教信仰、文化、知识水平、性格特征、思维方式都与内地的学生有着很大的不同，管理工作小到班级、年级，大到学校，都对教师及学校领导提出了更高的要求，尤其是混校的内地西藏班。教师们既要保证正常的教学秩序，还要避免因文化差异带来的摩擦、冲突，让内地西藏班的管理工作变得复杂繁重。访谈时T42老师反馈：这个问题（管理工作）前面已经谈过，从生活上照顾他们的生活起居，还是比较难的，他们这些孩子比较暴躁，性格比较刚烈，有时候出现一些肢体上的冲突。T43老师也强调了管理学生的困难：校内的管理也不容易，他们在西藏的生活节奏很慢，很少有组织性纪律性，时间观念、组织集体意识会差一些，校规校纪的遵守意识就差一些，家庭教育我们很难以重视，这一块丧失了，所以管理的难度就增加了。因此，要做好内地西藏班的学生管理工作，就需要教师更充分了解和把握西藏学生的心理特点，这样就会使管理工作轻松很多。比如访谈中，一位在内地西藏班工作了七八年的教师如是说："我认为在管理上，西藏班的孩子在哪些方面能信任你呢，一是情感上，二是学识上，但是最重要的还是情感上，他们很尊敬老师。学生只信任班主任，再多的管理人员也不一定能管好他们，所以只能让班主任进行管理。"

课题组对此进行了分析，导致教师工作复杂的原因有以下几点。

一是班师比过大，教职工配备不足。班师比大意味着教师与学生之间数量差距较大，教师的工作负荷就随之增大，内地西藏班又是比较特殊的办学形式，班师比的不足势必会对教师的教育教学工作带来影响。2003 年 11 月 24 日，教育部、中央编办、发展改革委、财政部、人事部下发了《关于进一步做好教育援藏工作的意见》，加强教职工队伍建设，提高教职工待遇。适当放宽西藏班教职工编制配备标准，加强对教职工的管理。2007 年《全国内地西藏班办学和教育援藏工作会议纪要》明确提出根据教学和管理工作的需要，由地方政府足额充实教职工队伍，确保班师比要达到 1∶8 的配备标准。

在课题组走访的几所学校里，班师比很少能达到国家要求的标准，教师工作负荷过大，学生教学、管理本身又比较复杂，导致出现教师教学效能感较低的现象。课题组就此向专门负责学校教师工作的领导进行了访谈，学校领导也很无奈地表示："我们也希望多招聘一些教师，但是我们学校具有特殊性，需要经验丰富的老师，但是我们的教师招聘要通过市里统一考试，然后进入前 5 名的教师才能参加复试，现在的状况是，考进前 5 名的教师往往都是刚毕业的学生，而经验丰富的教师在笔试这一项上很难超越刚毕业的学生，因此我们也很为难。"

二是藏语文教师相对缺乏，不能有效分担教学管理工作。在内地西藏班调研期间，课题组深刻地感受到藏语文教师对西藏班学生的影响。相对于西藏班的内地教师，学生更加喜欢西藏派来的教师，更加遵从藏族教师的管理。访谈中 T18 教师就指出：面对同样的问题，汉族教师与藏族教师的批评，起到的效果是不一样的。他们更容易接受藏族老师的批评，可能是缘于同一个地域的原因吧。而前面已经提到，藏语文教师一是数量缺乏，二是质量难以保证，且藏族教师又实行轮换制，基本上一年一轮换，繁重的教学任务使得藏族教师对学生了解不够，与本地教师沟通交流较少，二者不能有效地进行合作，平衡学生的教学、管理工作，从而造成藏汉教师教学效能感低。从课题组调研的学校来看，初中班藏语文教师的配备情况要好于高中班，主要原因是藏语文是中考的必考科目之一，而高中阶段，藏语文并不计入高考总分。

（2）加班成为常态

由于距离遥远，内地西藏班的学生周六周日，甚至寒暑假都不能回家，这就使得内地西藏班的教师在普通学校教师都休息的寒暑假，仍然处于工作状态。

河北师范大学附属民族学院的校领导说："我们常说特殊的岗位，特殊的要求，特殊的奉献。这在我们藏班体现得淋漓尽致，365 天，老师们是很辛苦的，如 36524（即一年 365 天，一天 24 小时都有老师在），周六日补课，值班，比如一点半我们班主任都是看着学生，早上是七点在楼（教学楼）下（等学生）。"济南西藏中学的老师也反映："我们值班就是 24 小时，就是为了防止万一，学生在校就这么全天候地服务。所有内地班，都有值班，只是学校和学校有一定的差别，我们是一定年龄内全员值班，中层以上带班兼值班，普通老师值班。每个班是 1 名领导 + 1 名普通老师，1 男 1 女，就是怕有紧急事件发生，一年 365 天，天天有值班的，不管是否节假日。"

寒暑假期间，内地西藏班的教师们更是忙碌。《内地西藏中学班（校）管理实施细则》规定，西藏生在校学习期间的寒暑假，由学校根据实际情况，就近组织好假期活动，有计划地组织好各种生动活泼、内容健康的文化活动，以丰富学生的文化生活，并适当安排一定时间补习功课，使学生得到全面发展。

普通学校的寒暑假对于内地西藏班的教师来说依然是正常的工作日，只是工作内容不再以教学为主。在多个内地西藏班调研时老师们都做出了这样的反馈，比如 T43 教师说："周六日补课是我们学校的常态，寒暑假也会补，大概补个一到两周吧，暑假应该是两周，寒假应该是一周，但是具体安排在什么时间，还是根据学校安排做决定，放假学生不回家，学校会组织很多活动，去丰富他们的课余，还有兴趣小组，像音乐、美术、舞蹈之类的小组让他们充分的活动，也有时间让他们上自习，安排他们学习。"T41 教师也反映："寒假通常会补一个星期，暑假有时候会补两个星期，基本上每年都有，工作量也挺大的，一天都耗在这了。"内地西藏班的教师除了教学，还要负责学生活动的组织与安排，学生安全工作的管理，学校的特殊性使得教师的休息时间很少，长时间的工作状态使得内地西藏班教师教学效能感就较差。

（3）民族问题更难处理

教民厅〔2010〕2 号文件《关于进一步加强民族班爱国主义和民族团

结教育工作的意见》指出：将民族班爱国主义和民族团结教育工作贯穿于教育教学的各个环节。深入挖掘各类课程的爱国主义和民族团结教育资源，把爱国主义和民族团结教育融入课堂教学的各个环节，使学生在学习科学文化知识的过程中，接受爱国主义和民族团结教育，培育中华民族精神，激发爱国热情。且内地西藏班的培养目标之一是培养政治可靠人才，爱国主义和民族团结教育更是不可缺少的教学内容。因此，与其他普通学校相比，民族团结教育在内地西藏班就显得更为重要。正如 T19 教师所说的："从工作环境上来讲，我们的学校是民族学校，我们的老师在工作的时候面临着一个民族问题的担忧。说话要很谨慎，说错话就变成了政治问题。"很多教师都表达了同样的担忧，尤其是混校独立编班和散插模式的西藏班，民族问题带来的困扰更是频频出现：

一次考试之后，某散插班里有个藏族学生考了 80 多分，有些汉族的孩子却没有考好，当学生们在谈论这次考试的时候，就有一个汉族的孩子这样说道："连某某某（藏族学生的名字）都考 80 多分了"，乍一听，好像没什么，可是因为班里有藏族和汉族，所以藏族的学生就认为这句话是一种蔑视和看不起，就容易起冲突。

某混校独立班 T7 老师讲了这样一件事：接力赛跑步，汉班的是 3 道，藏班 4 道，汉班的 3、4 棒接完以后，3 棒就该退场了，这个 3 棒也不知道怎么了，他就跑到藏班的跑道上了，藏班 4 棒该跑了，他（汉班学生）就把他（藏班学生）给挡住了，当时这个藏班学生特别激动，特生气，然后他（藏班学生）就拿起接力棒猛地砸过去了，这个事情当时你怎么给他讲道理他都冲动，停下来，过个十分钟以后再给他讲，你不说他自己就知道错了："老师，你不要多说了，他窜道他不对，我打他我错了。"他马上就说出来了，当时你怎么给他讲都不行，他不讲自己打人是错的，就讲别人窜道是错的。

老师们反映，当他们是一个小群体的时候，民族意识是非常强的，这个时候如果遇到民族问题，就很容易起误会和冲突，甚至出现打架事件。教师们在正常的授课之余，既要敏锐地觉察学生的变化以及涉及民族问题的动态变化，还要注意避免师生之间因民族问题而起冲突。有的教师就曾遇到过这种棘手的事情，如"有一次学生和老师发生冲突，他（学生）就强调自己是藏族人"，这种情况不仅增加了教师们的工作难度，还使教师产生了较低的教学效能感。

（4）扮演教师与家长的双重角色

在内地西藏班，由于学生的特殊性，教师们便拥有了多重角色，既是学习上的引导者，又是生活上的管理者；既是学生在内地的父母，又是学生的同伴；既是学生心灵的倾听者，又是学生人生的指引者。不同的角色使得教师肩负着不同的责任，既要对学生的学习负责，还要关注学生的心理健康，及时了解学生的心理动态；远离家人的西藏学生同样渴望家庭的温暖，内地西藏班的教师又充当了家人的角色，给予他们爸爸妈妈的关怀，兄弟姐妹的关心；在学校里，学生接触最多的是教师，这时教师又成为他们的同伴，一起开展活动，一起分享心情。"当爹当妈，还得教学"是内地西藏班教师的普遍感受。一位教师讲述了这样一件事：

我眼中看到的比如说他们穿得少了，感冒了什么的，我就会想要去帮助照顾一下，或者语言上的提醒，当然我觉得当班主任以后，这方面的工作就会更多一些。有一次有个学生他的嗓子特别不好，我刚接三个班的时候也是嗓子不舒服，天天咳嗽，他也是，我在家煮了梨汤，然后给他带来了，我就觉得和学生的交流特别有成就感，也不是说成就感吧，就是特别温暖，我就觉得生活上肯定是要照顾，累也肯定会累，但是选择这个职业的人都会觉得很值得，愿意去做这个事情（照顾内地班学生的生活），像其他的同学在普通的学校，放学走人，根本就不会记挂着，这个咱们即使放了学，你还得想着课余时间（西藏班的学生）在做什么，有没有遵守校规，有没有一些其他的事情发生，反正是 24 小时都得（记）挂着。咱们这个学校特点也是这样子的。

一位负责西藏班教学工作的学校领导告诉我们：我们坚持"工作第一，奉献第一，学生第一"这样一种原则，保持内地西藏班常说的"爱严细"这样一种工作作风，我们的老师从早上 7 点多，到晚上，有的值班一晚上不回去，既当父母又当老师，全天候地围绕孩子们进行运转，投入很多情感。

"家庭教育，学校教育，社会教育，三者，他们远离家，远离父母，我们缺条腿"，内地西藏班的一位学校领导这样说道："因为家长不在身边，所以教育和管理的义务都放在了学校和老师身上，这个又是增加难度的一个原因"，内地西藏班的特殊性决定了学生家庭教育缺失的事实，办班学校和教师就承担了家庭教育的责任。很多教师反映，他们送毕业生回西藏时做过家访，家长们确实也很关心学生的学习和生活，但是由于一些父母自身文化水平比较低，自己比较忙，孩子又远在千里之外读书，因此家长就有一种"学生进到学校读书就全部交给老师"的想法，家长的这种态度和做法直接导致教师承担更多的责任，尽管教师也会给予学生父母般的关怀，但是教师毕竟不是家长，不能完全代替家长行使家庭教育的权利，无疑这也增加了学校和教师的工作负荷。

2. 学生基础差使教学难度增加

经过多年的努力，西藏地区的基础教育成效卓著，公民素质提高明显，但是与内地教育水平仍有较大的差距。内地西藏班的学生都是西藏学生中的佼佼者，但知识水平与内地的学生相比仍存在较大差距。从下面2009～2012年北京西藏中学与北京市高考平均分的比较和2011～2012学年第一学期全国内地西藏班初一期末联考成绩可以大体看出这种差距。

由图10-5可知，北京西藏中学与北京市高考平均分，文科相差五六十分，理科相差一百多分。由图10-6的全国内地西藏班初一期末联考成绩图可以看到，语文最高分为78.33，数学最高分为78.24，英语最高分为86.91，可见，相对于内地普通中学来说，内地西藏班学生的学习成绩还是比较低的。

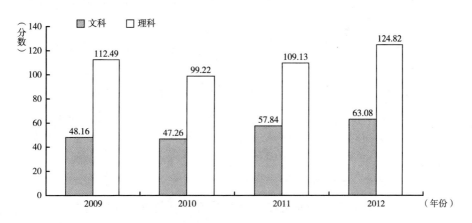

图10-5　北京西藏中学与北京市高考平均分差距

课题组就学生的学习问题对调研学校的教师进行了集体访谈，教师们的态度和表情都表达了一个问题：学生基础差，推进教学进度很难。从下

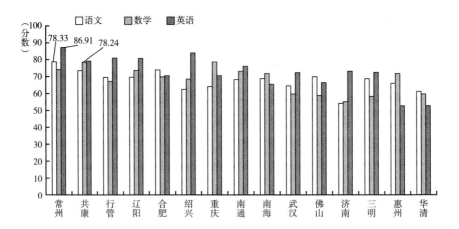

图 10 - 6　2011~2012 学年第一学期全国内地西藏班初一期末联考成绩统计

面几位教师的反映可见一斑。

英语 T35 教师：“讲了一个学期吧，也是从最基本的音标、时态教起，上学期就教教语音、音标。”

英语 T27 教师：“学生的英语，对于我们招来的学生来讲，底子太薄，薄得不可想象。”

语文 T10 教师：“教起来挺困难的，有时候讲了很多遍都不会。”

政治 T37 教师：“他们的理解能力差，一点都不好教，尤其是哲学比较抽象，理解起来特别费劲，不像咱们，一段话理解了大致能复述下来，但是他们就得一个字一个字地那么死记硬背。”

数学 T22 教师：“我的数学课步履维艰，他们的基础性的东西太差了。比如说我在讲几何，讲一个椭圆，我们知道，圆要求焦点，我们得解方程组。解方程组的时候把二元消元成为一元一次方程，一元一次方程里有移项，移项变号都不会，最后可能连小学的知识都不会。你说讲吧，学生就不会，开始睡觉。如果学生开始睡觉，就没法继续讲了。”

对于此教师们表示，在讲课的时候既要注重基础，还要注意进度，每天都感觉很累很难，同时，教师还反映了这样一个问题：学生的学习主动性、积极性不高，这样既不利于学生学业成绩的提高，也削弱了教师的工作热情。“学生现在学习没有动力，相对来说上学太容易，政策太优惠”，“老师咱上课看视频嘛，高一的时候就看变形记，看湖南卫视”，“讲课之前有时候会要求老师讲个笑话","考试以后给他们讲做错的题,让他们把修改之后的题目交上来,发现依然没有变化,该怎么错还是怎么错,再给他们机会让他们修改,要督促很多遍才会这么做"。

3. 文化差异使教学面临更多挑战

世界的发展愈来愈呈现出多民族、多文化的融合与交流,而我国又是一个多民族、多文化的国家,多元文化共存是不争的事实,每个民族在其历史发展过程中都逐渐形成了独特的文化,生活于其中的成员也便带有自己民族的文化特质。多元文化主义认为,各民族文化的成员,可以变换他们的衣服、语言,甚至包括改变政治观点、宗教观点和价值观,但是,他们都改变不了他们的祖先,即改变不了人类特有的较稳定的部分即生理和心理遗传。内地西藏班的教师是主流文化的代表,来自西藏的学生是少数民族文化的代表者,当二者相遇时,必然会出现摩擦和冲突,二者文化的差异性给教育教学和师生关系、生生关系带来了很多不便,影响了教师的教学效能感。

(1)教学语言与学生生活经验的差异导致教学难度增加

相对内地学生,西藏班的学生知识基础比较薄弱,教师进行教学工作已有一定的困难,不仅如此,长期的生活环境和民族文化的熏陶加上学生自身的思维方式、语言、生活经验都和内地有很大差别,汉藏语言的转换、生活经验的缺失也都增加了教学的难度。一位物理老师曾这样描述她在教学过程中遇到的问题:

在一节光学课上,用"凿壁偷光、立竿见影、坐井观天"来描述光的直线传播;用"海市蜃楼、潭清疑水浅"描述光的折射。下课后我立即请学生们解释这几个词语,学生们表示必须先由老师详细地解释字面的意思,然后直接从汉语角度理解。对于"潭清疑水浅"一句,如果老师直接抛给学生这个问题,很多学生可能就会转换成藏语理解意思,翻译后的语句像梵文一样,不仅他们无法解释,连藏语文老师也不得其解。①

文化差异造成的教学难度是不言而喻的,当学生听不懂学不明白时,便会出现睡觉、说话等不良现象,这样既不利于学生的学业发展,也会降

_____

① 王玮:《内地西藏班(校)初中生物理学习困难的成因研究》,《西藏教育》2012年第11期,第52~53页。

低教师的工作热情及教学效能感。在学习一些脱离学生原有生活经验和语言环境的知识时，如何引起学生的兴趣、把知识转化为学生熟知的事物进行讲解显得尤为重要，这也对教师的多元文化教学技能提出了要求。在课题组进行课堂观察时，一位政治老师的课就显得生动活泼，深受学生喜爱：

这是一节关于"货币"的政治课，老师在课堂的一开始，先给学生讲了时政中关于"钓鱼岛"的新闻，然后让学生联系所学的哲学知识去理解这个新闻小片段，于是就在讲新闻的过程中帮助学生复习了"整体和部分"的知识，并让学生认识到中国的主权神圣不可侵犯，在无形中又强调了一些民族政策，增加了爱国主义教育。老师注重引导学生用其他的哲学观点解析这段新闻，比如"矛盾"的观点等。在讲新的内容的时候，老师在讲影响价格变动的原因时，列举学生熟知的事物：我们都知道，西藏的物价要比内地高得多，这是为什么呢，因为交通不便（学生也跟着说），习俗也会影响，比如，藏历年快到了，我们的酥油价格也会上涨，在讲解过程中巧妙地穿插了西藏文化的、民族的、地理的、宗教的知识和常识，把这些和要学习的知识联系起来，学生的反应特别强烈，回答问题也非常积极。

（2）师生关系、生生关系复杂多样

内地西藏班的学生都来自西藏，他们自身的文化在遇到内地的气候、语言、服饰、饮食等方面的文化差异时，就会出现很多问题，师生关系和学生之间的关系就变得比较复杂。

从师生关系来看，混校教学模式比独立校的教学模式师生关系更敏感，更复杂。"老师就是家长，如果没有耐心，再是个年轻老师，不懂民族特点，很可能就打起来了，学生脾气很大"，"基本上不说'素质'这个词，因为我们知道学生不让说，我当时不懂，进班以后我就说了，这样我们的素质也可以提高。他们就不让说'素质'这个词，'素质'这个词在藏族学生中就不存在，汉班老师就不知道啊，轻而易举就说出来了，说出来以后，好多矛盾就转移到学生和老师身上去了"。

在混校教学模式下，不仅是师生关系要时时小心谨慎，教师还要注意西藏生与本地生之间的关系，一位老师讲了这样一个故事：

2007年上课的时候出现过这事（打架）。上课上得好好的，在你预料不到的情况下就可能打起来，一个藏族学生就开始站起来打这个汉族学生，你问他为什么，他说他上课越想越气，看不顺眼就打他，原因就是下课他老和另外一个女生打打闹闹，那个女生并不是心甘情愿地和他打打闹闹，他看不惯这种现象，觉得是欺负别人，其他的学生一看这种现象立刻站起来，平时看着很腼腆的学生也站起来，旁边放着的水壶都拎起来了，我一看这种现象，立刻冲过去把他抱住了，防止再打，如果没有老师，那就打起来了。这就是文化的差异。

藏族的学生特别讲义气，曾经我们学校的学生，汉班和汉班的学生打架，那种场面就很奇怪，藏班的学生来汉班拉架了，说我们实在是看不惯，而且还爱打抱不平，很善良，学校门口有乞丐，学生们出去都会给乞丐一些钱，照顾一下乞丐。我就觉得很矛盾，你出去看见那个乞丐觉得很可怜，给他钱，而且很大方，等你冲动的时候和别人打架的时候，毫不留情。

独立校的教学模式下，学生都是藏族，打架、发生冲突的事情相对较少，总体上来说比较团结，但是教师们表示并不是任何时候的团结都是一件好事，仍然要时刻关注学生的动态。

"他们遇到问题的时候，是互相包庇的，绝对不会把事实告诉你。我在值班的时候感觉会比较明显，晚上如果有同学没有来，周围的同学说他病了，好孩子会说不知道。"

（3）教师的文化适应问题

"文化适应"作为一个概念源自于英文单词"acculturation"，美国民族事务局的鲍威于1883年第一次使用这一概念。在人类学领域里，一般都会援引 Redfield，Linton 和 Herskovits 在 1936 年给出的定义：由个体所组成，且具有不同文化的两个群体之间，发生持续的、直接的文化接触，导致一方或双方原有文化模式发生变化的现象。[①]

内地西藏班的教师生活在内地，除了工作时间外他们仍然生活在本地的社会、人文环境之中，然而在学校，他们接触到的都是不同于内地的教育对象。很多学者把目光聚焦到内地西藏班学生的文化适应上，但是从教

---

① 余伟、郑刚：《跨文化心理学中的文化适应研究》，《心理科学进展》2005 年第 6 期，第 836～846 页。

育民主的角度讲，文化适应应该是双向的，一是教育对象对异质文化环境及其文化传承符号（语言、文字、教学手段等）的适应；二是教育者对教育对象的适应，以及对教育对象母体文化环境的基本了解。① 从学生的民族成分看，内地西藏班的学生中有藏族、门巴族、珞巴族、回族、汉族、满族等，内地西藏班的教育对象具有多元化、多民族的背景，内地西藏班教师的适应包括文化上的适应、教学主体身份变化的适应、教学过程变化的适应。由于藏族孩子的特殊性，教师们也在适应各种不同的特殊变化，做到"一人多职"，要了解不同民族的风俗习惯和文化特点，要根据不同层次的学生进行不同的教学，要考虑学生的特殊需求，要注意民族团结教育，要满足学生各个方面的发展要求，要弥补家庭教育的不足，同时还要进行各种科研，对于内地西藏班的老师来说，这是一个很大的考验。②

在教师的文化适应问题上，很多教师没有表现出特别大的困惑，主要是因为内地西藏班的教师更倾向于强调学生对主流文化的适应，但是教师代表的主流文化与学生代表的藏族文化的相遇必然会产生一些冲突和摩擦，他们也都意识到这确实存在于他们的日常教学和生活中。很多教师在访谈中有这样的反映："一般不会注重这个，知道学生的禁忌，不要提它就行了"，"对他们的宗教不是特别了解，平时我们很少说，他们也很少提"，也有教师表示没有太多时间管这方面的事情，因为其他事情就占用了很多时间。

4. 家长的支撑缺位给教师带来失落感

家庭教育、学校教育和社会教育是现代国民教育的三大组成部分，其中家庭教育是人们接触最早的、最长期的一种教育方式。然而，在内地西藏班，学生很小就离开了家，离开了父母，家庭教育随着学生离家求学而缺失，家长参与、家校合作在内地西藏班也很难开展。

（1）家长对教师教学的支持和反馈缺失

家长在教育教学工作中是不可替代的角色，他们是学生学习的参与

---

① 李彬：《内地民族班办学模式及其分析——以内地西藏班为例》，中央民族大学硕士学位论文，2009。

② 罗吉华：《内地新疆高中班学生在京文化适应调查分析及教育对策》，中央民族大学硕士学位论文，2006。

者，是学生进步与否的见证者，家长对教学的反馈，哪怕只是一句简单的问候和感谢都会使得老师们更有热情投入到工作中去。内地西藏班的家长，由于距离的遥远、语言的不通，很少参与到学生的学习过程中去，家长既不能辅导学生的学习，也没有积极与老师取得联系，"像普通学校的学生，都有家长的监督，我们这里的孩子就没有"，"像内地学校，可以跟家长配合，在家里的表现，在学校的表现，双方可以配合，但是他们都在学校里，家长想使劲使不上"，"内地的孩子有家长天天督促着，但是这些孩子就没有，老师管理毕竟有限，只能劝导劝导，家长就比较有力度"。同时，内地西藏班的教师更希望家长认可教师们的付出和努力，然而大部分家长认为教师们和学校的付出是理所当然，他们往往认为，把学生送进学校后，学校和教师要对学生的学习成绩、生活状况等负全责，与家长关系不大，所以也很少有家长与教师沟通学生的情况。

（2）家长社会资源的支持缺失

与普通学校教师相比，内地西藏班的教师基本没有家长社会资源的支持。很多普通学校，如果班级要开展课外活动，家长们都会主动来帮助开展活动，提供活动工具，提出建议和意见，等等。然而在内地西藏班就没有这样的机会。"在当地是没有成就感的，而且很多的社会资源也没有。我在原来的学校，有很多的家长资源。人家会对你尊重。但是在内地班，没有这样的尊重"，"来这个学校之前也会有考虑，想着以后的生活圈子都不会扩展，因为家长都不在这儿嘛，在普通学校能接触家长什么的，生活圈子就会扩大"。家长社会资源的支持是家长对教师认可的一种表现，影响着教师教学效能感的变化，在内地西藏班，教师们坦言这样的支持基本没有。

5. 教师待遇与投入的时间精力不对等

2003 年 11 月 24 日，《关于进一步做好教育援藏工作的意见》：各有关省（直辖市）教育行政部门要加强对西藏班教职工收入分配考核，按照按劳分配、多劳多得的原则，在合理核定课时、工作量的基础上，对从事西藏班教学和管理工作的教职工的工资待遇实行适当倾斜。2010 年 3 月 9 日，教育部、中央统战部、中央政法委、国家民委《关于进一步加强民族班爱国主义和民族团结教育的意见》：承担办学任务的省（市）设立西藏班、新疆班教职工特殊岗位津贴，每人每月补助标准为工资总额的 25%。

内地西藏班是"智力援藏"政策的一个重要举措，内地的教师们确实付出很多，为了让西藏班的教师能够安心教学，根据政策规定，在物质上给予一定的倾斜。然而很多地方在具体实施方面却遇到诸多困难，老师们告诉课题组：我们学校的待遇在本区域来说算是中等的，理论上应该是高于其他学校的，相对于其他学校只是有一个特教费，其实老师的待遇不能说和其他学校没法比，只能说不是很高，就是付出和得到的不对等，老师也要养家糊口，要不然都不能好好教学。

教师在脱离学校环境后是一个自然人，是社会中的一个细胞，他们有着自身的社会角色，是儿子，是女儿，是爸爸，是妈妈，是丈夫，是妻子，他们有着和普通人一样的职责和责任，他们要照顾父母，要养育孩子。课题组在一所学校调研时了解到，该学校教师的中坚力量都是30多岁的青年人，在人生的发展阶段，他们有家庭，有老人有孩子，繁忙的工作已经让他们觉得对家人很愧疚，如果在物质上也不能对家人进行一些补偿，必然会影响教师的情绪和工作热情，降低了教师的教学效能感。

6. 社会认可度低削弱了教师的工作热情

调研时 T7 教师抱怨道：其实理论界是高度关注学生，忽视了西藏班老师这一块，理论界都是关注西藏学生怎么样，插班学生怎么样，全把老师给忽视了。老师管理学生，尤其是像我们混班，眼巴巴地看着汉班老师教学，学生知道老师为了自己好，然后又得到家长的不仅是配合，还有全力支持，这是对老师的自己认可。而在混班，你为了他教育他好，但是他不理解老师，老师再有升学的压力，再有其他一些事务，工作起来相当困难，很多一线内地班的老师，他的生活等怎样理论界都不太关注。

Bandura 在其自我效能理论中指出，有四方面的信息会影响教师的自我效能感的形成和发展：教师行为的成败经验、替代性经验、他人的评价劝说及自我规劝、来自自身的情绪和生理状态的信息。[①] 相对于普通学校的教师，内地西藏班的教师得到的社会支持就很少。很多老师反映，当地教委、政府很重视内地西藏班，但多是学校建设和学生管理上的事务，很少有上级部门关心教学上的事情，尤其是教师。在这里，教师提到最多的是同行的评价和社会大众的评价对教师教学效能感的影响。

---

① 〔美〕班杜拉：《社会学习理论》，陈欣根、李伯黍译，辽宁人民出版社，1989，第75～78页。

（1）同行的不理解

新课改倡导自我反思、同伴交流、专业引领三条教师专业成长途径，在教师的成长过程中，同伴交流、同行评价成为一种重要方式，越来越受重视。教师同行评价是指教师依据同事的教学业绩以及与同事交往过程中所得到的信息，对同事的发展和变化做出价值判断的过程。教师同行评价的主体是处于相同或者相近学科中的教师[1]，评价内容专业性较强，评价结果有较高的信度和效度，对教师的职业成就感和教学效能感都有很大的影响。本研究中教师同行评价主要是指内地西藏班所在地区非内地西藏班教师对内地西藏班教师的评价，"我也很在乎他们的评价，毕竟我们也是在这里认真工作的"。很多内地西藏班的教师都反映：当和内地普通校的教师在一起教研时，有些教师表现出藐视、不屑的表情，"在一起教研的时候，当问起所在学校的平均分时，对方都流露出一种不屑的表情"。有些因不了解而产生的种种好奇和疑问，"跟他们教研或者交流的时候，他们就会问，你们教的都是西藏学生吗，他们是在当地住啊，都是从西藏来的吗，他们对学生的好奇更多一些"，当然也有一些同行表示对他们的同情，"觉得我们很不容易，当爹当妈，挺难的"，"和其他学校的老师一起学习，一起教研，他们很同情我们"。混校的老师反映：我们这里去西藏部教学，就那么一个要求，就是要有耐心，不要求你有多么高的水平。如果听说哪位教师去西藏部教学，就觉得他一定是哪方面比较差才被派过去的。由于不了解造成的错误评价，挫伤了内地西藏班教师的工作热情和教学积极性，导致教学效能感和职业成就感较低。

（2）社会大众的支持与认可度低

社会支持是个体因在社会中受尊重、被理解而产生的情感体验和满意程度。[2] 一般社会心理学上对社会支持的内涵理解大致可以分为两类，一是指客观上的支持，包括物质上的直接援助和社会网络、团体关系的存在与参与，是"人们赖以满足他们社会、生理和心理需求的家庭、朋友和社会机构的汇总"；二是指主观上的支持，即个人所体验到的情感上的支持，

---

① 杜海平：《教师同行评价的伦理审视》，《中国教育学刊》2011 年第 10 期，第39～42页。

② 转引自姜乾金《领悟社会支持量表》，《中国行为医学：行为医学评定量表手册》2001 年第 10 期，第 41 页。

也就是个体在社会中受尊重、被理解，因而产生的情感体验和满意程度（张卫东，1997）[1]。黄喜珊、王永红 2005 年的研究结果显示：社会支持与教师效能感的两个维度存在不同的相关关系，个人教学效能感与社会支持存在显著正相关，社会支持对教师个人教学效能感有一定的预测作用；一般教学效能感与社会支持中的"其他支持"一项则存在显著负相关；增强社会支持有助于提高教师的个人教学效能感。

相对于普通学校的教师，由于学校的特殊性，很少有人知道有这样一种教学模式存在。课题组在不同的地区随机访问了一些群众，如果不是生活的区域内有内地西藏班，受访的群众基本不知道有内地西藏班这样的学校。当课题组成员问到对内地西藏班教师的看法时，除了一部分"不了解""没想过"这样的回答外，一些群众的回答和内地西藏班教师们的感受一样，那就是"一说到西藏中学的老师，就感觉着老师水平低"，教师本是"阳光下最光辉的职业"，受到人们的尊敬，然而内地西藏班的教师却很少能感受到来自社会大众的正确理解。老师们表示有时候家人也有不理解和不支持的时候，虽然他们也知道这个学校比较特殊，但是还是会有意见，T37 教师很坦诚地说："我以前是班主任，现在不干了，太累了，家里人也反对做班主任，后来做了个小手术，更是不让做班主任了，现在只教学。"课题组还了解到有些老师在内地西藏班工作一段时间后，就主动辞职去了其他的学校，T19 教师反映：我们学校的一些老师已经去普通中学了，可能觉得在这有压力，这个压力可能不是教学上的，可能是其他方面的，有可能是在这里还要做很多相关的工作。从自身期望来说，个别老师会去吧，有些已经离开了。

（3）学生的感恩表达滞后

学生是教师工作所面对的主要对象，与教师接触时间长，相互交流多，彼此的影响作用大，是教师社会支持的一个来源，而且是一个重要的来源。学生对教师提供的社会支持，有客观支持，比如信息交流、信息帮助、师生沟通参与的娱乐活动等。但更多的是主观支持，比如表达对教师的尊重、认可、接受、需要，给教师带来自我效能感等。[2] 内地西藏班的

① 黄喜珊、王永红：《教师效能感与社会支持的关系》，《中国健康心理学杂志》2005 年第 1 期，第 45 ~ 47 页。

② 王永铎：《来源于学生的社会支持对教师心理健康的影响》，《科技信息》2009 年第 10 期，第 392 页。

教师告诉我们，"我们像普通教师那样有成就感、荣誉感的时候，就只是在学生毕业以后，当我们去了西藏，曾经的学生对我们的尊敬和感恩无法言表，那个时候最有成就感，但在他们还上学的时候，这种事情是很少的"。

有个学生毕业两年啦，来母校时流着泪，与该生一起吃烧烤时，该生当场给老师跪下磕头，就这种感情，有的在宿舍等私人场合常见，但是在公共场合不常见，他是作为优秀老师参加国培计划在某地区培训，顺便过学校来看看老师和学校，这种感情太深了。

很多教师也都讲述了自己亲历的学生感恩教师的事情，但都是在学生毕业之后，当教师们送新一届的毕业生回西藏时，往届毕业的学生对教师的感谢难以言表，很多学生都感叹还在上学时对师恩的感受不深，不懂得感恩。

7. 专业发展受限阻碍了教师教学能力提升

教师专业化是提高内地班教学质量的有效路径。然而现实的教育教学状况，让很多内地西藏班的教师很少有时间去思考这个问题。在调研期间，课题组了解到，在内地西藏班有这样一种观点：西藏班的老师如果回到内地普通学校是不能教好学生的。同样是学教育的，就教不了了。很多教师也会质疑自己的教育教学能力："离开这样的学校，我还能教普通学校的学生吗？"

（1）学习时间不充裕

内地西藏班的教学工作和学生的生活是融合在一起的，教师一年365天一天24小时都在学校，和学生一起学习、生活。普通学校的教师可以在寒暑假期间给自己充充电，或者暂时让其他教师代课。然而在内地西藏班，寒暑假期间要补课，要开展活动，这些都离不开教师的参与；内地西藏班的特殊性，教师与学生之间的信任，绝非临时调来一个教师就能顺利开展教学工作的。在这个快速发展的社会，不提高自己就很容易被社会淘汰，在与周边学校进行教研时，内地西藏班的教师难免会对自己的教育教学能力产生怀疑，其教学效能感自然就低。

（2）与同类学校沟通很少

内地西藏班教师的教研活动有两种主要的形式：一是和同地区的普通学校一起，老师们反映这样的教研没有针对性，其他学校的方法并不一定适用于内地西藏班；二是本校教师一起进行教研活动。这样做虽然有了针对性，但是毕竟一个学校的老师能力是有限的，教师们更希望能与其他内地西藏班的教师在一起讨论教学。由于地域的关系，内地西藏班很少有同类学校的沟通，即便是有，也是很短暂的讨论，更多局限在学校或学生管理层面，很多教学方面的问题不能详细深入地交流。

三 提高内地西藏班教师教学效能感的对策与建议

（一）相关教育行政部门

1. 加强沟通与合作

教育部是内地西藏班工作的宏观管理部门，主要任务是会同西藏自治区党委和政府，制定内地西藏班发展规划，提出每年招生和毕业生分配意见，加强同各地、各部门的联系，对内地各类西藏班工作进行调研评估，总结各界交流经验，帮助协调解决办学中出现的问题。办有西藏班的有关省、自治区、直辖市政府和国家有关部委，要有专人负责，主要任务是负责本地区和本部门内地西藏班的管理和协调工作，帮助办班学校解决办学中出现的问题。西藏教育厅是西藏自治区负责内地西藏班工作的主管部门，主要负责有关经费的分拨、藏文师资的派遣、组织学生进出藏以及配合有关部门处理有关事务和突发性事件，保证教育援藏工作顺利进行。[①]内地西藏班的成功开展，离不开各界的支持，继续开展好这项工作，仍然需要各方的努力，各主管部门应加强沟通，在关注西藏生的同时，多关注内地西藏班的教师，想教师所想，急教师所需，努力为教师创造一个良好的工作环境。

2. 认真落实教职工编制要求

内地西藏班教育教学的特殊性要求内地西藏班教师的责任与义务、工作量等都与普通学校教师存在着很大的差异，因此，需要各办班省、市按照1个班配8名教职工的要求，落实内地西藏班教职工编制，由西藏自治区教育部门根据内地西藏班需要，按计划数选派政治素质好、业务能力强

---

① 《关于进一步加强内地西藏班工作的意见》，教民厅〔1992〕10号文件。

的藏语文教师。各省、市要按省、直辖市示范性学校的质量标准优化配备
教职工队伍；把内地西藏班的教职工优先纳入当地教职工队伍建设规划，
组织内地西藏班教职工参加教研、学术、教学观摩、讲座及经验交流等活
动；对内地西藏班需要调入的优秀教师和管理人员，由当地教育、人事部
门优先给予解决。① 在解决好内地教师的编制问题上，要切实落实藏语文
教师的选派工作，无论是从教学需求还是学生管理需要来看，藏语文教师
都是内地西藏班不可缺少的一部分。1980 年 10 月，教育部、国家民委在
《关于加强民族教育工作的意见》中提出：发展民族中小学教育，一定要
在教育体制、教学内容和教学方法等方面适合少数民族特点，最重要的
是，凡有本民族语言文字的民族，应适用本民族的语文教学，学好本民族
语文。② 藏语文虽然不作为高考科目，但是藏语文课程的开设是符合内地
西藏班教育教学发展需要的，是学生管理工作的强有力的支持，因此，需
要藏汉教师协同合作，共同促进内地西藏班教师教学效能感的提高，最终
促进内地西藏班学生的全面发展。

3. 提高教职工待遇

从事西藏班工作的教职工，由于工作量大，工资补贴应参照原教育部
〔56〕计劳动字第 30 号文件和人事部、财政部人薪函〔89〕7 号文件的有
关规定执行，经费由省市政府和主管部委负责解决。③ 2010 年，《内地西藏
班、内地新疆班高中管理办法》中提出，承担办学任务的省（市）设立西
藏班、新疆班教职工特殊岗位津贴，每人每月补助标准为基本工资与绩效
工资的 25%。随着社会的发展，物价的上涨，尽管内地西藏班教师的特教
费有所提高，但和教师们的付出相比仍然不对等，因此，课题组认为，在
合理范围内提高内地西藏班教师的待遇，减少其因经济问题带来的困扰，
是提高内地西藏班教师教学效能感，使其能在内地班这样的工作环境下安
心教学的有效措施。

4. 加大对内地西藏班办学的宣传

内地西藏班开办至今将近 30 年的时间里，党和国家采取了一系列行之

---

① 李彬：《内地民族班办学模式及其分析——以内地西藏班为例》，中央民族大学硕士学位
论文，2009。
② 韩达主编《中国少数民族教育史》第二卷，云南教育出版社，1988，第 368 页。
③ 《关于进一步加强内地西藏班工作的意见》，教民厅〔1992〕10 号文件。

有效的措施，从西藏教育厅到各办班学校都对西藏班给予了高度的重视，制定了各项章程，投入大量的人力、物力和财力，有力地推动了内地西藏班的建设和发展，从而提高了从事内地西藏班工作的教师的积极性。然而只有这些是不够的，教师们希望更多的人了解他们的生活状态，希望得到学生家长的支持与肯定，希望得到社会大众的认可，有些内地西藏班的教师曾说，在没来这所学校工作之前，根本不知道有这样的学校存在。在和普通学校教师一起进行教研活动的时候，他们（普通校教师）对我们这样的学校很好奇，对学生也好奇，经常会问学生都来自西藏吗？并且，学生家长中，只有少数人会在学生上学期间来内地西藏班看望自己的小孩，他们绝大多数人对内地的教育环境、学生的学习成绩、学生初中四年、高中三年的身体变化和心理变化，都不了解，更不知道内地西藏班教师的辛苦和奉献。有些偏远牧区的家长甚至不了解国家的相关规定。① 因此，相关行政部门仍需加大宣传力度，广泛运用媒体、网络等现代化信息传播手段进行宣传，这个宣传不仅仅是在西藏自治区的宣传，还有对内地广大人民的宣传，让更多的人了解内地西藏班，了解在内地西藏班工作的教师，获得有效的社会支持和社会信任度，提高内地西藏班教师的个人教学效能感，这样才有利于内地西藏班教师自身积极性的提高和自信心的增加，从而改善内地西藏班教师教学效能感低的现状。

（二）学校层面

1. 开展对内地西藏班教师的多元文化教育培训

我国奉行"中华民族多元一体"的民族理论格局，所谓"一体"指中华民族的实体，"多元"指中国境内的 56 个民族，"一体"与"多元"是辩证统一的关系。② 内地西藏班学生文化结构的复杂性和多元化使得多元文化教育成为内地西藏班教师教育的必然选择。多元文化教育不能只停留在观念上，必须落实到行动上，这也是提高内地西藏班教师教学效能感的有效途径。

---

① 王维：《践行渐进西藏班——以武汉市西藏中学为例》，中央民族大学博士学位论文，2009。
② 滕星、王军：《20 世纪中国少数民族与教育》，民族出版社，2002，第 8 页。

"作为人生命活动的产物，知识原本蕴含着多重意义。知识的学习过程应是生命投入的过程，是意义追寻和创生的过程，是教育者、受教育者，以及知识间意义建构的共生过程。"① 多元文化是不同知识意义建构的"桥梁"，教师接受多元文化教育会更加了解内地西藏班的教育对象，促进双方的交流，也会加快教师对教育对象及其文化背景的适应，提高其多元文化教育技能。学校可以利用藏语文教师的优势，也可让藏语较好的学生充当"日常用语藏语老师"，促进内地教师简单藏语的学习，这样既有利于形成融洽的教师同事关系和师生关系，又能有效地提高内地西藏班的教师教学效能感。

2. 建立内地西藏班教师网络学习共同体

在当今信息化社会，民族教育的发展需要信息技术的带动，内地西藏班由于地理位置的限制，同类学校很难经常在一起进行教研与交流，学校可以借助网络搭建教师交流平台，创建教师网络学习共同体，给内地西藏班教师一个沟通、交流的机会，利用信息技术实现校际或区域之间优质教育教学资源的共享。教师网络学习共同体是教师围绕共同的目标进行合作、探究的一种学习型组织。在这个虚拟的学习共同体中，来自不同省份、不同地域的教师都可以借助信息技术所提供的环境，相互交流专业知识和教学经验。②

建立内地西藏班网络学习共同体，既可以将国内外优秀教师的授课录像、专家讲座、教师与教师、专家之间的对话都上传到网络上，同时也可将不同内地西藏班的教师联系起来，建立学习共同体，参与教学研究与成果交流，相互学习，共同提高③，为内地西藏班教师的交流建立平等和开放的对话环境，使教师们的困惑不再受到距离和区域的限制，从而促进内地西藏班教师的专业发展，提高其教师教学效能感。

3. 做好内地西藏班教师的工作指导、心理疏导

内地西藏班的特殊学情是普通教师无法想象的，长时间高负荷的工作

---

① 吴晓蓉：《共生理论观下的教育范式》，《教育研究》2011 年第 1 期，第 50 ~ 54 页。
② 魏怀升：《信息技术环境下的教师专业发展研究》，《热点聚焦》2011 年第 3 期，第 152 ~ 153 页。
③ 贾晶晶：《教师专业发展的校际研修模式探究——以浦东新区农村学校为例》，华东师范大学硕士学位论文，2010。

环境，教育教学上的问题都会影响内地西藏班教师的心理健康。学校领导要做好新教师职前的指导工作，"提前打预防针"，在新教师入职之前详细介绍学校的情况与特殊性，工作的各项内容，使教师对即将工作的环境有所了解；学校的心理咨询不能仅仅针对学生，教师的心理健康问题也不容忽视。学校应完善心理咨询机构，积极发挥心理咨询室的作用，内地西藏班教师和广大普通教师有共同的心理特征，但是由于文化差异的影响和不同的环境，在很多方面都表现出了独特性，积极开展有针对性的心理健康引导也是提高内地西藏班教师教学效能感的一个有效途径。

（三）教师层面

1. 转变教育观念

内地西藏班教师不仅仅是学生学习上的引导者，还是学生的父母、朋友，身为民族教育领域中的一分子，选择了这个职业，就要充分了解作为一名内地西藏班教师的职责、义务和肩负的责任，了解内地西藏班教师工作的环境，"教师们正在与一群来自多元文化背景和有着不同经历的孩子们学习生活在一起"[1]，对教育教学过程中遇到的问题做好充分的心理准备，并积极、努力克服工作中出现的问题。只有正确理解内地西藏班教师这一职业的各个方面，教师才能保持较高的教学效能感，为民族教育事业做出贡献。

在教学过程中，教师接触最多的就是学生，因此对教育对象正确地全面地了解有助于促进师生之间的融洽，形成教师较高的教学效能感。内地西藏班教师应该正确看待西藏班的学生，了解西藏学生的认知特点，并在全面了解学生的基础上结合每个学生的"最近发展区"设置合理的教师期望。教师要根据每位学生的现实水平实施相应的教学干预，通过教学情景设计、不同材料的提供、确立不同的任务目标、设置不同的互动类型等教学手段调节教学过程，即为不同的学生设置不同的"支架"，使学生以不同的路线和不同速率穿越最近发展区。[2] 当学生的行为表现达到教师的期望时，教师教学效能感自然就高了。

---

① 〔加〕马克斯·范梅南：《教学机智——教育智慧的意蕴》，李树英译，教育科学出版社，2001，第8页。

② 麻彦坤：《维果茨基与现代西方心理学》，黑龙江人民出版社，2005，第76～86页。

2. 提高自身素质

苏霍姆林斯基曾说：如果你想让教师的劳动能够给教师带来一些乐趣，使天天上课不至于变成一种单调乏味的义务，那你就应当引导每一位教师走上从事研究的这条幸福的道路上来。内地西藏班教师的工作本身就是繁忙与劳碌共存的，这就更需要教师注重科研，使教师的工作从辛苦变为幸福，从感性走向理性，永远保持充沛的教育热情和无尽的智慧。① 内地西藏班教师要不断提高自身的素质，不断充实专业知识，学习教育学、心理学知识，以及广博的文化知识，这样才能更好地应对教学中出现的各种问题，从而提高自身的教学效能感，最终影响学生的学业成绩和表现，促进学生的全面发展。

---

① 薛洪全、冷爱霞：《建设科研型教师队伍促进教师专业化发展》，《中国教育学刊》2010
年第12期，第75～76页。

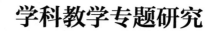学科教学专题研究

第十一章 内地西藏高中班语文阅读教学研究

汉语是西藏学生的第二语言，内地西藏班除藏语文外其他所有课程均用汉语教学。汉语文学科①作为一门基础工具学科，能够熟练掌握运用，对内地西藏班学生学好各门课程都有很大帮助。其中阅读是语言学习的重要途径，是掌握语言知识、获取信息、提高语言运用能力的基础。阅读教学是语文教学中极其重要的内容，所占比例最重，所花费时间和精力最多，其质量和效率一定程度上决定了整个语文教学的质量和效率，是培养内地西藏班高中生语文素养和提高语文水平的关键因素。一般来讲，语文课堂教学包括基础知识教学、阅读教学、作文教学、口语交际以及综合性学习等，阅读教学在语文课堂教学中处于核心地位。本书所指的阅读教学专指内地西藏班语文教师以语文教材的篇章为阅读材料和范围，引导学生进行的课内语文阅读教学，不包括学生的课外阅读。

本研究以提高内地西藏班语文阅读教学质量为旨趣，对内地西藏高中班的语文阅读教学现状、问题进行了深入调研，以此为依托，结合多元文化教育和第二语言学习的相关理论，尝试构建了一套适合内地西藏班阅读教学的模式。期望本研究能够推动内地西藏班学科教学模式研究的前行，促进内地西藏班教育教学水平不断提升。

一 内地西藏高中班语文阅读教学问题分析

（一）内地西藏高中班语文教学概况

1. 内地西藏高中班语文成绩与内地普通高中语文成绩仍有一定差距

近年来，内地西藏班学生的汉语水平明显提高，这是访谈中很多一线

---

① 本书所涉语文教学如无特殊标注或说明均指汉语文教学。

语文教师的共同感受。例如一位在内地西藏高中班任教多年的教师（T31）反馈说："从这三届来看，从语文成绩来看是越来越好，体现在他们基本的表达能力，不论是语言还是写作能力，和以前相比有大幅度提高，可以在语文试卷上反映出来。在第一届的时候，主观题每次都有几个孩子答不完，稍微难一点就空着，08 级就少一点了，09 级偶尔有一次会空着，到今年基本没有空着的，当然准确率肯定有区别。从我们与市里比较来看，各种题的得分率也在提高，包括选择题，我感觉我教的这两届，从客观题的答题情况来看，比以往有提高。我统计过我们的语文考试，就是想通过这个选择题，看一看学生对文章的理解能力究竟到哪个程度了，五项选择都是从文中提炼出来的，涉及对文章各个层面的理解，是以选择题的形式出现，咱们学校和市里二类校的差别几乎为零，就从这个得分来讲，学生的理解能力不比市里的差，但是为什么最后的现代文阅读低于市里了呢，因为最后要把主观题变成语言表达出来，而表达就要涉及藏汉语的转换，语言的差异使分数低于市里，主要还是语言问题。"与内地普通班相比，二者语文成绩仍有不小差距。以山西大学附属中学内地西藏班与内地普通班高三年级的一次语文模拟考试成绩为例，满分 150 分试卷（90 分为及格线），其中西藏班的语文成绩平均分为 70.5 分，及格率仅为 9%，普通班语文成绩平均分为 95.8 分，及格率为 56%，二者语文成绩平均分相差 25 分，内地西藏高中班半数以上都低于 80 分，普通班低于 80 分的人数不足 1/5。具体如图 11 - 1 所示。

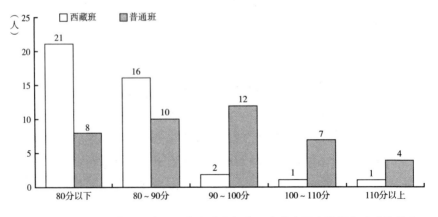

图 11 - 1　山西大学附中高三西藏班学生与普通班学生语文模拟考试成绩分布

访谈中也有老师这样反映西藏学生与内地学生之间的成绩差距："我们这里的高考语文一般可以平均到90分左右，跟本市普通班还是差十几分，但是你要知道，80到90是个程度，他们到100分太困难了。毕竟一个是从民族地区来的，基础薄弱，跟整天生活在现代化大都市的内地普通学生的语文水平是无法比拟的。"

　　从总体上看，内地西藏高中班语文成绩在逐年上升。但就阅读能力来讲，客观题型主要考查语文理解程度的辨析识别能力，属于初级水平，客观题的阅读篇幅都不长，无论是粗通文字者还是阅读能力强的学生，只要细致认真，基本可以选择正确。

　　但试卷部分的主观题，阅读材料较长，阅读都不是逐字进行的，具有较强的跳跃性，需要学生在长期阅读实践中形成对关键性词、语、句、段迅速反应的习惯和能力以及文化背景知识。而这正是内地西藏高中班学生所欠缺的。

2. 内地西藏高中班学生对语文学科认识存在偏差

　　对语文学科的认识和态度是影响内地西藏高中班学生语文成绩（尤其是语文阅读方面）的重要因素。当被问及"你认为语文学习对自己的健康成长是否重要"时，仅有50%的学生认识到了语文学习的重要性。具体数据见图11-2。

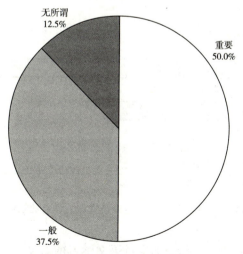

图11-2　内地西藏班学生对语文学习重要性的认识情况统计

在"你学习语文，主要是为了什么"这一题目上，53%的同学认为只是为了考试升学，20%的同学不知道学习语文的目的。可以看出，大部分学生对于学习语文的目的不明确。具体数据见图11－3。

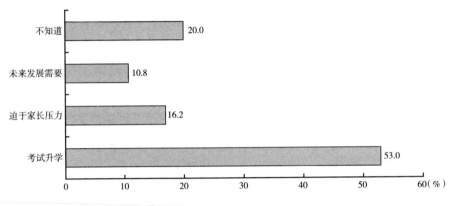

图11－3　内地西藏班学生语文学习目的情况统计

在"你认为语文课对自己有哪些影响"这一问题上，45%的学生认为语文课对自己没有什么影响或不知道有什么影响，仅仅有25%的学生认为语文课有利于提高自己的语言交际能力。具体数据见图11－4。

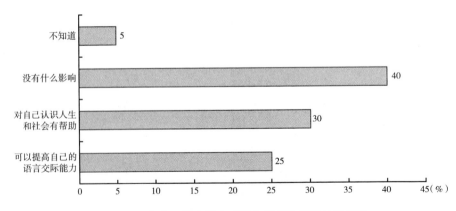

图11－4　内地西藏班学生对语文课的作用的认识统计

据此可知，有相当一部分学生对语文学习的意义认识不足，对于学习语文的目的不明确，而且认为对自己今后成长影响不大。学生的这种认识使他们在阅读过程中往往产生一种消极情绪，直接影响了他们的阅读质量和效果。

访谈中我们了解到，这些学生之所以有上述认识是因为他们平时生活中主要用藏语交流，而且他们在内地初中班生活过，一般日常汉语都有具体的语境和场景，因此他们觉得只要交流中没有太大障碍就行。一位语文教师表示："他们（西藏生）没有意识到学习语文的重要性。他们平时的语言交流是混着的，有些词语不会就用藏语表达。至于语序只要意思明白就行。"

总之，对语文学科的认识不足必然导致内地西藏高中班学生在学习语文过程中，尤其是在阅读中的积极性和主动性不高，学习动力不足。

（二）内地西藏高中班语文阅读教学情况

语文阅读教学的基本形式主要是课内阅读教学，在具体的课堂教学情境中由学生、老师和阅读文本组成，因此对阅读教学考查分为两个维度，一方面考查学生对阅读文本的兴趣，以及对教师的讲授方式的反馈信息；另一方面考查教师对阅读文本的认识以及对学生语文阅读情况的掌握等。

1. 学生方面

当问到内地西藏高中班学生是否喜欢上语文课时，46%的学生感觉语文课一般，38%的学生表示喜欢语文课，16%的学生对于语文课无所谓或者不喜欢。具体数据见图 11 − 5。

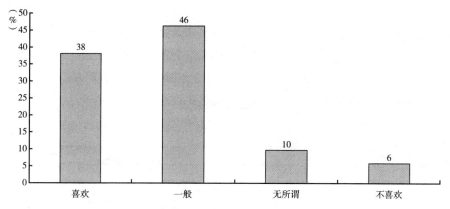

图 11 − 5　内地西藏班学生是否喜欢上语文课情况统计

调查显示，在语文课堂上 72% 的内地西藏生很少主动提问甚至不提问。具体数据见图 11-6。

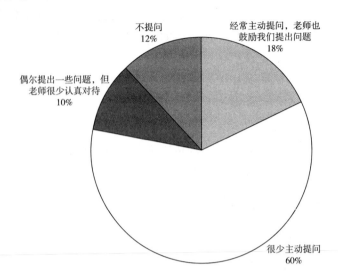

图 11-6　内地西藏班学生语文课堂提问情况统计

在对语文课堂教学情境的调查中发现，传统课堂教学模式仍是内地西藏班语文教学的主导模式，即教师主导课堂，先讲课文，再讲思考题，最后再作延伸讲解（阅读篇目、语文知识等方面）。教师从头讲到尾甚至拖堂的现象时常出现。具体数据见图 11-7。

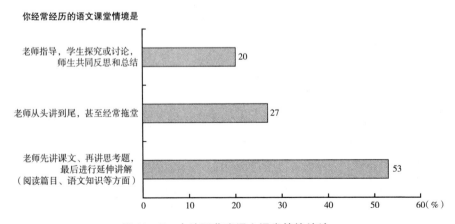

图 11-7　内地西藏班语文课堂情境统计

在"在阅读过程中,你需要哪方面的补充知识"这一问题中,63.1%的学生认为需要补充文化方面的知识。具体数据见图 11 - 8。

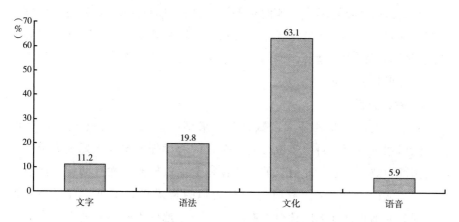

图 11 - 8　"在阅读过程中,你需要哪方面的补充知识"统计

对于内地西藏高中班学生所提到的在阅读过程中补充文化知识,在进一步访谈中我们了解到,他们在语文阅读过程中,往往是跳过或者忽略影响整句意思的关键词而造成偏差。而这些关键词往往是一些汉语当中的俗语和惯用语,这些词语与汉语文化知识相关。下面的访谈材料证实了这一点。

访谈案例 11 - 1

访谈者:你刚才填写问卷中,认为阅读过程中需要词汇方面的知识,请详细说一下。

S1:我在阅读材料时,有些句子中往往会遇到一些没见过的词或者是见过,只知道这个词的字面意思,句子就不那么容易理解,有时理解得跟原文的意思相差很大。有些词句看似相似,但是实际意思完全不同,有时听老师讲了之后,才知道那是汉语文化里的词,以前就没有注意到。

通过以上对学生语文课堂教学的调查可以发现,一些同学不太喜欢上语文课,课堂上学生很少主动提问,对语文学习也没有太大兴趣。学生认为老师上课时总是讲好多内容，有时甚至拖堂，不经常提问，也很少留出时间让他们提问。

在具体的阅读过程中，他们对于阅读材料中的有些词语或句子仅仅是理解一些表面含义，比较深层的意义他们往往发现不了，影响到他们对句子或语段甚至篇章的理解。他们的通常做法是按照字面意思理解，经常与文章的意思相去甚远。

2. 教师方面

对于学生，一线教师大多数认为，来到内地的西藏学生往往不爱阅读，纪律意识淡薄、自由懒散，老师布置的阅读任务不能很好地完成。同时在阅读中缺乏恒心，比较长的文章往往中途就放弃，而且阅读中注意力不集中，阅读效率不高。有时他们对老师的言语极其敏感，自尊心又很强，因此老师指导他们阅读时，有时说话分寸把握不好容易使他们内心产生抵触情绪，这也加大了阅读教学的难度。

对于学生所提到的"老师上课时总是讲好多内容，有时甚至拖堂，不经常提问，也很少留出时间让他们提问"的授课方式，一线老师认为，采取这样的教学方式是因为这些学生阅读基础太差，一些阅读方面的基础知识没有积累。据 T31 老师反映：从语文学科来讲，班上的学生只是理解能力稍微差一些，知识性的内容只要理解了就能懂，尤其是一些较难的词语或俗语比较有内涵，理解起来特别费劲，不像咱们，一段话理解了大致能复述下来，但是他们就得一个字一个字地死记硬背，而内地的学生思维方式灵活，理解上比内地西藏班的学生强。有时必须跟他们多讲一些，即使他们忘了些，毕竟可以留下些，比他们什么也不知道强。

课题组认为，一线教师的这些教学方式对于内地普通班的孩子是适用的，教学效果在一定程度上也是明显的。但是对于教学对象比较特殊的内地班学生来说，内地普通班这种教学方式就可能不太适合，应该探索针对他们的独特教学方式才能取得良好的教学成效（有关其中原因下文有专门分析，这里不再展开）。

对于语文阅读教学中的学生实际情况，我们专门访谈了在教育一线多年从事语文教学的老师，访谈实录归纳及访谈片段记录详见附录六。

对于语文阅读测试情况，受访老师认为，内地西藏班学生的阅读材料部分内容理解尚可，但是整体把握差、表达能力差，阅读测试得分低，仅仅能得到一半的分数。

访谈案例 11 - 2

访谈者：现代文呢？

T3：现代文呢是理解了，但是表达不好，从得分上可能文言文比现代文高，是因为文言文题型是选择题，考得简单，可以辨析出来，现代文有个选择题，还是五选二，因此难度比较大。总体给我感觉是因为恐惧，因为不自信，看了前面，后面也不太懂，看了后面前面也大概忘了，前后不连贯。他还是整体把握比较弱，他们不能体会整个一段的意思，他是感觉这句话挺好，能说出来就这句话了，重于局部而非整体。比如从分数上来讲，这道阅读题，高考卷来讲 18 分到 22 分这个样子，我们只要是达到一半，九分左右就可以啦，尤其是那个表述题，表述题他们有的表述可能前后矛盾，语序颠倒等，得分就很低，我只要求他们把关键词答上就可以了，具体表述不要求他们那样严格了，因为我们理解不行，表述的时候病句就出来了，内心想的跟表述是不一样的。心里有但表达上不行。

对于西藏学生语文阅读测试情况的答题特点，受访老师认为，他们答题不仔细，而且懒散不愿动脑筋，题太难就不愿做，答题错别字不少，如果他大体瞅一眼，大体会就做一做，不会就不做了，太难的话就不做了，即使做也就没有时间了。这里阅读不仅仅是理解不到位，有时理解到位了，可能表达措辞方面也会出现误差，错别字不少，尤其是音近字多义字也经常错。对于其中的原因，一线老师认为，这些答题失误是长期形成的，是他们接触的语言环境有限所造成的。

访谈案例 11 - 3

访谈者：如何形成的差距？

T3：是长期形成的，不是几节课或几个月所形成的。比如在这节课当中我表达的是这个意思，但是在另外一个语言环境中就是另外一个意思了，就变化了，比如这个词人家内地普通学校已经见过十种语言环境了，我们才见了三种。

针对以上访谈实录，我们对照了北京市 2013 年高考语文考试说明：语文阅读部分的相关要求。①

阅读

1. 古诗文阅读

能阅读浅易的文言文和古典诗歌。

（1）常见文言实词、虚词在文中含义和用法的理解

（2）常见文言句式的理解

常见文言句式：判断句、被动句、宾语前置句、成分省略句等。

（3）文本内容的理解（包括断句、翻译等）

（4）文中信息的分析和筛选

（5）文本内容的归纳和概括

（6）作者观点的分析和概括

（7）古典诗歌内容的理解和作者情感的体察

（8）古典诗歌语言、表达技巧和意境的鉴赏

（9）名句名篇的背诵与默写

2. 现代文阅读

能阅读论述类、实用类、文学类等多种文本。

（1）文中重要词语的理解和解释

（2）文中重要句子的理解和解释

（3）文中信息的分析和筛选

（4）文本结构、作者思路的梳理和分析

（5）文本内容的归纳和概括

（6）作者思想感情、观点态度的理解、分析和概括

（7）依据文本内容进行的合理推断

（8）文学作品语言、表现手法和艺术形象的鉴赏

（9）文学作品思想内容、作者情感的把握和评价

3. 阅读延伸

（1）从不同角度和层面对文本内容或形式的体察、阐发与评价

---

① 内地西藏高中班考试均参照所在省市的内地普通学校高考，这里仅以北京市高考试题加以说明。

（2）基于知识积累和生活经验对文本意蕴的思考、领悟与阐释[①]

以上为北京语文高考命题的依据，体现了在现阶段对北京高中毕业生阅读能力的要求。有关语文阅读测试在较高的层次上反映学生阅读的水平，通过高考然后判断考生对阅读材料的理解程度以及范围，分清哪些是已经理解的，哪些是难于理解的。阅读测试中不同内容、不同篇幅的阅读材料组成不同的题型来检测考生的阅读水平，整个试题形成一个有机的网络系统。可以说，试题是分散的，但考生回答这些试题所构成的总的印象却是完整的，由此可以判断考生的阅读水平和阅读方面的缺陷。

作为内地西藏班平时的阅读教学，教师可以提供足够的背景资料，而且可以组织讨论，启发学生思考，使他们由不能理解阅读材料到完全理解阅读材料。阅读测试则没有这样的条件，它可以检验考生已经理解的水平。[②] 因此，课题组认为阅读测试可以大体检验考生已有的语文阅读水平。

参照这样一个要求，结合来自一线教师的访谈以及前面所涉及的内容，有关内地西藏高中班语文阅读情况，我们归纳为以下几个方面：

第一，语文阅读客观题正确率较高，主观题用文字表述则困难较大，有时会跟答案相差较大甚至自相矛盾，且表述中错别字较多，不易辨认。

第二，在现代文阅读中，整体把握文章主旨较弱，回答局部信息题尚可，而对一些深层的东西往往无从下手。尤其是阅读延伸题，易出现观点不对、语言不通、前后矛盾等问题。在文言文（主要考查浅易文言文）阅读中，题型以客观性选择题为主，总体得分情况比现代文高。但主观题文字表述、古诗句默写经常错，文言翻译失分不少。

第三，语文阅读中学业成就感较差，成功体验较少，不爱动脑筋，阅读兴趣不浓，阅读思维上形成惰性。

第四，语文阅读中，学生有时理解到位，但因表达措辞含糊不清、语序颠倒或前后不连贯失分较多。

---

① 《北京市 2013 年高考考试说明：语文》，考试大纲，http：//www.zxxk.com/wxt/info.aspx? Page=2&InfoID=241324，2013-03-27。

② 章熊：《中国当代写作和阅读测试》，四川教育出版社，2000，第 436 页。

二 内地西藏高中班语文阅读教学问题的影响因素

内地西藏高中班学生的阅读教学问题主要受环境和教育因素的影响，其中环境因素主要涉及西藏学生来内地之前的成长经历，教育因素涉及汉语作为第二语言学习的独特性、汉藏文化差异以及内地一线教学的误区等。

（一）学生自身的成长经历

1. 西藏生活环境的特殊性

具体在语文阅读教学中，阅读材料跟作者的生活经验密切相关。作者通过文字所表达和反映的内容往往是他个人生活经验的浓缩和提炼。读者接触到这些简练的文字，如果有类似相关的生活经验和经历，就能激起并联想在头脑里将简练的文字形象化、具体化乃至细节化，把作者蕴藏在文字深处的思想内涵揭示和挖掘出来。对于内地西藏高中班学生而言，他们童年生长于西藏雪域高原特殊的地理环境，地广人稀，环境封闭，与内地的生活环境迥然不同。在语文阅读教学中所用的篇章、材料往往反映的是内地的生活以及文化相关方面内容，内地西藏高中班学生这种生活环境的特殊性使得他们在接触阅读材料时更容易出现困惑。例如，阅读汪曾祺的《胡同文化》中一段文字"有在一个胡同里一住几十年的，甚至有住了几辈子的。胡同里的房屋大都很旧了，'地根儿'房子就不太好，旧房檩，断砖墙。下雨天常是外面大下，屋里小下。一到下大雨，总可以听到房塌的声音，那是胡同里的房子。但是他们舍不得'挪窝儿'，——'破家值万贯'"。对于没有内地生活体验的人，就会产生"房子都这样破旧了为何不搬家呢"这样的疑问。如果有内地的生活经验，他就会明白这其中蕴含着一种安土重迁的思想和意识，从而深刻把握阅读材料的内涵。因为内地西藏高中班学生生活经验的局限，缺乏对内地生活的观察和体验，头脑中较少有内地生活的情节和细节表象，他们在阅读具有内地生活经验的文章时在理解上就会大打折扣。

2. 语文学习基础的薄弱性

藏族学生刚开始接受教育一般以母语为言语中介，汉语学习起步较晚，一般在小学五年级（藏族学生十一二岁之后）才开始学习汉语。对于这种条件下成长起来的孩子，他们对汉语、汉文化接触比较少。进入内地初中班以后，他们经过四年的内地生活，尽管比内地学生多上一年，语文基础依然薄弱。访谈中一线老师也反映，有些孩子汉语水平就相当于咱们小学三四年级的孩子，再让他去理解高中的东西，本身他的理解力就达不到，语文程度差，其他各个方面都会有问题。

他们虽然可以听懂汉语，能够用汉语来表达自己的思想情感，但是由于汉藏文化的差异，又未能系统扎实地进行汉语学习，汉语文化知识积累明显不足。任何阅读材料都包含着一定的文化知识，这些文化知识内容如果是阅读者所熟悉的，那么阅读者对阅读材料的接受和理解就比较顺畅，通过大脑所积累的相关文化知识去想象和思考，完全能透过字面意义联想并展示有关的情景和场合，进而揭示并挖掘出内在的深层意义。在语文阅读教学中，汉语文化知识积累不足往往成为内地西藏高中班学生阅读时的主要障碍。例如，他们没有内地农耕文化方面的相关知识，在阅读唐诗"锄禾日当午，汗滴禾下土。谁知盘中餐，粒粒皆辛苦"时，就无法透过词语的描述，想象农民在烈日下辛劳耕耘的情景，对"一黍一饭当思来之不易"的主题也不能有深刻的领会和体验，只能停留在表层的字面意义上。再如，阅读鲁迅的作品《孔乙己》，他们不了解封建社会科举制度文化知识，对"穿着长衫站着喝酒，排出九文铜钱"的孔乙己这个没落读书人的形象无法理解；又如阅读一些"如此做完全是蛇足之举"这样比较难懂的句子，他们没有汉语成语（诸如画蛇添足、守株待兔等）的知识，对"蛇足之举"意思不理解，同样也就无法明白句子所要表达的内涵。

此外，因为汉语基础差，短期内无法达到阅读教学要求，有的同学会产生得过且过心理，有的同学因自卑羞怯心理造成阅读中主观能动性不强，从而很难在阅读过程中积极思考，不愿主动表达自己的阅读心得，有些阅读中的过失或不当也不能及时纠正，久而久之，导致了阅读水平下降。

3. 家庭教育的不足

家庭教育的密切配合是内地教育水平较高的重要因素之一。而内地西藏高中班的学生是纯粹寄宿制学习，家庭教育缺失会造成学习心理上的缺陷。他们与家庭沟通的主要方式为电话，交流时间有限，同时很多家长特别是农牧民家长受教育程度和表达能力有限，多是嘱咐孩子要听老师话，偶尔有家长来探望，但就家庭教育的效果而言实在太有限了，和每天与父母朝夕相处的内地学生是无法相比的。因此家庭教育的不足或缺失对他们的学习造成了不利的影响，学习成绩退步或进步得不到父母的鼓励、安慰或督促。生活中经常出现的思乡、孤独、压抑的情感无法得到合理的疏导也同样影响了他们的学习情绪，反映在阅读中总有某种压抑感。在阅读后交流心得体会过程中，他们不敢抬头看人，说话不敢高声，声音细微得听不清，唯恐别人瞧不起自己。阅读中遇到的疑难，不能积极主动地思考和理解，往往因为内心压抑不敢与老师以及同学交流和沟通。

尽管他们能够得到内地西藏高中班老师细致有效的管理和无微不至的关怀，但是终究无法代替父母的鼓励关心。正如访谈中 T33 老师所说的："内地的孩子有家长天天督促着，但是这些孩子就没有，老师管理毕竟有限，只能劝导劝导，如果家长劝导，就比较有力度。"

（二） 汉语作为第二语言学习的独特性

汉语对于藏族学生而言，属于不同于他们民族母语的第二语言。作为第二语言的汉语教学既不同于他们的母语教学，也不同于内地汉族的母语教学。藏族学生在幼儿时期没有汉语的学习环境，在后续的学习过程中很少对汉语的字、词以及音形义等进行系统的学习。而这些都是培养最基本汉语能力所必需的。尽管藏族学生大都在内地初中学习和生活过，他们的汉语水平同过去相比有了长足的进步，如能够听懂汉语，尤其是口语交际方面也有提高，但这远远不够。升入内地西藏高中班以后，藏族学生学习汉语的途径和渠道依然是学校教育。离开课堂和书本，平时生活中，他们彼此之间习惯于使用藏语进行交流，汉语交际使用方面相当有限。他们的汉语水平与内地学生相比相当滞后。

以他们所用汉语教材为例，如北京西藏中学的学生和北京普通高中的学生使用的都是京版新教材。这套教材侧重于培养阅读和发展书面语言的能力，这些教材的内容对内地学生是合适的，但对于内地西藏班的高中生来说难度太大了，因为他们缺乏使用这套教材的汉语口语基础。

（三） 汉藏文化的差异性

每个民族都有着不同的发展历史和生存环境，并形成了各不相同的独特文化。各民族语言及其文字表现形式受到各种各样的自然和社会文化条件制约，从而使得语言及其文字带有深深的文化烙印。

语言是文化的载体，是文化的重要组成部分。少数民族与汉族之间的文化差异也会对内地西藏高中班学生的阅读学习造成影响。母语为汉语的内地学生有扎实的汉语口语基础，又从小系统扎实地进行汉语文化知识的学习，不存在阅读的文化障碍。而内地西藏班学生在学藏文时自然形成跟母语紧密联系在一起的文化心理和习惯，他们不具备汉文化知识的养成优势。汉语是汉文化的主要载体，深深地印上了汉民族源远流长且多姿多彩的文化历史印记。藏族学生来内地学习接触阅读材料时，不可避免地会遇到与藏语文化不同的汉语文化现象。他们在阅读过程中因缺乏相关的文化背景知识而对阅读材料中反映的文化现象理解肤浅甚至不理解。

这主要因为各民族文化在价值观念、心理素质、风土人情、思维方式等方面不同，对同一事物、同一概念的理解和表达往往出现分歧。这种分歧形成了他们在语文阅读学习中的文化障碍。有的阅读材料所反映的内容，体现了汉族人的思维和表达习惯，如果不熟悉、不了解汉族人的思维方式和价值观念，对阅读材料中反映的某些思想和举措就难以理解和体会。如阅读"老夫喜作黄昏颂"这样的诗句，光从字面去理解，一般认为相当平常。但如果了解李商隐的诗句中感叹"夕阳无限好，只是近黄昏"的心态和观念，那么，就能体会这句诗具有"反其道而行之"的气魄和力量。

（四）内地西藏高中班一线语文教学的局限

基于内地雄厚的办学条件和先进的教育教学手段，让藏族学生来内地学校接受教育，给他们成长成才提供了优越的条件。然而，仅就他们受教育而言，依然有一些负面因素存在。这里指内地西藏班的一些一线教师因疏忽或忽略汉语作为第二语言的特殊性以及西藏少数民族学生的特殊性而产生的教学误区。对于西藏少数民族学生，语文学科是一门基础工具学科，其他科目也是用汉语言为载体来表述，对于他们学习各门科学文化知识也有极大的帮助。但是内地西藏班的老师一般没有受到汉语作为第二语言教学的专门教育，在以往教学经历中也很少接触西藏少数民族学生，很少甚至没有去过少数民族聚居区，在阅读教学中对西藏少数民族学生学习的基础和特点缺乏必要的了解，难以很好地因材施教。这一点在访谈中得到进一步印证。

访谈案例 11 - 4

访谈者：对于内地西藏班老师来讲，他们了解第二语言母语一些规律吗？

T3：了解那么一点点，有些少。

访谈者：作为语文学科，有无跟老师们培训过汉语作为第二语言的教学方面的知识？

T3：没有。但是他们有的已经经过内地初中班了，现在就是高中了，不可能从语法开始讲了，有的时候小学非常重要，上个好小学，他那规矩要学得好，书写规范，理解到位程度要好。那个东嘎，我确实有些信心不大了，别人已经经会跑了，他自己才刚刚会走，差距太大了。也没有人再用走教他，他也不愿意从走学起了，所以就磕磕绊绊地跟着，一到考试时就不行了。

在实际阅读教学中普遍存在照搬内地语文阅读教学模式的现象，以对内地汉族学生的教学方式对藏族学生实施阅读教学。以同样的教学文本、同样的教学内容、同样的教学方法对不同的教学对象开展阅读教学，其教学效果可想而知。例如，有的学生因为小学阶段就没有完成学习任务，内地初中班学的基础也不扎实，进入高中后，比较快速的阅读教学进度跟不上，阅读方面的相关知识长期链接不上必然导致他们失去阅读的兴趣和信心。还有些教师在教学中无意或有意拿当地名校学生的阅读测试情况与内地西藏高中班学生的阅读测试情况相比，这很容易加深一些内地班学生在阅读学习中的自卑感和抵触情绪。还有的老师阅读教学中也存在一些问题，如词语解释有时候只是单纯地解释词义，或将词义抄写在黑板上让学生读念，而忽略了词语的具体用法。分析课文只是把准备的内容灌输给学生，对学生的引导和启发很少，也谈不上师生之间的互动，课堂气氛非常单调死板。

除了内地西藏班一线教学存在误区之外，进入高中后阅读材料的篇幅和难度加大也是一个因素。内地西藏高中班学生由于平时积累的知识贫乏导致阅读测试审题不清而答错；由于语感缺乏导致不能理解句子之间的逻辑关系，不能整体把握材料大意，无法抓住问题的核心。因此他们的阅读理解能力还停留在浅加工水平上，即译码阶段——忙于思考字词怎样发音，主要注意字的辨认和词的认读，这样就很难在阅读中思考它的意义，理解能力相对低下，对于要求背诵的东西，学生有背诵欲望，心里很着急且反反复复读和背，但时隔不到一天可能就忘记了。

通过以上分析，我们具体了解了内地西藏高中班语文阅读教学问题的影响因素。总的来讲，对于内地西藏高中班学生而言，他们特殊的成长经历及其家庭教育的缺失和不足给内地西藏高中班语文阅读教学带来一定难度，同时汉语作为第二语言学习的独特性、汉藏文化的差异等也影响着他们的理解能力，内地一线教学的误区无疑又加重了这一难度。

可以说，语文阅读教学的现状不容乐观，我们要做的就是要改变它，探寻内地西藏高中班语文阅读教学艺术的神奇魅力，促进藏族学生语文阅读水平的提高。这需要教育的智慧，更需要行之有效的教学模式来引领。

三　内地西藏高中班语文阅读教学模式的建构

课题组认为教学模式是在一定的教学理论或教学思想指导下，在教育实践中逐步形成的、相对稳定的、较系统的教学计划或范型，它包括从教学原理、教学目标任务、教学内容、教学组织形式、教学过程直至教学评价在内的完整体系。① 依据这一概念，语文阅读教学模式应当是在一定的阅读理论指导下，为了达到使学生理解文章、建构自我知识体系为阅读目的而设计的系统的、操作性强的教学计划或范型。具体包括教学理念、教学目标、操作过程、教学策略、教学评价等几个方面。

为提高内地西藏班语文阅读教学的成效，课题组认为应该从构建新的教学模式着手，让一线教师拥有第二语言阅读教学跨文化难度诠释以及支架教学理论的教学理念，并确立合理的教学目标。在教学过程中采用"自下而上"的阅读过程模型，引导学生搭建文化支架补充文化知识，帮助他

---

① 有关教学模式的论述见本书第一章概念介绍部分。

们解决阅读材料中所遇到的文化障碍，进而选取符合西藏学生特点的教学策略，最后采用多元化的评价方式，力求使教师和阅读文本这两个中介因素对学生的阅读学习发挥最大的作用，从而达到提高学生语文阅读水平的目的。

（一）内地西藏高中班语文阅读教学目标

汉语是大多数西藏学生的第二语言课程。内地西藏高中班学生大部分来自内地初中班，经过了内地四年的语文阅读学习。考虑到西藏学生的这一学习经历，内地西藏高中班语文阅读教学模式可参照教育部 2006 年颁布的《全日制民族中小学汉语课程标准（试行）》、2009 年教育部颁布的《普通高中语文课程标准》和 2011 年《义务教育语文课程标准》制定阅读部分的教学目标，主要包括以下两个方面：

第一，培育学生对国家通用语言文字的爱好和情感，激发学生语文阅读兴趣，增强语文阅读的自信心，获得成功感，养成良好的语文阅读习惯。尤其要注重在阅读过程中激发学生的好奇心、求知欲，发展学生的思维，培养想象力，开发创造潜能，丰富语言的积累，培养语感，注重情感体验，发展感受和理解的能力，促进汉语思维的形成和发展；提高学生发现、分析和解决问题的能力。

第二，引导学生认真阅读文本，在主动积极的阅读思维中，加深对汉语言文字的理解和思考，受到情感熏陶，获得思想启迪，拓展视野，丰富阅历，增加对多元文化的认同感，培养爱国主义感情，以利于学生逐步形成积极的人生观和正确的价值观。语文阅读过程中，应重视思想品德教育，引领学生认识中华文化的丰厚博大，汲取民族文化智慧。提高学生的阅读品味，从中要继承和发扬中华优秀文化传统和革命传统，体现社会主义核心价值体系的引领作用，突出中国特色社会主义共同理想，弘扬以爱国主义为核心的民族精神和以改革创新为核心的时代精神，树立社会主义荣辱观，培养良好思想道德风尚，同时也要尊重学生在语文阅读过程中的独特体验。

（二）内地西藏高中班语文阅读教学理念：跨文化诠释难度和文化支架教学

每个民族由于生活环境和生产方式的不同，所形成的文化是有差异的。其中各民族之间的文化差异越大，各民族文化方面相关的价值观念、心理素质、风土人情、思维方式不同对同一事物、同一概念认知的差异也就越大。内地西藏高中班的大多数学生，他们处在独特的西藏民族特色文化当中，这种多民族、多文化的特殊背景，使得他们在高中阶段语文阅读学习中，接触和学习一些汉文化丰富内涵的阅读材料时就难以理解和掌握，这就形成了跨文化诠释难度。

内地西藏高中班阅读教学模式拟从第二语言教学的视角来阐释跨文化诠释难度，并针对内地西藏高中班语文阅读教学实际对其中所涉及的语文化做出内容界定。与此同时，结合内地西藏高中班阅读教学的具体情况，借鉴建构主义的支架教学理论提出文化支架的概念，并通过分析第二语言学习阅读过程的因素和环节以及比较阅读教学过程三种模型，从而确定选择"自上而下"阅读过程模型。在此基础上，引导内地西藏高中班一线教师在阅读教学过程中，通过搭建文化支架，帮助藏族学生构建汉语文化背景方面的知识，克服跨文化诠释难度，准确理解和掌握有关的阅读材料内容，从而达到高中阶段相应的语文阅读教学要求。

1. 中级阶段第二语言阅读教学中的跨文化诠释难度

对于一种语言，非母语的学习者在积累了这一语言的语音、词语、句子以及语法等语言知识以后，就可以凭借这些基础知识进行一些简单的阅读。这也就意味着他们进入了这种语言学习的中级阶段。在语言学习的中级阶段，非母语的学习者在阅读一些具有思想、文化内涵的文章时，他们会发现遇到了新的障碍：他们认识文章中大部分词语，基本没有语法问题，甚至明白每一个词语的基本词义，但是依然无法明白文章的大体意思，有时甚至完全不懂。这种阅读中的无形障碍就是非母语学习者在阅读过程中所遇到的第二语言学习的跨文化诠释难度。这种跨文化诠释难度是指这一语言现象背后不同文化、不同思维方式层面上的诠释难度。[①] 克服跨文化诠释难度要求阅读者对语言能够有一种更深层的理解形式：语言的思维及文化形式。这对于母语为这一语言的阅读者来讲，他们从小到大耳濡目染着这种母语文化，以及伴随着他们与生俱来使用母语思维的习惯，

---

① 李丽：《对外汉语教学中文学作品导读的三种诠释技术》，《云南师范大学学报》2003年第3期，第17~20页。

几乎不存在跨文化诠释难度，即使有也很容易跨越阅读中的这一无形障碍。

从文化人类学的角度看，不同地区、不同民族的成员成长的文化土壤是不同的。文化差异越大，跨文化教育难度越大。[①] 内地西藏高中班的大多数学生来内地之前一直置身在西藏浓郁的民族特色文化中。进入内地学习以后，他们置身在同自己原来生长的文化环境迥异的汉文化环境当中，即使他们大多经过内地初中的汉语学习或在西藏地区学习过汉语，积累了汉语的语音、词语、句子、语法等基础知识，并具备了一定的阅读基础，他们从语文阅读的初级阶段已经进入语文阅读的中级阶段，但是仍然缺乏汉文化知识，不熟悉汉族的思维方式，在阅读中就进入了跨文化诠释难度阶段。

在中级阶段，藏族学生在阅读时往往停留在浅表的词语意义的叠加层面上，对较难理解的句子不能很好地理解其中的深层含义。这样，他们仅仅能够读懂句子的表层意思，实际上没有真正达到理解的程度，很可能只是一知半解，甚至不知所云，而且影响下文的阅读和理解。这是语文阅读教学必须解决的难题。例如，阅读材料中有关送礼的语句："千里送鹅毛，礼轻情意重"（不理解为什么要走"千里"，要送"鹅毛"）、"东西不好拿不出手，请笑纳"（不理解为什么不好的东西还要作礼品，而且还要笑着接受），等等，如果只从字面的意思去理解，当然无法理解汉族人的客气话。

2. 文化支架教学理念

（1）文化支架教学的由来

汉族有五千多年有文字可考的历史，创造了灿烂的文化艺术，文化典籍极其丰富，汉语文化源远流长，博大精深。几千年间，无论政治、军事、哲学、经济、史学、自然科学、文学、艺术等各个领域，都产生了众多的具有深远影响的代表人物和作品。对于内地西藏高中班学生而言，克服跨文化诠释难度主要致力于促进他们汉语基本素养的形成和发展，使他们具有较强的语文应用能力和一定的语文审美能力、探究能力，形成良好的思想道德素质和科学文化素质，为终身学习和个性的发展奠定基础，而

---

① 严庆、宋遂周：《民族教育异地办学模式中的学生跨文化学习困难及其应对》，《民族教育研究》2006 年第 2 期，第 64~68 页。

并非要专门为他们开展一般性的综合性的汉语文化介绍。为此，汉语文化的知识内容和范围主要围绕他们在高中阶段语文学习、理解和使用过程中所涉及汉语相关方面的文化，具有很强的教学实践性。而且这些汉语文化知识必然要针对西藏学生实际，并结合新课程标准有所取舍。要解决语文阅读材料中为什么写这些，其内涵是什么，是什么样的思想观念，什么样的生活方式，哪些心理特征以及哪些风俗习惯在汉语中产生这样的表达方式和表达习惯等。如一篇文章中所描绘的古迹、山川河流、戏剧、朝代沿袭、房屋建筑、花草树木、飞禽走兽、生活用品等，其中包括反映汉民族的心理状态、价值观念、生活方式、思维方式、道德标准、是非标准、风俗习惯、审美情趣等包含着这种语言文化因素。但是这些文化知识具有一致性、综合性、贯通古今的复杂性等特点，而且比较零散和琐碎，这使学生很难完全自主地厘清文化知识体系。为此，课题组提出了文化支架教学理论模型。支架式教学主张为学习者建构对知识的理解提供一种概念框架。建构主义支持下的"支架式教学"能帮助内地西藏高中班学生实现汉语文化的有效积累。因为，这种框架中的概念是学习者对问题进一步理解所需要的。即通过一个或若干个"概念框架"的支撑作用，使学生的认知发展不断从实际水平提升到潜在水平，真正做到使教学走在发展的前面。"支架"原意是建筑行业使用的"脚手架"①，建构主义者从维果茨基"最近发展区"理论出发，借此来比喻对学生解决问题和建构意义起辅助作用的概念框架。在调研过程中，我们发现有一些经验丰富的一线教师在阅读教学实践中注意精心梳理汉语文化知识，尝试在内地西藏高中生现有的文化知识水平和阅读学习目标之间搭建起有助于理解的支架（即概念框架）。正是在这种支架的支持下，一些优秀的一线语文教师帮助藏族学生一步步把语文学习从实际水平提升到潜在水平，学生学习的效率大大提高，学习能力逐渐提升。

语文学科的"文化支架"包括文学、历史、哲学、民俗、地理以及汉字的语音、语法、词汇、文字或修辞等方面跟阅读材料密切相关的汉语文化背景知识。这些背景文化知识隐含着一些价值观念、心理状态、思维方式、社会习俗、是非标准等与语言相关的文化因素。这些文化支架不能凭空自然地

---

① 陈琦、刘儒德：《当代教育心理学》，北京师范大学出版社，2007，第200页。

被藏族学生掌握。在语文阅读教学中，需要教师自觉地、积极地挖掘各种因素，有计划地传授汉语文化背景方面的知识，帮助少数民族学生恰如其分地了解和理解阅读材料，这一过程即是搭建文化支架的过程。

（2）文化支架的类型

文化支架的类型主要包括思维方式支架、文化习俗支架和文化心理支架三种。

①思维方式的支架

就阅读教学而言，不同民族之间的文化差异是需要最先克服的。对藏族、门巴族等少数民族学生而言，他们是在掌握母语之后才开始学汉语的，其母语的思维定式会对他们语文阅读形成干扰。因此，在语文阅读教学中，要注意让学生领悟汉语传统思维中类比推导、比喻象征的文化知识并积累相关文化词汇。如在诗歌、谚语中所出现的"只要功夫深、铁杵磨成针""大弦嘈嘈如急语，小弦切切如私语"，还有卧薪尝胆、高山流水、藕断丝连、泰山北斗、羁鸟池鱼等体现出汉族文化的语汇。例如"羁鸟池鱼"来源于陶渊明《归园田居》的诗句"少无适俗韵，性本爱丘山。误入尘网中，一去三十年。羁鸟恋旧林，池鱼思故渊"。诗句中"羁鸟"是笼中的鸟，"池鱼"是池塘中的鱼。这二者的特点是失去自由，失去最适合它们生活的环境，只会觉得痛苦。实际上诗人是以"羁鸟"和"池鱼"来自比，把自己看作就像关在笼子中的鸟一样向往自由自在的田园，像养在池塘里的鱼一样渴望闲适恬淡的生活。旨在说明作者身在宦海，而心系田园的心情，以唤起人们对自由的向往。特别是"恋和思，旧和故"都用得非常好，表现出陶渊明对田园生活的眷恋和向往。在文中"羁鸟恋旧林，池鱼思故渊"跟下文的"方宅十余亩，草屋八九间。榆柳荫后檐，桃李罗堂前"等诗句内容上看似没有多大关联，但是学生只要理解汉语传统思维中类比推导、比喻象征的文化背景知识就可理解诗句中的深刻内涵。可以说，在搭建思维文化支架中，教师不仅需要为西藏少数民族学生渗透文化思维方面的背景知识，同时也要为他们积累相关的文化词汇。

②文化习俗的支架

索绪尔说："一个民族的风俗习惯常会在它的语言中有所反映。"① 西

---

① 索绪尔：《普通语言学教程》，商务印书馆，1980，第43页。

藏地处我国西南部，远离中国的政治经济文化中心，当地少数民族对内地
的文化习俗不够了解。因此，在语文阅读教学中，教师要注意引导学生了
解汉族传统文化习俗方面的知识并且帮助他们积累相关的文化词汇。如汉
族有春节、清明节、中秋节、重阳节等民间传统节日。这种节日习俗体现
在语言词汇中就有一元复始、花好月圆、月饼、登高等。搭建这方面知识
的文化支架有助于扩展学生的知识面和文化视野，深刻理解和全面把握词
义、词汇的内涵，促进对相关阅读材料的理解。

比如在《孔雀东南飞》一文中有"炎炎黄昏后，寂寂人定初"的诗句
理解，只有给学生讲解古代传统文化的一些历法知识才能让学生准确理解
诗句。具体知识如表 11 - 1。①

表 11 - 1　昼夜时段、时辰

时代	昼							夜				
周 汉	日出 卯	食时 辰	隅中 巳	中日 午	日昃 未	晡时 申	日入 酉	黄昏 戌	人定 亥	夜半 子	鸡鸣 丑	平旦 寅
现代(时)	5～7	7～9	9～11	11～13	13～15	15～17	17～19	19～21	21～23	24～1	1～3	3～5

③文化心理的支架

文化心理是民族社会文化发展过程的历史积淀，共同的心理素质往往
是形成一个民族的重要条件。它是隐形的，但是已经融入各个民族的民间
习俗和民族心理之中。如果不了解其中知识的引申意义，是无法正确理解
和使用这些词的。例如有些反映精神文化生活内涵的词语是汉族所特有
的，必须从汉族的文化传统的角度去解释，比如"红娘、鹊桥、龙、鹤"
等。龙在汉语文化中是吉祥的神物，说皇帝是真龙天子，与其有关的就有
龙袍、龙颜、龙体、龙飞、龙庭、龙行虎步等，龙能兴云致雨、驱除旱
魔、为民造福等；"红娘"这个词作为帮助别人完成美满婚姻的善良者代
称，这与我国古典名剧《西厢记》的主要情节和人物相关等。

汉语中不同色彩的词语内涵丰富，不仅要注意它的基本意义，还要了
解它的象征意义，以及它的象征意义在不同民族语言中的差异。在汉语文

---

① "普通高中课程标准试验教科书语文必修（二）"，《教师教学用书》，人民教育出版社，
2007，第 62 页。

化中，红色象征着吉祥如意，喜庆欢乐，逢年过节红灯高挂、家家贴红对联等。带红的诗句也是俯拾皆是，如"日出江花红胜火"（白居易）、"霜叶红于二月花"（杜牧）、"红杏枝头春意闹"（宋祁）等。再如"胸有成竹"比喻处理事情之前已有完整的谋划或打算，如果不理解这个成语的文化背景，是出于宋代著名的画家诗人文与可画竹的故事，就不能体会它的真正含义。因此，在语文阅读教学中，如果涉及词语象征内涵的，一定要搭建文化心理支架，补充相关的文化背景知识并积累相关文化词汇，才能有助于少数民族学生阅读能力的提高。

（三）内地西藏高中班语文阅读教学过程："自上而下"阅读教学过程模型

从语言学的观点看，阅读是指从文字符号中提取信息的过程。具体说来，是人们通过视觉器官接收文字符号的信息，经过大脑的编码加工，从而理解课文或阅读材料的意义。

1. 阅读过程的因素和环节

阅读过程是读者从阅读材料中建构意义的过程，语言符号、译码和语言结构是主要的因素和环节。[①]

（1）符号系统

作者通过语言符号来表述自己的观念，以刺激读者进行感知和理解。在阅读中，读者通过视觉系统对文字符号进行辨认和反应，不断对其中所蕴含的信息进行揭示和理解。

（2）译码

译码是一个理解过程，也就是将文字符号意义化。这一意义化的过程，实际上是读者将语言符号跟自己的文化知识、生活经验联系起来加以思考、判断、证明、修正或猜测的过程。[②] 例如，唐代诗人李白的《静夜思》：床前明月光，疑是地上霜。举头望明月，低头思故乡。李白呈现给阅读者的只是一些汉字式的语言符号，他利用这些语言符号向阅读者传递了一系列信息。前面两句诗句中，"床"表示"睡觉用的榻"，"明月"表

---

① 朱纯著《外语教学心理学》，上海外语教育出版社，1994，第283页。
② 朱纯著《外语教学心理学》，第284页。

示"天上的月亮","光"表示"光线","疑"只代表"怀疑，有疑问"，"地上"表示"方位","霜"表示大自然气候变化的一种形式。这些语言文字符号启发阅读者利用已有的文化知识和自身的生活经验，并把个人的感受补充进去进行挖掘，感受其中的内涵意义，从而理解和领会文本主旨大意。阅读者体会到诗人夜里辗转反侧无法入睡，望着月亮感慨自己漂泊他乡又度过一个深秋的心境，这完全是读者利用自己积累的文化知识和自身生活经验对语言符号进行感知、思考、完善的结果。因此，读者所拥有同阅读材料相关的文化知识和自身生活经验是译码的基础。但是由于个人的生活经验、文化知识和生活环境的不同，阅读理解程度也就有了深浅差别。

（3）语言结构

作者利用语言符号表达自己思想并非任意杂乱摆放，而是按照一定的语言结构组织起来的。读者对由语言符号组成的语句的理解，大多数情况并非是逐字逐词地去认读理解，而是看作一个整体，依据句法特点，通过字面的表层意义去挖掘、揭示和理解其内在的深层意义。

在这三个环节中，译码是关键因素。人们通过阅读能获得更多的文化知识，而丰富的文化知识和经验又有利于更有效地阅读。由此循环往复，阅读水平将随之提高，知识、经验也将日益丰富。

2. 阅读过程的模型

语言心理学认为，阅读就是从读物中提取信息的过程。[①] 在此基础上，语言心理学家提出了阅读过程的三种模型，通过对这些模型的介绍，有助于了解学生是如何理解书面意义材料的，也有助于提高学生的阅读能力。国外语言学家主要推行三种阅读模式，即"自上而下"模式、"自下而上"模式和交互模式。

其中"自下而上"阅读模式也被称作信息加工模式。这一模式的阅读过程由音素开始，再到音节、词语、句子及语篇各个由低到高的语言层次，较低层次的语言识别不受较高层次的影响。这种阅读模式适合汉语阅读的语言文化知识和阅读经验缺乏的学生在初级阶段使用。

"自上而下"阅读模式则强调读者对文本材料的综合理解。读者利用

---

① 刘淼：《当代语文教育学》，高等教育出版社，2005，第176页。

本人已有的知识去构建篇章意义的过程，即读者根据自己已有的语音、句法和语义知识以及相关的文化背景知识，有选择地捕捉最有意义的语言提示，进行一系列的推断、预测、验证和修改，以获得阅读意义的过程。在阅读过程中，如果学生已经积累了相当的、甚至丰富的汉语文化知识并具有丰富的阅读经验，在中级阶段，他们的阅读往往运用这种模型。这类学生速读一段汉语文字材料，没必要逐字、逐词、逐句地细致而精确地去推敲，常常是选择其中重要而关键的语句，做出预期和判断，在后续材料中得到证实，并继续往下阅读。人们所说的浏览和扫读运用的就是这种"自上而下"的阅读模式。"相互作用"阅读模式重视在阅读过程中"自下而上"和"自上而下"两种模式的相互结合和相互作用，这两种阅读模式相互传递和相互作用，从而对阅读材料做出正确的理解和把握。

综合以上阅读理论的论述，我们认识到，阅读不仅是获取信息的过程，还是获得文化语言知识、培养语言感悟能力的过程。因此，对于内地西藏班语文阅读教学过程中究竟采取何种模式，还应该具体问题具体分析。随着藏族学生在不同的阅读学习阶段，其中的阅读教学模型也是在发展变化的，不同阶段应各有所侧重。对内地西藏初中班的学生来说，因为受汉字、词、短语和句子语法等语言学知识水平的限制，他们往往采用自下而上的阅读模式。这一阶段的教学应该以培养学生扎实的语言能力和学习语言知识为目的。对内地西藏高中班学生来讲，由于他们大都有在内地学习和生活的经历，能够听懂汉语，尤其是口语交际，已经能够流利地用汉语来基本表达自己的思想情感并具备了一定的语言知识，因此这一阶段，阅读目的不仅是为了提高语文阅读能力，同时也为了丰富自身文化背景知识，了解其背后的文化内涵以及形成的语文思维等。因此，在内地西藏高中班语文阅读教学中，应该以"自上而下"的阅读模式为主。

（四）内地西藏高中班语文阅读教学策略

阅读是搜集处理信息、认识社会、发展思维、丰富阅历的重要途径。在古汉语中，"策""略"是独立存在的，它们都有谋划、策划的意思，后来形成了一个词。在现代汉语当中，策略是指根据形势发展而制定的行动方针和斗争方法。语文阅读策略是指读者用来理解和感知各种文章的有意识的可灵活调整的认知活动计划和方案。语文阅读教学是学生、教师、教材（语文教材）编者、文本（作者）之间思维碰撞和心灵交流的动态过程。语文阅读教学策略就是教师掌握和运用恰当的策略使学生完成阅读学习任务，从而积淀语文素养，提高语文水平。语文阅读教学策略上承阅读教学原理层面，下启阅读教学操作层面，既包括对教学方法、学习方法的选择，也包含对教学活动、学习活动的调控，并且最终常需要借助教学方法表现出来。语文阅读教学策略既有理论性，又有推广性，更有利于推动内地西藏班语文阅读教学水平的提高。

根据教育部2006年10月颁布的《全日制民族中小学汉语课程标准（试行）》，高中阶段的阅读要在通读课文的基础上，能厘清思路，理解主要内容，体味和推敲重要词句在语言环境中的意义和作用。注重语言的感悟、积累和运用，提高自己的理解能力。汉语教学也要兼顾文化。随着年级的提高，教科书的文化内涵应体现得更为明显。针对内地西藏高中班学生实际情况，内地西藏高中班一线教师宜采用"自上而下"阅读模式，通过搭建文化支架帮助少数民族学生构建汉语文化背景方面的知识，克服跨文化诠释难度，能够准确理解和掌握有关的阅读材料内容，达到高中阶段相应的语文阅读教学要求。具体而言，教师应采取的策略包括以下几个方面：

1. 文化回应性教学策略——克服跨文化诠释难度，走进汉语文化精神家园

在具体的内地西藏高中班语文阅读教学情境中，现行教材中古今中外的优秀文学作品很难对藏族学生产生自然而然的亲和力，优美的诗歌、散文，内涵丰富的小说、戏剧，对于他们来说往往认识不深刻，味同嚼蜡，甚至厌烦。这是他们处于语文阅读水平中级阶段，因跨文化难度造成的阅读前理解缺乏。所谓前理解是指学生在进行阅读之前就已经具备的阅读经验，以及价值观念、知识、思维方式等。为了使语文阅读教学顺利进行就需要扩充学生的前理解，通过与文本有关的背景资料的扩充、课外知识的扩展以及图片资料的充实等来弥补汉文化知识。因此语文阅读教学中第一个策略就是采用文化回应性教学策略充实学生的前理解。

文化回应性教学（culturally responsive teaching）的概念起源于美国20

世纪 70 年代，是解决少数族群学生发展的一整套教学策略。[①] 文化回应性教学注重学习内容与学生特有的文化背景的联结回应，强调学习内容与学生所有的文化背景、文化差异的关联性，注重学生的文化背景、社会生活经验对学生学习的价值。在这一策略下具体应当做到以下几方面：

（1）立足教材开发教学资源，补充汉语文化背景知识

语文阅读教学中往往涉及汉民族生产、生活、政治、宗教、艺术等方面的知识，教师应结合教材内容，着重介绍或补充与之相关的文化背景知识，使学生在语文阅读中不但知道词汇、句子的表层词义，更能了解其文化内涵。立足教材，开发语文课程资源，教师可以适当搜集一些反映内地文化背景、生活方式的资料，并在教学之前提供给学生阅读。利用现代教育技术，搜集有价值的影像资料，通过观看视频资料，提前让学生了解相应的社会背景或文化背景。也可以将文化背景知识讲座渗透在教学过程之中，并引导学生自主地搜集与整理反映汉文化背景的资料，增加课外阅读，一方面增强学生的阅读兴趣；另一方面，为学生的阅读学习和阅读理解奠定必要的汉文化知识基础。

（2）引导学生挖掘文化元素，凸显汉语文化价值

语言不仅是一种文化的表达形式，也反映了一个民族特有的思维方式。汉语的语法结构中，词语的顺序、语句的结构等语言表达方式，体现了汉语文化特有的语言思维方式。因此，在语文阅读教学中要引导学生了解汉语文化中特有的语言习惯和语言思维方法。语言不只是停留在符号层面的文字，而是与鲜活的现实生活息息相关的观念、习惯和规范。引导学生分析汉语中所反映的汉民族特有的语言习惯、行为规范，进一步增强学生在汉语学习中对汉语表达方式甚至生活方式的理解力。还有词语的指代范畴，情感色彩和联想意义，某些具有文化背景的成语、谚语和惯用语的运用等。一些比喻的说法含有文化内涵，如"戴高帽子""扣帽子""揪辫子""抬轿子""打擦边球""挤牙膏""背黑锅""下海""充电""一刀切""下课""缩水"等，这些词语不仅仅表示字面意思，而且带有文化比喻义。一些历史人物，如"牛郎织女""西施""诸葛亮""红娘""包公"

---

① 余娟、郭元祥：《论外语课程的文化回应性教学》，《全球教育展望》2011 年第 3 期，第 76～82 页。

"阿Q"等,已发展成为无须注释的常用词语,但需要教师引导内地西藏高中班学生特别注意才能理解其中的文化内涵。再如"奸佞""妖媚""贪婪""嫌弃""妄想"等负面意思的词都带有女字旁,由此推断汉文化中古代社会对妇女的歧视。这也需要语文老师引导内地西藏高中班学生加强记忆和归纳。

（3）针对汉文化深层次问题,指导学生开展探究性学习

汉语所反映的汉文化总是隐含在语言文字符号之中的。对汉文化价值观念、思维方式、生活方式的理解,往往需要通过接受性教学直接传递给内地西藏高中班学生,一些深层次的文化需要教师针对问题引导学生进行探究性学习。在语文阅读教学中,教师应该培养内地西藏高中班学生对汉文化的敏感性,培养学生的问题意识,以及提高学生分析问题和解决问题的能力。如《离骚》中关于"民生、民心"的理解学术界就有颇多分歧,为搞清楚,一位内地西藏高中班语文老师引导藏族学生查阅了历代楚辞注释,像王逸的《楚辞章句》、王夫之的《楚辞通释》、戴震的《屈原赋注》,提高了学生阅读学习中发现问题、分析解决疑难问题的能力,同时培养了探究意识和质疑精神。

2. 理解性对话阅读教学策略——增进师生理解,达到教学相长

由于大部分教师未接受过第二语言教学的专门培训,对藏族学生学习的基础和特点缺乏必要的了解,在实际阅读教学中还存在照搬内地语文阅读教学的模式,以对内地汉族学生的教学方式对藏族学生实施教学。对此,我们提出了理解性对话阅读教学策略。《全日制民族中小学汉语课程标准（试行）》中教学建议指出,阅读应引导学生认真阅读文本,在主动积极的阅读思维中,加深对汉语言文字的理解和思考。要珍视学生独特的感受和理解。阅读教学应注重培养学生的感受、理解、欣赏和评价的能力。《普通高中语文课程标准（实验）》在必修课程阅读鉴赏部分中同样指出"从整体上把握文本内容,理清思路,概括要点,理解文本所表达的思想、观点和感情。根据语境揣摩语句含义,体会语言表达效果。对阅读材料能作出自己的分析判断,努力从不同的角度和层面进行阐发、评价和质疑"。其中都突出理解这一主题。在语文阅读教学中,师生之间需要理解,教师和文本之间、学生与文本之间也需要理解。为了理解,需师生之间,教师和文本之间,学生与文本之间进行对话,才能达到理解。《普通高中

语文课程标准（实验）》也进一步指出，阅读教学时学生、教师、教科书编者、文本之间的多重对话，加上把语文阅读教学活动看作是教与学双方以语言为媒介的话语、精神、思想互动理解活动。在这一过程中，教师在互相尊重、民主平等的基础上，激励和培养学生独立自强，克服困难的勇气和动力，进行教学对话。因为西藏学生有其民族性，都很团结，学习进步的学生在受到老师表扬、同学肯定时，往往会带动身边同学，从而达到共同进步的目的。把内地西藏高中班的学生看作发展中的人，引导他们理解文本，理解自身，开阔视野，引导成长，在理解中充实自己的精神世界。在教师，与他人、与文本对话的基础上，激励学生去主动思考，探究和理解，为学生的成长提供无限宽阔的空间，教师和学生通过文本的媒介进行理解性对话。

这一策略具体包括：

（1）课堂师生文本对话的前提：营造情境，引导理解实现

对话的前提是理解，语文阅读教学中，教师要引导学生对文本产生兴趣，进而帮助学生自觉形成阅读行为。启发学生对文本兴趣的基本方法就是营造与文本相关的情境。营造一种恰当的情境类似于奥苏贝尔所说的"先行组织者"，它能够引起学生的好奇心和注意力，使他们在头脑中对解读文本产生兴奋感，从而由自主散漫状态进入到相对受控紧张状态，快速进入阅读的准备阶段。具体的阅读教学中，创设情境的方法主要有：

①投影展示法　利用投影展示文本，可以更加形象地让学生对要学习的文本有直观的印象。例如：在导入曹禺的《雷雨》一课时，可以利用投影，投射出雷雨交加的背景，让学生感受到雷雨沉闷的气氛和悲剧即将发生的紧迫氛围。这样，可以先声夺人地让学生在头脑中留下深刻的印象。

②音乐渲染法　音乐对人的情绪有强烈的感染力，它能够迅速地引起学生的兴趣，把学生的思路引入它所营造的情境中。它的应用主要是为学生感知文本营造一种类似或相近的感情气氛。在选择背景音乐时，应当强调旋律的感情基调是否与所阅读文本一致，如果二者相差很大，只能适得其反。例如，教读《荷塘月色》前可播放《月光奏鸣曲》，让那清澈明丽的乐音把学生带入一种恬静优美的境界中。又如，教《烛之武退秦师》播放古典音乐《十面埋伏》，教《我与地坛》播放《二泉映月》，教辛弃疾的《破阵子·为陈同甫赋壮语以寄之》播放《精忠报国》等，在音乐营造

的氛围中，学生的情绪高昂活跃，很快便能沉浸到文本具体情境的氛围中。

③模仿表演法　就是教师通过模仿文本中的主要人物角色的言行来营造情境，给学生以强烈的震撼，以激发其阅读的兴趣。有的时候这些角色可以让学生参与，体会其中文本中人物的性格特征。如叙事类作品特别是小说中的人物都有许多个性特征鲜明的语言和动作，这些都可拿来作为营造情境的素材。例如，有位内地西藏班教师在讲《守财奴》时，走进教室，就紧盯着讲桌上的粉笔盒，口中高喊着："金子，这么多的金子！"接着，两臂高举，身子一纵，往前扑去，一把将粉笔盒抓住，说："我抢到了一个金子梳妆匣。"在全班学生非常惊讶的同时，教师又正儿八经地说："我刚才表演的是《守财奴》中的主要人物葛朗台抢夺女儿的梳妆匣时的一个动作，这个爱财如命又非常吝啬的家伙为了金子，害死了自己的夫人，又不顾父女的亲情，想方设法剥夺了女儿的继承权。大家想知道他还有哪些让人感觉丑陋的表演吗，那就请巴尔扎克先生给我们详细介绍吧。"这样的示范表演，不仅激发了学生的兴趣，同时迅速集中了他们的注意力，而且使葛朗台这个人物性格深入学生的心灵，对他们进一步理解文本起到帮助。

（2）师生文本对话的条件：学生与文本间的充分对话

在营造情境，激发了学生对文本的阅读冲动以后，教师要顺着启发学生的思路，根据文本的不同难易程度，灵活采用不同形式，留出一定时间给予学生充分的预读，让学生个体理解得到充分展现；或围绕文本，提供其他背景资料，让学生触类旁通来拓宽学生与文本对话的广度和深度；也可以组织学生带着问题，分层次与文本进行对话，最终实现全面、深入、恰当地理解文本。只有通过这样的方式，学生才会有话可讲，课堂上的师生互动才能顺利。如：教师在讲授《百合花开》时，让学生与文本对话的过程分三个层次。第一层初读文本，整体感知，只让学生口头交流文本讲了什么故事？找出小百合花的一句有启发的话，初步感受小百合这一人物的高尚品质。第二层再读文本百合花开的奋斗过程，抓住文中的三次"努力"仔细阅读，对学生于全文的进一步理解起到了引领作用。第三层重点研读课文品味关键词句。分别从三次努力的过程中圈画关键词语和句子进行赏析感受。由于学生与文本的对话不断深入，因而对文本的理解也逐渐深刻，课堂上学生有话可讲，因而也就达到了全面互动。

（3）构建师生理解性对话的平台：互动提问

《普通高中语文课程标准（实验）》指出："阅读教学是学生、教师、文本之间对话的过程"，"语文教学应在师生平等对话的过程中进行"。这里所说的"对话"，是一种教学对话，学生、教师、文本构成对话关系。在教师与文本、学生与文本、教师与学生等对话过程中，教师应该发挥引导作用，通过提问贯穿始终。教师与学生的对话，应该是就学生思考的内容进一步引导学生深入理解文本的内容、写作特点以及情感抒发等。尤其在注重情感抒发的文本中要注意引导学生的情感体验。而这一过程虽然有教师的问题引导，学生们也会生成新的问题，直接出现学生与学生的对话。所以要有具体指向文本的封闭性问题，更要有指向语文高级思维的开放性问题，既深入理解文本本身，又结合学生的生活实际体验文本所蕴含的情感。其中教师设计的问题还要注意课堂现场生成的问题，学生的思维不一定符合教师的设计思路，所以更要注意引导学生与学生之间的对话，将学生的思维导向对文本的深刻理解上。

可以说，理解性对话式阅读教学策略中，教师对问题的认识和设计十分重要，它贯穿于整个阅读教学过程，对对话本身起到重要的引导作用。同时，特别要注意和内地西藏高中班学习基础差的学生进行对话交流，"皮格马利翁效应"中提到，教师给予孩子的期望值决定了孩子的成功与否。教师给予的期望会在第一时间传递给孩子，受重视的孩子往往会发出前所未有的潜能，给人以希望，给人以力量。让内地西藏高中班孩子具有自信的心理，个性的张扬，创造能力的释放，这才是这一阅读教学策略的初衷和目的。

通过学生与文本之间的对话，教师与学生之间的交流，学生对文本的理解已经走向深入。需要指出的是，在阅读过程中有时难免理解不到位或有失偏颇，教师的查漏补缺是其中重要的一环。对于遗漏的要点，教师可提出让学生继续讨论，对于有失偏颇或错误的观点，要进行辩证的分析，以使学生明确问题所在，提高学生在阅读文本中分析问题的能力。同时，教师要对阅读教学中所涉及的疑难进行分类归纳总结，给学生一个完整、系统而又明晰的印象。对于学生在阅读材料中的不同理解，只要言之成理、持之有据，教师就应当加以肯定，不能把教参的说法或自己的理解作为评定是非优劣的标准，要鼓励学生求异和创新，只有这样，才能使学生的阅读水平得到相应提高。

可以说，在理解性对话式阅读策略中，教是为了学，其中对话是手段，理解是目的。教师要重视学生的阅读实践，在开展对话和交流中应指向每一个学生的个体阅读，注重培养学生的感受、理解、欣赏和评价的能力。在这一教学策略实施过程中，教师在与学生理解性对话过程中，对藏族学生的特点也会逐渐了解，自觉地因材施教。同时，教师面对学生的阅读提问，在处理问题的过程中不断审视自己的阅读教学行为，优化阅读教学方法，勇于创新，大胆尝试，大胆实践，让阅读对话变得让学生更加容易接受。这样通过阅读教学，不但学生得到进步，教师自己也得到提高，确实做到教学相长。教师不断向学者型、创新型、研究型教师迈进，使自身的阅读教学水平不断迈上新台阶。

3. 感知性体验阅读教学策略——重铸学生自信，品味成功

从语文的特性和语文课程的特点出发，《全日制民族中小学汉语课程标准（试行）》阅读教学部分指出，阅读教学应注重培养学生的感受、理解。《高中语文新课程标准》在阅读与鉴赏部分提到要发展学生的独立阅读能力，让学生获得独特的感受、体验和理解，有自己的情感体验和思考。这都体现了在阅读教学中注重感知体验式教学策略。因为感知体验式教学既能充分调动学生语文学习的主体参与性，又能丰富学生的情感和精神世界，建构学生的个性与人格，拓展学生的人文情怀，使学生真正成为"语文学习的主体"，从根本上提高语文教学的质量。

对于内地西藏高中班的藏族学生来说，他们语文阅读基础薄弱，成绩偏低，一时间无法学好，生活中很多人说话不敢高声，甚至声音细微得听不清，不敢抬头看人，行为拘谨，不敢大胆自如地表达自己的意见，唯恐别人瞧不起自己，他们不愿与别人交流，并且长期以来处于一种心理压抑状态。有的同学产生得过且过的心理，有的同学产生自卑羞怯的愧疚心理。苏霍姆林斯基认为：在学习上取得成功是学生精神力量的唯一源泉。人的心理是追求成功，力避失败。语文感知性体验阅读教学策略所追求的目标就是要创造条件、注重发挥藏族学生的阅读潜能，激发他们阅读的积极性，提供机会让每一个藏族学生获得阅读的成功体验并重铸自信，不断地走向成功。这就需要教师在阅读过程中发现藏族学生的阅读长处，并提供条件对其进行积极的引导和鼓励。其中，对于学生阅读基础的水平差异，教师要坚持"允许落后，鼓励冒尖"的原则，即允许学生在某些方面降低要求，鼓励他们在另外一些方面冒尖，扬其长，避其短，阅读中引导学生在体验中感悟、在体验中创造、在体验中提高语文素养。

从阅读的角度来说，一个作品是作家的一种体验，阅读一个作品就是体验作家体验过的世界。而且，就读者的阅读体验而言，"一千个读者就有一千个哈姆雷特"，就是因为不同的读者对文本形象有不同的体验，从而赋予文本形象以不同的意义。所以，阅读即体验，体验即意义。① 其中，体验是手段，感知是目的，因此阅读活动就是一种感知体验活动——读者只有通过阅读体验，才能有独到的阅读感知。在阅读过程中，教师应当着力引导学生通过阅读材料去体验、感悟和品味，让学生通过自己的阅读体验与文本进行交流、沟通和对话。尤其是阅读教学中注重学生的体验，有助于真正确立学生的阅读主体性，也有助于学生变被动地接受学习为能动地自主阅读学习。感知性体验阅读教学策略具体的做法有：

（1）多样诵读

阅读教学中如何使学生有效地感知体验文本？我国古代汉语传统阅读启发我们：诵读，即"无声的语言化为可感的有声语言符号，是最有效的办法"。语言符号，特别是汉语，在诵读过程中，文本的含义、深层的情感、语言的韵味都会因为诵读而鲜明地凸显出来，而且还可以体会出独特的民族文化传统以及耐人寻味的内在意蕴。而诵读可以使诵读者各种感官如心、耳、口、眼、脑等器官综合运用，更有利于揣摩词语的内涵，体会作者在文字背后所传达的各种意义。这正符合语文整体感知的特点要求，同时也可以进一步提高内地西藏高中班的汉语口语交际水平和能力。

从汉语的特点来看，由于受汉民族文化的影响，极为注重整体感知、直观体验，在思维上侧重于大体笼统。一些语文阅读材料，不仅包括语言文字所表达的内容，而且包括语言文字形式自身的一些特点。这需要学生在阅读时不仅"听"教师讲读，"看"阅读文本，而且要反复诵读，不断涵泳、体悟，才能把握文本的内涵。在感知体验式教学的感知阶段，诵读的方法主要有两种：一是范读；二是自读。范读，即教师在学生阅读文本

---

① 曹明海：《语文新课程教学论》，山东人民出版社，2007，第238页。

之前或之后，亲自读文本，也可以让学生听多媒体范读录音。自读，即学生亲自出声读诵，体现了学生主动的阅读实践和个性理解。可以说，不论是诗歌、散文，其他如戏剧、小说、议论文、文艺性说明文等文体，都同样蕴含了作者浓烈的情感因素和丰富的思想底蕴，都需要学生在诵读中体验感知。

（2）体验语境

语言总是在一定的口语交际环境或书面语交际中使用的。语境指人们在利用语言进行信息传递时所处的特定语言环境。它制约和影响着传递过程中言语意义的确立。在书面语交流中，分析语言现象必须把它和它所依赖的语言环境联系起来。离开一定的语境，把一个语言片段孤立起来分析，就难以把握它的准确含义。这里所说语境可以理解为词语在语句或某些语段、篇章中的具体语言环境。其中准确的内涵则是指一定语境中的具体语言词语所涉及的文化传统、道德情感、心理活动等多种因素的复杂内涵。这里的感知体验教学策略所讲的"体验语境"，主要指学生在由句子、段落、篇章等组成的相对完整复杂的语境中展开想象，借助心灵的感觉，全面深刻地把握其中丰富的含义。从文本内容上，阅读教学语境体验可以包括以下几个方面：

一方面是相关的文化语境体验。任何语言符号总会体现一定社会、民族特有的文化传统、文化心理等文化语境。对这种文化语境的体验直接影响到学生对关键词语、具体句子和语段甚至整篇文本意义的内涵把握。教师应该采用灵活的方法，引导和帮助学生体会文本中所蕴含的文化心理与文化传统等特有的文化语境，使得学生对文本的体验由肤浅走向深刻，从而把握其中的文本内涵。例如，《药》的结尾在华、夏两家母亲给儿子上坟时有一段环境描写，其中提到一只"乌鸦"："两人站在枯草丛中，仰面看那乌鸦；那乌鸦也在笔直的树枝间，缩着头，铁铸一般站着。"学生刚开始读这段文字时，多读几遍就会感受有一种凄凉、荒芜而又压抑的气氛，但是，他们又难以准确地理解这种感受的原因以及其中的内涵。此时，教师便可引导内地西藏高中班学生根据对语境的文化背景进行诠释和体验，使他们明白：在汉民族的文化传统中，乌鸦是恐惧、不祥的象征，这里乌鸦与坟墓相搭配，让人感觉到一种悲凉、死寂、压抑以及恐惧的气氛。也许学生有不同的理解，不论哪种理解，学生对这一特定语境的文化背景有了深刻的认识，有了自己的个性解读也就达到了语文阅读感知性体验教学策略的目的。

另一方面是心理语境的体验。语文教材中涉及一些文学作品如小说、戏剧、散文等，往往都有一系列个性鲜明、性格不一的人物形象。这些人物形象的描绘其中包括了一些复杂而微妙的心理描写。而这些人物的心理活动一般不能通过语言文字直接描写，而是隐含在这些语言文字背后。这需要教师引导学生展开丰富想象，设身处地去体验和感知其中的心理语境。例如《林黛玉进贾府》一文中，通过黛玉进贾府的见闻，一方面介绍了贾府上下的主要人物，另一方面也展现了林黛玉的个人性格。学生在阅读文本之后，一般对前一方面深有体会，但是文中因对黛玉性格描写不多，对其性格印象不太深刻。其中原因在于文本并没有直接描写她的心理活动，而是通过黛玉在不同的场合中的言谈举止间接传达这些隐含内容。文本中有几个精彩片段刻画了主人公黛玉的性格。教师在感知体验式阅读教学中，要引导学生对特定心理语境中的人物细微心理活动进行体验。"贾母因问黛玉念何书。黛玉道：'只刚念了《四书》。'黛玉又问姊妹们念何书。贾母道：'读的什么书，不过是认得几个字，不是睁眼瞎子罢了。'"此时，作者并没有接着描写黛玉的心理活动，一般的读者不经意就往往跳过去了。如果联系下文"宝黛初会"中的片段，就会发现主人公黛玉的应答发生了差异和变化。"宝玉便走近黛玉身边坐下，又细细打量了一番，因问：'妹妹可曾读书？'黛玉道：'不曾读，只上了一年学，些许认得几个字。'"黛玉的前后答语，完全不一样。这说明黛玉在听了贾母的话之后，心理已经发生了变化。无论是贾母随口而说，还是真的不乐意，黛玉从答话中感觉到自己不够得体，于是马上进行了调整。如果我们结合当时的心理语境设想，便可对黛玉前后不一的回答而有所感知理解。结合黛玉进贾府前给自己的处世规范："步步留心，时时在意，不肯轻易多说一句话，多行一步路，唯恐被人耻笑了去。"我们便可体验到黛玉在这一心理语境中的内心变化，从而感知到她寄人篱下、言行小心翼翼的心态，而林黛玉敏感多疑的性格也就容易把握了。

可以说，在感知性体验阅读教学策略中，教师应根据不同的文体情况，引导学生进行不同类型的理解体验，如文学作品侧重于语境内容方面，其中，小说强调人物和情节，教师可引导学生理解体验小说曲折的情节和丰富的人物性格；其他文体则侧重于语境形式本身，记叙文语言生动形象，教师可引导学生从语境意义的形象性和直观性方面去体验；议论文语言精练，教师可引导学生从语境意义的逻辑性和严谨性方面去理解体验。

（3）体验人物角色

角色，是戏剧或电影、电视中演员扮演的剧中人物。这里，我们所讲的"角色"泛指文本中所涉及的各种人物，不管是文本中的主人公，还是文本的作者本人，他们的情感认知以及对人生、社会的认识，都是我们角色体验的范畴。阅读小说、戏剧，可以引导学生对文本中的人物进行角色体验。阅读散文、诗歌，也可以让学生对文本中的作者就构思成文进行角色体验。

具体理解体验方式可以从分角色朗读和分角色扮演等两方面着手。可以让学生阅读文本，在深刻理解人物角色的前提下，通过具体的教学情境中把他（她）们的人物形象还原再现出来。在具体情境中，学生对人物角色的理解可以在其他角色的互相感染和启发下变得更为真切、深刻。例如在《雷雨》一文中，有一句台词："这真是一群强盗！（走至周萍面前）你是萍……凭——凭什么打我的儿子？"这句台词简单的几个字，实际体现了侍萍内心复杂情感世界的宣泄。教师不加以强调、引导学生进行角色体验加深体会，学生可能只把它当作一句不太重要的话而进行留意。其实，这一台词背后隐含了人物微妙而复杂的情感内涵，其中"萍"字表现了侍萍看到未曾谋面而失散分离多年的儿子时的激动之情；"凭"字隐含了她对周氏两代人的控诉和仇恨；中间的"凭"字是两种不同情感的衔接和过渡。只有教师引导学生进入"角色"进行体验，把自己置身于文本独特的环境中，才能亲身感受其中所发生的事件，体会人物角色的内心世界。

可以说，在感知体验式阅读教学中，教师要充当引导和指导者的角色。其中一方面要强调学生对文本的理解和感悟，另一方面要引导学生对文本意义进行充实和丰富。教师既要注重让学生品味语言、把握语境，同时也要引导学生以亲身情感体验为基点，对文本进行富有个性的独特理解和诠释。教师可以在学生把握文本意义的基础上，启发他们完全进入角色，投入到作者所写的作品中进行体验。

总体来讲，内地西藏高中班语文阅读教学策略的内容是文本，对象是藏族学生，目的在于通过有效的教学策略培养藏族学生学习语文的兴趣，掌握语文阅读的方法，提高语文阅读的能力。其中采用文化回应性阅读教学策略，及时帮助藏族学生克服跨文化诠释难度，走进汉语文化精神家园，不仅扫清他们语文阅读中的文化障碍，同时也进一步使他们了解和领略中华民族博大精深的文化，加深他们的国家认同感和民族认同感。采用理解性对话阅读教学策略，及时弥补了内地西藏高中班一些教师因没有受到汉语作为第二语言教学的专门教育，在以往教学中也很少接触西藏少数民族学生而照搬内地教学模式所造成的教学缺陷，使教师能够更加熟悉教育对象，做到因材施教，促进教师教学水平的提高。采用感知性体验阅读教学策略，及时为内地西藏高中班学生走出自卑，重铸自信奠定了基础，使他们在逐渐体验品味成功的同时形成迎难而上、奋力拼搏的精神。

（五）内地西藏高中班语文阅读教学评价

教学评价主要是指对教学过程和结果做出一系列价值判断行为，贯穿于教学活动的始终。针对内地西藏高中班语文阅读教学的新模式，进行有效的教学评价，应该做到以下几点：

1. 从藏族学生的个性特征出发，因人而异实施恰当的口头评价

在阅读教学中，教师应针对学生的不同表现并根据他们的年龄特征、心理特征、性格差异等做出恰当的评价。教师对学生的评价要让学生明确语文阅读学习的努力方向。对比较敏感的孩子进行否定性评价时，既要提高他们汉语学习的兴趣和信心，也要注意保护他们脆弱的心灵。因为不经意的话，可能给学生的心灵蒙上阴影、带来伤害。对于那些懒散而且有基础的孩子，评价要肯定他的闪光点，同时要根据他对阅读文本理解进行的回答指出不足，促使他积极努力，不断成长；对于成绩优秀的学生，要坚持高标准，严要求，促使他们汉语思维的形成和发展，在阅读过程中不断提高他们发现、分析和解决问题的能力。

2. 口头评价要关注个人，同时也要顾及全体

在阅读教学中，教师的评价既要关注个人，同时也要顾及整体。在教师和学生对话中教师即时评价某一学生时全班所有学生都将从教师口头评价中获取信息，如果老师仅仅是关注学生个人不顾及他人感受时可能对他人造成伤害。如教师说"你读得比前面一位同学强多了",这一评价明显地存在对弱势学生的歧视和贬低。又如,教师针对汉文化深层次问题,指导学生开展探究性学习中,有的成果是学生组成学习小组合作努力的结晶,个别学生汇报时,教师评价时却说"你总结得非常好",这则是把集体的劳动成果变成了个人的功劳,势必会影响其他学生的积极性和创造性。因此,阅读教学中,教师评价学生时应做到个人和全体兼顾。

3. 书面评价要综合多种信息,诊断学生阅读水平,指明努力方向

教师根据学生的阅读测试进行书面评价时,要让学生明了阅读测试存在的问题,让他们知道哪些地方掌握了,哪些地方没有掌握,帮助他们认识到自己在知识和能力方面的长处和不足。要营造一个宽严适当的环境,用评价引导,让学生产生阅读学习的动力和信心,克服其中的困难,独立思考,养成积极的学习态度和良好的学习习惯,加深对汉语言文字的理解和思考,产生积极的情感体验,获得思想启迪。

总之,无论是口头评价还是书面评价,无论是形成性评价还是终结性评价,语文阅读教学的目的就是要达成内地西藏高中班语文阅读教学模式所确立的教学目标,引导内地西藏高中班学生搭建文化支架,建构起自己的汉语文化知识体系,凭借已有的阅读经验和基础,使他们享受阅读的过程,同时获得成功的体验,从而增强阅读的信心,提高阅读水平。在此基础上,他们通过语文阅读,利用汉语第二语言这一工具学科发挥内地雄厚的教育资源和先进的教育教学手段优势,获取丰富的汉文化知识,提高语文水平。与此同时,他们可以在内地日常的耳濡目染中接受先进的理念,逐渐形成开放、自信的意识,在健康、阳光的心态中接受更高阶段学习的挑战,同时认识中华文化的丰厚博大,汲取民族文化智慧,养成刚健有为、自强不息的高尚品质,学成后回到西藏,参加到建设西藏、建设祖国的伟大事业中去。提高内地西藏高中班语文教学质量,提高少数民族学生的语文水平和汉文化素养,需要探索不同于内地普通班的语文阅读教学模式。许多教育科研工作者和内地西藏班的一线教师正在寻找这种行之有效的教学模式,正在用自己的力量来改善目前的语文教学现状。本章所提出的内地西藏高中班语文阅读教学模式是在课题组调查研究的基础上所进行的理论层面探索和优秀内地西藏高中班一线教师的教学经验总结和方法提升,也有一些不成熟的地方还需要得到教学实践的进一步检验。内地西藏班语文阅读教学模式要做到能够调动内地西藏班学生的语文学习积极性，让他们沐浴在汉语文化的浓厚氛围中，活跃课堂气氛，使西藏学生在阅读教学过程中思维活跃，思路开阔，情绪饱满。只有这样，学生们的语文阅读兴趣才能明显提高，对文本意义的理解才能逐渐趋于深刻，他们将会普遍感到阅读是一件愉快的事，是一种享受，从而使内地西藏高中班的语文阅读教学也提升到一个全新的境界。

第十二章 内地西藏高中班语文
作文教学研究

语文教育对内地西藏班的教学有着举足轻重的作用，而写作教学更是语文教学中的重中之重。写作教学是一种综合训练，是教师指导学生选取材料、整理思路、提高书面表达能力的教学、训练活动。它既能从语言文字方面训练学生识字，写字，用词造句，布局谋篇，润饰成文，发展学生的语言，提高学生的书面表达能力，又能从思想认识方面训练学生积极思维，加深对社会生活的理解感受，培养健康高尚的审美情趣和社会主义思想道德，树立良好的文风，为今后的学习、工作和生活奠定良好的写作基础。写作教学是语文教学的重要组成部分，也是衡量学生语文水平的重要尺度。[①] 但在内地西藏班的实地调研中发现基层一线的教学中，很多教师都是在摸索中进行语文写作教学，缺少坚实的学科理论研究指导，也少有教师能根据内地西藏生这一特殊的教育对象因材施教。由此，本研究将视野投向华北地区某西藏校（下文中用 T 校代替），对内地西藏高中班语文写作教学现状、困境及影响因素等问题进行实地调研，以此为依托积极探索适合内地西藏高中班语文写作教学的策略。

一 研究方法

本研究以 T 校为个案，通过实地调研，定量研究与定性研究相结合，深入探讨内地西藏高中班写作教学问题与提升策略。由于受高考因素的影

[①] 赵美：《高考背景下的高中作文教学研究》，河北师范大学硕士学位论文，2010。

响，高三的写作教学应试目的明显，不具有代表性，因此本研究仅以案例学校高一、高二的写作教学现状为研究对象，具体研究方法有三种。

一是观察法。通过在 T 校调研、实习，观摩两位语文老师（高一、高二年级各一名）进行的语文授课全过程，体验语文写作教学策略课堂实施情况。

二是问卷调查法。对 T 校高一、高二年级各一个班的学生语文作文写作基本情况、学习困惑等方面进行调查。

三是访谈法。为做好本次研究，选取高一、高二学生各 5 名，高一、高二语文老师各一名，作为本次研究样本进行深入访谈，更细致地了解其语文作文学习、教学的特点以及在写作教学中存在问题的影响因素。

除以上研究方法，本研究还搜集并研读了高一、高二年级各一个班的学生语文作文作业及其在考试中的作文范文，以及教师在学生作文中的评语、评改方式等作为研究素材。

二 案例学校语文写作教学现状与问题

（一）案例学校语文写作教学基本情况

1. 语文教材使用情况

T 校是全国首批招收西藏中学生的内地班（校），在多年的内地班办学中积累了丰富的经验，也取得了非常大的成就，该校毕业生有很多人已经成为建设新西藏的生力军。

T 校所用的语文教材是"语文社高中语文新教材"，此版本必修教材共为五册，按《普通高中语文课程标准（实验）》规定的五个模块的教学内容编为一册。教材采用传统的单元结构，每册分为四个单元，全部教材共 20 个单元。内容分为"阅读与鉴赏""表达与交流"及综合性的"探究性学习"三部分。具体见表 12－1。

该版语文教材注重将语言能力的培养和文学鉴赏相结合，特别是在初中与高中学习内容的衔接上，明显地进行着整体梯度推进，与此同时还注重文化多元性，弘扬民族优秀文化以及教材编写的改革创新。从教材的选用上看，本研究认为结合案例学校的特殊情况，该教材较适合此校的语文教学。

表 12 – 1　"语文社高中语文新教材"教学内容分布

册　　单元	一	二	三	四
第一册	用事实说话	诗意地栖居	成长如蜕	大江东去
第二册	惊魂动天	诗的唐朝	修辞立其诚	情动于衷而形于表
第三册	科学是系统化了的知识	珠星碧月彩云中	熟悉的陌生人	万物静观皆自得
第四册	我思故我在	诗言志	人生如舞台	铁肩担道义
第五册	沿波而讨源	番石榴飘香	对存在进行深思	越世高谈,自开户牖

2. 语文课时分布情况

案例学校每周周一至周五进行正常教学授课,每天 8 节,上午 5 节,下午 3 节,共计 40 节。其中语文作为主科课程,高一、高二一周 5 天中有 3 天每天上一节,有一天上两节,有一天无课,共计 5 节;而高三作为高考冲刺重要阶段,每天都有语文课,其中有 3 天每天上一节,有 2 天每天上两节共计 7 节。从课时数上看,语文课作为基础性课程,所占总课时比重大,地位重要。

3. 教材中的写作部分安排

"语文社高中语文新教材"版本的语文教材中,写作每册安排两次,每次内容的安排都会突出一个训练重点。写作包括"写作导引""写作实践"两个板块。在"写作导引"中设计富有启发性和趣味性的例子、例文与讨论,引导学生通过分析和讨论来体验、把握写作要点,激发写作兴趣。在"写作实践"中从学生生活实际出发,设计了"立意与选材""思路与结构""语言与表达""修改与润色"等具有可写性和挑战性的话题,启发学生多角度思考,进行创造性的表达。这种教学安排遵照了文章写作的基本规律,通过写作基本规律来引导写作教学,从而培养语文写作能力素养。经调查,案例学校教师反映,在教学实践中,写作课安排频率通常是两周一次或三周两次,依据具体教学情况而定。

(二) 案例学校语文写作教学存在的问题

据此实际教学情况,本研究结合有限的条件及本研究的需求,对案例学校以抽查方式选择了两个班级 83 名学生及两个班级的语文任课教师作为调查对象。两个班级中高一 42 人、高二 41 人,其中高一教师为该校任教一年的新教师,高二教师为该校的骨干教师,这两个班级的语文教学成绩优劣全面，有较强的代表性。本次学生写作现状的问卷调查一共投放83份问卷，全部收回，没有产生无效问卷。具体调查结果如下：

1. 学生缺乏写作兴趣

从表12-2对学生写作现状调查结果可以看出，在写作态度上，仅有1/5的学生喜欢写作，而在写作过程中很少、甚至没有愉快体验的约占半数。

表12-2　对学生的写作现状调查结果

调查维度	调查内容	调查结果(%)		
写作态度	是否喜欢写作文	喜欢 20.5	一般 61.4	不喜欢 18.1
	在写作中是否有愉快体验	常常有 50.6	很少有 45.8	从未有 3.6
	关于作文，认为	重要 80.7	一般 18.1	不重要 1.2
写作水平	觉得自己的写作水平	较好 31.3	一般 67.5	差 1.2
	在写作立意上，认为自己	精准 27.7	平庸 61.4	不准且困难 10.8
	认为自己的写作材料与积累	丰富 49.4	平庸 33.7	匮乏 16.9
写作教学	是否喜欢现在作文课的形式	喜欢 36.1	不喜欢 34.9	无所谓 28.9
	写作前教师的指导对写作	有些帮助 69.9	很大帮助 20.5	没有帮助 9.6
	老师所写的作文评语对写作	有些帮助 78.3	没有帮助 19.3	看不懂 2.4
	是否期待作文讲评课	期待 62.7	不期待 14.5	无所谓 22.9
	作文讲评课对自己作文提高	有些帮助 72.3	很大帮助 21.7	没有帮助 6.0
	每周有几次写作机会	1~2次 69.9	2~3次 18.1	3次以上 12.0
	对作文课感兴趣的部分	写的过程 18.1	教师指导 9.6	教师点评 72.3

访谈中课题组成员也发现，上述情况非常普遍，大多数学生反映平时基本不主动写作文，仅为完成任务，甚至是在逼迫情况下非写不可才写（见访谈案例12-1）。这说明，大多数学生的写作态度不容乐观且存在畏惧心理，学生害怕写作文，在写作中缺乏热情、冲动和灵感，于是经常出现应付、拖延、逃避等现象，这会严重影响学生的写作信心和对写作的主动性、自发性。写作态度是决定写作教学效果好坏的关键因素之一，使学生产生并维持写作的兴趣是写作教学极为重要的一个方面。

访谈案例12-1

访谈者：你平时写作是因为热爱写作吗？

S28：我平时不怎么主动写，写大多数都是为完成老师作业、考试的任务。

访谈者：你渴望自己也可以因为热爱而主动写作吗？

S28：我还是很希望自己能写出好的文章，但是希望是一回事，实际情况是另一回事。每次觉得看题目很简单，一动笔，脑子很空，很空白吧……

2. 学生写作水平不高

在写作水平上，从上述问卷中的写作态度上我们看到调查中 80.7% 的学生认为作文重要，这说明学生整体都意识到了写作教学在整个学习过程中的重要性，但被问到自己的写作水平如何时，有 68.7% 的学生认为自己的写作水平不尽如人意。这集中体现在 72.2% 的学生觉得自己的作文立意平庸、甚至不准且困难，50.6% 即过一半的学生觉得自己在写作过程中的写作材料平庸甚至匮乏，同时课题组搜集的一次期中考试语文成绩统计与作文得分统计也直观地反映了该现状，具体见图 12 - 1。

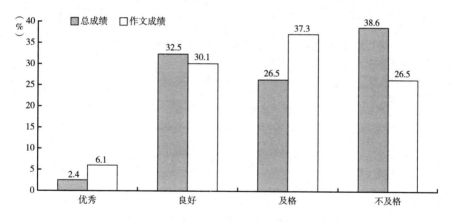

图 12 - 1　样本中学生期中考试语文成绩统计

说明：85~100分为优秀，70~84分为良好，60~69分为及格，60分以下为不及格。

在本次期中考试中，语文总成绩100分，其中作文占据40分。图 12 - 1 反映，样本中的学生语文总成绩不及格率38.6%，这说明有超过1/3的学生语文成绩不及格，学生的语文基础非常薄弱；作文成绩不及格率26.5%，优秀率占6.1%，写作水平不容乐观。课题组所搜集的学生写作范文也对学生写作材料平庸、写作水平不容乐观的现象做了辅助说明，在此选取一篇具有代表性的范文进行分析。

材料:2011 年 7 月 23 日 20 时 47 分,甬温线发生特别重大铁路交通事故。从事故发生到 24 日深夜两点,新浪微博网友共发出了 100 万条与事故相关的微博;事故发生 12 小时后,微博上相关讨论量已突破 200 万条,其中寻人的转发量超过 50 万条。

请依据以上材料,以"我看微博"为题写一篇文章。

我看微博

2011 年 7 月 23 日,甬温线发生特别重大铁路交通事故。从事故发生到 24 日深夜两点,新浪微博网友共发出了 100 万条与事故相关的微博;事故发生 12 小时后,微博上相关讨论量已突破 200 万条,其中寻人的转发量超过 50 万条①。

上则材料中提到的微博②在现在已普遍被大家使用,也受人们的青睐。其实说白了③,微博就是公开的信息,一人在微博上写东西,许多人都可以看到,正是因为微博具有这种特性,在社会上也帮助了许多人,上述材料就是一个例子,人们通过不断地评论,转发,最终会被想要知道相关信息的人知道。对人们有莫大的利处。

同时,它也是不利的。既然它是公开的信息,那就可以在微博上散布谣言,某些人曾这样被骗过,致使人们对网络上的东西半信半疑。对它的热情也不再高涨。微博这个信息平台也成为人们互相聊天的工具,准确点说就是群聊。转载的消息无非是一些寻人启事什么的。因此,微博也可以说是救人的消息媒介,曾有多少人受益④。

⑤聊微博又成为时尚,不管老少年青,大家都拿起手机看看微博,转载下别人的评论,尤其是老年人,其乐无穷啊! 微博也可以让你关注自己的偶像,他们的一言一行记录到了微博上,粉丝们纷纷评论,人们感觉到与明星们没有很大的隔阂。微博这个大平台使明星们也融入平民的生活中,享受到那十分普通的生活⑥。

微博,在我看来就是你们最真诚的吐露。我是这样看微博的,那么,你们怎么看呢?

简评:

①材料平庸:首段直接引用题目中的材料,缺乏个性和创新。

②病句现象:此句指代不明,"微博"可指微博这种通信手段,亦可指材料中的信息。

③作文语言:"其实说白了"此句过于白话,没文采,此现象遍布全文,显得文章内容空洞。

④作文立意模糊:本段伊始说微博的缺点,没有任何过渡、解释便又表述微博的优点,显得文章思想性杂乱无章。

⑤作文条理:段与段之间联系不紧密,逻辑性差。

⑥本段亦存在上述中的多种问题,在此概不复述。

小结:综上,我们看到学生作文水平差的诸多具体表现,整篇文章给人以应付之感,我们也感受到了学生面对作文时的束手无策、无言以对、东拼西凑、敷衍了事的现象。在调查中,课题组发现诸类现象很普遍,学生费尽心思将自己记忆中有限的知识,甚至直接录用材料中的素材生拼硬凑,作文内容上,假话、大话、空话连篇,虽然有些情感抒发,但让读者并无天然率真之感;形式上,结构条理紊乱,语句不顺,语言平白,文章读罢令人觉得文风僵化呆板,缺少灵魂。

与此同时，案例学校学生特殊的教育背景，即汉语作为学生的"第二语言"使其在书面表达上出现诸多困惑。通过对该校教师的访谈从侧面了解到，案例学校的学生普遍都很聪明，也很勤奋努力，但是特殊的文化背景导致他们语文基础非常薄弱，积累少，阅读的数量不足且质量不高，从而导致汉语运用能力差，这便严重影响其语文阅读和写作能力，使得语文教学达不到预期效果，导致语文成绩老上不去，作文水平也提升缓慢。

访谈案例 12-2

访谈者：我发现刚刚的写作课上同学们都很活跃，咱们写作课的真实效果如何？

T3：他们上课没有问题，看见有个听课的，就很配合。这个班是我一直带的，基础比较好的，但是一写到纸上，一动笔，问题就来了，比如说脑子空白，写不出内容，有的学生那作文就是写得半截的，写不完，要不然写得让我们看了都不知所云；再比如说学生对于写作文的目的性，他们就不清楚，自己写的东西到底是为表达真情实感呢，还是为考试拿个高分呢，很困惑。还有你说作文要求学生表达真情实感，你觉得800字的作文能表达学生的真情实感吗？特别是阅读和作文是相挂钩的，要想写好作文你必须达到一定的阅读量，但是这些学生他们压根没有时间阅读。来内地之前说的用的都是母语藏语，汉语的很多经典作品都没有阅读过，阅读的数量都不够，还别说什么阅读要达到一个经典之类的，那就更不要说了。现在要学的科目那么多，时间紧，阅读量自然跟不上，这对写作能没影响吗？

访谈者：哦，看来他们自身的特殊情况导致阅读积累少对他们写作影响很深，除此之外他们作文中还会具体出现哪些问题？

T3：低级错误就是错字病句，第二的话句子表达不清楚，自相矛盾，他前面说个意思，后面又说另一个意思，我们说这脑子就分路，说着说着自己就忘了，然后有时候车轱辘话来回说，还有就是事例比较贫乏，说到什么事的时候自己的思考比较少……

由此可见，案例学校的学生在写作上存在诸多困惑，如何提高写作水平，是一个亟待解决的问题。

3. 写作教学偏重技术性的技巧训练

急功近利，偏重技术性的技巧训练，导致作文教学成为单纯的作文文体及写作知识的传授，忽略学生写作兴趣的培养。在案例学校调查中发现，语文教师特别注重学生写作的技巧训练，教师讲得虽然精彩，课堂上学生也积极配合，教学效果却并不理想，一旦让学生着手动笔写的时候，学生依然不爱写作，畏惧写作。过于偏重技巧性的训练会导致写作教学流于形式而缺少内容。

课堂实录节选

师：今天咱们讲点跟作文有关的，每次布置作文时，我都会先提出三个要求，第一个？

生：中心。

师：第二个要求？加点什么？

生：材料。

师：加点材料是吧？

生：细节、画面、情景、层次……

师：细节也好，画面也好，从哪儿去找？

生：在情境中、环境中。

师：第三个是句式是吧？常用句式是哪些？

生：排比，有气势。

师：这是我们提的最基本的要求，在你印象中，对一篇文章最重要的是什么？

生：中心。

师：对不对？大家回忆一下，我们要是喜欢一篇文章的时候，其实最容易受刺激的是什么？

生：题目、内容。

师：题目、内容，还有呢？

生：开头、结尾。

师：什么样的开头最吸引人？

生：简单扼要的、开门见山的、有悬念的开头。

师：好了，这些都是能吸引我们的，但是可能我们有时候不是直接看它的中心的，那外面还有很多可以吸引我们的，那最吸引我们的可能是作文中我们认为自己在这方面做得不好的？

生：语句、修辞、修饰。

师：语言也好、句式也好，重要的是这些都属于语言的范畴，我们是说优美不优美，要有文采，这些是我们要努力追求的，语言美固然重要，但是谁更重要？

生：中心。

师：那我为什么要你在作文中加入景物描写？

师：画龙点睛。

生：因为景物描写里有我们的情思，对吧？比如说今天外面下雪了，那么能引起大家什么情思呢？

生：好，瑞雪兆丰年。

生：不好，心情不好。

师：看吧，大家都有想法，那好了，但是不管哪一种，景物描写都一定能引起我们的？

生：看法。

师：思考或想法，对吧？所以要有景物描写，那为什么有排比等句式呢？

生：修饰、增强气势、有文采。

师：那这些是老师要求你们努力做到的，这个也是比较容易做到的，今天呢咱们就学一个不太容易做到的，但是又是非常重要的。那想一下啊，我刚才读的那篇（篮球铭仿陋室铭）文章大家觉得挺好的对吧，它用的是什么方法？

生：套用、仿写。

师：仿的对吧，那它仿的是什么？

生：结构。

师：哎，对，仿的是结构，仿的是框架……

从这个课堂实录的节选中我们看到教师在写作教学中很多好的方面，比如"温故而知新"、与学生积极互动配合等，但就写作教学而言却显得程式化，这种纯技术性的技巧训练会使学生的文章重形式而轻内容，重语言而轻情感，使学生的文章成为"正确"的废话的堆积。同时这种训练容易忽视学生的个体差异和不同需求，容易轻视学生的思维、思想、审美品位。

访谈案例 12 – 3

访谈者：您觉得作文课难上吗？

T45：较难，学生不喜欢作文，但有时候看题目。

访谈者：难在哪？您遇到了什么特殊困难吗？

T45：学生汉语语法掌握不好，常常表达不清或表达错误，而且词汇量很匮乏，材料积累也少，特别是在写作过程中，格式、细节常常漏洞百出。

访谈者：您觉得学生不喜欢作文，写作课难上、成效低，有自己的问题吗？方式方法策略还是哪里出现了问题？

T45：我是一个新老师，我觉得作文教学最大的问题在于我没有经验，所以教作文大部分是跟着感觉走，没有什么自己的教学策略，除此之外，我认为自己教作文的时候功利心很强，更多的是考虑学生怎么能够拿到一个高分，而不是怎样真正提高学生的作文水平。

4. 写作教学有效性差

写作教学是一种双向的教学活动，在写作教学中，教师是"主导"，学生是"主体"。但调查发现在写作教学中学生的主体作用并未得到充分发挥。在被问到"你喜欢现在作文课的上课形式吗"，有 34.9% 的学生选择"不喜欢"，有 28.9% 的学生选择"无所谓"；在"你觉得写作前教师的指导对你的写作有帮助吗"，仅有 20.5% 的学生选择有很大帮助；在"你期待每次作文讲评课吗"，有 22.9% 的学生无所谓，有 14.5% 的学生不期待，这两项的比例总和超过了 1/3，可见，在写作教学中，学生非常缺乏教师在写作方面的有效指导。在语文教学中，特别是写作教学，由于其学科的特殊性，其教学不可能像数理化等学科那样收到立竿见影的效果，因此在写作教学中学生在发挥主体作用的同时，教师的引导作用相当重要。

教师在写作教学中，缺乏对写作教学探索的动力，并存在畏难心理。调查发现，案例学校的语文教师在面对学生作文能力低下、写作教学有效度低的现状，常常有心无力、无从下手甚至是无计可施，加之教师日常工作精力有限，这种现状长此以往便会导致教师遇到写作教学时会伴有退缩、躲避、迂回的态度，会让自己缺少面对写作教学中所出现的困难的勇气，也会使自己没有解决写作教学中出现的问题的信心，从而导致不采取积极主动的行为解决问题，甚至无意识中夸大困难，最终影响其对写作教学探索的动力，写作教学也成为其语文教学中的沉重包袱了。

访谈案例 12－4

访谈者：作文课好上吗？

T45：这个作文课呢，上作文课不难，但是要上好作文课，要让学生写好作文，喜欢写作文很难。

访谈者：具体难在哪？您遇到了什么特殊困难吗？

T45：学生们的情况参差不齐，个别学生基本表达能力差，特别是他们写作动力不足，阅读习惯不好。

访谈者：您觉得学生不喜欢作文，写作课难上、成效低，有自己的问题吗？方式方法策略还是哪里出现了问题？

T45：我的问题的话，就是学生的作文，布置一次的话，两个班加起来八九十号人，一般情况下就是给学生批个分，就是在大的、主要的问题上给学生批改出来，很少做到一对一的面批，这是一个问题。还有即使是面批完了，指出了学生的问题，但是学生听了，听明白了，也很少让学生把这篇文章再去写一遍，因为接下来他还有别的要写要做，没有时间，我觉得事后的巩固性我做得还不够。

可见案例学校写作教学的有效性还需要进一步的提升。

三　内地西藏高中班语文写作教学效果的影响因素

（一）一般因素

1. 写作教学方面

（1）写作教学资源严重缺乏

上述文章提到，课题组通过阅读文献资料并结合案例学校实况发现，长期以来，中学写作教学在语文教学中一直处于一个可有可无、若有若无的地位。写作课如何教，往往被人们忽略和遗忘；教材编写部门似乎从来不提供作文配套资料。课外的辅导资料又好坏不等、良莠不齐，在这种现状下，教师的写作教学完全是根据个人经验摸索的自觉行为。作文如何教，就成了八仙过海，各显神通，要自己摸索的过程；至于用什么来教，更是要教师自己搜集、寻找，有时教师就连几篇适合自己需要的范文也难以找到，需要自己泡到网上去搜索相关素材资源，往往还是远非一日之功就能达到满意要求的。语文课在众多科目中虽然所占课时多，但受应试教育的影响，教师更多的精力早就被用到课文教学、作业批改、考试阅卷中，要想每周腾出大量的时间来搜集、准备作文课的材料便很难做到。

（2）写作教学内容盲目空泛

作文本来应该是一种思维形式、写作兴趣、写作习惯的梯度训练，其写作内容应当是随着学生年龄、思维能力、认识水平的增加而逐渐变化的。但长期以来的应试教育形成重分数、轻能力，重结果、轻过程的局面，加上作文是能力训练，具见效不快的特点，导致教师产生教育认识上的偏差和急功近利思想，普遍认为作文没必要、没法教、难见效，与其把大量时间、精力用在作文上，倒不如用在课文试题的讲考练上，从而快速提高考试均分。因此大多数教师对作文教学内容的选择是盲目、随意、无序、空泛的。

2. 学生方面

（1）学生生活积累有限，对生活缺乏观察和体验

叶圣陶先生说："生活如泉源，文章如溪水，泉源丰富而不竭，溪水自然活泼地流个不歇。"著名特级教师魏书生也说："作文教学的源头活水，是生活积累，巧妇难为无米之炊。"这些都告诉我们积累在写作中的重要性。如果学生的头脑中有一个充实的材料资源库，写起文章就能得心应手，游刃有余。但从上述现状调查中我们看到，很多学生害怕写作文，写起作文来，要么无话可说，要么脱离实际，假话、空话、大话连篇。究其原因是他们缺少对生活的观察和积累，缺少对生活的感悟和思考。调查中，课题组还了解到，案例学校对学生基本上采用全封闭式的管理方式，这样作为写作主体的学生，他们的生活圈子除了校园还是校园，接触社会的机会和条件不多，学生缺乏丰富的生活体验。学生没有丰富的材料，写作时自会胡编乱造，加之总是在被老师或者考试的逼迫而进行勉强作文，

写作对于他们便成了无聊又无益的事，学生因此缺乏对写作的兴趣，对写作的态度也消极。

（2）学生语言积累贫乏，阅读量少而质低

古人云："读书破万卷，下笔如有神。"学生通过阅读可以了解那些自己不可能亲自去观察、认识并知道的生活和知识，从而拓展知识面，开阔眼界，使自己的写作语言、写作素材不断丰富起来，写作文的时候才会有素材和内容可写。在阅读中，学生还可以借此铭记名句、名段、名篇，以此来积累语文素材，增强语感。可见，阅读对写作有着极大的影响和促进作用。阅读是写作的前提和基础，写作是在此基础上的表达。语言学专家在对"读"与"写"相互关系进行研究后一致认为，善于写作的人往往也善于阅读，写作能力强的人常常比写作能力差一些的人读得多。同样，阅读能力强的读者写出的文章更加成熟，文理更为通顺。① 阅读的广度与效度对写作如此重要，成为影响学生语言表达和写作能力的重要因素之一。然而现实是学生的阅读量少得可怜，更不能言及质了。

（3）学生缺乏对写作的主动性与自觉性，功利心强

现代心理学研究表明，学习的高效、能力的形成与否，不取决于外部原因，而取决于学习者主体性的发挥程度，学习者的主体性又具体表现为兴趣性、主动性、自觉性、探究性。而写作训练比其他任何一种教学活动都更依赖学生主体意识的唤起和主体的积极参与。② 从上述现状中我们看到，学生的写作活动多数是在教师的安排和逼迫下进行的，学生远没有把写作视为一种自觉行为和自我生活的需要。久而久之学生这种缺乏动力的功利性写作态度便导致了学生面对作文时的愈发被动与痛苦，对写作无兴趣同时伴随着畏难情绪。这些都限制了学生写作水平的提高，造成写作能力匮乏，写出的作品自然没有新鲜的立意、创新的文章结构布局和生动活泼具有个性的语言。

（4）学生写作缺乏目的性，没有与文本对话的读者意识

写作，作为一种语言表达，它需要针对一定的对象来表情达意交流

---

① 叶红雨：《从阅读对写作的影响作用谈英语阅读教学》，《职业》2011 年第 12 期，第 44 ～ 45 页。
② 程梅：《初中作文教学有效性初探》，华东师范大学硕士学位论文，2009。

思想，但这一方面却常常被学生忽视。通常学生看到作文题目，首先想到的是"写什么"，或者干脆不想，脑海里有什么现成的立马提笔写，写一点算一点，"怎样写"就这样被轻视了；而想到"怎样写"的又往往忽略了"写给谁""为谁写"，表达缺乏针对性，没有倾诉对象，那么写出来的文章就只能是一种茫然的文字组合，光有作者，没有读者。这些因素造成学生在写作中不会审题、立意不深刻、思维混乱、行文逻辑不清。

3. 教师方面

（1）教师对写作教学重视程度不够

对写作教学重视程度不够，表现在写作课时安排少、写作教学精力投入有限。学生写作文难、作文不好教是语文教育久而未解的"死结"[1]。现代学校语文教学的根本任务是提高学生的听说读写能力。作为母语教学，听说训练起步早，基础好，学校语文教育的重心向读写倾斜；而在读写训练中，阅读训练的分量重，时间多，范围广，写作训练则限于条件，收效甚微，教学任务比较艰巨。而就案例学校而言，调查发现教师在写作教学上实施起来更加困难，若要语文教师们富有创造性地完成写作教学这一任务，显然非常不易。加之案例学校的学生母语基本为藏语，因此长久以来写作教学在语文教育中存在的偏颇对于案例学校这种特殊的教育模式而言，影响更大且写作教学的任务显得更加艰巨。

写作教学在高中语文教学中占据着重要的地位，写作能力综合反映了学生的心理、思想、文化素质和智力结构。写作教学是语文教学中的一个重要组成部分，写作能力是学生必备的基本素质，是学生语文素养好坏的重要体现。写作教学如此重要，但在实际教学中并未得到应有的重视。上文中提到，教材中的写作部分每册只安排两次，在访谈中课题组也对老师写作课安排频率做了调查，基本上是两周上一次作文课，或三周上两次作文，更有甚者一个月上一次。教师们大部分精力放在了课文教学、作业批改、考试阅卷中，没有大量的时间花费在所占精力多且成效慢的写作教学上。下面这段访谈如实地反映了这些问题。

---

① 葛江海：《内地西藏班语文教学现状与思考》，《民族教育研究》2007年第3期，第71～75页。

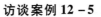

访谈案例 12 – 5

访谈者：学生不喜欢上作文课，那您呢，会不会也不喜欢？

T43：其实说实话，我觉得作文课特别不好教，因为这个要学生的综合素质，还要看他书读多少，知识量，这些不够他就写不出好文章，越不爱写就越不会写，而且写作课浪费大块时间，包括布置作文、批改作文、讲评作文，用了这么多时间却见效慢，而且我们平时课时安排很紧，没有太多的时间和精力放在这上面……

（2）教师在写作教学过程中教学目标定位不清

现状调查的结果显示，教师对写作教学重视力度不够，投入精力少且畏难，归结原因，教师在写作教学过程中对写作教学目标定位不清，对学生写作训练的目的性和梯度性不明确。教师在整体的写作教学中常常没有明确的学期、学年重点，更没有循序渐进的写作教学计划。高中阶段的学生处于身心发展的高峰期，他们开始有强烈的成人意识和个人意识，开始对社会、人生产生自己的看法，他们不再盲目地趋同于家长、老师的观点，开始形成强烈的质疑意识，他们迫切希望自己的想法得到宣泄并得到认同。但在教学中有的教师完全脱离学生生活进行作文教学，不积极组织学生开展写作教学的综合实践活动，缺乏有序性和目标性。这样的作文训练必然会使写作教学的重点不突出，缺乏严密有序的写作训练，从而降低写作教学的有效度。

（3）教师在写作教学过程中对学生写作训练不到位

写作教学的过程包括作文命题、审题指导、作文评改与作文讲评等几个步骤，任何一个环节出现问题都会影响写作教学的整体效果。上述调查现状显示，该校所用版本的教材里虽然安排了简单的写作指导和命题，但由于安排的次数少，教师们常常并不按照课本上的作文题依次训练，而是自己随意确定题目，对学生进行写作训练，这便导致了作文题目选择的随意性、教授知识不系统，加之对学生平时的积累督促不到位且在作文的命题选择到作文评改过程中，教师一包到底，学生完全处于被动地位，根本谈不上成为写作的主人，即使多次作文，收获也不大。而由于语文教学时间安排有限，教师又常常对学生在写作上的时间、空间、话题等限制，束缚了学生写作与思考的自由，忽略了对学生写作兴趣的培养。著名作家毛志成说："一个人能有写作兴趣、写作语文，本身就十分可爱。换个角度来说，什么样的语文教师才算是最善于教作文课的教师？千条万条，第一条就是能调动学生写作兴趣的教师！无论怎样善于把作文知识讲通、讲透、讲细，唯独不能诱发学生本人的写作兴趣，一听作文就头疼，就打哈欠，那就什么也谈不到了！学生有了写作兴趣，即使下笔千言，离题万里，甚而天天写，近于胡写、疯写，也宝贵！比起写了大半日只憋三两行话的人，不知要宝贵多少倍！"[①] 可见，忽略写作兴趣的写作教学过程注定会使学生写作态度消极、写作能力低，同时也影响教师对学生写作指导的效能感，这也是导致教师在写作教学中出现畏难情绪的关键因素。

（4）教师在写作教学中方法指导不到点

上述状况从多角度反映了一个不争的事实：学生整体的语文素养和基本写作水平偏低。调查中也发现，教师在写作教学中特别偏重写作技巧的传授，然而事实是学生的语文素养和实际的能力并不能将那些技巧用之，未能真正化知识为自己的写作能力，加上上文中提到的教师对学生的写作训练力度不足，影响着整体的写作教学水平。在写作技巧上，教师迫切希望能对学生进行有效指点，同时指导学生借鉴优秀的同龄人文章，让学生掌握一定的写作方法和写作技巧，以此来提高学生的写作能力。但教师这种片面教导学生模仿和追求写作技巧的写作教学方法，效果并不好，个别同学根本没有技巧概念，或者知道却不会运用，这种指导不到点的写作教学方法同样降低了写作教学的有效度，最终导致教师自己也陷入对写作教学"剪不断理还乱"的困境。

（二）特殊因素

语文学科学习内容纷繁复杂，涉及字词句段篇章、语法修辞逻辑等，学起来并不容易。内地西藏班学生由于从小生长在西藏高原，藏语是大多数学生的母语，一般他们从小学二年级才开始系统学习汉语，日常生活用语还是以藏语为主。加之藏汉民族文化的差异造成他们对汉语的理解也有一定的局限性。内地班的老师常常反映，在他们给学生上课时，只要老师讲话（指汉语）快一点或者带一点方言，学生们就可能听不太懂了，所以

---

① 王晨：《"语文问题如是说"——著名作家毛志成答〈语文世界〉问》，《语文世界》（高中版）2003年第4期，第4~6页。

就跟不上老师的思路。

在内地西藏班的语文教学上，语文基础薄弱这个问题尤为突出。比如错字、别字多，词汇贫乏，常常将一个词在一篇文章中使用多次，乱用词语的现象也很常见。在句子方面，病句多，语句啰唆或不通顺；在修辞上，缺乏运用技巧，没文采、没表现力，这些因素都影响着文章的整体水平。

写作教学原理中讲述，写作活动涉及的主体智能主要有认知的能力、思维的能力、言语的能力、审美的意识等，而内地西藏生这群特殊的教育对象，受其特有的文化背景和他们特殊的成长环境，他们会有别于内地普通学生的认知、思维、审美等，因此我们将从以下几个因素分析学生自身的特殊性对写作教学的影响，具体如下：

1. 学生成长经历特殊

写作是一种实践活动。这个活动的启动、策划和操作都由写作主体来完成。写作主体通过写作来表达自己纯粹个体的、自我的情感，也常常用来表达时代的、民族的、群体的情感。在写作教学中，学生便是写作主体，学生在写作过程中根据自己思维、脑海中已有的认知来对文章构思，比如怎样开头、如何收尾、主题的确立、材料的取舍、结构的安排、语言的风格、技巧的使用，等等，都是由学生来完成。学生特殊的成长经历对其心智发展产生了深刻的影响。这样，写作主体的成长经历、生活背景便会在写作过程中发挥关键作用。

案例学校的学生作为一个特殊的受教育群体，与其他内地普通学生相比，有着独特的成长经历。他们大多数自小生活在雪域高原，初中或高中前，受国家政策照顾，有机会置身于国家发达开放的内地城市学习、生活，观念的冲突、各种思想的碰撞、客观存在的一些贫富差距等，对他们的学习、写作都产生着较大的影响。这些经历对他们的作文既是挑战，又是财富，需要教师的积极引导。

留在照片上的记忆①

在我的"珍品盒"里，存放着两张作文竞赛获奖证书和我手捧证书的照片。一个是参加由东方少年杂志社等单位主办的"世界华人中小学生日

---

① 曲珍：T校95届高中毕业生。

记大赛",我获得了三等奖,再一个是"轻骑杯全国内地西藏班校作文大赛",我获得了一等奖。每当我看到这两张证书和照片,心里就掀起一股感激的浪花。

这两张获奖证书,凝聚着教我语文的唐老师多少心血呀!

对于我们这些刚学汉语没有几年的藏族学生来说,写作文是最头疼的事。那么,在竞赛中我又是怎么获奖的呢?这还得从我来到 T 校说起。

来到 T 校,遇到了教语文的唐老师。唐老师三十多岁,身材不高,但很精神。一张笑脸上的那双眼睛,可以说炯炯有神,好像一下子能看透你的心里似的。

刚到学校时,我很郁闷,不爱说话,老师布置的周记也应付了事。本子发下来,打开一看,一行鲜红的批语跃入我眼帘:"很有希望"四个字,像一把火,使我看到了希望。课后,唐老师又找我谈话,向我推荐了有关提高作文能力的书。这下子,我振奋了,于是拿起唐老师送给我的关于作文的书看了起来。

经过一段时间,我的作文仍不见有多大提高。我灰心了,常常埋怨没的可写,没有写作灵感。这些话不知怎么让唐老师听到了,他耐心地跟我说:"你在西藏生活了那么多年,又到内地读书,西藏的风土人情、内地生活的特殊感受,不都是你写作的素材吗?灵感不是天生就有的,是长期的写作训练锻炼出来的。你现在不是写不好,而是你不愿意写好。""哦,不愿意写好?"老师见我惊讶的样子,就语重心长地对我说:"写作是个慢功夫,需要不断地积累。你看过几本书?写过几篇文章?周记写得怎么样?"我低下了头,说实话,我很懒,除老师布置的作文外,课下很少读书,很少写作。"想要写好作文,就得多读多写。"我认真地点了点头。从此,除了认真完成老师布置的作文外,一有时间我就跑到阅览室去读书,而且每周还自觉地多写一篇作文,随时有灵感随时写。慢慢地,我的作文水平提高了。

正在我心满意足时,唐老师又找到我,开口就问:"曲珍,满足了吗?"我没有回答,老师接着说:"不能只满足于作文能得好的分数就行了,还要更上一层楼。试着向报纸杂志投投稿。""行吗?"我疑惑地问。"不试试怎么知道能不能行?"老师鼓励我说。

从此,唐老师对我的写作要求更加严格了,也更加挑剔了,我的干劲也更加足了。1992年以东方少年杂志社为主的几家单位，联合举办了"世界华人中小学生日记大赛"，唐老师鼓励我投稿参加。那阵子可忙坏了唐老师：帮我找素材，一遍又一遍指导我修改文章，知道稿子投出去了，还跟我一同盼望结果。结果终于出来了，我得了三等奖，而且文章还在《东方少年》上发表了。唐老师和我一起享受着成功的喜悦。我知道，这主要是老师的功劳，是老师培育的结果。

获奖后，发表文章的神秘感被打破了。在老师的鼓励下，我开始向报纸杂志投稿，真的有几篇文章发表了。后来我又参加了"轻骑杯全国内地西藏班校作文竞赛"，并获得了一等奖。

每当我看到获奖证书，就想起唐老师。从这张证书上，我看到了一颗火热的心，一个无私的信念，一颗忠诚于党的民族教育事业的纯真之心。

此文章是课题组在案例学校所收集的一篇优秀作文，文章中反映了初来内地大多数孩子的心声：内心苦闷，不愿与人主动交流及初来内地对周遭的排斥感，且受从前的学习经历的影响，汉语学习时间短，写作文是他们最为头疼的事。案例学校的这位优秀教师遇到这种情况，从学生实际情况出发，引导学生利用自己所熟知的家乡的风土人情、内地感受当作写作素材，并鼓励学生要对写作有信心，指明方法："灵感不是天生就有的，是长期的写作训练锻炼出来的"，希望学生充分发挥自身的主观能动性，写好作文。

兴趣是最好的老师，写作的动力源不在外面，而在写作主体的内部，无论什么动机都来自写作主体的需要，没有需要就没有动力。由于个体的差异，案例学校中的学生总是看着自己的劣势，如学习基础差等，想提高自己的学习成绩或写作能力，却往往力不从心。写作是一种思想内容与书面表达相统一的形式。一篇作文，不仅仅是学生某种能力、技巧的体现，它常常涉及写作者的思维认知、生活背景等信息。所谓"诗言志"，正如东晋的葛洪在《抱朴子·外篇》中提到的"虽并属文，参差万品"，"参差"的原因就在于不同个体各方面的差异性。正因为如此，成长经历的特殊性成为影响学生写作的又一因素。

2. 学生语言背景特殊

案例学校中的学生们来内地学习生活之前，学校一般都以藏语授课为主，即使当时单科加授汉语的中小学汉语教学，也属于第二语言教学的性质，母语是他们的第一语言，汉语是他们的第二语言。调查发现，案例学校的教师虽然意识到"第二语言"对自身教学造成了干扰，很多时候却依然是按照把汉语作为母语教学的路子走的，并没有从第二语言这一根本点出发，也没有真正体现第二语言教学的基本特点。面对这种状况教师反映出强烈的无措感，一位教师就这样说："西藏生在语文篇章理解方面问题不太大，但在用书面语言表达上问题很大，这跟第二语言的学习特殊性有很大相关，但是对此我们老师也没有什么可行性的有效对策。"这种状况便导致在语文教学中师生间的交流未得到有效对话，严重影响了写作教学的成效。

语言是人与人之间交流沟通的工具。汉语作为第一语言教学、汉语作为第二语言教学、汉语和其他语言的双语教学，基本的教学内容都是汉语，它们之所以属于不同的教学门类，就是因为教学对象不同。这些不同的对象对同一种语言的学习和习得规律不同。面向汉语为母语和汉语作为第二语言的不同教学对象，就应该在课程的总体目标和阶段目标、教学内容与教学策略的选择等方面有所不同，但长期以来，在实际的教学中我们对这一点把握得不是很好。①

对此，课题组在调查中了解到，在民族语言上，西藏班教学语言除藏语文课程外，基本上是普通话教学或普通话辅助教学（英语）。西藏学生普通话水平的高低直接影响到他们的学习进程和学业成果。一个人最熟悉的语言，往往是他的母语或者是使用时间最长或最多的语言。藏区大部分的学生普遍成长于使用藏语的环境，缺少像内地汉族学生那样每天运用汉语、说汉语的空间和氛围。就像内地汉族的学生学英语那样，由于没有语言环境，也不会经常使用，所以在口语、词汇、阅读以及写作能力上都很差一样。这就是案例学校学生语文基础薄弱，写作能力差的主要原因。他们从过去生活的藏语言环境转换到如今的汉语言环境，加之受其本身的思维模式及藏语言与汉语普通话在声调、声韵发音上大有不同因素的影响，他们在新的语言环境下接受汉语语言信息时常常吃力，有时听不太懂老师授课，课堂听课效率低，也直接影响他们的写作水平。

---

① 王魁京：《第二语言学习理论研究》，北京师范大学出版社，1998，第1页。

可见，学生母语与"第二语言"的思维转换不灵活限制了写作能力的发挥。然而在母语教学中，写作教学本身就存在很多问题和困难，如果在汉语作为其成长中的第二语言这种背景下，案例学校这类特殊的教育群体本身对现代汉语掌握得更不好，写作教学就显得更加艰巨了。案例学校从教材选用或编写到教学模式，都是沿着汉语作为母语教学的思路走的，忽略了汉语是学生们的第二语言这一客观事实。

除此之外，受国内教育大背景的影响，学生们还要学习英语，这样他们在学习中同时学习汉语文、藏语文、英语，出现了"三语并存"现象，学生就这样亲身经历并挣扎于不同文化之中。这种复杂的学习内容令其在学习中往往力不从心，思维混乱，这也成为影响其写作水平的重要因素。

四　内地西藏高中班写作教学改进策略

（一）培养学生的写作兴趣

尽人皆知，兴趣是最好的老师，兴趣是最好的内驱力，浓厚的写作兴趣会成为学生爱写作的动力，会让学生对写作有热情，并且会激发学生写作的积极性与自信心，因此对于案例学校做好写作教学的第一步便是写作兴趣的培养以及自信心的树立。这就需要教师自身克服对写作的畏难情绪，摆正态度，努力激发学生对写作的求知欲与好奇心，培养学生的写作兴趣，增强他们语文写作的动力。因此，在写作教学中，教师要充分发挥主导作用，为学生搭建成功的写作平台，有目的、有计划、有序地进行写作教学，循序渐进，对学生的小进步给予及时的鼓励和表扬，让他们感受到成功的喜悦。学生对写作产生兴趣，同时教师自身的写作教学效能感也会提高。这样，师生在此过程中共同合作，增强写作教学的吸引力，营造愉快的学习氛围和学习情绪，对写作教学会产生积极的影响。具体做法如下：

1. 听、说训练与写作训练相结合

西藏班学生除了课上用汉语与老师交流互动，日常生活中基本用藏语与身边的同学朋友交谈。而且伴随着高年级身心发展的特点，年级越高越不爱发言，这些都影响着他们的口语表达能力。而口语表达能力与写作能

力是密不可分、互相促进的，因此教师要有计划地、有步骤地、扎扎实实地进行听说训练，提高口语表达能力，才能促进师生间的有效互动与交流。教师可以在每天每堂语文课开始设计学生三分钟演讲等，采用轮流的方式，来提高每一位学生说话的兴趣和机会，从而促进写作教学。

2. 观察和体验生活，让学生写自己的真实情感

写作，应该让学生写自己最熟悉、最动情的东西，这样才能培养学生写作的热情。

学生熟悉的、关心的，可能都是他们身边的人和事。有的教师往往认为这些不值得一写，要引导学生想大问题，想大理想，常常给出远离学生生活实际或超出学生思维水平的大题目，以为只有这样，写作才能文以载道，才能完成建构情感、态度、价值观的目标。这样做，往往引起学生心理上的拒绝。他们会远离写作、讨厌写作，将写作视为一件苦事，为了敷衍老师，会去照搬别人的文章和观点，说些假话和空话，这样反而会使写作教学得不到其所希望的结果。

写自己熟悉的人和事，才能写出真挚浓厚的感情。很多人写作，主要是心灵受到了某种情感的冲击，于是产生表达与交流的欲望，"情动于衷而行于言"。学生应该多写这样的文章，才能激发他们的写作热情，做到课程标准所要求的"乐于表达"，从而激发对写作的兴趣，促进写作的主动性和自觉性。

3. 给学生写作的自由

《全日制义务教育语文课程标准（实验）》中说："作文指导要有利于学生对作文产生兴趣，为学生自主书面表达提供有利条件和广阔空间，减少对学生作文的束缚，鼓励自由表达和有创意的表达。提倡学生自己拟题目，少写命题作文。"当前学生写作存在的弊病主要有几点：一是写作范围狭小，有种种限制；二是不真实、虚假，即使写了自己的真事，也要加以拔高或陷于某种定式中；三是千篇一律，先写什么，次写什么，最后怎样结尾，程式化严重。年级越高，写作的弊端就越明显。其原因，就是自由受限制，个性被束缚。还学生写作的自由，是搞好写作教学的关键。

写作的自由，主要有以下几个方面。

第一，写作范围、题材的自由。写什么，要有自由。没动笔之前，头脑中先有框框，写作的激情也就随之减退。长此以往，学生就会厌倦写作，写作不再是自己自由表现的机会，而是应付老师的苦事。写作文不一定非社会大事件才是可写的对象，一个自然的景象，一件细微的小事，一个小小的微笑，一丝淡淡的心绪，都能引起人的写作冲动，成为写作的契机和切入点。比如伤感、惆怅，还有许多莫名其妙、突如其来的感觉和情绪，能不能写？应不应该写？既然是真实的、想要表现的，就可以成为写作的题材。这些都是人在成长中所要经受和体验的，不能简单地用什么标准来划分和限定。

第二，思想感情上的自由。想什么，要有自由。学生对生活有自己的认识和体验，要让学生把这些自由地表现出来。思想和感情发自内心深处，就会给人以感染，引起共鸣；相反，矫情造作，空话、废话、套话连篇，只能让人生厌。感情思想上的自由，不仅对写作有重要的意义，而且对学生个性的发展和完善，也有重大的影响。不仅能培养诚实的人格，还能树立自信心。而压抑学生表现自己的感情和思想，人为地诱导学生向某个标准趋同，不仅伤害学生的个性，也会造成学生说假话的恶习。

第三，形式上的自由。怎样写，要有自由。以往的写作教学，偏重于在技巧、构思、次序、结构等方面的指导，形成一套新"八股"。形式上的不自由，不仅造成写法上的千篇一律，进而也影响到思想感情的表现，压抑了学生个性的发挥，扼杀了学生的想象力和创造力。思想感情的自由，还要有形式上的自由相配合。

苏霍姆林斯基在《给教师的建议》一书中写道："我们应该使每一个学生在毕业的时候，带走的不仅仅是一些知识和技能，最重要的是带走渴求知识的火花，并使它终生不息地燃烧下去。"学生需要激励，有激励就会有动力，潜能就能挥发，学习效果才能真正体现。在这样的教与学过程中，师生逐渐对写作增强兴趣与自信心，提高写作教学的有效度。

（二）夯实学生的语文基础

1. 勤练字，写好字

由于汉语不是内地西藏班学生的母语，因此字词的积累对他们特别重要和必要。所以在整个语文学习习惯培养中，坚决不能放弃字词句的训练，即使是高中阶段依然不能忽视。人们常说："字如其人。"写得一手好字，能给人一种眼前一亮、赏心悦目的感受；一手好字，能透露出一个人内在的涵养、气质和底蕴，而对于学生写的作文，有一手流畅秀美的好字，往往会事半功倍。那么什么样的字是好字呢？即：正确、规范、美观、整洁。因此，学生平时要养成端端正正的书写习惯，勤查工具书，不写错字、别字，扩大知识面和视野，通过描摹字帖或在平时的作业书写中养成良好的写作习惯，在此过程中，不断地积累词汇、提高灵活运用语言的能力和水平，从而提高自身语文素养，促进写作。

2. 勤读书、多动笔

"读书破万卷，下笔如有神。"阅读和写作是密不可分的。很多作家都是通过阅读他人的作品走上创作道路的。阅读和写作在使用语言的学习方面有着同一的功效。阅读会促进写作教学的效果。如果说阅读侧重于语言的解读，那么写作则侧重于语言的运用。理解是运用的前提，运用则是理解的深化。因此，大量的阅读对内地西藏班的学生准确使用语言是非常有帮助的。

阅读同样有一个阅读选择的问题，即应该阅读哪些书籍、哪些作品。新课标附录一《关于诵读篇目和课外读物的建议》中给了我们最好的指示。

（1）关于诵读篇目的建议

先秦散文，如荀子《劝学》、庄子《逍遥游》等；唐宋散文，如韩愈《师说》、杜牧《阿房宫赋》、苏轼《赤壁赋》等；《诗经》，如《氓》等；楚辞，如《离骚》等；唐诗，如李白《蜀道难》、杜甫《登高》、白居易《琵琶行》、李商隐《锦瑟》等；唐宋词，如李煜《虞美人》（春花秋月何时了）、苏轼《念奴娇》（大江东去）、辛弃疾《永遇乐》（千古江山）等；白话诗文，由教科书编者和任课教师推荐。

（2）关于课外读物的建议

课外读物包括适合高中学生阅读的各类图书和报刊，对此提出如下建议：文化经典著作，如《论语》《孟子》《庄子》等；小说，如罗贯中《三国演义》、曹雪芹《红楼梦》、鲁迅《呐喊》、茅盾《子夜》、巴金《家》、沈从文《边城》、塞万提斯《堂吉诃德》、雨果《巴黎圣母院》、巴尔扎克《欧也妮·葛朗台》、狄更斯《匹克威克外传》、列夫·托尔斯泰《复活》、海明威《老人与海》、莫泊桑短篇小说、契诃夫短篇小说、欧·亨利短篇小说等；诗歌散文，如郭沫若《女神》、普希金诗、泰戈尔诗、鲁迅杂文、朱自清散文等；剧本，如王实甫《西厢记》、曹禺《雷雨》、老舍《茶馆》、莎士比亚《哈姆雷特》等；语言文学理论著作，如吕叔湘《语文常谈》、朱光潜《谈美书简》、爱克曼《歌德谈话录》等；当代文学作品，建议教师从近年来发表的各类中外优秀作品中选择推荐。

科学与人文方面的各类读物可由语文教师和各有关学科教师商议推荐。

以上这些优秀作品的语言往往都是在民族规范语言的基础上，经过作家的认知加工而形成的，它们准确，精练，规范，极富表现力，是书面语言的典范。学生们阅读这些作品不仅可以丰富词汇，而且还可以提高遣词造句的技能，从而提高内地西藏班学生语言素养，夯实语文基础知识，促进语文写作教学。与此同时，还要勤于积累与背诵，在不知不觉中被中国博大精深的文化熏陶。提高语文素养，还要勤于动笔，将自己在阅读中的感想、启发随时记录，这样既积累了素材、扩展了视野，又锻炼提升了思想，同时通过自己的留心观察，提取最佳的写作素材，将自己的生活与写作相融合。

3. 勤思考、善构思

学生有了一手好字、充足的写作素材还远远不够，还要善于观察生活与借鉴优秀作品。开阔思路，需要积累生活素材，也必须提高观察力。因此教师在写作指导中要重视对观察的指导，教给学生观察的方法，正确选择的角度、把握特征等。观察训练，主要靠课外进行，也可结合课外的讲读、范文写作特点的分析，教给学生各种具体的观察方法，还可以通过写作指导课，当堂指导学生进行观察。训练观察要注意引导学生写观察笔记，经常坚持，形成习惯。

构思是人的大脑把客观事物的信息按新的程序重新组合的活动，通过构思把脑海中的材料妥当地排列组合，并结合想象力的训练，促进思路开阔，文思敏捷。这样，西藏班学生在写作中不仅提高了写作水平，还锻炼了思维，助其提高语文素养，也为其更好地学习其他课程做准备。

（三）根据学生的特殊性因材施教

和内地普通学校的学生相比，内地西藏班学生在知识储备、认知规律等方面都有自身的特殊性，学校和教师在教育教学过程中必须因材施教，才能让西藏班学生会学、好学、乐学。因此，不仅是学校，教师也要特别有针对性地对西藏班学生的各方面特点进行有序、系统、科学的研究，结合自己的教学经验，补充教程内容，琢磨对西藏学生行之有效的教学方法、教学手段、教学形式，绝不能将内地普通学校的做法生搬硬套到西藏班课堂，使学生如坠云里，一头雾水。所以西藏班的语文教师不仅要有扎实的基本功，还要有更高的政治素质、思想素质，熟谙教育学、心理学，熟悉多元文化教育和第二语言教学规律，用自身合格的职业素养包容接纳学生们的特殊性，因材施教，利用语文传承文明的作用，提升学生的语文素养和思维水平，进而提高学生的写作能力。

（四）运用"过程教学法"教学

过程教学法是在发生认识论、信息论、控制论以及各种语言理论和教法的影响下所形成的一种写作教学方法。经过教学法专家的探索和实践，特别是经过美国写作协会的大力推广，过程教学法一度成为最有影响的教学方法之一。从 20 世纪 80 年代开始从事第二语言教学研究的学者，将"过程法"应用于第二语言的写作教学。课题组针对学生特殊的语言背景，认为学校要加强教师在这方面的写作教法的培训，以下具体操作可做参考。

1. 写作前

每次布置写作前，教师可以根据具体的写作要求，让学生集体讨论或个人思考，尽快地自由发挥和联想。在自由联想的基础上，教师可以要求学生口头说出或写下任何与所写内容相关的想法和观点，先写下来，再进行取舍。接着教师可以采用提问的方式，启发学生根据写作的题材、中心、写作的目的、心中的读者、读者的期望以及文章的基本构思逻辑来提问，并拟写提纲，这样学生对写作就有了思考以及清晰的思路，加之平时的语文积累会促进写作教学水平的提高。

2. 初稿

写初稿是进一步整理思想、确定写作内容的过程。学生经过写前阶段的认知准备和构想，即可进入初稿写作阶段。此阶段要求学生将自己的构思用语言表达出来，学生必须十分清楚心中的读者，以把握正确的写作方向。教师应当监控这一过程，及时与学生交谈，组织学生讨论，让学生提问，帮助学生形成主要的构思，及时给学生提供反馈信息，要求学生将此阶段的重点放在内容表达上，不必过多地考虑构思，同时教师要让学生明白：写初稿是一个反复进行的思维创作过程，写作构思、修改、再修改，直至完成初稿。

3. 同学互评

把学生分为两人或三人一组，让他们根据老师分发的问题对同学作文进行评价，这些问题只涉及内容不涉及形式，让学生互相阅读作文，再写出评语，然后鼓励学生进行讨论，相互回答，商定修改意见。

4. 二稿

写二稿时，主要以同伴的反馈信息为依据。当同伴给初稿反馈意见后，学生应重新审视自己所写的文章，看看哪些方面的确存在问题，是否有必要进行修改。修改方式不一，既可以是学生小组形式也可以是个人形式。无论采用哪一种方式，都应当考虑文章中心是否突出，内容是否充实，段落结构安排是否合理，文体是否得当，句型是否正确，有无语法错误，用词是否得当，表达是否准确，内容与写作目的是否一致，开头、结尾是否合理，细节是否典型、充实、富有条理，论点、论据是否正确，有无错字、别字等。

5. 教师批阅

教师批阅包括对学生作文的描述、定义、一致性等因素所做的指导，并且每一项指导都配有相关的练习。教师收集学生的二稿进行评价，对每篇作文通常阅读三遍：第一遍进行通读，了解文章的大意，有时可列出提纲；第二遍针对文章的内容写出评语，包括优点、问题及建议；第三遍用另外一种颜色的笔画出语法错误及用词不当的地方，但建议不要用红笔，因为红色会渲染学生的错误，挫伤学生的积极性。

6. 学生交流

教师和学生进行个别交流，让学生讲述文章的大意，回答教师在评语中提出的问题。在解决了内容的问题以后，教师可提问文章中的语法问题，对学生语法错误中的普遍性设计补救课程，讲述相应的语法规则并进行练习。

7. 定稿

学生把从各方面得到的意见加以汇总，重新考虑修改，完成最终作品。学生把所做的各种笔记、提纲、初稿等交给教师，教师对文章的总体内容及可读性做出评价，同时还要指出成稿较初稿有何改进。

过程教学法最明显的特征就是尊重学生的主体性，在这个过程中教师和学生合作，完成文章的写作，在提高学生写作水平的同时提高写作教学有效度，强化教师对写作教学的重视，避免教师急功近利，把写作课上成偏重技术性的技巧训练课，进一步解决了"第二语言"现象给写作教学带来的困惑。

当然，要提高内地西藏班学生的写作水平，还需学校高度重视。调查显示，内地西藏班写作教学课时安排少、缺乏整体序列性、系统训练少，特别是目前还没有一套从初中到高中成序列的写作教程，更没有针对西藏班的语文写作教材。在教学实践中，写作课安排频率通常是两周一次或三周两次，根据写作教学在语文教学中的重要程度，这样的课时安排显然有待改善。因此学校在强化语文教学的同时，一定要意识到写作教学的重要性，不仅在态度上重视，在课时上也要有所增加，以此来促进学校语文教学水平的提升。同时，要加强教师藏文化培训，缓解"第二语言"等因素给写作教学带来的困惑。作为案例学校中的教师，一定要了解对西藏学生的教学不同于本地学生，有其自身的特点。西藏学生直爽、活泼、热情、好奇心及自尊心较强，但受语言思维转换限制，知识吸收的质量与教师得到的实际反映有一定差距，等等，教师只有了解这些特点，重视了写作主体的成长环境，贯彻了多元文化的教育理念，才能因材施教、有的放矢，取得好的教学效果。所以说学校及相关部门要加大对内地西藏班教师的培训力度，可以采用讲座、实地调查等方式，使其更多地了解西藏历史文化、目前的发展和建设成就，并引导教师要很好地将以上这些结合到自己的教学实践中。通过这些手段走进学生们的心灵深处，关心和呵护他们成长，加强师生间的良性沟通，促进有效教学及写作教学。

参考文献

一 工具书类

陈国强主编《简明文化人类学词典》，浙江人民出版社，1990。

顾明远主编《教育大词典》，上海教育出版社，2002。

国家民族事务委员会经济发展司、国家统计局国民经济综合统计司编《中国民族统计年鉴》（1998－2010 年各年），民族出版社。

韩晓悟：《西藏自治区教育概况》，中国教育年鉴，2005。

《教育与心理辞典》，福建教育出版社，1988。

《普通高中课程标准试验教科书语文必修》（二），《教师用书》，人民教育出版社，2007。

苏宝荣：《说文解字今注》，陕西人民出版社，2000。

《中国百科大辞典》，中国大百科全书出版社，1999。

中国社会科学院语言研究所词典编辑室编《现代汉语词典》（2002 年增补本），商务印书馆，2002。

二 著作类

〔加〕马克斯·范梅南：《教学机智——教育智慧的意蕴》，李树英译，教育科学出版社，2001。

〔美〕泰尔斯顿：《让学生都爱学习——激发学习动机的策略》，宋玲译，中国轻工业出版社，2012。

〔美〕乔伊斯：《教学模式》，荆建华等译，中国轻工业出版社，2011。

〔美〕J. A. 班克斯：《文化多样性与教育——基本原理、课程与教学》，荀渊等译，华东师范大学出版社，2010。

〔美〕班杜拉：《社会学习理论》，陈欣银、李伯黍译，辽宁人民出版社，1989。

〔美〕戴维·谢弗：《社会性与人格发展》，陈会昌等译，人民邮电出版社，2012。

〔美〕霍华德、加德纳：《智能的结构》，沈致隆译，中国人民大学出版社，2008。

巴登尼玛：《文明的困惑——藏族教育之路》，四川民族出版社，2000。

曹明海：《语文新课程教学论》，山东人民出版社，2007。

陈琦、刘儒德：《当代教育心理学》，北京师范大学出版社，2009。

陈玉琨：《教育评价学》，人民教育出版社，1998。

崔占玲：《少数民族学生三语学习的心理学研究——以藏族学生为例》，暨南大学出版社，2011。

丁证霖、赵中建等编译《当代西方教学模式》，山西教育出版社，1991。

费孝通：《费孝通九十新语》，重庆出版社，2005。

郭念锋：《心理咨询师》（基础知识），民族出版社，2005。

胡中锋：《教育评价学》，中国人民大学出版社，2013。

金炳镐：《民族关系理论通论》，中央民族大学出版社，2007。

柯祖林：《心理工具：教育的社会文化研究》，华东师范大学出版社，2007，译者前言。

李海龙：《阅读教学论》，西南交通大学出版社，2011。

林崇德：《教育心理学》，人民教育出版社，2000。

刘淼：《当代语文教育学》，高等教育出版社，2005。

麻彦坤：《维果茨基与现代西方心理学》，黑龙江出版社，2005。

马戎、郭志刚：《中国西部地区少数民族教育的发展》，民族出版社，2009。

马戎：《西藏社会发展研究》，民族出版社，2011。

马学强：《增值评价：学校评价的新视角》，北京师范大学出版社，2012。

恰白·次旦平措、诺章·吴坚、平措次仁：《西藏通史简编》，五洲传播出版社，2000。

单中惠：《外国中小学教育问题史》，山东教育出版社，2005。

索绪尔：《普通语言学教程》，商务印书馆，1980。

谭顶良：《学习风格论》，江苏教育出版社，1995。

滕星、王军：《20世纪中国少数民族与教育：理论、政策与实践》，民族出版社，2002。

滕星：《族群、文化与教育》，民族教育出版社，2002。

万明钢：《多元文化视野：价值观与民族认同研究》，民族出版社，2006。

王本陆：《课程与教学论》，高等教育出版社，2012。

王斌华：《学生评价：夯实双基与培养能力》，上海教育出版社，2012。

王魁京：《第二语言学习理论研究》，北京师范大学出版社，1998。

吴德刚：《西藏教育研究》，高等教育出版社，2009。

吴明海：《中国少数民族教育史教程》，中央民族大学出版社，2006。

吴也显：《教学论新编》，教育科学出版社，1991。

闫寒冰：《学习过程设计——信息技术课程整合的视角》，教育科学出版社，2005。

叶澜：《新编教育学教程》，华东师范大学出版社，1993。

章熊：《中国当代写作与阅读测试》，四川教育出版社，2000。

章志光：《社会心理学》，人民教育出版社，1998。

中国民主同盟中央委员会、中华炎黄文化研究会编《费孝通论文化与文化自觉》，群言出版社，2005。

钟海青、戚业国：《教学模式的选择与运用》，北京师范大学出版社，2006。

周润年：《西藏教育五十年》，甘肃教育出版社，2002。

周旺云、吴德刚：《西藏教育的特殊性与内地办学研究》，四川民族出版社，1996。

朱纯：《外语教学心理学》，上海外语教育出版社，1994。

三　期刊论文类

巴登尼玛：《试析现行藏族义务教育课程中存在的几个问题》，《民族教育研究》1996 年第 3 期。

包丽颖：《论"西藏班（校）"模式的现代性》，《民族教育研究》2012 年第 3 期。

北京西藏中学教科研小组：《内地西藏班（校）高中生学习动机调查报告》，《民族教育研究》2008 年第 2 期。

北京西藏中学教科研小组：《内地西藏班（校）高中生学习自我效能感特点的研究》，《民族教育研究》2009 年第 5 期。

卜一：《内地西藏班学生管理工作的分析研究》，《学周刊》2011 年第 10 期。

常永才、秦楚虞：《兼顾教育质量与文化适切性的边远民族地区课程开发机制——基于美国阿拉斯加土著学区文化数学项目的案例分析》，《当代教育与文化》2011 年第 1 期。

陈凯：《从实际出发开展内地西藏班爱国主义教育》，《中国民族教育》1998 年第 4 期。

达斌：《关注学生的内心世界　搞好内地西藏高中班管理工作》，《中国民族教育》2002 年第 4 期。

戴凤林：《学知　蓄能　明理　做人——探索内地西藏班思想教育工作新途径》，《中国民族教育》2000 年第 4 期。

邓荣科：《为了每个学生的发展——武汉西藏中学"齐"字教学模式的实践》，《西藏教育》2010 年第 2 期。

董勇：《内地西藏班高中生地理学习困难的原因及对策——以河北内地西藏班为例》，《西藏教育》2012 年第 9 期。

杜海平：《教师同行评价的伦理审视》，《中国教育学刊》2011 年第 10 期。

段志勇：《谈"行为主义"教学法在内地西藏班数学教学中的利与弊》，《西藏教育》2012 年第 2 期。

范德标：《加强过程管理　提高德育实效》，《中国民族教育》2013 年第 2 期。

冯瑞建、王际川、郭宏生：《网络文化对内地西藏班（校）学生德育工作的挑战及其对策研究》，《科教导刊》2010 年第 11 期。

付雪蓉、章灵舒：《内地西藏学生英语学习动机缺失及教学策略》，《湖南医科大学学报》2009 年第 1 期。

葛江海：《内地西藏班语文教学现状与思考》，《民族教育研究》2007 年第 3 期。

龚怡祖：《略论大学培养模式》，《高等教育研究》1998 年第 1 期。

勾洪群：《内地西藏班（校）政策的价值分析》，《教育与教学研究》2012 年第 7 期。

何斐、林荣茂、张璟：《汉藏初中生应对风格与学习适应性关系的研究》，《福建教育学院学报》2012 年第 3 期。

何克抗：《建构主义——革新传统教学的理论基础》（上），《科学课》2003 年第 12 期。

洪頵、刘邦春：《接触理论在民族教育中的发展及运用》，《东北师大学报》（哲学社会科学版）2012 年第 4 期。

黄建国：《内地西藏生英语课堂质疑能力的培养研究》，《新西部》2010 年第 1 期。

黄黎明、高凌飚：《学习方式研究对我国教学的启示》，《教育科学研究》2002 年第 2 期。

黄喜珊、王永红：《教师效能感与社会支持的关系》，《中国健康心理学杂志》2005 年第 1 期。

蒋汉林：《内地西藏班（校）使用导学案教学的思考》，《西藏教育》2012 年第 12 期。

蓝云：《对学习过程基本问题的探讨》，《教育科学研究》2002 年第 6 期。

雷召海：《关于内地西藏班（校）办学模式的政策分析——以武汉西藏中学为例》，《民族教育研究》2012 年第 4 期。

李保堂：《把民族团结教育放在重要位置》，《西藏教育》2010 年第 2 期。

李波、陈进林、黄忠敬：《内地西藏班民族教育政策执行工具分析》，

《西藏大学学报》2008 年第 3 期。

李涵、承祖：《推动内地西藏班工作再上新台阶——内地西藏班办学水平综合督导评估试点综述》，《中国民族教育》1997 年第 4 期。

李晶：《合作学习在内地西藏班英语口语教学中的实验研究》，《湖南民族职业学院学报》2009 年第 2 期。

李葵模：《内地西藏班德育初探》，《教育与职业》2004 年第 26 期。

李丽：《对外汉语教学作品中文学作品导读的三种诠释技术》，《云南大学学报》2003 年第 3 期。

刘逢庆：《内地西藏班（校）学习困难学生转化策略》，《西藏教育》2011 年第 8 期。

刘桂雪、刘海英、巩建化：《内地西藏班（校）藏族高中生自我意识调查分析》，《继续教育研究》2010 年第 11 期。

刘桂雪、刘海英：《内地西藏班（校）同班教学模式探索》，《沧桑》2009 年第 5 期。

刘海霞、肖卓峰：《内地西藏班数学复习课教学模式探讨》，《河南科技》2012 年第 18 期。

刘怀国：《多媒体视阈下的少数民族双语教学模式探究》，《新疆广播电视大学学报》2008 年第 1 期。

刘慕霞：《内地西藏班（校）学生学习动机的实证调查与导向分析》，《西藏教育》2010 年第 4 期。

柳海芳：《疏导教育：管理学生的有效方法》，《中国民族教育》2011 年第 11 期。

莫保文：《关于办好内地西藏班之我见》，《民族教育研究》1994 年第 3 期。

全梁：《教学模式概念研究之研究》，《内蒙古师范大学学报》（教育科学版）2009 年第 12 期。

冉苒、戴玲玲：《内地西藏班（校）初三学生一般自我效能感与应对方式关系》，《常州工学院学报》2012 年第 1 期。

冉苒、黄玉峤、于娟：《内地西藏班（校）初中生自我效能感与学业成绩的关系》，《江苏技术师范学院学报》2012 年第 2 期。

冉苒、方翰青：《内地藏汉初中生人格特质比较研究》，《江苏技术师范学院学报》2010 年第 1 期。

冉苒：《内地西藏班（校）学生的跨文化适应》，《贵州民族研究》
2012 年第 2 期。

任志宏、单建鑫、陈辉：《汉藏高中生音乐学习心理比较——以河北
师范大学附属西藏学校为个案研究》，《河北师范大学学报》（教育科学版）
2009 年第 5 期。

荣建庄、欧阳群：《内地西藏班学生思想教育初探》，《民族论坛》
1989 年第 3 期。

荣建庄：《强化管理是办好内地西藏班的关键》，《民族教育研究》
1991 年第 1 期。

史桂荣：《内地西藏班历史教学要注重教学与教养的融合》，《西藏教
育》2013 年第 1 期。

唐曼莲：《如何当好内地西藏班的班主任》，《中国民族教育》2000 年
第 1 期。

特木尔巴根、佟志英：《高等院校民族预科教育及蒙汉双语教学模式
探析——以内蒙古财经学院〈蒙汉语言比较与转换〉课为例》，《内蒙古财
经学院学报》（综合版）2010 年第 2 期。

滕星、杨红：《西方低学业成就归因理论的本土化阐释——山区拉祜
族教育人类学田野工作》，《广西民族学院学报》（哲学社会科学版），2004
年第 3 期。

万明钢、刘海健：《论我国少数民族双语教育——从政策法规体系建
构到教育教学模式变革》，《教育研究》2012 年第 8。

王本华：《从"汉语文"到"汉语"，汉语教学理念的更新与发展——
浅谈少数民族汉语课程改革》，《民族教育研究》2006 年第 6 期。

王晨：《"语文问题"如是说——著名作家毛志成答〈语文世界〉
问》，《语文世界》（高中版）2003 年第 4 期。

王晨：《"语文问题如是说"——著名作家王志成答》，《语文世界》
（高中版）2003 年第 4 期。

王凤云、冯瑞建：《内地西藏班（校）四年制高中课程设置研究》，
《西藏教育》2012 年第 10 期。

王凤云、冯瑞健：《在内地西藏班（校）开展生命道德教育的思考与

实践》,《教育探索》2007 年第 11 期。

王华、王光荣:《目标设置理论对学生学习动机激发的启示》,《沈阳教育学院学报》2005 年第 3 期。

王嘉毅、常宝宁:《新疆南疆地区维吾尔青少年国家认同与民族认同比较研究》,《当代教育与文化》2009 年第 3 期。

王鉴、李艳红:《藏汉双语教学模式研究》,《西北师大学报》(社会科学版)1999 年第 3 期。

王静、次央:《内地西藏班(校)学生英语学习策略调查研究——以陕西临潼华清中学西藏班为例》,《安康学院学报》2013 年第 2 期。

王坤:《关于内地西藏班管理的若干经验》,《时代报告:学术版》2012 年第 12 期。

王莉颖、熊建辉:《探索中国特色的双语教学模式——全国双语教学研讨会综述》,《全球教育展望》2004 年第 6 期。

王平:《构建内地西藏班学生服务型管理模式》,《大学时代》(B 版)2006 年第 10 期。

王清松、李敏:《内地西藏班初中英语教学现状浅析》,《湖北广播电视大学学报》2011 年第 3 期。

王升云、李安辉:《关于完善内地边疆班(校)办学模式的思考》,《民族教育研究》2012 年第 2 期。

王炜:《内地西藏班(校)初中生物理学习困难的成因研究》,《西藏教育》2012 年第 11 期。

王雪:《内地西藏班学生英语学习障碍分析及对策》,《知识经济》2009 年第 12 期。

王雪:《浅析内地西藏班英语情感教学》,《中国电力教育》2009 年第 5 期。

王雅萍:《中国内地西藏班的民族教育办学模式——以北京西藏中学的办学为例》,《国立政治大学民族学报》1995 年第 12 期。

王永铎:《来源于学生的社会支持对教师心理健康的影响》,《科技信息》2009 年第 10 期。

王永建:《内地西藏班生物课堂中的有效教学》,《西藏教育》2012 年第 1 期。

卫东：《双语教学模式与新疆民族教育》，《新疆师范大学学报》（哲学社会科学版）1999 年第 2 期。

魏怀升：《信息技术环境下的教师专业发展研究》，《热点聚焦》2011年第 3 期。

文小华、姚金海：《论思想政治课在高校内地西藏班学生民族团结教育中的作用》，《经济与社会发展》2010 年第 5 期。

吴宏岭：《新疆少数民族教师双语培训精读课程教学模式探析》，《新疆职业大学学报》2009 年第 4 期。

吴维宁、高凌飚、李佳：《学习过程研究与学习方式评测》，《教育测量与评价》（理论版）2008 年第 12 期。

吴晓蓉：《共生理论观下的教育范式》，《教育研究》2011 年第 1 期。

肖卓峰、刘海霞：《内地西藏高中班数学高效教学方法探究——以河北师大附属民族学院数学课堂为例》，《西藏教育》2012 年第 12 期。

肖卓峰、甄建辉：《多途径 全方位 扎实推进内地西藏班（校）德育建设》，《西藏教育》2012 年第 2 期。

辛素飞、明朗、辛自强：《群际信任的增进：社会认同与群际接触的方法》，《心理科学进展》2013 年第 2 期。

辛涛、申继亮、林崇德：《教师自我效能感与学校因素关系的研究》，《教育研究》1994 年第 10 期。

徐建：《内地西藏班学生学习生活适应性调查研究——以济南西藏中学学生为例》，《学理论》2009 年第 19 期。

徐剑宏：《以丰富多彩的活动，促进内地西藏班学生身心和谐发展》，《民族教育研究》2010 年第 S1 期。

徐临燕：《坚持"爱、严、细"的原则 提高内地西藏班质量》，《中国民族教育》1994 年第 1 期。

薛洪全、冷爱霞：《建设科研型教师队伍 促进教师专业化发展》，《中国教育学刊》2010 年第 12 期。

严庆、刘雪杉：《民族交往：提升民族团结教育实效性的关键——以内地西藏班（校）为例》，《西藏民族学院学报》（哲学社会科学版）2011年第 4 期。

严庆、宋遂周：《民族教育异地办学模式中的学生跨文化学习困难及其应对——以内地西藏班、内地新疆班为例》，《民族教育研究》2006 年第 2 期。

严庆：《解读我国一项特殊的民族教育政策——举办内地西藏班（校）》，《民族教育研究》2005 年第 2 期。

杨淑芹：《新疆民族基础教育双语教学模式的回顾与选择》，《教育探索》2008 年第 8 期。

杨水生：《采取有效措施加强内地西藏班（校）思想政治教育工作》，《中国民族教育》2008 年第 12 期。

杨小凡：《内地西藏班学生国家认同意识的培养》，《中国民族教育》2012 年第 7 期。

杨艳华：《班集体挫折教育案例——一次比赛失败之后》，《西藏教育》2012 年第 4 期。

杨琢孺、乔庆刚：《"放、信、点、赏"在内地西藏班（校）学生管理工作中的尝试》，《科教导刊》2010 年第 3 期。

么丽、普穷穷：《对内地西藏班藏族学生心理健康状况的调查分析》，《西藏科技》2009 年第 3 期。

余娟、郭元祥：《论外语课程的文化回应性教学》，《全球教育展望》2011 年第 3 期。

余伟、郑刚：《跨文化心理学中的文化适应研究》，《心理科学进展》2005 年第 6 期。

余文森：《目标、评价及其与教学的相互关系》，《福建师范大学学报》（哲学社会科学版）1990 年第 8 期。

俞国良、罗晓路：《教师教学效能感及其相关因素的研究》，《北京师范大学学报》（人文社会科学版）2000 年第 1 期。

郁玉霞：《人人都是大写的我——我做内地西藏班班主任工作的几点体会》，《中国民族教育》2003 年第 4 期。

袁艳磊：《如何做好内地西藏高中班插班生德育工作》，《中国民族教育》2012 年第 1 期。

张桂春：《建构主义教学思想的张力》，《教育科学》2003 年第 1 期。

张立军：《内地西藏班（校）加强爱国主义教育的探索》，《改革与开放》2012 年第 4 期。

张树安、郭娟：《民族高校多层次双语教学模式的探索与实践》，《中国校外教育》2009 年第 S2 期。

张玉娟、杜亚松、孙惠颖：《藏族学生情绪与自我意识的相关分析》，《中国心理卫生杂志》2005 年第 8 期。

赵庆典：《论高等学校办学模式的发展与创新》，《教育研究》2002 年第 3 期。

周含：《内地西藏班学生英语学习中存在的问题及解决措施》，《吉林省教育学院学报》（学科版）2011 年第 11 期。

周立刚：《内地西藏班（校）高中生学习风格的影响因素分析——以北京、河北、山西三地西藏班（校）为例》，《民族论坛》2011 年第 9 期。

朱崇先：《双语现象与中国少数民族双语教育体制和教学模式》，《民族教育研究》2003 年第 6 期。

朱文斌：《源于生活　用于生活——浅谈内地西藏班物理生活化的教学策略》，《西藏教育》2013 年第 4 期。

朱志勇：《学校教育情境中族群认同感的建构——内地西藏班的个案研究》，《南京师大学报》（社会科学版）2006 年第 4 期。

珠扎：《内地西藏班（校）藏文教师必备的素质》，《西藏教育》2011 年第 11 期。

子明：《西藏内地办学 15 年》，《中国民族》2001 年第 2 期。

四　学位论文类

蔡雄辉：《"着眼写作主体成长，有效提高作文能力"高中作文教学策略初探》，首都师范大学硕士学位论文，2007。

曾健：《西藏班英语教学的现状和对策》，华中师范大学硕士学位论文，2006。

程梅：《初中作文教学有效性初探》，华东师范大学硕士学位论文，2009。

冯坤：《内地西藏班（校）藏汉英三语教育的课堂志研究——以重庆市西藏中学为例》，西南大学硕士学位论文，2011。

郭龙岩：《内地西藏班（校）藏族学生跨文化成长的社会化研究》，四川省社会科学院研究生学院硕士学位论文，2008。

郭文丽：《上海市行政管理学校西藏班中专毕业生追踪调查研究》，华东师范大学硕士学位论文，2008。

郭笑尘：《多元文化教育视野下教师角色转变研究——以漳州三中高中西藏班为个案》，四川师范大学硕士学位论文，2010。

韩立：《内地西藏高中班语文写作教学研究——以华北地区某西藏中学为例》，中央民族大学硕士学位论文，2012。

洪树兰：《数学"支架式教学"研究》，云南师范大学硕士学位论文，2006。

侯首辉：《内地西藏班（校）学生文化适应问题研究——基于成都西藏中学的调查》，西南大学硕士学位论文，2012。

贾晶晶：《教师专业发展的校际研修模式探究——以浦东新区农村学校为例》，华东师范大学硕士学位论文，2010。

李爱红：《内地西藏办学政策分析》，北京师范大学硕士学位论文，2007。

李彬：《内地民族班办学模式及其分析——以内地西藏班为例》，中央民族大学硕士学位论文，2009。

廖树德：《内地西藏班（校）藏族高中学生化学基本概念教学策略研讨》，四川师范大学硕士学位论文，2008。

刘昌斌：《民族学生在内地城市中学的挫折问题及管理研究》，四川师范大学硕士学位论文，2006。

刘俊芳：《影响内地西藏学生数学学习的因素及对策》，辽宁师范大学硕士学位论文，2007。

刘世涛：《内地西藏中学生爱国主义教育研究》，西南大学硕士学位论文，2009。

罗吉华：《内地新疆高中班学生在京文化适应调查分析及教育对策》，中央民族大学硕士学位论文，2006。

米玛扎堆：《内地西藏班高中生跨文化教育中的文化适应研究——以北京市西藏中学为个案》，北京师范大学硕士学位论文，2007。

任璐：《物理教学中解决西藏学生记忆困难的实验研究》，天津师范大学硕士学位论文，2008。

宋遂周：《内地西藏班（校）高中生学习策略研究》，中央民族大学硕士学位论文，2007。

孙德智：《内地西藏班学生文化认同研究》，北京师范大学硕士学位论文，2008。

孙爽：《内地西藏班学生英语学习动机实证研究》，辽宁师范大学硕士学位论文，2011。

孙亚灵：《西藏班中学生社会支持、孤独感与心理健康的关系》，西南大学硕士学位论文，2010。

汤琳：《多元文化教育过程中教师成长追叙与前瞻——成都西藏中学语文教师个案研究》，四川师范大学硕士学位论文，2007。

王冬云：《内地西藏班历史教育的特殊性及其教学改进研究——以南昌十七中西藏班为例》，江西师范大学硕士学位论文，2005。

王维：《践行渐进西藏班——以武汉市西藏中学为例》，中央民族大学博士学位论文，2009。

于娟：《分层教学在内地西藏班英语教学中的实证研究》，南京师范大学硕士学位论文，2011。

于向海：《内地西藏班学生学习方式与教育对策研究》，中央民族大学硕士学位论文，2012。

张瑞娟：《成都市城市中学藏、汉高中学生主观幸福感的比较研究》，四川师范大学硕士学位论文，2007。

张燕华：《对内地西藏班学生数学学习能力培养的教学模式的实践研究》，苏州大学硕士学位论文，2007。

章灵舒：《内地西藏学生英语学习动机缺失及对策的实证研究——以湖南民族职业学院为例》，湖南师范大学硕士学位论文，2006。

赵美：《高考背景下的高中作文教学研究》，河北师范大学硕士学位论文，2010。

左光银：《内地西藏班（校）"藏族文化"校本课程开发与实施研究》，南京师范大学硕士学位论文，2007。

五　报纸类

韩晓悟：《西藏和平解放六十周年　创造教育事业发展奇迹》，《中教育报》2011 年 7 月 19 日第 1 期。

韩晓悟:《西藏在校生 40 年增长 7 倍》,《中国教育报》2005 年 8 月 31 日。

姜澎:《每个人至少有八种智能——霍华德教授谈多元智能理论及发展》,《文汇报》2004 年 5 月 24 日。

刘华蓉:《多元文化教育面临诸多瓶颈》,《人民政协报》2009 年 5 月 6 日第 C04 版。

刘文军:《内地西藏班为我区培养优秀人才》,《西藏日报》2013 年 4 月 23 日。

六 外文类

Ben-Ari R, Amir Y, Intergroup Contact, Cultural Information, and Change in Ethnic Attitudes, The Social Psychology of Intergroup Conflict, Berlin: Springer, 1988.

Fox. R. "Constructivism examined". *Oxford Review of Education*, Vol. 27, No. 1.

Gibson S, Dembo M. H. Teacher efficacy: Aconstruct validation. *Journal of Educatonal Psychology*, 1984, 76 (4).

Zhu Zhiyong. State Schooling and Ethnic Identity: The Politics of a Tibetan Neidi Secondary School in China. Lanham, Maryland: Lexington Books, 2007.

BanduraA. "Self-efficacy mechanism in human agency". *American Psychologist*, 1982. 37: 122 – 147.

Hoy, W. K. , Woolfolk, A. E. , "Teacher's sense of efficacy and the organizational health of schools". *The Elementary School Journal*, 1993. Vol. 93: 356 – 372.

Ashton, P. T. Teacher efficacy: "A motivational paradigm for effective teacher effi cacy". *Journal of Teacher Education*, 1984, 35 (5): 28 – 32.

Bandura, A. Self-efficacy: The Exercise of Control. New York: W. H. Freeman, 199.

附　录

附录一

在读藏族大学生内地中学班读书的感受和看法

> 关于内地西藏班
>
> 对于像我们一样的藏族学子来说，能上内地西藏班，是一件光宗耀祖的事。因为，这个是对我们学习的肯定，所以，在西藏，家长们眼里，内地班的学生都是成绩优等。而在西藏的不是身体不适，就是成绩不好，或者考试失利。
>
> 自我上小学开始，梦想着能上内地，而小考那次考场失利，我与自己的梦想擦肩而过，所以初中在西藏上，而小学跟我一起读的那些考上的同学，现在都比我低一级，因为他们初中都要读预科。对此，我到现在还是很庆幸自己没有考上。我觉得初中内地班的预科读与否都一样，因为我高中班里，也有初中读了预科的同学，我所以为他们和我们差不多都一样，甚至有些还比我们差。
>
> 在西藏，老师们都很严格，当然免不了老师恨铁不成钢（？）多加棍棒。老师们都是像鸭子似的逼着我们学习，初中时亦然，我们都是在这样的环境下学习，虽然当时心里会很不是滋味，但我们心底里还是很理解老师，在我们心里，老师只要努力逼我们，让我们多花点去学习，我们就会努力，从而成绩有明显的提高，学生也有了动力，老师们对我们是软硬皆施法，而快中考时，我们班里也会来表几个内地班的同学，他

357

们整天玩手机，根本不会听课，我自己认为初中上了内地班和内没有上的，当然上内地班的大部分还是很好的，但有的就是在内地没人逼着学，没人管，对学习早就失去信心，从而厌倦。

对于我自己来说，高中时期，是在成都西藏中学就读。首先，我想解释一下。（也许我们成都西藏中学名气不如别的西藏中学，甚至很烂，但我在其他各内地班都有朋友，我很3年，我很肯定我们学校虽然不是最好的，但学习气氛真的我自认为不是第一就是第二，学校各个角落都有学生背书。名气不好不是因为学习方法，而是因为学习校会放导责任不当，少不了个别学生的捣乱。还是希望老师能去一次，来看3角年。）那里，那个地生，有很多来内地的藏生。由于有部分地方话言不通，所以平时得用汉语沟通，再加内地班的语文来说，书本是统编，而西藏生是边编，所以在普通地方有很知对其他各科的阅读能力更强。语文阅读速度，普通地方为世世方面更娴熟。而对于西藏生来说，他们的母语方面比我们好很多，根本就不是老一个基础上，因为我们高考不用考会把藏文加入总分，每周一次的藏文课又能学到什么，久而久之重视度也减少了。

还有就是，西藏生和内地生，西藏生比内地生见识少，接受其他民族文化能力为多点，社会交际圈更小，沟通方面难，生活勿到生方面，心态，最主要的是学习基础方面要比内地生更多点。

火咖 班长

No.　　　　Date: ／ ／

我的感受

在内地四年的打拼生活中我不仅学会了很多的知识，更多的是学会了感激。这不仅首先，我要感激我们的党和国家能给我们在内地上学的机会，而且更好的促进了我们能够独立自己生活。

其次，我要感谢那里的所有教内地西藏班的老师，他们用父母般的爱关心我们，照顾我们，培养我们。在那里生活的我们一个个都是懵懂的小孩，但是什么事由自己作主，由自己来做。可是我们从未感到过伤心、哭过、无助。因为有我们的那些无私的老师在，我们什么事都不用担心，我们在他们的暖暖的爱与细心的照顾下长大的。他们不仅教了我们很多的知识，教育了我们怎样做人，更多的是他们还扮演父母的角色来关心我们，爱护我们，培养我们。因此我是衷心的感谢每一位为我们付出的老师，从心里感激他们。因为他们的细心照顾与教育下我们不少的孩子都能走向良好的道路，取得优异成就。

再次，我要感谢我身边的每一位同学。因为你们的宽容，因为你们的友情我懂得了团结就是力量的道理。我们都是懵懂的孩子，面对无知的事情时我们都像亲兄弟，亲姐妹一样相互付出，一起解决问题，勇敢的面对困难，使集体的爱不断的支持我，化我们自己在一个非常温馨的集体当中快乐的生活，一起长大。因为团结是非常重要主我们在集体当中生的活时，如果没有一个好的集体我们个人也发展不了，因此，在那四年里我们不仅是好同学，更是好兄弟，好姐妹。我们因为目的爱心与团结，我们都取得了优异的成绩，现在各个都在比较质量的大学里上学，那都是因为我们创造非常温馨的集体，发挥了集体的作用。

最后，我要感谢自己。那么的年幼就能离开父母自己独立生活，同样的年龄，同样的才干，可是我比任何一个同龄人坚强的多，独立自主强。没有亲戚朋友在身边，但是我很坚强，坚持着自己独立生活，感谢到时候敌的我，因为我的挑战，我不但战胜了困难，更是战胜了自己。

内地班里上学期间我懂得学得了许多太多的东西，如果没有在内地上学，我也不会有现在一切。因为西藏的教育比较的落后，没有内地先进。因为父母都陪

No.　　　Date: ／ ／

身边依赖性很强。2.因为老师的教育方法不同受到的影响也不会跟现在好了

　　西藏老师们都落后于其他地区，更甭谈教育方面。如果这所在内地上学我可能基础比现在差，懂得的比现在少。

　　在西藏上学们的话父母就在身边，什么事都不用担心，什么也学不会独立、自主、坚强的生活。现在发现自己比任何一个人懂事时内心觉得无比的自豪。

　　在西藏老师都用顺应试教育来教育我们。他们的教育方法比较的传统，没有内地先进，所以觉得自己能在内地班里上学是件非常幸福的事。

　　内地班的存在是我们西藏小孩的希望，我真心的祝愿我们的内地西藏班越办越成功，越来越好。

次仁央金

Date:　　　　Page:

我的感受

我是在小学毕业后就在内地念书的。初中读了4年，高中3年。

对于我来说，在内地读书是幸福的。因为一：因为在内地受教育的程度比我家乡多的高，至少老师的掌握知识面比我们那边的老师强，老师的教育能力强，教育设备先进。作为学生的我们可以获得更明的知识，拓宽了知识面。至少来内地念书，开拓了不少的我的眼界。我可以从我老师的所讲的故事中学到了很多的知识。还有面对于跟自己不同方言的老师，让我们的的普通话水平也会得到潜移默化的一点点的提升。

然而对于本民方辰的藏文水平来说，我们在内地读书的比区内的低，所以在内地念书是有利也有一点弊的。

举我和妹妹的例子来说，妹妹比我小一岁，她是初中没去上内地，就在区内读了3年的初中，因而我们两差统一参加中考和高考的。中考成绩我们两差不的妹妹比我差不的差了一倍的。她是他们那边的中考，我也是。其实她的普通水平跟我差不的，原来随着西藏的发展，学校里有了越来越多的汉方辰老师，我妹那边很明课程都是汉方辰老师教的，就这样普通话水平也得到了提高。然而分数，理在目前，我把因素主要方在除了学生自己的能力加还有老师的教的能力上。因为我觉得在内地的这老师他们的所取的，方法的样，使学生更易掌握知识。然而高考成绩同初中考成绩那样，我妹是上他们当中算是中等的，然而英语和数学得很差，看她说他们学校里看不怎小学数学和英语。也许是一种氛围有关吧，如在我在内地读的初中，高中它的氛围是很强的。比如高中时我们学校是专门数学作为重点然后我们的班主任是英语老师就这样英语和数学是重点。就这样差距也在这里。

到了大学，我也发现我的很多的同学都是第一次来内地念书的，但他们的的普通话讲得也很好的。这样我分析了一下，认为普通话等这种语言是要大胆地的讲出来这样才得到提升，比如我初中刚开的因为随着专用的小角出错而普通话水平也没达到很大的提高。但又很明知识方面我视野开方面去比内地的，我的，直在区内念书的好明的。

所以，我觉得举办内地念书是种政策是挺好的，但也建议在内地的西藏班里面也开一些藏语课，提升在内地学习的学生的藏语水平。

　　　　　　　　　　　　　　　　图增曲珍　　arttime

高中学习及其生活的内容

本人初中毕业于当地中学，毕业后考上湖南省岳阳市第一中学。到了高中，到了内地，都与藏内有很大差别，刚到内地天气和饮食方面都有很大不同，也有很大的不惯，但是我们坚持喜欢那些不惯，所以练出具有良好的意志力，所以克服那些困难，我们初中时候有很多老师都是藏族，也有共同原因，我刚到那个学校，就发现这个学校不是很严，主要是看自己自不自觉，但是还是有很多学生不自觉，自我控制力不强。不在父母身边就头发也好穿衣也罢，都很潮流，因而有好几个学长都染发了，也打扮的很时尚，这些染发的和还有穿着很时尚的都差不多的学生初中在内地上的，但是我发现还是有很多学生都很喜欢学习很努力，很刻苦，这些孩子主要初中来自是区内。我们刚到内地，我们班有四十多学生，都是藏族，我们班只有几个是区内，其他都毕业于各个内地西藏班啊，所以我们语文基础都有很大差别，我们刚到内地普通话说的很糟糕，虽然我们班都是藏族，但是我们学校百分之九十是汉族，百分之十是藏族，所以平时打篮球也好，搞各项活动也罢，我们都与汉族学生交流的机会也就跟多，因为我普通话说的不怎么标准，所以给我的压力也就更大，但是环境影响了我们，我们的汉族水平及其普通话也有很大的提升。

在区内读高中和在内地西藏班有两大区别，一：在区内上高中的同学因为父母在身边，也不需要担心自己环境不适 在父母身边也不用担心没人帮自己洗衣服，也减少更多的时间去忙什么的什么的，所以学习更加努力，也有足够时间去学习啊，也不敢在父母身边抽烟，喝酒，所以也不怎么有抽烟和喝酒之别的现象，藏文水平也很不错，因为他们一周内有十几节课都是藏文，所以也有更多的时间学习藏文，因而藏文水平就逐渐提升但是他们语文基础不是内别好，所以语文考试上拉分最严重，因而有些同学最后成绩不是很理想。

但在内地西藏班的学生因父母不在身边，自己也不是很有自觉，就觉得父母不在身边就没有人管他，就觉得自己一下很自由，没人管，所以有些同学抽烟和喝酒现象严重，还有好几个学生喜欢去网吧，迷上了网络游戏，所以就慢慢变成不喜欢学习，反而喜欢假请假去网吧，有时候还逃课。有些同学连中午午睡时间都去网吧玩游戏，但是他们提升自立自强的精神，衣服也好其他事也罢好多都是自己解决，虽然有些同学初中就定下很好基础，所以考试成绩还是算不错，排名也很不错，所以他们还是带着自己没问题那种心态，没有一点改善，我刚到内地，我学习很认真。但是我第一次考试排名倒数第一，我当时自己觉得很不公平，我当时满脑是烦，但是老师安慰我，老师对我说，你学习努力但是成绩考的不怎么理想，可能是你基础差或学习方法不对，当时我是喜欢死记硬背，因为语文基础差所以很多字，名词，都不能理解，所以光理解再背是有很大的压力。所以我还是选择了死记硬背，我每天晚上睡的最晚，早上起的最早，自己睡眠也不是很足，我有个缺点，当时上课不是很认真，所以下课在发更多的时间学习，也没有太好的效率。

但我们班有个学生。他每次上课睡觉，下课去网吧，我很少看见他去看书，但是他每次都考的很棒，所以他还是一直不努力，但是他成绩一直都很棒，所以觉得初中开始抓基础真的是很重要。

我刚到内地的第一节体育课，老师让我们跑步比赛，我跑的很差，我落在一个胖子后面，当时我很害羞，所以做了一个决定，我决定了我一定把跑步练好，一为了身体健康，二为了比赛，我不能在落在胖子后面，所以我每天都抽出时间去跑步，经过一点时间的苦练我成了藏族的第一，但是我们校运动比赛时候有校队，我压力更大，但我必须要面对现实，所以我参加比赛校运动，获得长跑比赛第5名，当时我觉得很不公平。因为校队受过特殊训练，所以成绩不该算，但是没办法啊，学校没有这个规定，当前四两个是校队，两个是和我们一样，所以我觉得我还是一定努力，我决定我下一年至少拿到第三名，所以一直努力训练啊，就这样我坚持一年每天都去跑步，到了高二五月份运动我又参加了运动会，但没想到的是既然超过那两个校队，拿了学校第一名，当时我真的很开心啊，所有藏族学生都为我骄傲，到了高三我们就不能参加运动会，但我没有断跑步，每天都去跑步，我觉得你有个好身体，你做什么事都不难，不用担心身体啊，生命在于运动，我因运动而快乐，因运动而活的很精彩。

到了高二参加学生会，但是我选为学生会生活部副部长，我当是事情真的很多，我既要管理班级，也要管食堂那边事，食堂出点小事我的都要出去解决，我就怕学生与食堂员工吵架或打架，所以就有压力，但是我没有放弃。因为我觉得这些处理好，也能提升个人组织或交际关系的能力。我也组织过学生收集饮料瓶子，每次收二十给这个班加一分，就用这样方法我们收集将近 5000 瓶子我们卖出去，那些钱添加到我们学生会基金，过年时候我们就给那些孤儿和贫困的孩子，给他们买新年衣服，如果钱不够我们就收自己的一点钱，再给他们买衣服，还有生活用品。到了高三我被评为学生会主席，我觉得这职位也是给了我很大的鼓励，所以我更加努力。在高中参加学生会，班委，还参加各项运动，学习，这样高中生活就过的很舒适，很享受。

对"西藏内地班"的感受

由于我是在西藏读初中和高中，因此对"内地西藏班"并不很了解。但是，在我上高中时，我们班上有很多从内地回来的藏族（初中在内地读的）。

在我看来，在学习能力和学习水平方面跟呆在西藏的学生没有很大的差别。

"内地西藏班"的学生跟我们最大的差别就是

a.他们的汉语水平比我们高很多，因此学习其他各科都比较容易。相对于"西藏内地班"的学生，呆在西藏的学生汉语水平较低。

b.由于从小就离家离父母，因此"内地班"学生的独立、自理能力很强，对家对亲人的依赖没有我们强。

c.相对于"呆在西藏的学生"，他们应该有更广视野（包括经历事件以及接触到的东西比我们更多一些）。

d.由于，他们跟汉族相处的时间比我们多，在日常生活当中，与汉族相处的方法与我们有所不同，比我们更了解汉族的风俗、习惯、特点，比我们更有经验。

但是，我发现很多"内地西藏班"的学生大都藏语水平都较低。作为藏族，我觉得最先应把本民族的文化知识以及语言学好，那样，可以与其他民族的特点互相交流、互通有无、调剂余缺，可以更好地全面地发展自己可以更好地为民族各民族为祖社会服务。因此，如果给"内地西藏班"加一门藏语课程，就可以为他们营造一个学习本民族的文化知识气氛，更可以与汉族以及其他民族交流与探讨文化差别、以及各民族的文化特色。

　　除此之外，我还发现，"内地西藏班"的学生视力普遍低于"呆在西藏"的学生。我认为，学习知识、看书是一件很重要的事。但如果过度或超出了合理范围地去学习，可能对身心发展造成负面影响。所以，应把学习与健康有机联系就会更好。

　　我还认为，在"内地西藏班"的学生具备了比我们更先进更齐全的教育设备和教育环境，更有利于他们的发展。

附录二

内地西藏班教学模式类型统计

类 别			学 校	
内地初中班(校)	专门学校(6所)	江苏	江苏常州西藏民族中学	
			江苏南通西藏民族中学(完全中学)	
		浙江	浙江绍兴西藏民族中学	
		山东	山东济南西藏中学	
		湖北	湖北武汉西藏中学(完全中学)	
		重庆	重庆西藏中学(完全中学)	
	混校独立编班(11所)	上海	上海共康中学(以藏为主)	
			上海珠峰中学(原上海行政管理学校)	
		天津	天津红光中学(完全中学)	
		安徽	合肥第三十五中学	
		广东	南海艺术高中西藏班	
			广东佛山第一中学	
			广东惠州八中	
		福建	福建三明列东中学	
		陕西	西安浐灞第一中学(原陕西华清中学)	
		辽宁	辽阳第一中学	
		湖南	湖南岳阳市一中	
内地高中班(校)	普通高中(13所)	独立学校	北京	北京西藏中学
			江苏	南通西藏中学(完全中学)
			湖北	武汉西藏中学(完全中学)
			四川	成都西藏中学
			重庆	重庆西藏中学(完全中学)
		独立编班	天津	天津红光中学(以藏为主)
			河北	河北师范大学附属民族学院(以藏为主)
			河南	郑州四中
			山西	山西大学附属中学
			辽宁	营口第四高级中学
			上海	上海珠峰中学(原上海行政管理学校)
			安徽	合肥三十五中
			湖南	湖南岳阳第一中学

续表

类　别		学　校
内地高中班（校）	散插班（57所）	
		北京第八十中学
	北京	北京工业大学附属中学
		北京师范大学燕化附属中学
		第二南开中学
	天津	北师大天津附中
		南开大学附中
		第七中学
	山西	山西大学附属中学
	辽宁	沈阳第十一中学
		复旦大学附中
		复兴高级中学
	上海	新中高级中学
		晋元高级中学
		复旦中学
	江苏	奔牛高级中学
		南通中学
	浙江	湖州菱湖中学
	安徽	铜陵第五中学
		芜湖田家炳实验中学
	福建	漳州三中
		漳州一中
	江西	进贤第一中学
		安义中学
		泰安第一中学
		泰安第二中学
		日照一中
	山东	淄博实验中学
		潍坊一中
		烟台二中
		东营一中
		省实验中学
	河南	郑州第一中学
		郑州外国语中学
		郑州四中

续表

类　别		学　校	
内地高中班(校)	散插班(54 所)	湖南	岳阳第一中学
			望城县第一中学
		湖北	孝感高中
			洪山高级中学
			武汉四十九中
		广东	中山实验高级中学
			佛山实验中学
			惠州华罗庚中学
		重庆	市第一中学
			南开中学
			市第八中学
			市第七中学
		四川	温江中学
			新都第一中学
			双流中学
			棠湖中学
		陕西	西安高级中学
			西安第八十三中
			临潼华清中学
			陕西西安中学

附录三

案例：山东济南西藏中学的家文化特色

山东济南西藏中学的家文化特色主要体现在三个层面：第一，走进学校：我们是相亲相爱的一家人。第二，步入社会：汉藏民族是一家。第三，健康成长：家，为孩子美好未来奠基。

在第一个层面，首先是家环境的创设。"三园"文化建设，为藏族孩子们营造一个优美、现代的"家"环境。这里的"三园"是"绿色校园""书香校园"与"数字校园"的统称。经过近五年的建设，学校已逐步形成了"四园五廊"的校园文化格局。漫步校园，四季皆绿，生机盎然，浓浓的文化气息扑面而至，它们以"汉藏民族文化融合"为基本素材，呈现出鲜明的特色，2009年，学校被评为"济南市绿色学校"。为了提高藏族学生读写听说汉语的能力，学校特别重视"书香校园"的建设。每天固定时间，开展《三字经》《论语》等经典名篇的诵读，校园中书声琅琅。学校图书馆、阅览室随时为学生开放，一园书香，浸润诗意语文。"三语"文化艺术节、读书论坛、经典阅读展示、组织孩子参加书展等各类读书活动每年如期进行。《珠峰》校报和《雅龙河》校刊，是孩子们的最爱，在语文老师指导下，不定期出版，荣获全国校园书刊评比一等奖。早在2007年，学校就确立"数字校园"建设的规划，已初见成效。校园内任何一个地方，都可以通过电脑或者移动终端联入互联网。所有班级均配备电子白板及投影、电脑等多媒体设备，实现了教学网络化和多媒体化。学校建有网站和校务中心，实现了校务管理数字化；"班级博客"和"个人空间"成为时尚的电子名片；3000多部高清影片，可网上点播，也可每周在数字影院欣赏。海量、远程、高效、交互的网络带来学生学习和生活的巨大改变。构建和谐的师生关系，过集体生日，有蛋糕相送；生病住院，班主任老师和同班同学轮流守护。一切需要帮助的时候，老师们就在身边，呵护照顾，不是父母，胜似父母。朝夕相处，经年累月，情到深处，孩子们便很自然地称呼老师为"老爸""老妈"。无论是上了年纪的，还是年轻的姑娘、小伙，老师们似乎都很享受这样的美称，以被孩子叫作"爸妈"为荣。由于学生还是十一二岁的孩子，自理和自立能力欠缺。学校针对藏族孩子的实际，开发了多种校本课程。比如初一新生的入校课程《走进新"家"》帮孩子们快速熟悉"家"中亲人，了解了"家"中的规矩，学会了洗衣叠被、电器使用。再譬如，返藏探亲课程《再回老家》，立足中华民族传统文化，教孩子文明有礼，孝顺父母，尊师重道，热爱生活。2012新学年开始，学校开设了"家政"课程，包括初一的"缝纫课程"和初二的"厨艺课程"，强化了藏族孩子自立、自理能力的培养，是该校民族团结教育的一大创举。因藏族孩子的汉语言水平比不上内地汉族孩子，而教师授课除藏语和英语外，全部使用汉语，所以，藏族孩子学习比较吃力。为改进藏族孩子的学习，学校广泛引进汉族学校先进教学经验，进行"自主、开放"课堂教学模式的探索实验。该校数理化学科"学案导学、合作学习"实验课题也被列为西藏自治区"十二五"规划课题。学校秉持"绝不放弃任何一个孩子"的教育理念，主动采取措施，实行小班化教育和学科内分层走班教学，任课教师因材施教，保证每个孩子学习进步。尤其是学困生的转化，是工作的重中之重。2012年中考，该校2008级毕业生全部考入内地西藏高中班，实现了零淘汰。为解决学生的心理健康问题，学校成立了以专职心理教师为主的心理课题组，确立了《内地寄宿制西藏班学生心理、行为及其干预的研究》市级科研课题。团体心理健康教育课，纳入课表；建立了心理健康教育网站，普及心理知识；建立了"心灵花园"心理咨询室，随时实施心理援助，确保每一个孩子的心理健康和人格健康。要毕业了，为使孩子们放下包袱，轻松离校，学校精心设计了《离校课程》。离校课程从初三第二学期开始，有泰山宣誓、师生共餐、食堂帮厨、爱心义卖等项目。离校课程进一步融洽了师生关系，增进了同学友谊，使孩子们在活动中学会了感恩和回报社会。

第二个层面，步入社会：汉藏民族是一"家"。首先是到汉族同学家过年去。每年春节期间，学校以民族团结教育为主题的大型品牌项目"汉藏心连心，牵手迎新春"活动都会如期进行。这个活动共分三个阶段：第一阶段"牵手交朋友"。藏族学生到市区友好中小学开展联谊活动，互换"友好班级牌"，参观内地友好学校的校园和班级，感受他们的学校文化，了解他们的学习生活，一起联欢游戏。这是活动前奏。第二阶段"家中度新春"。友好学校的家长和学生把藏族孩子接到家中一起过年。在汉族学生家中，藏族孩子充分感受春节风俗，一起唠家常、包水饺、贴春联、吃年夜饭、燃放鞭炮，尽情享受家的温暖，享受父母般的亲情。这是活动高潮。第三个阶段"联欢庆佳节"。藏历新年，各级领导、各友好学校师生、汉族家长代表与西藏中学的师生欢聚一堂，问候祝福，载歌载舞，共庆节日，在特有的民族节日中感受祖国大家庭的温馨与和谐。这是活动余音。结合春节这一传统节日，"汉藏心手相连"活动带给藏族孩子的，不仅仅是在内地学校享受到的关爱、亲情和温暖，还有藏族孩子成长过程中最需要的家庭和社会教育，这正是从事民族团结的大教育所追求的目的。其次到汉族学校上学去。为加强民族文化交流，让西藏的孩子更多地接触内地的生活，接受更好的教育，经教育局批准，2012 年后的每个年级均到济南舜文中学游学，逐步形成每年初一年级在汉族中学校区，初二、初三年级在西藏中学校区学习的格局。2012 年 9 月，新到校的 192 名藏族新生，首次走进济南舜文中学，开始了为期一年的游学生活。早上，孩子们背上书包，坐上班车，走进舜文学校，与汉族同学一起学习交流；傍晚，西藏中学的孩子们乘车回本校住宿。在舜文中学，藏汉两族学生共同申报社团，一起参与活动：秋日爬山，春节联欢，徒步黄河，相互帮衬，其乐融融。2012 年 10 月 11 日，一场别开生面的运动会在舜文中学操场上进行。这是一场民族风俗展示运动会，开幕式上，汉、藏共 41 个教学班，通过服饰、标语、口号等多种方式展示了 41 个民族的文化特点与内涵，精彩纷呈，各美其美，刮起了运动场上的"最炫民族风"。到舜文游学，共享两校优质资源，融合两校师资力量，统一管理藏汉学生，相互交流学习，实现了真正意义上的"汉藏一家"，是该校民族团结教育的又一尝试。再次，大学生志愿者携手藏族学生共成长。从 2007 年 2 月开始，济南西藏中学的校园里第一次出现了大学生志愿者的身影，他们来自多所驻济高等院校，大学生们发挥自身专业及特长优势，承担了多个学生社团的指导任务。济南大学心暖拉祜协会辅导的"非常话剧社"和山东大学大学生志愿者辅导的"泉城文化"类社团深受藏族孩子喜欢。相近的年龄和情感让他们更容易走进藏族孩子心灵。他们与藏族孩子一起走进社区，走进大学校史馆，一起活动，共同成长。2011 年 2 月，学校成立"藏友联合会"。这是一个由关心济南西藏中学教育发展和藏族孩子在校成长的各界友好人士组成的群众性组织，为西藏中学与家长、社会等多渠道的沟通架起了友谊的桥梁。

第三个层面，健康成长：家，为孩子美好未来奠基。来内地读书的藏族孩子是通过严格考试层层选拔的优秀学生，为将这些孩子培养成未来新西藏合格的接班人和优秀的建设者，学校采取"开眼界""提境界""磨意志""练素质"四部曲教育，为孩子美好未来奠基。

第一部分，眼界篇。为打开藏族孩子眼界，学校专门组织力量陆续开发了"阅读大家""接近名家""学长有约""走进高校""电影欣赏"等系列校本课程，引领孩子们与"大家"对话，向学长学习，走进山东大学、北京大学、清华大学等高等学府，走进经典影片，感受丰厚的文化底蕴，树立远大理想并为之奋斗。以学校雪莲合唱团为例，该合唱团自组建以来，注重音乐培养，强化外出交流，开阔团员视野，丰富舞台经验，锻炼综合能力。短短几年时间，从一支普通的校办合唱队，成为闻名全国的少年合唱团。雪域之声，天籁之音，绽放在内地广阔的合唱舞台上。2011年，雪莲合唱团首次走出山东，走进东南卫视"欢乐合唱团"的舞台上。从全国30强，一路过关斩将，进入全国5强，成为万众瞩目的焦点。2012年，雪莲合唱团再战东方卫视"中国达人秀"，从上海音乐大厅一路唱到北京人民大会堂，歌声嘹亮，感动全场。开设暑期游学课程，是学校打开学生视野的又一举措。各班自选游学线路，提交游学方案，经学校审核批准，自行组建指导教师团队，带领本班学生进行为期一周的游学活动。游学归来，提交游学报告，并进行游学内容展示。

第二部分，境界篇。学校非常重视对学生的品质培养，利用多种形式，提升学生的思想境界，让他们有所发现，有所追求。爱国教育是一个主线。学校利用重要纪念日和一些新闻事件，组织学生瞻仰革命遗迹，走访革命老人，组织各种活动，树立爱国情怀。法制教育进学校，进课堂，学校采用法制讲座，进行普法教育，并在日常生活中对应，引导学生知法、守法。感恩教育是一个永恒的话题，也是内地西藏班学生教育的基点。感恩党和政府的关怀，各级各届领导都对该校发展给予厚爱，体现了国家对民族教育的高度重视。感恩教育与民族系统的支持，让藏族孩子感受到教育大家庭的温暖和民族间的情谊。感恩社会各界的帮助。上至各类社会团体，下至普通百姓个人，都对西藏中学的发展倾注心血。正是因为有大家的支持，学校办学条件超过了当地普通学校的标准，各种功能室一应俱全，先进的教学设施为学生全面发展和健康成长提供了有力的保障。

进入社区义务劳动，参加义卖，为地震灾区捐款，学生们以感恩之心回馈社会。

第三部分，意志篇。坚强的意志是一个人成才的重要品质。学校注重把励志教育融入丰富多彩的活动，先后开发组织了多种活动课程。正规的军训活动，素质教育基地技能达标，这些拓展训练让学生体验到了意志的核心在坚持，在拥有战胜困难的决心。徒步黄河。南北十余公里，沿黄河北岸大堤，徒步三个多小时，有些孩子脚底都磨出水泡，但面对着滔滔东去的母亲河，孩子们的兴奋与激动难以言说。环游泉城。每一年，学校都组织学生徒步游览一次泉城，从学校步行到芙蓉街，从芙蓉街步行回学校，体味泉城的风土人情和悠久历史。登临泰山。这是毕业前最后一学期的常规活动之一，是学生意志和耐力的考验与升华。"会当凌绝顶，一览众山小"的气势让学生们充满了自豪，泰山之行磨砺了学生们的意志，培养了团结合作的精神，增进了师生感情、同学友谊。

第四部分，素质篇。学校坚持规范办学，深入实施素质教育，以成长为主线，以课程为抓手，立足藏族学生实际，构建合乎教育规律的课程体系，塑造更具有活力的教育，为孩子的美好未来奠基。作为一所藏族特色学校，学校开设了民族文化系列课程，主要包括国学经典课程和汉藏民俗文化课程两大类，以继承和融合汉藏优秀文化资源。《汉藏民俗文化》校本课程，从汉藏生活习俗、节日习俗、民族文学、民族艺术四个方面作深入的比较研究，现已完成丛书编写一套（共九册）。所有学生必须选修规定种类的校本课程，完成相关考核，修足规定学分。社团课程是培养孩子兴趣和特长的校本课程。让每个学生的个性、特长和潜能得到最大限度的发挥，是每个师生坚持不懈的追求。社团课程每周2课时，基本实现了周周有活动，人人有社团的目的。学校目前共有7大类20多个学生社团。每个社团均有指导教师，有活动规划和评价体系，在自主与规范中，同学们体验着成长的乐趣，享受着成功的幸福。进入教育新时期，尤其是近五年以来，济南西藏中学以"家文化"建设作为学校特色发展的突破口，努力发展，用心施教，现已成为一所文化氛围浓厚、充满亲情关爱的家园，成为一个老师愿教学生爱学的乐园，顺利完成省市两级规范化学校达标验收，成为民族教育的窗口学校。学校先后获得"全国教育援藏先进集体""山东省民族团结进步集体""济南市教书育人先进单位"等荣誉称号。学校以"笃信宽和"为价值核心的"家文化"建设已经成型，深入人心，成为导向、激励、凝聚、规范全体师生的巨大精神力量。它从爱"家"的亲切认同，到汉藏一"家"的温馨和谐，再至励志成"家"的锻炼培养，呈现出一条清晰的轨迹，由内而外，因爱前行，汇聚合力，汉藏一家。

附录四

浙江菱湖中学学生访谈案例 1

访谈者：内地散插班学习的感受如何？

S26：每天跟汉族生一起学习，一起努力，感觉很好。

访谈者：是否喜欢散插班学习的氛围？

S26：喜欢。

访谈者：学习压力大不大？

S26：压力很大。

访谈者：听课是否跟得上？

S26：对于文科生有时候如数学这种逻辑思维的学科跟不上。

访谈者：老师上课是否会照顾到西藏学生的实际？

S26：老师很少照顾西藏学生实际，因为课的进度赶不上。

访谈者：与本地同学相处是否融洽？

S26：与本地学生关系很好，融洽。

访谈者：散插班与独立西藏学校或独立班各有什么利弊？

S26：散插班的好处是学习有压力，压力就是动力。独立班都是同胞反而可能摩擦会更多些。

访谈者：对散插班的教学有何意见和建议？

S26：希望多照顾差生。

浙江菱湖中学学生访谈案例 2

访谈者：内地散插班学习的感受如何？

S27：我的感觉挺好。

访谈者：是否喜欢散插班学习的氛围？

S27：喜欢。

访谈者：学习压力大不大？

S27：学习压力挺大的。

访谈者：听课是否跟得上？

S27：大部分可以跟上，数学很难跟不上。

访谈者：老师上课是否会照顾到西藏学生的实际？

S27：老师大部分时间不会照顾西藏学生。

访谈者：与本地同学相处是否融洽？

S27：与本地大部分同学相处融洽。

访谈者：散插班与独立西藏学校或独立班各有什么利弊？

S27：散插班目标比较明确，与当地学生一起努力一起奋斗有动力，不足是个人精神有点孤独。

访谈者：对散插班的教学有何意见和建议？

S27：希望老师多关心我们。

浙江菱湖中学学生访谈案例3

访谈者：内地散插班学习的感受如何？

S28：有压力也有动力。

访谈者：是否喜欢散插班学习的氛围？

S28：还可以吧。

访谈者：学习压力大不大？

S28：那些汉族人的学习很好，压力很大。

访谈者：听课是否跟得上？

S28：基本能听懂，但数学跟不上。

访谈者：老师上课是否会照顾到西藏学生的实际？

S28：老师不太会照顾我们，老师经常说我不会为了你们几个人拖慢进度。

访谈者：与本地同学相处是否融洽？

S28：还好吧。

访谈者：散插班与独立西藏学校或独立班各有什么利弊？

S28：散插的话学习动力更强，但也容易待不下去，压力太大；独立校的话没有太大的压力，对人际交往也有好处，容易认识更多的本族人。

访谈者：对散插班的教学有何意见和建议？

S28：没想过。

附录五

江苏常州西藏中学学生素质报告单（实例）

班级	七1班	学号：		9105		姓名：		达瓦次仁

学生学习成绩报告

考试科目	政治	语文	数学	藏文	物理	化学	英语	奖励与惩罚
期中成绩	88	80.5	90	79			69	
期末成绩	74	75.5	75	57.5			71	
学期成绩	84	84	84	66			71	
考查科目	历史	地理	生物	音乐	体育	美术	健教	
学期成绩	良	优	优	良	81	良	优	

学生素质评价报告

项　目	自评	师评	项　目	自评	师评	项　目	自评	师评	健康状况	
遵守纪律	良	中	学习态度	良	良	劳动态度	良	良	身高	159 厘米
文明礼仪	良	优	参与活动	良	良	生活自理	良	优	体重	48 公斤
同学友爱	优	优	体育锻炼	良	优	勤俭节约	良	良	视力	左 4.1　右 4.2

班主任对学生综合评价

　　你是很讨人喜欢、可爱的男生，个子虽小，但常常脸带笑容，让大家都想要主动接近你。自从你担任了数学课代表一职，你工作的积极性一下子提高了不少，周老师还多次表扬你工作负责，有积极性呢！考前你还给同学们出题目，牺牲自己的学习时间来批改，老师看着你一点点的进步真高兴啊！在文科的学习上，老师希望你也能像学数学那样积极些、主动些，做到不偏科。可为什么讨人喜欢的孩子自我控制能力却这么糟糕，一次次地违反纪律呢？要知道好的成绩需要好的习惯为铺垫，老师希望你能端正态度，积极进取，做全面发展的优秀学生。愿你乘风破浪，更上一层楼！

操行等第	良	班主任:胡燕萍

2011 年 1 月

附录六

一线老师专访

T3：阅读是一个很重要的部分，即使是汉族学生也是很难的内容，这里学生，阅读理解不了，主要是积累不够，其中牧区的和城镇的也有差别，牧区接触汉语少，城镇很早就接触汉语了，有的学生往往是半汉语半藏语。他们的理解方面弱了，其实其他方面也不行，比如写字也出同音字。汉字多音多义对他们就很难，接触少，复杂的单句有时就理解不了，有时找不出中心句，对文章也能做些评价。但是正确与否不一定，有时感觉还可以，有时离题十万八千里，每次我们给话题作文和材料作文的时候，每次批完作业之后感觉学生为何这样想呢，不理解他们是那样一个思维状态，让他写他能写出来，但是距离你想要的内容很有距离，阅读方面我们是看一段理解整个意思，他可能是抓住某一句话去理解。

访谈者：引申的当然离主旨远。

T3：他还是整体把握比较弱，他们不能体会整个一段的意思，他是感觉这句话挺好，能说出来就这句话了，重于局部而非整体，比如从分数上来讲，这道阅读题，高考卷来讲 18 分到 22 分这个样子，我们只要是达到一半，九分左右就可以啦，尤其是那个表述题，表述题他们有的表述可能前后矛盾，语序颠倒等，得分就很低，我只要求他们把关键词答上就可以了，具体表述不要求他们那样严格了，因为我们理解不行，表述的时候病句就出来了，内心想的跟表述是不一样的。心里有，但表达上不行。

访谈者：是不是思维跟语言脱节了？

T3：就是这个意思，这个转化就是困难，除了表述上，我是觉得他们理解得还是比较浅，就文字的深层的内涵的东西理解还是不够深，比方说，文章的深意和社会意义什么的，跟他接触的面也有关系，有的体会不到。他们自己交流的还是藏族同学之间，跟汉族的接触也只有这些老师，他那个思维还是停留在小孩那个阶段，所以眼光放不开，跟他生活环境是有很大关系的。一般来说，一篇长的文章，有些时候读了后面就把前面给忘了，不会从整体考虑，不会懂得做阅读主观题其实是它理解外化的表达，应该抓深层的东西，这个就弱一点，尤其是有社会意义的文章，几乎是抓不到的，我就感觉这里的孩子单纯，见识少。

访谈者：是不是他们没有接触到深层的东西，因此他想不到？

T3：就是这个意思，这种程度，责备对他们没有用，针对性的措施呢，比如要讲一些时事的东西，社会热点的东西。

访谈者：起码从深层的方面引导一下。

T3：有时学习语言也是有天赋的，比如阅读能力强的，在作业上有些差别。虽然语文成绩很重要，但是他的说话能力也很重要，我的课堂上要留出了一些空间让学生表达，训练他们的汉语口语，因为表达是跟他们一辈子的。第一阶段练习他们念，第二阶段是要求他们说，不能拿任何东西。

访谈者：他们阅读测试情况如何？

T3：阅读测试，肯定是不好，最弱的就是这个，尤其文言文是最弱的，关于选择，它有个比较，因此得分还可以。

访谈者：是不是选择有个辨析？

T3：是的，而且选择之前就有 25% 的概率，主观阅读都是表述题，就北京考试来讲，前面是选择题，后面都是文字表述的主观题，还有现在的阅读延伸题。

如果是单篇的练习，给足够的时间，还可以，要是拿一张大卷子，从基础知识到阅读、作文都有，他面对这样的考试，内心本来就惧怕，就得不了多少分。

访谈者：就是从心理上产生一种畏难情绪。

T3：如果他大体瞅一眼，大体会就做一做，不会就不做了。太难的话就不做了，即使做也就没有时间了，这里阅读不仅仅是理解不到位，有时理解到位了，可能表达措辞方面也会出现差错，错别字不少，尤其是音近字、多义字也经常错。

访谈者：有时写白字。

T3：白字特别多。

访谈者：一般他们分数段是如何分布的，以高考分数作参照。

T3：我们这里的高考语文一般可以平均到 90 分左右，跟北京市还是差十几分，但是你要知道，80～90 分是个程度，他们到 100 分太困难了。毕竟是从民族地区来的，基础薄弱，跟北京整天生活在现代化大都市的水平是无法比拟的。阅读理解方面，要求写字比较少的，问题还不太大，但是如果要求写字较多的，用自己的话表达出来的问题就多了。

访谈者：是不是考查是什么，为什么，讲一下理由这类问题。

T3：他懂跟他能表达是两回事，他差就是差在表达方面。

访谈者：跟内地普通学校都是差在表达上吗？

T3：这个还不一样，主要是理解，这个理解不是短时间教会的，而是很长时间逐渐积淀的。

访谈者：是不是长期积累形成的差距？

T3：是长期形成的。不是几节课或几个月所形成的。比如在这节课当中我表达的是这个意思，但是在另外一个语言环境中就是另外一个意思了，就变化了，比如这个词人家内地普通学校已经见过十种语言环境了，我们才见了三种。这样他就转换不过来，就是从心里理解和表达之间的距离要长一些，表达就不好了，好的是表达不到位，还有的就是表达得完全相反，矛盾，前言不搭后语，尤其是古诗文当中，提到一些句式如倒装，比如正装还不太明白，这个就更难理解了，也不喜欢，有心理抵触，更学不好。

访谈者：现代文呢？

T3：现代文是理解了，但是表达不好，从得分上可能文言文比现代文好就是选择题，考题简单，可以辨析出来，现代文有个选择题，还是五选二，因此难度比较大。总体给我感觉是因为恐惧，因为不自信，看了前面，后面也不太懂，大概呢看了后面前面也忘了，前后不连贯。

访谈者：就是信息出现混乱。

T3：我就教学生像侦探长一样推断，他每一句写了肯定没有废话，肯定有关系。而且他长期的成就感少，因此也不愿意动脑筋，思维上的惰性，反正也想不明白。有的考试他们就愿意赌运气，说不定还行呢。

访谈者：那他们喜欢学一些什么呢？

T3：比如字词他们还爱记一些，因为将来记了可能用上，其他把握不住的，就不愿意了。

访谈者：文言中的古今异义、通假字、一词多义等特殊现象太多了。

T3：那些对他们确实太难，西藏学生我们也能理解他们，课上尽量讲透，要学生理解，有的需要记住，分情况对待，没理解的再问老师。

访谈者：有些学生区别对待吗？

T3：有的同学是实在扶不上去的，有时不是一日之功的，比如高中不爱学的孩子，他初中就没有学好，他已经把初中的习惯带过来了，比如老师讲些有趣的就听着，难的就不听了。后来我就想，也别强迫了，反正让他记住一点，就没有白听。

访谈者：语文是一门语言学科，有些随意性。

T3：对于语文来讲，总结规律实在是太难了，我总是强调学生，不要把老师讲的当成万能的，语文就得灵活，也只能这样了。

访谈者：我觉得您做得已经相当不错了。

T3：这个真没有办法，你不能把程度不好的扔下，也不太可能，尽量做到兼顾吧。

附录七

课堂实录

学校：T校　班级：高二（1）班

教学内容：巧用妙语生花

　　师：今天咱们讲点跟作文有关的，每次布置作文时，我都会先提出三个要求，第一个？

　　生：中心。

　　师：第二个要求？加点什么？

　　生：材料。

　　师：加点材料是吧？

　　生：细节、画面、情境、层次……

　　师：细节也好，画面也好，从哪去找？

　　生：在情境中、环境中。

　　师：第三个是句式是吧？常用句式是哪些？

　　生：排比，有气势。

　　师：这是我们提的最基本的要求。在你印象中，对一篇文章最重要的是什么？

　　生：中心。

　　师：对不对？大家回忆一下，我们要是喜欢一篇文章的时候，其实最容易受到刺激的是什么？

　　生：题目、内容。

　　师：题目、内容，还有呢？

　　生：开头、结尾。

　　师：什么样的开头最吸引人？

　　生：简单扼要的、开门见山的、有悬念的开头。

　　师：好了，这些都是能吸引我们的，但是可能我们有时候不是直接看它中心的，那外面还有很多可以吸引我们的，那最吸引我们的可能是作文中我们认为自己在这方面做得不好的。

生：语句、修辞、修饰。

师：语言也好、句式也好，重要的是这些都属于语言的范畴，我们说优美不优美，要有文采，这些是我们要努力追求的，语言美固然重要，但是谁更重要？

生：中心。

师：那我为什么要你在作文中加入景物描写？

生：画龙点睛。

师：因为景物描写里有我们的情思，对吧？比如说今天外面下雪了，那么能引起大家什么情思呢？

生：好，瑞雪兆丰年。

生：不好，心情不好。

师：看吧，大家都有想法，那好了，但是不管哪一种，景物描写都一定能引起我们的……

生：看法。

师：思考或想法，对吧？所以要有景物描写，那为什么有排比等句式呢？

生：修饰、增强气势、有文采。

师：这些是老师要求你们努力做到的，这个也是比较容易做到的，今天呢咱们就学一个不太容易做到的，但是又是非常重要的。那想一下啊，我刚才读的那篇文章大家觉得挺好的，对吧？它用的是什么方法？

生：套用、仿写。

师：仿的对吧，那它仿的是什么？

生：结构。

师：对，仿的是结构，仿的是框架，注意啊，大家看一下这个（篮球铭仿陋室铭）。

师：这个仿用的是什么？

生：结构。

师：仿用的是结构，是吧？

师：再来一个。

（仿乡愁）大家跟读。

师：大家还记得余光中的乡愁是怎么背的吗？

（老师展示，大家朗读。）

师：好了，看看大家这么熟知，我们意识到了，记得一点啊，如果我们的文章让别人也这么爱用，大家读的时候多有激情，那第一点是什么？

生：模仿。

师：模仿什么？

生：结构。

师：在你的本子上记上，我们使我们的文章语言有文采，第一点是仿结构，对吧，其实大家注意啊，你有时候看看有意思的话，网络上才人太多了，我那天看到一句话，我觉得既幽默又有道理，他说有一种思念叫望穿秋水，我在5班讲到这我就讲不下去了啊，望穿秋水是什么意思？

生：望穿秋水（同学们在思考）……

师：大概给我解释解释，秋水是什么意思？

生：秋天的水果。

生：思念。

生：秋天的雨水。

（大家七嘴八舌。）

师：大家想想小品，"秋波"，"秋波"是什么？秋天的菠菜？

（大家笑）

师：大家还乐，那我今天问大家，"秋波"是什么？"暗送秋波"送的是啥？

生：送的是情谊。

师：这个情谊是用什么表现的？

生：眼神。

师：眼神，注意秋水比喻人的眼神，为什么是眼神？

生：深邃啊。

师：含情脉脉、深邃、宁静，对！它说有一种思念叫望穿秋水，望穿秋水，是眼睛望穿了，等待很久，是吧？然后他大笔一挥，有一种寒冷叫望（忘）穿秋裤。

大家大笑。

师：哎，你看下面这句话，他就模仿了上面这句话，望（忘）穿秋裤，是吧？

老师又为大家展示了一段，"吾尝终日而思矣，不如须臾之所学也。吾尝跂而望矣，不如登高之博见也。登高而招，臂非加长也，而见者远；顺风而呼，声非加疾也，而闻者彰。假舆马者，非利足也，而致千里；假舟楫者，非能水也，而绝江河，君子生非异也，善假于物也。"

大家边看边读。

生：（读罢）确实。

师：大家都熟是吧？

师：大家说说这句话的中心句，中心意义是哪句？

生：君子生非异也，善假于物也。

师：啥叫（故意停顿）善假于物也？

生：善于利用外在条件，可以借助世界万物。

师：今天咱们从这里学什么呢，说我登高而招，胳膊加长了吗？

生：没有。

师：但是……

生：看得远了。

师：那我顺风而呼，声音大了吗？

生：没有，风可以带动声音。

师：那我骑着马或者坐着车，不用走就可以到千里去了，现在坐飞机更快了，是吧？我不会游泳，我能不能渡过江河？

生：能，借船。

生：假舟。

师：那这也就是说我可以没有这个那个，但我可以借助，正如爱因斯坦说的，我之所以有这样的成就，是因为我站在了巨人的肩膀上。所谓站在巨人的肩膀上是指什么？

生：借助一些伟大的前人的成就。

师：借助前人的积累，那今天我们所讲的也是怎样去借助，让我们的文章也美一点。第一点刚才说到了，可以仿结构，那这个其实难度会比较大，这文章我得会背，如果在考场的话不好掌控。我们再看看这两句话：

"美是多姿多彩的，美是游荡在寒风中的几点残雪，美是漫步在蓝天上的几缕浮云……"

大家边看边读。

师：注意第二句话，美是漫步在蓝天上的几lǔ啊？

生：几缕，缕。

师：同学们喜欢这个吗？喜欢哪？

生：排比。

师：还有呢？

生：有文采。

师：啥叫有文采？

生：几点、几缕。

生：数量词。

生：不单调。

生：画面感。

师：有画面感是吧？

生：字数。

师：还有字数多，还有没有？

生：有诗意。

师：很有诗意，是吧？

师：那老师问大家，学语文有这样一个概念啊，我们现在是说谁好，不是说谁对谁错，其实一也有它的好处，对不对？但只就美感而言，那我们就认为二就更好一点，为什么呢？原因在哪呢？

生：二多姿多彩，写得非常不错。

师：如果老师问你美是什么？

生：太多了。

师：范围太大了，对吧？那缩小一点，美是什么呢？

生：细小点的，白雪、浮云。

师：好，给老师说说，它的优点体现在哪儿了呢？

生：聚焦，范围变小了。

师：范围缩小了，化什么为什么？

生：化大为小。

师：化虚为实、化大为小了对不对，非常好！

其实你看啊我们高考中话题作文中的一个题目"宽容"，啥叫宽容？

生：宽大的容量，是一种美。

师：是一个虚的、很大的范围，对不对？

师：如果我把它化小了，宽容是什么呀，宽容是别人骂我一句的时候，我微微一笑，是这样的话吧，哎，就这样的，我作文有话说了，对不对？看下面的这段话。

赠日本女郎：最是那一低头的温柔，像一朵水莲花不胜凉风的娇羞，道一声珍重，道一声珍重，那一声珍重里有甜蜜的忧愁——沙扬娜拉！（学生边看边读）

师：沙扬娜拉都知道是吧？

生：再见。

师：好了，这里面最经典的一句话，你能告诉我是哪句吗？

生：沙扬娜拉。

生：最是那一低头的温柔，像一朵水莲花不胜凉风的娇羞。

师：好，这句话怎么就好了，告诉老师。

生：温柔，像一朵水莲。

师：哎，我们说女孩子温柔，那温柔是啥样的？

生：是遇上凉风的娇羞。

师：那这两段话告诉我们共同的东西是什么？

生：化虚为实。

师：把这个记下来，那也就是我们会有画面感了对吧，变成了实实在在的东西是吧？

师：化虚为实，后面补充下化大为小。

老师呈现 PPT：借助具体事物，化抽象为具体，增强文段感染力。

师：看看这写得好了就有画面感了，美啊，想想几点残雪，几缕浮云……

师：我刚刚举了两个例子，第一个例子谈到了美，第二个谈到温柔的日本女郎。

师：温柔的日本女郎，对吧？那现在把这两个加在一起，看谁的成语积累得多啊，咱们古代总提到美女。

生：闭月羞花、沉鱼落雁。

师：赶紧往上写，还有人说倾国倾城、婀娜多姿、美若天仙、花容月貌、出水芙蓉、窈窕淑女。

生：出淤泥而不染（其他的同学们大笑）。

师：大家的笑声我就不说了是吧？把这几个给我写好了，先写闭月羞花，然后写倾国倾城，然后写花容月貌，窈窕淑女，好！有不会写的吗？

生："婀娜"怎么写？

师：老师在黑板上板书，闭月羞花、沉鱼落雁，大家看四大美女都在这里了。

生：貂蝉闭月。

师：貂蝉对不对？

生：然后是王昭君。

师：你记住杨贵妃因为最喜欢……

生：花、牡丹。

师：所以羞花，沉鱼？

生：王昭君。

生：西施。

师：西施不是浣纱女子吗，所以她总在溪边，鱼儿看见她，太美了，无颜以见她，就沉入水底，沉鱼指西施对不对，落雁指？

生：王昭君。

师：大家看看，貂蝉出来，月亮看见她就躲起来了，用了什么手法？

生：拟人。

师：拟人，对吧，再看杨贵妃美得花也羞了，对吧？

生：哇！

师：第二个倾国倾城吧！

生：一笑倾国城。

师：对，它原文这样的：北方有佳人，一笑倾人城，再笑倾人国，她一笑……

生：倾人城。

师：二笑……

生：倾人国。

师：这用了什么手法？

生：夸张、极致夸张。

师：大家看啊，美不难写，对吧！那么，这些啊我们一直都奉为经典，这些写美女很好对吧，那这些都有一个共同的特点是什么？

生：夸张。

师：用了什么？

生：比喻。

师：用了拟人，夸张的手法对吧？今天再看看这些写美男的。

生：美男？

老师呈现"掷果盈车"这个成语。

师：什么果？zhèng 果？

生：zhì 果。

师：对，古代女子咱们说都比较含蓄，对吧，但是看到美男出来这也不含蓄，大家走在路上，不是坐车吗，那女子为了表达对他的爱慕，引起他的注意，往他车上扔水果，他只要过了一条街，他这车上满满的全是水果，夸张是吧？

生：他一个月都不用买水果了（大家笑）。

师：好了啊，那我们现在再看看这个写的是谁？

两弯似蹙非蹙胃烟眉，一双似喜非喜含情目。态生两靥之仇愁，娇袭一身之病。泪光点点，娇喘微微。娴静时如姣花照水，行动处似弱柳扶风。心较比干多一窍，病如西子胜三分。

（一段描写林黛玉的话，大家边看边读）

师：好，看这个写的是谁？

生：西施。

生：林黛玉。

两弯似蹙非蹙胃烟眉，老师边读边标出"胃"读音 juàn。

师：念完回答老师，这里有哪些修辞？

大家再读一遍：两弯似蹙非蹙胃烟眉，一双似喜非喜含情目。态生两靥之仇愁，娇袭一身之病。泪光点点，娇喘微微。娴静时如姣花照水，行动处似弱柳扶风。心较比干多一窍，病如西子胜三分。

师用了什么？

生：比喻。

生：对比。

生：对偶。

师：比喻对吧，还有吗？这句话除了是比喻还用了什么：心较比干多一窍，病如西子胜三分。

生：对比、夸张。

师：心较比干多一窍，比干的七窍都被妲己挖空了，因为她想知道比干到底有多聪明，窍是说聪明、心眼多，她的窍多，那说明她比比干还多一个心眼呢，那说明什么？

生：聪明。

师：什么手法？

生：对比。

生：七窍流血什么意思？

师：七窍是哪七窍（老师边比，同学数七窍）？那个七窍流血和这个心窍是不一样的，懂了吧？联想到这个很好。好了，这个我们说用了什么？病如西子指的谁？

生：西施。

师：好了，这个我们总结一下，用了什么？（对偶　对比　比喻）

黑板上呈现：借助修辞，为文段添华增彩，借用或化用古诗词，为文段增加了意蕴。

师：大家把这个记下来，大家别最后光记着美女了，忘了我讲的什么。

同学们笑。

师：我们都特别希望自己的文章有文采，是吧？

生：一位男生说可惜没有。

同学们笑。

师：能意识到不错（大家笑）。

大家记罢，老师又呈现一段文字。

生命就是龚自珍"落红不是无情物，化作春泥更护花"的献身精神；生命就是文天祥"自古人生谁无死，留取丹心照汗青"的浩然正气；生命就是苏东坡"谁道人生无再少，门前流水尚能西"的超脱与豁达；生命就是杜甫"感时花溅泪，恨别鸟惊心"的无奈与感伤。

（老师领读，大家流利地齐读）

生：（读罢）用了引用。

师：好了，通过刚才的学习大家知道了，老师所选取的这个高考题目的难度还行啊，这段话用了引用，那大家说这段话描绘的是什么呢？

生：生命。

师：借助了什么描绘的？

生：引用。

生：名人名言。

师：刚才大家第一反应是这里有什么？

生：排比。

师：有排比。

生：引用。

师：引用，它引用的又是什么？

生：精神。

生：经典名句。

师：咱们用学过的那么多知识，对不对，我们要想使我们的文章有文采，咱们再看一段话。

老师又呈现出一段话：乐观就是那直上青天的一行白鹭，乐观就是那沉舟侧畔的万点白帆，乐观就是那鹦鹉洲头随风拂动的萋萋芳草，乐观就是化作春泥更护花的点点落红。

生：排比。

生：引用。

生：都有，都有。

大家七嘴八舌。

师：都有是吧，但是我现在要问的是，它这里也有诗词是吧？但是和我刚才用的古诗词一样吗？

生：不一样（大家齐答）。

师：所以告诉老师"乐观就是那直上青天的一行白鹭"说的是哪句诗句？

生：一行白鹭上青天。

（接下来大家自发地说出剩下的诗句，沉舟侧畔千帆过、芳草萋萋鹦鹉洲、落红不是无情物、化作春泥更护花）

师：咱都会。两个结合在一起，我们就是说第一个那个引用叫直接引用对不对？那现在这个叫化用，我们要想就是说要使自己的文章有文采，可以直接引用诗歌也可以化用诗歌是吧？

生：化用诗歌。

师：直接引用，借用，我不做任何变化；第二化用呢，我自己稍微地变化一下。那大家觉得借用和化用哪个更好一点？

生：化用。

师：化用对吧？那这个我们同时要练，先从借用开始，慢慢地学会化用，是吧？

老师又呈现出几段歌词：

他说风雨中这点痛算什么，擦干泪不要怕，至少我们还有梦

心若在，梦就在，只不过是从头再来

我想有个家，一个不需要多大的地方

大家读着读着，唱了起来。

师：咋还唱上了呢？

大家笑。

生：歌词。

师：其实对流行歌曲的把握，我想你们要比我强。

生：对对对！

师：这些完全可以被我们作文所利用，第一个大家都会唱，第二个，心若在，梦就在，那点风雨指的是什么？

生：挫折。

生：梦想。

师：哎，还有梦在，人生把握在自己的手中。哎，老师看过一句话"没有比脚更长的路"，有没有这样一句话，我忘了是哪个的广告词。"没有比人更高的山"，山峰一样的高，对不对？好了，老师选的这三个是什么？

生：歌词。

师：其实同样，我可不可以借用广告？

生：可以。

生：美特斯邦威，不走寻常路。

师：还有什么，有句广告词老师觉得特别好"一直被模仿，从未被超越"。

大家笑。

师：大家都记了吗，还有"得了灰指甲，一个传染俩，问我怎么办，马上用亮甲"。

大家笑。

师：我们看到了，借用名言或歌词，能丰富语言，为文段增加流行元素，但老师要说，千万千万，老师最怕的是你们为了文采而伤害了文章的中心，我会用这些，但一定要有个中心在里面，再进行引用。下面啊，先试一下，先做一个铺垫。

（老师呈现一些诗句，来填上下句，大家都会背，提起了大家的兴趣）

有朋自远方来，不亦乐乎？

海内存知己，天涯若比邻。

不愁前路无知己，天下谁人不识君。

沉舟侧畔千帆过，病树前头万木春。

桃花潭水深千尺，不及汪伦送我情。

……

师：好，读也读了，该动手了吧？

（学生唉声叹气。）

（老师呈现之前的文字。）

师：生命就是龚自珍"落红不是无情物，化作春泥更护花"的献身精神；生命就是文天祥"人生自古谁无死，留取丹心照汗青"的浩然正气；生命就是苏东坡"谁道人生无再少，门前流水尚能西"的超脱与豁达；生命就是杜甫"感时花溅泪，恨别鸟惊心"的无奈与感伤。

这是刚才老师展示过的，今天的作业，大家仿照这个，以"送别"为主题，引用古诗写一段话。这个主题是什么？

生：生命。

师：其实我刚才让大家填空的古诗词都是和送别有关的，是吧？那这里用什么句式？

生：排比。

师：排比，然后引用古诗词。对吧，再把这句话记下来：排比使文段内容充实，引用古诗词使文段文采飞扬。大家把关于送别的古诗词记下来，这个作业我要收的，明天收。

你仔细分析下"生命"这段话，第一句是献身，第二句是浩然之气，第三句是超脱与豁达，最后是无奈和感伤是吧，作业也可以按着这个层次自己去分析，去写。

最后我们总结本课，我们说从哪些方面说让文章的句子更美？

生：引用、排比。

师：老师还说这些都离不开文章的中心，是吧？好，老师这节课讲了什么？作文的哪些方面？

生：使文章有文采。

师：怎么做呢？

生：善假于物。

师：怎样善假于物呢？有诗词，有——

生：结构。

师：有结构，有名言警句，有歌词，还有化抽象为具体，对吧？

大家有没抄完的，到前面来抄。

下课。

附录八

内地西藏班大事记

1984 年

1984 年 2～3 月，中央召开第二次西藏工作座谈会，由胡耀邦同志主持，形成 1984 年《西藏工作座谈会纪要》。

1984 年 10 月，中共中央、国务院下发了《关于批转〈胡启立、田纪云同志赴西藏调查研究报告〉的通知》，"要采取集中与分散相结合的原则，在内地省市办学，帮助西藏培养人才"。

1984 年 12 月，教育部、国家计委联合发出《关于落实中共中央关于在内地为西藏培养人才的通知》，决定在北京、兰州、成都筹建三所西藏学校；在上海、天津、辽宁、河北、河南、山东、江苏、陕西、湖北、重庆、安徽、山西、湖南、浙江、江西和云南十六省市的中等以上城市办西藏班。

1985 年

1985 年 6 月，教育部颁发《关于在内地十九省市为西藏办学的几项规定》的通知。

1985 年 9 月，第一批内地西藏班 1300 名学生赴十六省、市西藏班（校）学习。

1985 年 10 月，国家教委《关于转发西藏自治区人民政府〈关于内地十六省市举办西藏班经费标准意见的报告〉的通知》，对开办费和各项经常性费用标准做出明确规定。

1986 年

1986 年 3 月，发布《国家教育委员会、国家计划委员会、国务院西藏经济工作咨询小组关于加速筹建西藏中学的通知》。

1986 年 5 月，国家教委、国务院、西藏自治区人民政府及数省教育负责人召开内地西藏班教育工作会议。指明西藏民族教育的重要性。

1986 年 6 月，经国家教委批准，于 1986 年 5 月 15～20 日在湖南岳阳市召开了关于内地十六省市西藏班工作会议。

1986 年 9 月，国务院召开的智力援藏会议在北京召开。

1986 年 10 月，国家教委下发关于落实中央在内地为西藏办学培养人才指示的通知。

1986 年 12 月，国家教委、中央统战部、国家民委等申报国务院批转《关于改革和发展西藏教育若干问题的意见》，提出了西藏发展教育的方针。

1987 年

1987 年 9 月，在北京召开了第二次援藏工作会议。会议中心议题是集中研究西藏的智力开发问题。

1988 年

1988 年 7 月，国家教委、财政部、国务院西藏经济咨询工作小组、人事部印发《关于内地西藏班（校）工作初步总结和今后意见》的通知，对内地西藏班（校）办学的有关问题做出了原则规定。

1988 年 12 月，国家教委民族教育司在山西太原召开了全国教育援藏工作汇报会。

1989 年

1989 年 5 月，国家教委、国家计委、国家民委、人事部下发《关于内地西藏班 1989 年初中毕业生分流问题的通知》。

1990 年

1990 年 7 月，江泽民考察西藏。考察期间，江泽民指出内地西藏班必须毫不动摇地办下去。

1990 年 7 月，国家教委王明达副主任一行考察西藏教育。

1991 年

1991 年 4 月和 7 月，国家教委分别在天津和呼和浩特召开了全国内地西藏班（校）办学管理工作研讨会，专题研究内地援藏办学问题。

1991 年，国家教委先后下发《关于在学校师生中进行反对达赖集团分裂活动、加强民族团结教育的通知》《关于检查内地有关学校西藏班情况的通知》《关于加强内地中专、高中西藏班（校）首届毕业班工作的通知》《关于内地西藏班（校）寒暑假活动有关问题的通知》等。

1991 年，国家教委、国家计委、财政部下发了《关于搞好 1991 年内地西藏初中毕业生升中专有关问题的通知》。

1992 年

1992 年 9 月，国家教委办公厅印发《关于进一步加强内地西藏班工作的意见》《内地西藏班（校）管理实施细则》的通知，要求各地遵照执行。

1993 年

1993 年 3 月，在北京召开了教育支援西藏工作会议。国务院办公厅下发《转发国家教委等部门关于进一步加强教育援藏工作请示的通知》。

1993 年 4 月，国家教委办公厅下发《关于加强内地西藏班学生思想品德教育和法制观念教育的通知》。

1993 年 5 月，国家教委民族司组织部分内地西藏班（校）负责同志草拟了《内地西藏班（校）办学水平综合评估方案》。

1993 年 7 月，国家教委民族司在召开的内地西藏班招生工作会议上，着重强调并研究加强内地西藏班管理问题。

1994 年

1994 年 7 月，国家教委等部门在人民大会堂举行了"纪念内地西藏班办学十周年座谈会"。

1995 年

1995 年 4 月，全国民族中学教育协会第 10 届校长（理事）会在北京召开。12 个省、市、自治区的民族中学的校长出席。

1997 年

1997 年 3 月，国家教委下发《关于贯彻落实中央第三次西藏工作座谈会内地西藏班（校）扩大规模情况及有关问题的函》。

1997 年 11 月，北京西藏中学庆祝建校 10 周年。

1998 年

1998 年 7 月，中国人民解放军第一所藏族中学——昆明陆军学院附属藏族中学，首届 55 名学员以优异成绩毕业。

1999 年

1999 年 2 月，国家教委办公厅转发了西藏自治区教委《关于 1999 年内地西藏班初中毕业生返藏参加统一考试有关事宜的通知》，自治区教委决定从 1999 年起内地西藏班初中毕业生将全部返藏参加区内统一考试。

2000 年

2000 年，国家教委下发《关于调整内地西藏班高中招生计划的函》，决定从 2000 年开始扩大高中招生规模。

2001 年

2001 年 6 月，中共中央、国务院在北京召开了第四次西藏工作座谈会。中共中央总书记、国家主席、中央军委主席江泽民出席会议并发表重要讲话。

2001 年 2 月，国家民委教育司到北京西藏中学和通州区潞河中学进行调研。

2001 年 6 月，江苏省教育厅在南京承办了教育部民族教育司主办的全国内地西藏班（校）工作会议。

2001 年 7 月，中共中央政治局常委、国务院副总理李岚清来到北京西藏中学，出席了该校庆祝西藏和平解放五十周年联欢会。

2002 年

2002 年 3 月，教育部办公厅下发《关于进一步加强内地西藏班（校）、新疆高中班安全管理工作的通知》。

2002 年 4 月，《国家科技教育领导小组关于印发国家科技教育领导小组第九次会议纪要的通知》，传达"继续扩大并办好内地西藏班、新疆高中班"的精神。

2002 年 10 月，全国教育支援西藏工作会议在北京召开。教育部部长陈至立出席会议并作题为《进一步做好新世纪初全国教育支援西藏工作，努力实现西藏教育事业跨越式发展》的报告。

2003 年

2003 年，内地西藏班的毕业生不再返藏参加统考，改在所在学校就地参加中考，试卷由西藏自治区教育厅统一印制。

2004 年

2004 年 4 月，教育部办公厅印发《内地西藏班初中预科教学计划（试行）的通知》，对内地西藏初中班预科教学问题做出明确规定。

2006 年

2006 年 12 月，国家民委、财政部、西藏自治区人民政府下发《关于表彰全国教育援藏先进集体和先进个人的决定》。

2007 年

2007 年 1 月，全国内地西藏班办学和教育援藏工作会议在北京召开，中共中央政治局常委、全国政协主席贾庆林出席会议并发表重要讲话。会上印发了《教育部 中央统战部 国家民委关于进一步加强教育对口支援西藏工作的意见》。

2007 年 3 月，在江西南昌召开内地西藏班思想政治和德育工作研讨会。会议传达了全国教育援藏工作会议精神，讨论了《关于进一步加强和改进西藏班德育工作的意见》《内地西藏班（校）评估办法》。

2007 年 9 月，在上海举办内地西藏班思想政治和德育工作培训班。内地 27 所西藏班学校分管思想政治和德育工作的校长、德育教师参加培训。

2008 年

2008 年 10 月，第二届全国民族中学校长论坛在河南郑州举办。

2008 年 10 月，内地西藏班（校）思想政治暨德育工作骨干教师培训会在西藏拉萨举行。

2009 年

2009 年 8 月，中央统战部、中央政法委、教育部和国家民委联合举办加强内地民族班民族团结教育和学校管理工作会议召开。

2009 年 12 月，全国教育对口支援西藏工作总结暨经验交流会在江西省南昌市召开。

2010 年

2010 年 1 月，中共中央、国务院召开的第五次西藏工作座谈会在北京举行。中共中央总书记、国家主席、中央军委主席胡锦涛在会上发表重要讲话，强调做好西藏工作，其中确定的发展西藏教育重点任务之一是继续办好内地西藏班，扩大高中阶段招生规模，尽可能实行各民族学生混合编班。

2010 年 4 月，国家教委做出举办内地西藏中职班的决定。5 月，教育部办公厅印发了《内地西藏中职班管理规定（试行）的通知》。9 月，内地西藏中职班开始招生。

2010 年 8 月，教育部召开内地西藏高中班、新疆高中班扩招暨内地西藏中职班开班工作部署会。

2010 年，西藏拉萨市内地西藏初中班（校）招生取消了奖励加分。

2010 年 6 月，全国内地西藏散插班办班学校校长培训会议在拉萨召开。全国 18 个省（市）教育主管部门的负责同志和 53 所内地西藏散插班办班学校的校长参加会议。

2010 年 10 月，由教育部民族教育司、西藏自治区教育厅主办的全国内地西藏班（校）、内地西藏中职班德育和思想政治教育骨干教师培训会在江苏常州西藏民族中学新校区举行。

后　记

　　本书是"内地西藏班教学模式与成效调查研究"课题组集体努力和创作的结果。我主持并负责了课题的总体协调与组织，课题组成员董艳教授、严庆教授等参与了课题的设计与调研工作。本书具体的写作分工如下：

　　全书由我主笔撰写、修改，其中第二章、第十一章由李志峰（中央民族大学）协同完成；第六章、第九章由陈春（中央民族大学）协同完成；第八章由于向海（西藏自治区教育科学研究所）协同完成；第十章由刘明洁（中央民族大学）协同完成；第十二章由韩立（北京师范大学包头附属学校）协同完成。

　　在本课题暂时告一段落之际，我充满感激，感谢许许多多在课题进行中给予我指导和帮助的人！

　　感谢北京西藏中学的张梅书记、李士成校长、唐宝军副校长和教学处吕德坤主任，山东济南西藏中学的张子辉校长、孙延杰主任，山东泰安一中的刘庆良副校长，河北师范大学附属民族学院的甄建辉副院长、白少双主任，山西大学附属中学的周振宇主任等在调研过程中给予课题组的极大支持，在此向他们表示深深的谢意！

　　感谢所有参与课题座谈、问卷调查的内地西藏班教师，谢谢他们毫无保留地倾心交流，也向他们以校为家、爱生如子的奉献精神致以最深的敬意！还要感谢参与课题的西藏学生特别是内地西藏班的孩子们，在与他们的深入交流和接触中，我被他们的善良、质朴、真诚、积极乐观深深打动，值得我学习！

感谢中央民族大学的西藏籍本科生达娃央宗、久美南加，他们热情地承担了本课题部分调研和翻译工作，谢谢他们！

感谢中央民族大学的滕星教授、苏德毕力格教授、于梓东教授、张海洋教授、王军教授、吴明海教授、常永才教授和北京师范大学的袁桂林教授，感谢他们为课题提出了睿智的意见和建议！

感谢中国社会科学院科研局"西藏项目"办公室对课题的资助和支持，感谢社会科学文献出版社人文分社。

感谢我的研究生们，他们积极参与了课题调研、资料收集、数据处理和书稿校对工作，谢谢他们的辛勤劳动！

感谢我的家人，谢谢他们对我工作的全力支持与付出！

许丽英

2013 年 9 月

图书在版编目（CIP）数据

内地西藏班教学模式与成效调查研究/许丽英著.—北京：社会
科学文献出版社，2014.10
（西藏历史与现状综合研究项目）
ISBN 978 - 7 - 5097 - 6097 - 0

Ⅰ.①内⋯　Ⅱ.①许⋯　Ⅲ.①藏族 - 少数民族教育 - 教学
模式 - 调查研究 - 中国　Ⅳ.①G759.2

中国版本图书馆 CIP 数据核字（2014）第 113987 号

·西藏历史与现状综合研究项目·

内地西藏班教学模式与成效调查研究

著　　者／许丽英

出 版 人／谢寿光
项目统筹／宋月华　周志静
责任编辑／陈桂筠　周志静

出　　版／社会科学文献出版社·人文分社 （010）59367215
　　　　　　地址：北京市北三环中路甲 29 号院华龙大厦　邮编：100029
　　　　　　网址：www. ssap. com. cn
发　　行／市场营销中心（010）59367081　59367090
　　　　　　读者服务中心（010）59367028
印　　装／三河市尚艺印装有限公司

规　　格／开本：787mm × 1092mm　1/16
　　　　　　印张：26.5　字数：493 千字
版　　次／2014 年 10 月第 1 版　2014 年 10 月第 1 次印刷
书　　号／ISBN 978 - 7 - 5097 - 6097 - 0
定　　价／128.00 元